Jürgen Bolten
Claus Ehrhardt
(Hrsg.)

Interkulturelle Kommunikation

Texte und Übungen zum interkulturellen Handeln

Verlag Wissenschaft & Praxis

Bibliografische Information Der Deutschen Bibliothek

Die Deutsche Bibliothek verzeichnet diese Publikation in der Deutschen Nationalbibliografie; detaillierte bibliografische Daten sind im Internet über http://dnb.ddb.de abrufbar.

Wir danken den folgenden Verlagen für die freundliche Abdruckgenehmigung von Originalbeiträgen:

Böhlau Verlag
Gabler Verlag
iudicium-Verlag
PWS-Kent Publishing Company
Résidence-Verlag
Sage Publications
Spektrum Akademischer Verlag
Suhrkamp Verlag
Vahlen Verlag
Westdeutscher Verlag

Ein detailliertes Quellenverzeichnis befindet sich auf S. 395 f.

ISBN 3-89673-138-6

© Verlag Wissenschaft & Praxis
Dr. Brauner GmbH 2003
D-75447 Sternenfels, Nußbaumweg 6
Tel. 07045/930093 Fax 07045/930094

Inhalt

Einleitung

Internationalisierungs- und Globalisierungsprozesse vollziehen sich weder ungehindert noch unwidersprochen. Allzu oft fordern sie ihr Gegenteil heraus: Abgrenzung, Lokalisierung, Partikularismus und neue Dogmenbildungen sind häufig Reaktionen auf kulturelle Identitätsverluste, die einer vor zwanzig oder dreißig Jahren noch unvorstellbaren gewesenen Innovations- und Umbruchsgeschwindigkeit geschuldet sind.

Damit die auf diese Weise provozierten Zentripetalkräfte nicht das Erreichte gefährden, damit Demokratisierung, Pluralismus und internationale Kooperation auch weiterhin einen sukzessiven Ausbau erfahren können, ist es wichtig, diese Prozesse beschreiben, erklären und bewusst machen zu können. Wichtige Werkzeuge hierfür bietet die interkulturelle Kommunikations- und Handlungsforschung, die sich in den vergangenen Jahren zunehmend einer differenzierten Analyse intra- und interkultureller Prozesse gewidmet hat.

Dass Kulturen nicht homogene Gebilde oder gar geschlossene „Container" darstellen, sondern Produkte interkulturellen Handelns, dass sie dementsprechend nicht in Matrices eingeordnet werden können, dass bei interkulturellem Handeln Konsenszwang kontraproduktiv wirkt, dass gerade das Verstehen und Anerkennen kultureller Differenz im Vordergrund stehen sollte: all dies sind Prämissen, mit denen interkulturelle Kommunikations- und Handlungsforschung heute arbeitet. Wie sie dies tut, auf welche Beiträge aus anderen Disziplinen sie dabei zurückzugreifen vermag, möchte der vorliegende Band dokumentieren.

Da interkulturelle Fragestellungen heute in nahezu jedes Fachgebiet hineinspielen bzw. sogar in eigenständigen Disziplinen wie der interkulturellen Wirtschaftskommunikationsforschung, der interkulturellen Pädagogik, Theologie, Philosophie, Germanistik, Psychologie usw. behandelt werden, muss sich ein Band wie der vorliegende notwendigerweise thematisch einschränken. Wenn diese Einschränkung hier auf den wirtschaftlichen Bereich erfolgt, so betrifft dies vor allem den anwendungsbezogenen letzten Teil. Die drei ersten Kapitel stellen demgegenüber eher grundlagenorientierte Werkzeuge bereit, die einer vertieften Auseinandersetzung mit den Themen „Kultur" – „Kommunikation" – „Interkulturalität" dienen sollen und die für jedwede Beschäftigung mit interkulturellen Fragestellungen hilfreich sind.

Uns ist bewusst, das die Auswahl der Texte mit guten Gründen auch ganz anders hätte ausfallen können. Dass sie so ist wie sie ist, hat viel mit unseren eigenen Lehr- und Forschungserfahrungen, aber vor allem mit den Zielgruppen zu tun, für die wir dieses Buch zusammengestellt haben: Studierende interkultureller Fachrichtungen, Betriebswirtschaftler, aber auch Praktiker, die in der internationalen Personalentwicklung oder im Bereich der internationalen Zusammenarbeit tätig sind.

Der erste Teil des Buches enthält Aufsätze, die für die Formulierung sozial- und kommunikationswissenschaftlicher Grundlagen interkulturellen Handelns von Bedeutung sind:

Burkart vermittelt in seinem Beitrag einen Forschungsüberblick zu aktuellen Diskussionen des Kommunikationsbegriffs. Im Vordergrund stehen hierbei interaktionstheoretische Ansätze, Klärungen des Zeichen- und des Symbolbegriffs, Erläuterungen zur medialen Bedingtheit von Kommunikation sowie eine kritische Auseinandersetzung mit Forschungsarbeiten, die dem symbolischen Interaktionismus zuzurechnen sind.

Der Beitrag von **Schütz/Luckmann** geht ebenfalls von der intersubjektiven Vermittlung von Bedeutungen und lebensweltlichen Erfahrungen aus. Auf diese Weise konstituiert sich ein kultureller Wissensvorrat, der zugleich einen Interpretationsrahmen für die Angehörigen eines entsprechenden lebensweltlichen Zusammenhangs darstellt. Gerade weil dieser Rahmen fraglos gegeben ist, vermittelt er ein Empfinden von Plausibilität und Normalität, das die alltägliche Lebenswelt wiederum als das Eigene identifizieren lässt. Der Artikel bietet u.a. gute Anstöße für Diskussionen zur Entstehung von Fremdheit bzw. zu den methodischen Schwierigkeiten „Eigenes" und kulturell Vertrautes zu beschreiben.

Eine intensive theoretische Fundierung dessen, was bei Schütz/Luckmann als „Wissensvorrat" eingeführt wird, leistet **Assmann** in seinen Ausführungen zum kollektiven Gedächtnis. Aufbauend auf den Arbeiten von Aby Warburg und Maurice Halbwachs ist seine Beschreibung und Unterscheidung zwischen kollektivem und kommunikativem Gedächtnis für den Bereich der „Cultural Studies" fundamental.

Wie sich derartige Gedächtnisinhalte als semantische Netzwerkkonstruktionen verstehen lassen, weist **Spitzer** vor dem Hintergrund aktueller Ergebnisse der Hirnforschung nach. Auch wenn sein Beitrag nicht unmittelbar auf interkulturelle Fragestellungen eingeht, bietet er z.B. im Rahmen seiner Erläuterungen zur Schematheorie wichtige Einsichten, um Image- und Stereotypenbildungen besser verstehen zu können. Gleichzeitig regt seine Theorie semantischer Netzwerke zu Diskussionen über die primär kommunikative Vermitteltheit kultureller Spezifika an.

Der Beitrag von **Goffman** ist seinem Band "Interaktionsrituale" entnommen, einem interaktionssoziololgischen Ansatz zur Analyse von Verhalten in direkter Kommunikation. In den ausgewählten Passagen führt der Autor den Begriff 'Image' als grundlegende Kategorie zur Beschreibung von Kommunikationssituationen ein. Er versteht darunter das Bild, das jeder Interaktionsteilnehmer in einer bestimmten Situation von sich selber hat und von sich vermitteln will. Goffman kann auf der Grundlage dieses Begriffes wichtige Aspekte der Dynamik von Interaktionen beschreiben: sie wird zu einem großen Teil dadurch bestimmt, dass jeder Teilnehmer versucht, in Übereinstimmung mit seinem Image zu agieren. Sollte dies nicht möglich sein – etwa weil das Image von den anderen Teilnehmern nicht akzeptiert wird – kommt es zu Kommunikationsstörungen. Störungen können aber auch auftreten, wenn das Image eines anderen Teilnehmers beschädigt wird, jeder Handelnde entwickelt nach Goffman aus diesem Grund neben dem Engagement für das eigene auch ein Engagement für das Image des Anderen. Darin sieht der Autor eine Bedingung für die Möglichkeit von sozialer Interaktion.

Der zweite Teil des Bandes ist im wesentlichen Diskussionen des Verhältnisses von Kultur und Kommunikation gewidmet.

Der Beitrag von **Gudykunst** und **Ting-Toomey** bietet hierzu zunächst einen einleitenden Forschungsüberblick zu der Diskussion, ob man Kulturen aus der Innensicht ihrer Angehörigen (emisch) oder aus der Perspektive Außenstehender (etisch) analysieren sollte. Auch wenn man inzwischen von der Polarisierung dieser Standpunkte abgerückt ist, hat die in den vergangenen fünfzig Jahren äußerst kontrovers geführte Diskussion erheblichen Einfluss auf die Profilierung der interkulturellen Kommunikationsforschung genommen. Insbesondere ethnomethodologische und diskursanalytische Analyseverfahren wären ohne diesen Hintergrund wissenschaftsgeschichtlich nur schwer einzuordnen.

Ehrhardt geht in seinem Aufsatz der Frage nach, welchen Beitrag sprachwissenschaftliche Überlegungen zur Erforschung von interkultureller Kommunikation leisten können. Er geht davon aus, dass eine Antwort auf diese Frage eine Klärung des Zusammenhanges zwischen Sprache, Kultur und Kommunikation voraussetzt und stellt verschiedene Versuche dar, diesen Zusammenhang zu erklären. Dabei kommt er zu dem Ergebnis, dass relevante kulturelle Besonderheiten nicht in erster Linie in der Sprache als kollektivem Phänomen zu suchen sind, sondern im Sprechen. Das Problem, das Sprecher in der interkulturellen Kommunikation lösen müssen, liegt in der Tatsache, dass die der Prämissen vergleichsweise unsicher sind. Darüber hinaus wird in diesem Ansatz betont, dass aus dieser Perspektive eine Objektivierung von Charakteristika von Sprechergruppen oder Kulturen zwangsläufig unangemessen ist und keinen relevanten Beitrag zur Analyse von kommunikativen Handlungen darstellt.

Wenngleich aufgrund seiner essayistischen Konzeption nicht unumstritten, kann der Beitrag von **Galtung** durchaus als „Klassiker" der interkulturellen Kommunikationsforschung bezeichnet werden. Seine Theorie und Deskription intellektueller Stile ist Bezugspunkt für zahlreiche Arbeiten geworden, die kulturelle Spezifika auf dem Weg der Analyse kommunikativer Stile und ihrer historischen Entwicklung abzuleiten versuchen.

Der dritte Teil des Bandes geht über kulturspezifische und kulturvergleichende Fragestellungen hinaus und versucht „Interkulturalität" als Interaktions- und Prozessbegriff zu positionieren.

Wierlacher und **Hudson-Wiedenmann** diskutieren in ihrem Aufsatz eine Reihe von Begriffen, die für die Erforschung interkultureller Kommunikationsprozesse grundlegend sind, häufig aber vergleichsweise unreflektiert verwendet werden. Im Zuge dieser Diskussion machen sie den wissenschaftstheoretischen Standpunkt interkultureller Kommunikationsforschung bzw. interkultureller Germanistik deutlich. Dies setzt zunächst eine Diskussion des Kulturbegriffes voraus. In Abgrenzung von gängigen Definitionen schlagen die Autoren einen prozessualen Begriff von Kultur vor: sie verstehen Kulturen als dynamische Wert- und Handlungssysteme. Deren Erforschung muss von einer eingehenden Hinterfragung des durch die eigene Kultur geprägten Standpunktes des Betrachters ausgehen. Dieser Standpunkt wird von den Autoren auf den Begriff 'Blickwinkel' gebracht und eingehend reflektiert. Mit Gadamer bezeichnen sie schließlich das "Zwischen" als den wahren Ort jeder Hermeneutik, womit vor allem in Bezug auf interkulturelle Kommunikation darauf aufmerksam gemacht wird, dass eine Beschreibung der Relation Selbst und Anderem als zweistellige Relation das eigentliche Problem verfehlt. Das "Zwischen", auf das auch mit der Präposition *inter* Bezug genommen wird, bildet einen dritten Bezugspunkt für Relationen und stellt den eigentlichen Ausgangspunkt einer Hermeneutik des Fremden dar. Auf der hier entwickelten begrifflichen Grundlage können Termini wie *interkulturelle Kompetenz, interkulturelles Lernen* und *interkulturelle Vermittlung* angemessen diskutiert und weiter entwickelt bzw. in die Praxis umgesetzt werden.

Adler beschreibt Kommunikation als Prozess der Übersetzung von Bedeutungen in Wörter und Handlungen und führt aus, dass dieser Prozess auf dem kulturellen Hintergrund eines Individuums, kulturspezifischen Kategorisierungen und unbewussten Annahmen basiert. Wenn sich dieser Hintergrund bei verschiedenen Interaktionsteilnehmern unterscheidet, kann es zu unterschiedlichen Wahrnehmungen und letztlich zu Kommunikationsstörungen kommen. Dies zeigt die Autorin in ihrem ebenfalls zu den „Klassikern" der interkulturellen Kommunikationsforschung zu rechnenden Text an zahlreichen Beispielen vor allem aus dem internationalen Management. Effektive interkulturelle Kommunikation setzt nach der Darstellung Adlers voraus, dass die Interaktionspartner ein ausgeprägtes Bewusstsein für kulturelle Differenzen ausbilden und mit Interpretationen und Wertungen des Verhaltens anderer Menschen ausgesprochen vorsichtig sind - im Bewusstsein der Tatsache, dass Wertungen immer die eigenen Maßstäbe zugrunde legen und damit die Eigenheiten des anderen verfehlen können. Anstelle der Wertungen betont Adler die Bedeutung aufmerksamer Beobachtung/Beschreibung und Empathie als ersten Schritt zur Annäherung an eine fremde Kultur.

Der vierte Teil des Bandes bezieht sich speziell auf den Bereich der interkulturellen Wirtschaftskommunikationsforschung und perspektiviert deren zentrale Anwendungsfelder: Interkulturelles Management, interkulturelles Marketing und interkulturelle Personalentwicklung.

Dmoch beschreibt die Herausforderungen, die in einer Zeit der Fragmentierung nationaler Märkte einerseits und der gleichzeitigen internationalen Homogenisierung des Konsumentenverhaltens andererseits an das internationale Marketing gestellt werden. Dass Differenzierungs- und Standardisierungsstrategien heute nicht mehr gegeneinander ausgespielt werden können, ist eine Erkenntnis des späten 20. Jahrhunderts, die ein interkulturelles Herangehen an Marketingkonzeptionen heute um so dringlicher werden lässt.

Auch wenn der Beitrag von **Macharzina** spezifische Problemstellungen der Mergers & Acquisitions-Euphorie der Jahrhundertwende nur am Rande diskutiert, ist er für die Bewältigung der damit zusammenhängenden Aufgaben äußerst hilfreich. Macharzina setzt sich u.a. kritisch mit Synthesenmodellen zu internationalen Unternehmenskooperationen auseinander und legt die Bedeutung eines synergetischen Vorgehens nahe. Darüber hinaus bietet der Beitrag interessante Studien zu Führungsmerkmalen in westlichen, asiatischen und islamischen Kulturen.

Der Beitrag von **Bolten** skizziert Entwicklungen der interkulturellen Trainingsforschung insbesondere für den Bereich des Personalwesens. In diesem Zusammenhang werden gängige Trainingstypen beschrieben; es wird aber auch herausgearbeitet, dass die Zukunft interkultureller Personalentwicklung weniger in Trainings off-the-job als vielmehr in prozessbegleitenden interkulturellen Coachings liegen dürfte. Eine wesentliche Rolle wird dabei internetgestützten Service- und Trainingsformen zugewiesen.

Die Idee, diesen Band herauszugeben, ist im Rahmen eines Internationalisierungsprojektes entstanden, das die Entwicklung eines binationalen Studienganges der Universitäten Jena und Urbino zum Ziel hat. Das Projekt wird aus Mitteln der Universität Urbino und des italienischen Universitäts- und Forschungsministeriums finanziert. Ohne den großzügigen Druckkostenzuschuss, den die Projektver-

Kommunikation als soziale Interaktion[*]

Roland Burkart

Kommunikation lässt sich als der *Prozeß* der Bedeutungsvermittlung zwischen Lebewesen beschreiben. Damit ist implizit bereits darauf hingewiesen, daß es sich dabei um ein *Geschehen* handelt. Kommunikation ist nicht etwas Statisches, das schlicht vorhanden ist, sondern ein dynamischer *Vorgang,* der *zwischen* (mindestens zwei) Lebewesen abläuft, der sich also *ereignen* muß. Ein kommunikatives Handeln (oder Verhalten) nur eines einzigen Menschen (oder Tieres) kann einen derartigen Prozeß bestenfalls initiieren, stellt ihn jedoch selbst noch nicht dar.

Damit Kommunikation überhaupt stattfinden kann, ist es notwendig, daß (mindestens zwei) Lebewesen zueinander in Beziehung treten - sozialwissenschaftlich formuliert: daß sie *interagieren*. Kommunikation als ein Ereignis, das zwischen Lebewesen abläuft, kann als eine *spezifische Form der sozialen Interaktion* begriffen werden. [1]

In seiner formalen Bedeutung weist der Terminus **Interaktion** auf Prozesse der Wechselbeziehung bzw. Wechselwirkung zwischen zwei oder mehreren Größen hin (vgl. Graumann 1972, S. 111). Demgemäß soll unter **sozialer Interaktion** ein wechselseitiges Geschehen zwischen zwei oder mehreren Lebewesen verstanden werden, welches mit einer Kontaktaufnahme (aufgrund von/oder verbunden mit wechselseitiger Wahrnehmung) beginnt und zu (Re-) Aktionen der in Kontakt stehenden Lebewesen führt (vgl. Burghardt 1972, S. 42). Indem sich diese Aktionen/Reaktionen auf den/die an diesem Kontakt Beteiligten richten, sind sie ihrerseits wieder als soziales Verhalten zu klassifizieren. Dieses **doppelseitige Geschehen** ist das zentral Bedeutsame an jedem Interaktionsprozeß: Jedes (Individuum) erfährt *Einwirkungen vom anderen* oder von den anderen, und zugleich gehen von ihm selbst *Wirkungen auf den anderen* oder die anderen aus. Mit dem Begriff der Interaktion bezeichnen wir also das Insgesamt dessen, was zwischen zwei oder mehr Menschen (bzw. Lebewesen, R. B.) in Aktion und Reaktion geschieht" (Lersch 1965, S. 53).

---

[*] Beitrag entnommen aus: Burkart, R.: Kommunikationswissenschaft. Grundlagen und Problemfelder. Wien/Köln/Weimar 1995, Böhlau Verlag
[1] Auch wenn die "Auffassungen, ob Interaktion oder Kommunikation der weitere Begriff ist, (auseinandergehen)..."(Graumann 1972,S.1118), so scheint es im Hinblick auf das hier zu entwickelnde Verständnis von Kommunikation dennoch sinnvoll, Interaktion als den allgemeineren Begriff zu verwenden (vgl. dazu auch Lundberg 1939). - Einen Überblick diesbezüglich divergierender Auffassungen gibt Merten (1977, S. 64 f.).

Damit ist die Skala möglicher Interaktionsarten breit gefächert. Speziell was den hier v. a. interessierenden Bereich *menschlicher* Interaktion betrifft, reicht sie vom mehr oder weniger zufälligen Berührungskontakt in einer dichtgedrängten Menschenmenge bis zur satellitenmäßigen Übermittlung einer Geheimbotschaft. In jeder dieser beiden willkürlich herausgegriffenen Extremsituationen treten Menschen zueinander in Beziehung, es liegt also soziale Interaktion vor.

– Die eine Situation (dichtgedrängte Menschenmenge) ist v. a. durch direkten Berührungskontakt gekennzeichnet. Unterstellt sei hier ein tatsächlich zufälliges und daher absichtsloses "Anstoßen" an den Nächsten (etwa beim Einsteigen in eines der häufig überfüllten öffentlichen Verkehrsmittel). In diesem Fall wird man (in der Regel wenigstens) dem anderen *nichts "bedeuten" wollen,* man verfolgt also mit dem Anstoßen *keinen bestimmten Zweck.* Trotzdem liegt "soziale Interaktion" vor, denn üblicherweise sind solche Situationen mit wechselseitiger Wahrnehmung verbunden und die Folge (-Aktion) ist meist der beiderseitige Versuch, diesem engen Berührungskontakt zu entkommen.

– Die andere Situation (Übermittlung einer Geheimbotschaft via Satellit) ist v. a. dadurch gekennzeichnet, daß die Interaktionspartner von einem direkten Berührungskontakt weit entfernt sind: sie befinden sich vielleicht sogar in verschiedenen Erdteilen und treten über eine (technische) Vermittlungsinstanz (= Satellit) zueinander in Beziehung. Darüber hinaus tun sie dies auch nicht zufällig, sondern beabsichtigen, einander *etwas Bestimmtes mitzuteilen.* Es sei zusätzlich angenommen, daß sie damit auch bestimmte Interessen verfolgen (sie wollen beispielsweise eine bewaffnete Auseinandersetzung verhindern).

Die genauere Betrachtung dieser beiden Extremsituationen führt zu dem Schluß, daß es sich im einen Fall (dichtgedrängte Menschenmenge) um "bloße" (soziale) Interaktion handelt, während im anderen Fall (Übermittlung einer Geheimbotschaft via Stellit) Kommunikation vorliegt.

– Tatsächlich kann im ersten Fall "nur" ein doppelseitiges Geschehen registriert werden, das - so wurde unterstellt - nicht das Ziel verfolgt, Bedeutungsgehalte zu vermitteln.

– Im zweiten Fall dagegen sind alle jene Merkmale auffindbar, die bisher für kommunikative Interaktion eingeführt wurden:

Ein Mensch *handelt* sozial bzw. *kommunikativ (=* er will einem anderen etwas [= Geheimbotschaft] mitteilen, weil er ein Interesse an der Verhinderung einer bewaffneten Auseinandersetzung hat). Kommunikative *Interaktion* liegt vor, weil auch der Mensch, an den die Botschaft gerichtet ist (und der sie empfängt), kommunikativ (in Richtung auf den Sender der Botschaft) handelt (= er will die Mitteilung empfangen - also die Bedeutungsinhalte "mit dem Sender teilen" - und tut dies ebenfalls aus einem Interesse heraus; im hier konstruierten Beispiel verfolgt er sogar dasselbe Interesse: er will auch einen Krieg verhindern.).

Menschliche *Kommunikation* ist also erst dann möglich, wenn (mindestens zwei) Menschen ihre kommunikativen Handlungen wechselseitig aufeinander richten. Anders formuliert: Kommunikation kann erst dann stattfinden, wenn sich (mindestens zwei) Lebewesen *im Hinblick aufeinander kommunikativ verhalten.*

Jedoch: auch ein wechselseitig aufeinander gerichtetes kommunikatives Verhalten ist noch keine Garantie dafür, daß sich Kommunikation auch tatsächlich ereignet. Sie kann trotz gegenseitigem Bemühen dennoch nicht zustande kommen.

So hat (menschliche) Kommunikation beispielsweise nicht stattgefunden, wenn die Übermittlung der Geheimbotschaft via Satellit von so starken Nebengeräuschen begleitet war, daß sie der Empfänger nicht mehr hören konnte.

Kommunikation hat auch nicht stattgefunden, wenn der Übermittler der Botschaft eine Sprache bzw. einen Geheimcode verwendete, welche(n) der Empfänger nicht verstehen bzw. entschlüsseln konnte.

Menschliche Kommunikation liegt daher erst dann vor, wenn (mindestens zwei) Individuen ihre kommunikativen Handlungen nicht nur wechselseitig aufeinander richten, sondern darüber hinaus auch die allgemeine Intention ihrer Handlungen (= Bedeutungsinhalte miteinander teilen wollen) verwirklichen können und damit das konstante Ziel (= Verständigung) jeder kommunikativen Aktivität erreichen. Wird dieses Ziel jedoch nicht erreicht, kommt also Verständigung über die mitgeteilten Bedeutungsinhalte - wie im eben angenommenen Fall - nicht zustande, dann soll auch nicht von Kommunikation gesprochen werden. Erst der *wechselseitig (!) stattfindende Prozeß der Bedeutungsvermittlung* soll als Kommunikation begriffen werden.

Unter dem Aspekt des eingeführten Interaktionsmoments steht also v.a. das Kriterium der Wechselseitigkeit ("Reziprozität") im Mittelpunkt: Erst wenn (mindestens zwei) Individuen ihr jeweiliges kommunikatives Handeln *erfolgreich* aufeinander gerichtet haben, hat Kommunikation stattgefunden. Dies ist eben nur dann der Fall, wenn *beide* Kommunikationspartner die zu vermittelnden Bedeutungen auch tatsächlich (!) miteinander teilen.[2]

---

[2] Im Sinn der analytischen Trennung der beiden Ebenen kommunikativen Handelns kann natürlich auch der Kommunikations"erfolg" entsprechend differenziert werden: Neben dem hier angesprochenen *allgemeinen Kommunikationserfolg* (der infolge der Verwirklichung der Mitteilungsintention als die hergestellte Verständigung zu fassen ist) existiert auch ein *spezieller Kommunikationserfolg* (der als Folge der Realisierung je konkreter Interessen in jeweils bestimmten Konsequenzen bzw. Wirkungen zu sehen ist). - Im alltagssprachlichen Sinn meint "erfolgreiche" Kommunikation sogar fast ausschließlich die spezielle Ebene. ("Ich hatte mit meinen Drohungen Erfolg" meint eben, daß die Dro-

In der Tat ist Kommunikation somit als ein Begriff anzusehen, "den man genaugenommen nur *ex post,* nach Vollzug des Kommunikationsaktes verwenden kann. Ex *ante läßt* sich allenfalls ein Kommunikations*vorsatz* oder *-versuch* feststellen, denn die Verständigung kann ja ausbleiben" (Schulz 1971, S. 90).

Begreift man Kommunikation derart als Verständigungsprozeß, dann meint man damit also den Prozeß der *vollzogenen Bedeutungsvermittlung.* "Auf den Vollzug kommt es dabei an, während die beabsichtigte Bedeutungsvermittlung ohne Ergebnis (= ohne Verständigung, R. B.) einen mißlungenen Akt des Kommunizierens, also eben nur den Versuch einer Kommunikation, aber nicht diese selbst darstellt" (Reimann 1968, S. 75).

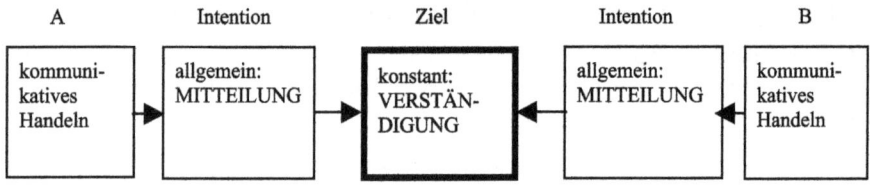

Abb. 1. Schema: Kommunikation als Verständigungsprozeß

Das dargestellte Schema soll eine Sequenz eines derartigen Verständigungsprozesses verdeutlichen: A und B verfolgen dieselbe allgemeine Intention (= sie wollen Bedeutungsinhalte miteinander teilen) und erreichen dadurch das ihnen gemeinsame (= das konstante, jeden Kommunikationsprozeß kennzeichnende) Ziel, nämlich: Verständigung über die miteinander zu teilenden Inhalte.

So kann A beispielsweise mit der kommunikativen Handlung, "Monika, schließ das Fenster", versuchen, ein Kommunikationsgeschehen zu initiieren. Seine kommunikative Handlung stellt darauf ab, bestimmte Bedeutungsinhalte *mitzuteilen;* A will, daß B (= Monika) versteht, was A meint. Handelt nun B (= Monika) ihrerseits kommunikativ in Richtung auf A, dann muß sie darauf abstellen, die von A vermittelten Bedeutungsinhalte *zu verstehen;* d. h. die kommunikative Handlung von B besteht in der Bereitschaft, erkennen zu wollen, was A mit seiner vermittelten Botschaft meint. Sind beide Kommunikationspartner (A + B) mit

---

hungen "wirkungsvoll" waren; daß jemand anderer sich aufgrund meiner Drohungen in bestimmter *Weise* verhalten hat ...) - Um jedoch von Kommunikation an sich sprechen zu können, genügt sinnvollerweise bereits das Vorliegen des allgemeinen Kommunikationserfolges.

den allgemeinen Intentionen ihrer kommunikativen Handlungen (= Bedeutungen miteinander teilen wollen) erfolgreich, dann hat Kommunikation stattgefunden. [3]

Bisher - und auch im eben genannten Beispiel - wurde allerdings eine Besonderheit des Kommunikationsprozesses unausgesprochen vorausgesetzt, die nunmehr explizit thematisiert werden soll.

Kommunikation als vermittelter Prozeß

Schon in der Bestimmung von Kommunikation als Prozeß der Bedeutungs*vermittlung* zwischen Lebewesen ist implizit darauf hingewiesen, daß Kommunikation bzw. kommunikatives Handeln stets einer *Instanz* bedarf, über die das zwischen den Kommunikationspartnern Geschehende abläuft. Als eigentlicher Träger der jeweiligen Mitteilung ist eine derartige Vermittlungsinstanz - fachspezifisch formuliert: ein *Medium* - unbedingter Bestandteil eines jeden Kommunikationsprozesses. Das *Medium ist* das Ausdrucksmittel der kommunikativen Aktivität; es stellt die materielle "Hülse" für die zunächst immateriellen Bedeutungsinhalte bereit: erst mit seiner Hilfe wird es überhaupt möglich, daß Bedeutungen "mit(einander)geteilt" werden können.

So ist beispielsweise in der vorhin zitierten Kommunikationssituation das Medium "Sprache" die Instanz, über die das Kommunikationsgeschehen abläuft. Erst das Herstellen einer bestimmten Lautabfolge bzw. Buchstabenkombination (wie z. B. F-e-n-s-t-e-r) schafft die Möglichkeit, die gemeinten Bedeutungsinhalte "greifbar", d. h. (sinnlich) wahrnehmbar zu machen.

Damit (mindestens zwei) Lebewesen miteinander kommunizieren können, müssen sie also irgendwelche Ausdrucksmittel besitzen, über die sie verfügen können. Eine Mitteilung kann als solche ja überhaupt erst entstehen, wenn Mittel vorhanden sind, mit deren Hilfe Bedeutungsinhalte Gestalt annehmen können. Medien sind daher als *Transportmittel* zu begreifen: sie transportieren die zu vermittelnden Bedeutungsinhalte in Form von (Ent-)Äußerungen der Lebewesen zwischen diesen hin und her.

---

[3] Die Frage, ob Monika das Fenster nun tatsächlich schließt oder nicht, ist die Frage nach den Folgen oder Konsequenzen eines abgelaufenen Kommunikations- bzw. Verständigungsprozesses. Diese Frage steht *hier* nicht zur Diskussion. In diesem Zusammenhang scheint aber der Hinweis wiederholenswert (vgl. dazu S. 29), daß ja das hier diskutierte *Zustandekommen* von Verständigung unbedingte Voraussetzung dafür ist, daß die - vom jeweiligen Kommunikationsinteresse angestrebten - Konsequenzen einer kommunikativen Handlung eintreten.

So verfügen etwa die Bienen mit ihrem vielzitierten Schwänzeltanz über ein Medium, mit dessen Hilfe sie Bedeutungsinhalte (wie z. B. Entfernung, Menge und Richtung der Futterquelle) "transportieren" können und dadurch wechselseitig wahrnehmbar machen (vgl. dazu Kainz 1961).

Es gibt also keine unvermittelte Kommunikation (!); "alle Kommunikation bedarf des Mittels oder *Mediums,* durch das hindurch eine Nachricht übertragen bzw. aufgenommen wird" (Graumann 1972, S. 1182). In diesem allgemeinen Sinn steht **Medium** daher - speziell was nun die *menschliche* Kommunikation betrifft - sowohl für personale (der menschlichen Person "anhaftende") Vermittlungsinstanzen als auch für jene technischen Hilfsmittel zur Übertragung einer Botschaft, die uns unsere Industriegesellschaft laufend beschert. Pross (1972) hat versucht, die mediale Vielfalt menschlicher Kommunikation zu differenzieren. Er unterscheidet "primäre", "sekundäre" und "tertiäre" Medien.

• *Primäre Medien:* Darunter versteht er die Medien des "menschlichen Elementarkontaktes" (Pross 1972, S. 10). Neben der Sprache in ihren vielgestaltigen Ausprägungen zählen dazu auch alle nonverbalen Vermittlungsinstanzen, die dem Bereich der Mimik und/oder Gestik angehören: So existieren Ausdrucksmöglichkeiten von Auge, Stirn, Mund, Nase; ebenso kann über Bewegungen der Extremitäten oder eine bestimmte Haltung der Arme und Beine, also: der Körperhaltung insgesamt, etwas mitgeteilt werden. All diese leibgebundenen Expressionsmöglichkeiten können als "Medien" fungieren (vgl. dazu etwa Cranach 1975, Mehrabian 1972). Gemeinsam ist all diesen Medien, "daß *kein* Gerät zwischen Sender und Empfänger geschaltet ist und die Sinne der Menschen zur Produktion, zum Transport und zum Konsum der Botschaft ausreichen" (Pross ebd. S. 145).

• *Sekundäre Medien:* Dazu zählt Pross all jene Medien, die auf der Produktionsseite ein Gerät erfordern, nicht aber beim Empfänger zur Aufnahme der Mitteilung. Vom Rauchzeichen über ein Flaggensignal bis zum Brief können darüber hinaus hier alle - seit der Erfindung des Druckverfahrens entstandenen - Manifestationen menschlicher Mitteilungen eingeordnet werden: so etwa das Flugblatt, das Plakat, das Buch und die Zeitung.

• *Tertiäre Medien:* Mit dieser Kategorie sollen schließlich all jene Kommunikationsmittel erfaßt werden, zu denen technische Sender und technische Empfänger gehören. Telefon, Fernschreiber, diverse Funkanlagen, aber v. a. die sog. elektronischen Massenmedien wie Rundfunk, Schallplatte, Film, Fernsehen sowie alle bereits entstandenen und noch entstehenden Videotechniken, Personalcomputer und Datenträger verschiedenster Art sind hier zu nennen.

All diesen Medien ist eben gemeinsam, daß sie "ohne Geräte auf der Empfänger – wie auf der Senderseite nicht funktionieren können" (Pross ebd. S. 224).

Die jeweiligen Kommunikationsmittel verhelfen der Mitteilung also nicht nur dazu, überhaupt in Erscheinung zu treten, sondern sie bestimmen auch die *Form*, in der dies geschieht: eine Mitteilung kann gesprochen, geschrieben, gedeutet, gezeichnet (u. ä.) werden; sie kann darüber hinaus aber auch via Druck oder Funk Verbreitung finden.

Schließlich machen es die einzelnen Medien (wenn man über sie verfügen kann) aber auch möglich, daß eine mehr oder weniger große Anzahl von Ausdrucksformen existiert, durch welche vielerlei Bedeutungsinhalte die Chance erhalten, manifest - und damit sinnlich wahrnehmbar - zu werden. Die Variationsbreite der jeweiligen medialen Form wird in der Anzahl materieller *Zeichen* bzw. Zeichenkombinationen sichtbar, die sich jeweils herstellen lassen.

So ist es z. B. mit Hilfe des Mediums "Sprache" möglich, eine Vielzahl (eine potentiell unbegrenzte Anzahl) sprachlicher Zeichen zu entwickeln bzw. zu kombinieren und damit ganz verschiedenen Bedeutungsinhalten zum Ausdruck zu verhelfen.

Ebenso verhält es sich mit der Mimik und Gestik: Gesichtsausdrücke und Bewegungsabläufe können zu Zeichen für vielerlei werden. In der Pantomimik ist das Ausdrücken von Bedeutungen via Grimassen und Gebärden sogar zur Kunst erhoben worden.

Ähnliches gilt für den Schwänzeltanz der Bienen: durch die Variation der medialen Ausdrucksform "Bewegung" (z. B. große/kleine, schnelle/langsame Schleifen) werden unterscheidbare Zeichen hervorgebracht.

Man kann also auch sagen, daß die jeweiligen Medien immer einen bestimmten Rahmen bereitstellen, innerhalb dessen dann jeweils ganz bestimmte Ausdrucksformen als Zeichen fungieren können.

Damit ist nun aber auf ein weiteres grundsätzliches Charakteristikum der menschlichen Kommunikation hinzuweisen, das die Art und Weise des *Gebrauchs* der verschiedenen Vermittlungsinstanzen betrifft und das die Voraussetzung für die Vielfalt menschlicher Kommunikationsmodalitäten darstellt: auf den *Symbol*-Charakter der menschlichen Kommunikation.

Menschliche Kommunikation als symbolisch vermittelte Interaktion

Der Terminus "symbolisch" nimmt nicht nur auf eine bestimmte Möglichkeit des Gebrauchs medialer Ausdrucksformen durch den Menschen Bezug; mit "Symbol" ist zugleich auch eine bestimmte Art von Zeichen angesprochen. Es erscheint daher notwendig, sich zunächst grundsätzlich mit dem Zeichenbegriff auseinanderzusetzen. Erst auf dieser Basis kann die Besonderheit des Symbolbegriffes eingeschätzt und seine Bedeutung für die menschliche Kommunikation diskutiert werden.

Kommunikation verläuft immer "medial", d. h. die Kommunikationspartner benötigen stets eine Vermittlungsinstanz, mit deren Hilfe sie erst in der Lage sind, Bedeutungen miteinander zu teilen. Indem man sich eines solchen Mediums bedient - indem man also eine derartige materielle Hülse verwendet, um Bedeutungsinhalte mit(einander)zuteilen -, produziert bzw. benützt man "Zeichen". So betrachtet, ist der Kommunikationsprozeß immer auch ein Zeichenprozeß (!).

Ein **Zeichen**[4] ist eine materielle Erscheinung, der eine Bedeutung zugeordnet (worden) ist. Indem es etwas *bedeutet*, verweist es auf etwas; d. h. es *deutet* auf etwas hin, das von ihm selbst verschieden (!) ist. Der Gegenstand/der Zustand/die Beziehung/das Ereignis usw., auf das/den das Zeichen verweist, fungiert dabei "lediglich" als die Quelle seiner Bedeutung; der eigentliche *Träger der Bedeutung* ist das Zeichen selbst. Ein Zeichen kann grundsätzlich alles sein, was (sinnlich) wahrnehmbar ist, kurz: alles, was in irgendeiner materiellen Form manifestiert wird. "Zeichen können materielle Gegenstände (z. B. ein Wegweiser aus Holz), deren Eigenschaften (z. B. die rote Farbe) oder materielle Ereignisse (z. B. eine Handbewegung) sein" (Schaff 1968, S. 27).

Nach ihrem jeweiligen Verhältnis zur Realität kann man zwei Klassen von Zeichen unterscheiden: natürliche und künstliche Zeichen.

Als **natürliche Zeichen** gelten dabei all jene materiellen Entscheidungen, die für das Objekt/den Vorgang/den Zustand usw., auf den/das sie verweisen, selbst kennzeichnend sind. Natürliche Zeichen sind eigentlich nicht zum Zweck der Kommunikation entstanden, sondern existieren unabhängig davon als natürliche Prozesse. Sie werden von dem Objekt, welches sie anzeigen, "kausal verursacht;

---

[4] Zum Zeichen-Begriff vgl. u. a.: Klaus/Buhr 1972, S. 1175; Menne 1973, S. 12; Pelz 1975; Schaff 1968, S. 27 und 1973, S. 145 f.; Steinmüller 1977, S. 62 f.; Boeckmann 1994.

es besteht also eine naturhafte Verbindung zwischen dem Anzeichen und dem Objekt, auf das es hinweist" (Steinmüller 1973, S. 63). In diesem Sinn sind natürliche Zeichen daher auch "Anzeichen", "Kennzeichen" oder "Symptome" der Objekte, auf die sie hindeuten.

So ist beispielsweise der "Hof" um den Mond ein (An-)Zeichen für Wetterverschlechterung, der Rauch ist ein (Kenn-)Zeichen für brennendes Feuer, das Erröten ein Symptom von Scham oder Verwirrung usw.

Als **künstliche Zeichen** gelten im Gegensatz dazu all jene materiellen Erscheinungen, die zum Zweck der Kommunikation entstanden bzw. geschaffen worden sind. Sie sind - was den *menschlichen* Kommunikationsprozeß betrifft - in der Regel auch "konventionelle Zeichen", d. h. ihre Bedeutung ist das Resultat einer sozialen Übereinkunft, einer Vereinbarung zwischen Menschen[5]. "Konvention" will hier speziell als *gesellschaftliche Konvention* verstanden werden. Es geht dabei also nicht so sehr darum, "daß die Übereinkunft von *gerade diesen sich hic et nunc* verständigenden Personen getroffen wird (obwohl das möglich ist). Die künstlichen Zeichen können kraft einer zu einem beliebigen Zeitpunkt bewußt und zielgerichtet getroffenen Übereinkunft ins Leben gerufen werden (wie z. B. alle Kodes), sie können sich aber auch aus der historischen Praxis des gesellschaftlichen Prozesses der Kommunikation herleiten (klassisches Beispiel: die Lautsprache)" (Schaff 1973, S. 167).

Die Aneinanderreihung bestimmter Lautzeichen bzw. Buchstaben wie etwa "t-i-s-c-h" - ist also so ein künstliches und zugleich auch konventionelles Zeichen. Es wurde zielgerichtet zum Zweck der zwischenmenschlichen Kommunikation gebildet und ist durch eine Übereinkunft von Menschen innerhalb einer - hier: der deutschen - Sprachgemeinschaft ins Leben gerufen, d. h. mit einer Bedeutung belegt worden.

In gleicher Weise haben z. B. auch die "Handzeichen" eines Verkehrspolizisten Bedeutung erlangt: Bestimmte Bewegungen, welche dieser mit seinen Armen veranstaltet, sind deswegen zu "Zeichen" geworden, weil sich eine Gruppe von Menschen - hier: die Verkehrsteilnehmer - auf bestimmte Bedeutungen geeinigt haben.

---

[5] Eine Ausnahme stellen hier v. a. die "ikonischen Zeichen" dar: sie erhalten bzw. "besitzen" ihre Bedeutung nicht aufgrund sozialer Konventionen, sondern aufgrund ihrer Ähnlichkeit zu dem Gegenstand, auf den sie verweisen (Fotos, Skulpturen, realistische Gemälde und Zeichnungen, aber auch eine Landkarte oder die topologische Skizze eines Eisenbahnnetzes sind Beispiele für solche ikonische Zeichen). Die vielerorts übliche (vgl. etwa S t e i n m ü l l e r 1973) Trennung in natürliche und konventionelle Zeichen wird derartigen Ausnahmen nicht gerecht und wurde daher hier nicht übernommen (vgl. dazu auch: S c h a f f 1973, S. 156, Fußnote 3).

Im Hinblick auf den hier interessierenden Kommunikationsprozeß muß nun aber noch eine weitere Differenzierung eingeführt werden, die sich auf die *Funktion* bezieht, welche die Zeichen im Rahmen des Kommunikationsprozesses erfüllen können. Zeichen können dort nämlich in einer "Signalfunktion" und in einer "Symbolfunktion" auftreten.

Als **Signal** tritt ein Zeichen dann auf, wenn seine Funktion in der unmittelbaren Einwirkung auf das Verhalten anderer Lebewesen besteht. Signale sind Zeichen *zu etwas;* d. h. Zeichen, die zu einer Aktivität drängen. Sie sind materielle Erscheinungen, die dem Zweck dienen, eine bestimmte Reaktion auszulösen. Diese Reaktion kann durch eine Vereinbarung zwischen Menschen vorherbestimmt worden sein; sie kann aber auch - v. a. bei Tieren - instinktiv angelegt oder durch Lernprozesse bedingt (= konditioniert) sein.

Im oben genannten Beispiel erfüllen die "Handzeichen" des Polizisten eine typische Signalfunktion: Es existiert eine Vereinbarung von Menschen, wonach bestimmte Armbewegungen des Polizisten bei den jeweiligen Verkehrsteilnehmern bestimmte Reaktionen auslösen sollen.

Auch der Schwänzeltanz der Biene - um ein Beispiel aus dem Animalbereich zu geben - erfüllt eine Signalfunktion im hier gemeinten Sinn: die anderen Bienen reagieren in instinktiv festgelegter Weise auf die jeweils durch die Art der Bewegung vermittelten Zeichen bzw. deren Bedeutungen.

Als **Symbol** tritt ein Zeichen dagegen dann auf, wenn es etwas (einen Gegenstand, einen Zustand, ein Ereignis usw.) *repräsentiert, m. a. W.,* wenn es eine "Vertretungsfunktion" erfüllt. Symbole - oder auch: Repräsentationszeichen - vertreten den Gegenstand, auf den sie verweisen.[6] Das bedeutet, daß sie *anstelle* des jeweiligen Gegenstandes, Zustandes von Dingen oder Ereignissen auftreten und im Bewußtsein Anschauungen, Vorstellungen und Gedanken hervorzurufen imstande sind, die normalerweise nur jener Gegenstand, jener Zustand von Dingen oder jenes Ereignis selbst hervorruft (vgl. Schaff 1973, S. 167). Selbstverständlich ist das Auftreten eines Zeichens als "Symbol" nur auf konventioneller Basis möglich (eine Ausnahme bilden hier allerdings die ikonischen Zeichen, d. h. die jeweilige Repräsentation muß sich auf eine Konvention stützen, von der die am Kommunikationsprozeß Teilnehmenden auch Kenntnis haben).

Im weiter oben genannten Beispiel erfüllt das sprachliche Zeichen "t-i-s-c-h" eine typische Symbolfunktion im hier gemeinten Sinn: Wenn ich diese Buchstaben-

---

[6] Aliquid stat pro aliquo (= etwas steht - stellvertretend - für etwas anderes); so lautet auch die ursprüngliche Definition von "Zeichen", die man bis in die mittelalterliche Scholastik zurückverfolgen kann (vgl. P e l z 1975, S. 37).

kombination in einem sprachlichen Kommunikationsprozeß gebrauche - vorausgesetzt, mein Kommunikationspartner versteht Deutsch; wir kennen also beide die entsprechende Konvention und damit die Bedeutung des Zeichens -, so bin ich in der Lage, bei meinem Kommunikationspartner und auch bei mir selbst Gedanken und Vorstellungen wachzurufen, die normalerweise nur beim Anblick eines Tisches ins Bewußtsein treten.

Ein weiteres (außersprachliches) Beispiel, das die Symbolfunktion eines Zeichens erläutert, ist die Fahne: Auch hier muß man wissen, daß die Fahne nicht bloß das Stück Stoff ist, aus dem sie besteht, sondern als "Fahne" z. B. stellvertretend für eine Gemeinschaft von Menschen (z. B. für eine Nation, einen Staat, einen Sportverein*)* erscheint und damit auch bestimmte Ansichten, Einstellungen, Haltungen usw. (z. B. Freiheit, Demokratie, Fairneß) repräsentiert. - Auf diese Weise ist ja auch das Mißachten einer Fahne der *symbolische* Ausdruck für die Mißachtung der jeweiligen Gemeinschaft, die die Fahne repräsentiert.

Als was ein Zeichen jeweils fungiert - als Signal oder als Symbol -, hängt nun aber nicht so sehr von seiner Art bzw. Beschaffenheit ab, sondern in erster Linie von seinem *Gebrauch;* d. h. von dem Umstand, *wie* es verwendet wird. Außer Zweifel steht, daß grundsätzlich sowohl natürliche als auch künstliche Zeichen Signal- und Symbolfunktion erfüllen können.

Es ist ja einzig eine Frage der jeweiligen Konvention, ob z. B. Rauch ein bloßes (= natürliches) Zeichen für Feuer ist, ob er als Signal zur Flucht vor drohender Gefahr fungiert oder ob er - wie beispielsweise in religiösen Ritualen - als Symbol für Überirdisches auftritt und dadurch dieses repräsentiert.

In gleicher Weise kann man übereinkommen, das Hissen einer Flagge (= künstliches Zeichen) z. B. als Signal zum Angriff auf den Feind zu verstehen; man kann aber auch übereinkommen - wie im oben zitierten Beispiel -, eine bestimmte Fahne als Symbol für einen bestimmten Staat (usw.) zu betrachten.

Der Umstand, ob ein Zeichen als Signal oder als Symbol fungiert, hängt also grundsätzlich nicht von diesem selbst ab, sondern von den Möglichkeiten seines Benützers. An dieser Stelle hebt sich nun jedoch endgültig und fundamental die tierische von der menschlichen Kommunikation ab: Im Rahmen der *tierischen* Kommunikation können Zeichen - ob sie nun "natürliche" oder "künstliche" Zeichen sein mögen[7] – ausschließlich *Signal*funktion erfüllen. Wann immer Tiere

---

[7] Es lassen sich hier zwei Auffassungen vertreten: Einerseits kann man das tierische Signal der Klasse der natürlichen Zeichen zuordnen. In diesem Fall sieht man es als Anzeichen oder Symptom dessen, worauf es verweist: So könnte man das Ausstoßen von Angstlauten durch Tiere, die sich in Gefahr befinden, von ebendieser Gefahr kausal verursacht sehen. Obwohl diese Angstlaute für andere Tiere als Signal (z. B. zur Flucht) fungieren, sind sie aber eigentlich nicht zum Zweck der Kommunikation ent-

miteinander kommunizieren, wirken ihre Zeichen als Signale; d. h. sie lösen damit bestimmte festgelegte Verhaltensweisen an ihren Partnertieren aus.[8] Die Vermittlung von "Bedeutung" geht dabei jeweils Hand in Hand mit einer *bestimmten* Reaktion bzw. ist mit dieser identisch.

So röhrt etwa der Hirsch und treibt damit seine Herde zur Flucht an; ebenso schwänzelt die Biene und veranlaßt dadurch die anderen Bienen, eine entdeckte Futterquelle aufzusuchen usw.

Erst im Rahmen der (zwischen-)*menschlichen* Kommunikation eröffnet sich dagegen die Möglichkeit, Zeichen nicht mehr nur als Signale, sondern auch - und vor allem - als *Symbole* einzusetzen. Erst der Mensch ist also dazu in der Lage, auf Zeichen bzw. die damit vermittelten Bedeutungen nicht mehr bloß zu reagieren, sondern diese (Bedeutungen) auch zu *verstehen*.[9] Dieses "Verstehen" meint hier also ausdrücklich die Fähigkeit, einem Zeichen bestimmte Gedanken, Anschauungen, Vorstellungen usw. in Form von Bedeutungsinhalten zuordnen zu können.[10]

---

standen, sondern sind Teil eines instinktiv ablaufenden (= natürlichen) Prozesses (vgl. dazu z. B. Schaff 1973, S. 159).

Andererseits kann man argumentieren, daß tierische Signale der Klasse der künstlichen Zeichen zuzuordnen sind, weil sie im Laufe der Evolution gerade zum Zweck der Kommunikation entstanden sind: Erst die Möglichkeit, Signale produzieren zu können, eröffnet ja z. B. den Bienen die Chance, ihre Futtersuche zu koordinieren und dadurch überleben zu können...

[8] "Dies gilt für die einfachen Lock-, Warn- und Paarungsrufe der Vögel ebenso wie für die relativ differenzierte Tanzsprache der Bienen ... Dies gilt für den Fall, daß Signale, wie etwa die Tanzbewegungen der Bienen, angeboren sind, aber auch für den Fall, daß sie, wie der Artgesang der Amseln, durch Nachahmung erworben werden. Dies gilt auch, wenn das Tier im Zusammenleben mit dem Menschen lernt, menschliche Worte als Signale oder auf menschliche Verhaltensweisen zureagieren" (Zdarzil 1978, S . 47).

[9] Strenggenommen kann man ja bereits *im* Hinblick auf den *signal*haften Zeichengebrauch Unterschiede im Kommunikationsgeschehen zwischen Mensch und Tier anführen. Wenn ein Mensch mit einer Handbewegung einen Fußgänger auf der Straße zum Stehenbleiben veranlaßt, dann handelt er sicher ähnlich wie z. B. ein Hirsch, der durch Röhren seine Herde zur Flucht antreibt. Aber dennoch scheint die Qualität des Kommunikationsprozesses eine andere zu sein: denn hinter der signalhaften Handbewegung verbirgt sich ein bestimmter Inhalt (wie etwa: Halt! oder Stehenbleiben! u. ä.), den beide Menschen *verstehen* und sich dessen auch bewußt sind, während den Tieren diese Möglichkeit fehlt (vgl. dazu auch Schaff 1973, S. 159). Auch neuere Forschungsergebnisse erhärten diese Auffassung (vgl. dazu etwa Bouissac 1993).

[10] Die Fähigkeit des Menschen, Symbole generieren zu können, ist eng mit seiner Sprachfähigkeit verknüpft (vgl. Griese 1976, S. 28 f.; Lindesmith/Strauss 1974, S. 59 f), und diese wiederum setzt "begriffliches Denken" - d. h. die Fähigkeit zur Abstraktion - voraus. Bis heute gilt die Gattung "Homo sapiens" als die einzige Spezies, die - als Folge eines ganz besonderen Umweltdrucks (vgl. Soritsch 1974, 1975) - diese Fähigkeit im Laufe einer Million Jahre dauernden Evolution entwickeln konnte. Auf der Basis dieses Wissens kann man die Fähigkeit zur Symbolbildung in der Tat als einen zentralen Unterschied zwischen Mensch und Tier begreifen.

Für den menschlichen Kommunikationsprozeß ist dabei v. a. der Umstand von besonderer Bedeutung, welcher aus der oben angeführten "Vertretungsfunktion" der Symbole erwächst: Gerade dadurch, daß man mit Hilfe von Symbolen in der Lage ist, Objekte repräsentieren - oder auch: "symbolisieren" - zu können, wird es ja möglich, Gegenstände, Gedanken, Anschauungen, Vorstellungen usw. im Bewußtsein zu aktualisieren, die hier und jetzt - also im Augenblick der Zeichenverwendung überhaupt - keine reale Entsprechung besitzen. Das bedeutet zugleich, daß es dem Menschen - im Gegensatz zum Tier - möglich ist, "eine Haltung gegenüber den Gegenständen in absentia einzunehmen, welche als ‚denken an' oder ‚sich beziehen auf' bezeichnet wird" (Langer 1965, S. 38); m. a. W., auf dem "Umweg" über Symbole können Menschen über Objekte verfügen, ohne daß diese im jeweiligen Augenblick auch tatsächlich präsent sind.

Die signalhafte Kommunikation im Tierreich ist nämlich immer sowohl zeit- als auch situationsgebunden: der röhrende Hirsch zeigt die Gefahr an, vor der es hier und jetzt zu flüchten gilt; die schwänzelnde Biene zeigt die Futterquelle an, die sie hier und jetzt gefunden hat.

Der Mensch dagegen kann sich - um in diesen Beispielen zu bleiben - mit Hilfe von Symbolen eine gefährliche Situation vergegenwärtigen, ohne daß eine solche auch tatsächlich vorliegt; er kann an eine Nahrungsquelle denken, er kann sich auf die Verteilung von Nahrung beziehen, ohne daß diese hier und jetzt vorhanden ist.

Unschwer einsehbar, ja geradezu selbstverständlich erscheint an dieser Stelle der Hinweis, daß der Mensch via Symbolbildung natürlich auch abstrakte Vorstellungen in sein Bewußtsein rufen kann; also Bereiche der Wirklichkeit, die als konkret wahrnehmbare "Gegenstände" ja überhaupt nicht existent sind.[11]

So steht z. B. das sprachliche Symbol "Freiheit" nicht für ein konkretes Objekt (wie das etwa bei Wörtern wie "Baum", "Haus" u. ä. der Fall ist), sondern für eine Art bzw. Bedingung des Handelns, ein Gefühl, einen Gesellschaftszustand usw. also für einen Wirklichkeitsbereich, der nur über "Indikatoren" (= Ersatzgrößen) wahrgenommen werden kann.

Ähnlich verhält es sich z. B. mit der olympischen Fahne und der damit symbolisierten "olympischen Idee": auch hier symbolisiert die Fahne nicht einen konkret wahrnehmbaren "Gegenstand", sondern eine Art und Weise des Verhaltens, eine Einstellung, eine Gesinnung u. ä.

---

[11] "Religion, Kunst, Wissenschaft sind die größten Symbolsysteme der bisherigen Geschichte des Menschen", schreiben Berger/Luckmann und meinen damit, daß gerade dies Beispiele für riesige Gebäude symbolischer Vorstellungen sind, die sich "über der Wirklichkeit ... zu türmen scheinen wie gigantische Präsenzen von einem anderen Stern" (1970, S.42).

Gerade am Beispiel des Aktualisierens solcher abstrakter Vorstellungen wird aber deutlich, wie sehr der Bedeutungsgehalt eines Symbols mit der jeweils gemachten Erfahrung des Benützers zusammenhängt. Der Umstand, *wie* ein Zeichen zu seiner Bedeutung gelangt - also der Vorgang, im Zuge dessen diese Bedeutungszuweisung geschieht -, entscheidet ja v. a. darüber, *welche* Gedanken, Vorstellungen, Gefühle usw. bei dessen Gebrauch im Bewußtsein aktualisiert werden. Symbole - so könnte man es pointiert ausdrücken – sind "mehr" als bloß Zeichen, die für etwas Bestimmtes stehen: sie besitzen "für bestimmte Menschen einen zusätzlichen Inhalt", weil sie "als Etikette für andere, mehr oder weniger präzis umschreibbare Komplexe von Fakten oder Vorgängen benutzt werden" (Treinen 1965, S. 81).[12] Worin diese Komplexe von Fakten und Vorgängen bestehen, die durch die Verwendung des entsprechenden Symbols dann jeweils aktualisiert werden, das bestimmt eben der "Prozeß der Symbolisierung" (ebd. S. 82). Gemeint sind entsprechende Situationen bzw. Lebensabläufe, in denen sich die Bedeutungsinhalte jeweils konstituieren.

So wird das sprachliche Symbol "Freiheit" bei einem Angehörigen eines ehemaligen Ostblockstaates andere Bedeutungsinhalte aktualisieren als bei einem Bürger einer westlichen Demokratie; ebenso wird das "olympische Symbol" für das Mitglied einer olympischen Mannschaft etwas anderes (wenigstens etwas Zusätzliches) bedeuten als für den bloß Sportinteressierten.

Aus dem bisher Gesagten wird jedenfalls klar erkennbar, daß die Bedeutung eines Zeichens, das als Symbol fungiert, weder als etwas ein für allemal Feststehendes betrachtet werden darf, noch als etwas, das bei verschiedenen Menschen in genau gleicher Weise vorhanden ist. M. a. W., die Bedeutung eines Symbols ist immer vom jeweiligen raumzeitlichen Kontext (mit-)bestimmt. Dies v. a. deshalb, weil ja auch die "Objekte", die durch die jeweiligen Symbole repräsentiert werden, nicht bereits "an sich" eine bestimmte Bedeutung oder einen bestimmten Stellenwert besitzen. Der jeweilige Stellenwert bzw. die jeweilige Bedeutung der Dinge - und damit auch die Bedeutung der entsprechenden Symbole - geht vielmehr erst aus der Art und Weise des Umgangs mit ihnen hervor; d. h. aus dem Umstand, *wie* Menschen in bezug auf diese Dinge handeln. Daraus resultiert eben, daß ein und dasselbe Objekt für verschiedene Individuen durchaus unterschiedliche Bedeutung besitzen kann.

"Ein Baum wird ein jeweils unterschiedliches Objekt darstellen für einen Botaniker, einen Holzfäller, einen Dichter und einen Hobbygärtner; der Präsident der

---

[12] Treinen hat das Symbolphänomen am Beispiel der Bedeutung von Ortsnamen untersucht und dabei nachgewiesen, daß derartige Symbole für verschiedene Kategorien und Gruppen von Menschen verschiedene Bedeutung haben" (Treinen 1965, S. 81).

Vereinigten Staaten kann ein sehr unterschiedliches Objekt sein für ein Mitglied seiner politischen Partei und für ein Mitglied der Opposition ..." (Blumer 1973, S. 90).

Es erscheint an dieser Stelle der Hinweis angebracht, daß die hier vertretene Position einer bestimmten Denkrichtung zuzuordnen ist: dem auf G. H. Mead (1968) zurückgehenden Konzept des "Symbolischen Interaktionismus".[13] Der **Symbolische Interaktionismus** ist ein Konzept menschlichen Handelns, welches v. a. das In-Beziehung-Treten des Menschen mit seiner Umwelt thematisiert: Er geht dabei von der Annahme aus, daß der Mensch nicht nur in einer *natürlichen,* sondern auch - und das vor allem - in einer *symbolischen* Umwelt lebt. Die Dinge und deren Bezeichnungen repräsentieren gewissermaßen das jeweilige Verhältnis "Mensch - Umwelt"; sie symbolisieren für den jeweiligen Menschen die subjektive Wirklichkeit seiner gemachten Erfahrung(en). Nach Herbert Blumer (1973, S. 81 f) basiert das handlungstheoretische Verständnis des Symbolischen Interaktionismus im wesentlichen auf folgenden drei Prämissen:

1. Menschen handeln "Dingen" gegenüber auf der Grundlage von Bedeutungen, die diese Dinge für sie besitzen.

2. Die Bedeutung dieser Dinge entsteht in/wird abgeleitet aus den sozialen Interaktionen, die man mit seinen Mitmenschen eingeht.

3. Diese Bedeutungen werden im Rahmen der Auseinandersetzung mit ebendiesen Dingen in einem interpretativen Prozeß benützt und auch abgeändert.

Im symbolisch-interaktionistischen Sinn existieren "Dinge" nicht als isolierte Entitäten, sie besitzen keine geschichtslose "Wesenhaftigkeit" u. ä., sondern sie existieren ausschließlich raum- und zeitgebunden. Es gibt somit kein Ding "an sich", sondern vielmehr jeweils ein Ding "für mich": Gegenstände entstehen im Hinblick auf ihre Bedeutung überhaupt erst dann, wenn sie von Menschen in deren Handlungen mit einbezogen werden. Die Bedeutung eines Gegenstandes ist als "soziale Schöpfung" (Blumer 1973, S. 91) dann jeweils das Ergebnis mannigfaltiger Definitions- und Interpretationsprozesse, die zwischen Menschen ablaufen, wenn diese im Hinblick auf den jeweiligen Gegenstand handeln.

So ist z. B. ein Sessel nicht "von sich aus" ein Sessel. Ein Kleinkind lernt die Bedeutung eines Sessels erst dann kennen, wenn andere Personen im Hinblick auf diesen Sessel handeln, indem sie z. B. darauf sitzen ... Dadurch "definieren" und

---

[13]Da die posthum veröffentlichten Vorlesungen von G. H. Mead (1968) einer gewissen Unsystematik nicht entbehren, sei als Ergänzung auf übersichtliche Darstellungen des Ansatzes etwa bei Blumer 1973 und Rose 1967 verwiesen.

"interpretieren" die handelnden Personen erst die Bedeutung des Gegenstandes "Sessel" für das Kleinkind.[14]

Ein Zeichen, das als Symbol fungiert, repräsentiert also nicht bloß einen bestimmten "Gegenstand", sondern in Verbindung damit auch eine bestimmte *Beziehung* zu eben diesem Gegenstand.[15] Es symbolisiert somit immer auch eine *subjektiv erfahrene Wirklichkeit,* die für verschiedene Menschen nicht unbedingt die gleiche sein muß. Aufgrund unzähliger (sozialer) Interaktionen blickt ja jeder einzelne Mensch auf eine mehr oder weniger große Anzahl subjektiver Definitions- und Interpretationsleistungen zurück. Gleichsam als Summe dieser Erfahrungen "besitzt" somit jeder Mensch einen bestimmten (subjektiven) Vorrat an Symbolen - genauer: er verfügt über abrufbare (d. h. im Bewußtsein aktualisierbare) "Bedeutungskonglomerate".

Wenn Menschen nun im Prozeß der kommunikativen Interaktion im Hinblick aufeinander kommunikativ handeln, dann wollen sie entsprechend der allgemeinen Intention ihres Handelns Bedeutungen "miteinander teilen". Zu diesem Zweck müssen sie daher Zeichen als Symbole (für bestimmte Bedeutungen) gebrauchen; erst dadurch sind sie ja dazu imstande, wechselseitig vorhandene bzw. vorrätige Bedeutungen im Bewußtsein zu aktualisieren. Wenn zwei Menschen miteinander kommunizieren (wollen), dann treten sie also *symbolisch* vermittelt zueinander in Beziehung.

Die jeweils versuchte symbolisch vermittelte Interaktion ist allerdings nur dann erfolgreich, wenn die Kommunikationspartner auch das konstante Ziel ihrer kommunikativen Handlungen erreichen: wenn sie *Verständigung* über die jeweils zu vermittelnden Bedeutungen erzielen. Diese Verständigung - und damit: Kommunikation - kommt jedoch nur dann zustande, wenn im Bewußtsein *beider* Kommunikationspartner *dieselben* Bedeutungen aktualisiert werden. M. a. W., menschliche Kommunikation setzt einen Vorrat an Zeichen voraus, welche für die jeweiligen Kommunikationspartner *dieselben* "Objekte" (Gegenstände, Zustände, Vorstellungen, Anschauungen, Ideen usw.) symbolisieren. Symbole, welche dieses leisten, sollen mit G. H. Mead als signifikante Symbole" bezeichnet werden. Ein **signifikantes Symbol** ist demnach ein Zeichen, das eine dahinterstehende Idee (d. h. einen bestimmten Vorstellungsinhalt) ausdrückt und diese Idee auch beim Kommunikationspartner auslöst (vgl. Mead 1968, S. 85).

---

[14]Erwähnenswert scheint in diesem Zusammenhang die Unterscheidung von "Ding" und "Gegenstand": Nach Plessner nimmt das Tier nur "Dinge" wahr, der Mensch dagegen erkennt "Gegenstände", d. h. er ist in der Lage, die Brauchbarkeit, den Stellenwert u. ä. - eben: die Bedeutung der "Dinge" gedanklich zu fassen (!) (zit. n. Zdarzil 1978, S. 43)

[15] Vgl. dazu auch Helle (1968, S. 18 f.), der dort einen ähnlichen Standpunkt vertritt.

Im Anschluß an M e a d läßt sich Kommunikation daher mit Luhmann als "gemeinsame Aktualisierung von Sinn" (1971, S. 42) begreifen und nicht - wie man bei unbedachter Verwendung des Begriffes zumeist meint - als ein Vorgang der "Übertragung" von Sinn oder Information. Die Vorstellung von der Übertragung scheitert nach Luhmann auch "schon daran, daß sie die Identität des zu Übertragenden und damit die Aufgabe des Besitzes bei Weitergabe (...) voraussetzt. Als Identisches fungiert in der Kommunikation indes nicht eine übertragene, sondern eine gemeinsam zugrunde gelegte Sinnstruktur" (Luhmann ebd. S. 43).

Wie kann es aber - so ist hier zu fragen - angesichts des engen Zusammenhanges von persönlicher Erfahrung und Symbolbildung überhaupt zur Entstehung solcher signifikanter Symbole kommen? Wenn Symbole nicht bloß einen Gegenstand, sondern auch eine Beziehung - und damit ja eine subjektiv erfahrene Wirklichkeit - aktualisieren, dann symbolisieren sie bei verschiedenen Menschen ja auch stets Unterschiedliches.

Man darf allerdings an dieser Stelle nicht einen Fehler begehen und unter dem (vermeintlichen) Deckmantel symbolisch-interaktionistischen Denkens einen extremen Subjektivismus vertreten. Es wäre zweifellos eine Über- (bzw. Miß-)Interpretation des theoretischen Ansatzes, wollte man aus diesem ableiten, ein Symbol- bzw. Bedeutungsvorrat eines bestimmten Menschen sei ausschließlich (!) "subjektgebunden" und besitze mit ebendem eines anderen Menschen so gut wie überhaupt keine Ähnlichkeiten. Die Wahrheit scheint vielmehr - wie so oft - in der Mitte zu liegen: Sicher trifft es zu, daß jeder einzelne Mensch "seine" Symbole bzw. deren Bedeutungsinhalte aus einem ganz persönlichen, subjektiven Erlebnis- und Erfahrungszusammenhang heraus bildet und entwickelt. Genauso sicher scheint aber auch zu sein, daß diese Erlebniswelt grundsätzliche Gemeinsamkeiten zu jener der übrigen Mitmenschen aufweist. Diverse Sozialisationsmechanismen und -instanzen (von der Familie über Schule, Arbeitsplatz bis zu den Massenmedien usw.) sorgen ja für weitreichende Ähnlichkeiten in der Erfahrungs- und Denkwelt einer mehr oder weniger großen Sozietät.

So werden verschiedene (vermutlich die meisten) Menschen einer Industriegesellschaft mit dem Symbol "Auto" ganz ähnliche Objektvorstellungen verbinden. Dieses (sprachliche) Symbol wird im Bewußtsein verschiedener Menschen also mehr oder weniger *ähnliche* Vorstellungsinhalte aktualisieren; es kann somit (für die Mitglieder derartiger Gesellschaften) als ein *signifikantes* Symbol bezeichnet werden.

Was jedoch von der symbolisch-interaktionistischen Position für das menschliche Kommunikationsgeschehen abgeleitet werden soll, das ist die Einsicht, daß verschiedene *Erlebnisdimensionen* derselben (natürlichen) Realität existieren. Die

Tatsache, daß Menschen - wenigstens innerhalb eines bestimmten raum-zeitlichen Kontinuums - unter ähnlichen materiellen und sozialen Bedingungen leben, impliziert nämlich keineswegs, daß sie die "Gegenstände" dieser gemeinsamen Realität auch in ein und derselben Weise erfahren. Trotz dieser grundsätzlichen Gemeinsamkeiten in den Erlebniswelten verschiedener Menschen darf man nicht übersehen, daß ein und dasselbe reale "Objekt" von verschiedenen Menschen - oder auch von einem einzigen Menschen in verschiedenen Situationen - unterschiedlich wahrgenommen werden kann. Dieser Umstand bringt es eben mit sich, daß *derselbe* "Gegenstand" bzw. dessen Symbol im Bewußtsein verschiedener Menschen auch *verschiedene Erlebnisdimensionen* aktualisieren kann. Je unähnlicher der Erfahrungsbereich der jeweiligen Menschen ist, desto unähnlicher werden auch die jeweils aktualisierbaren Erlebnisdimensionen sein (und umgekehrt). Es erscheint plausibel, daß der persönliche Tätigkeits- bzw. Erfahrungsbereich der Menschen, bestimmte Erlebnisdimensionen mehr, andere dagegen weniger begünstigt. Generell kann man sagen, daß die Anzahl der Erlebnisdimensionen, die durch einen "Gegenstand" bzw. dessen Symbol überhaupt aktualisiert werden können, von der Anzahl der (subjekt) erfahrbaren Wirklichkeiten (und damit: von der Anzahl der möglichen Tätigkeits- und Erfahrungsbereiche) abhängt, welche die jeweilige Sozietät bereitstellt.

Um das Auto-Beispiel weiterzuführen: Man kann ein Auto als bloßen "Gegenstand zur Fortbewegung" erleben; man kann darin ein "hochentwickeltes technisches Industrieprodukt" sehen; es kann als "Sportgerät" oder "Vergnügungsmittel" empfunden werden; man kann es aber auch als "Statussymbol" oder "Fetisch" betrachten usw. All diese - und wahrscheinlich noch mehr - Erlebnisdimensionen des Gegenstandes "Auto" stellt uns z. B. unsere Industriegesellschaft bereit; all das sind nachvollziehbare Möglichkeiten, den Gegenstand "Auto" subjektiv zu erfahren bzw. zu erleben.

Erlebnisdimension meint also nichts anderes als die *Qualität* der persönlichen Erfahrung, die im Umgang mit einem "Gegenstand" der Realität gewonnen wurde und die sich schließlich zu einer *subjektiven Bedeutung* ebendieses "Gegenstandes" verfestigt. **Bedeutung** kann in diesem Sinn als die Summe aller Erfahrungsqualitäten in Form mental gespeicherter Erlebnisdimensionen aufgefaßt werden.

Wenn nun also Menschen im Prozeß der kommunikativer Interaktion *symbolisch* vermittelt zueinander in Beziehung treten und dabei wechselseitig vorrätige Bedeutungen ins Bewußtsein rufen, dann aktualisieren sie ja genaugenommen jeweils bei sich selbst "gespeicherte" Erlebnisdimensionen. Sie rufen - indem sie Symbole gebrauchen - im eigenen Bewußtsein eine Ansammlung von (subjektiven) Erfahrungen mit jenen "Gegenständen" wach, welche durch die jeweiligen Symbole repräsentiert werden. Nur wenn wenigstens Teile dieser gespeicherten

Erlebnisdimensionen bei *beiden* Kommunikationspartnern vorhanden sind, kann Kommunikation gelingen bzw. Verständigung zustande kommen:

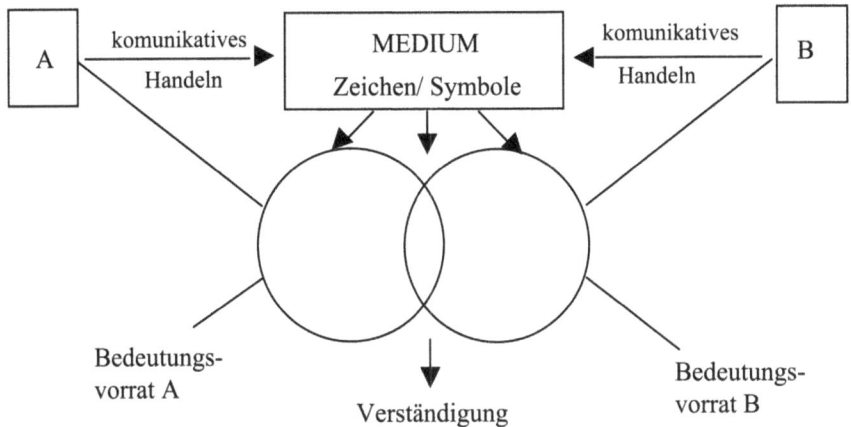

Abb. 2 Die graphische Darstellung veranschaulicht eine derartige Kommunikationssituation. A + B handeln kommunikativ im Hinblick aufeinander; d. h. sie versuchen durch den Gebrauch von Zeichen bzw. Symbolen Bedeutungen miteinander zu teilen. Dabei aktualisieren sie im Bewußtsein jeweils subjektiv vorhandene Bedeutungsvorräte in Form gespeicherter Erlebnisdimensionen. Im angenommenen Fall sind die wachgerufenen Bedeutungsvorräte einander ähnlich, denn die "Mengen" der auf beiden Seiten aktualisierten Erlebnisdimensionen überschneiden sich teilweise. In diesem Bereich kommt es daher zur Verständigung zwischen A + B. Jener Teil an Bedeutungsvorräten, der sich außerhalb der gekennzeichneten "Schnittmenge" befindet, soll die extrem subjektspezifischen Erfahrungsqualitäten andeuten, welche die beiden Kommunikationspartner nicht miteinander teilen. In diesem Bereich ist - wenigstens mit Hilfe der im Augenblick verwendeten Symbole - keine Verständigung zwischen A + B möglich. Je ähnlicher die Tätigkeits- und Erfahrungsbereiche sind, in denen die Erlebnisdimensionen "bereitgestellt" werden, desto größer wird die "Schnittmenge" sein, je verschiedener sie sind, desto kleiner wird sie. Die völlige Deckungsgleichheit der Mengen oder das völlige Fehlen einer "Schnittmenge" sind (theoretisch) denkbare, aber (praktisch) im Rahmen einer Sozietät nicht sehr wahrscheinliche Extremfälle.

Zwei Kommunikationspartner treten durch ihr wechselseitig aufeinander gerichtetes kommunikatives Handeln, also über *Symbole* vermittelt, zueinander in Beziehung. Sie verwenden ein ihnen gemeinsam zur Verfügung stehendes Medium

dazu, um mit Hilfe (bewußt und zielgerichtet) produzierter Ausdrucksformen bestimmte Bedeutungen "miteinander zu teilen"; m. a. W., sie wollen beide an ein
und demselben Bedeutungsinhalt in gleicher Weise "Anteil haben" - kurz: sie
wollen die zu vermittelnden Bedeutungen in gleicher Weise *verstehen*. Diese
Möglichkeit besitzen sie, indem sie *symbolisch* vermittelt agieren. Allerdings aktualisieren sie im Rahmen dieser *symbolisch vermittelten Interaktion* (in der Regel) jeweils bei sich selbst *auch* Vorstellungsinhalte bzw. Erlebnisdimensionen,
die sie *nicht* miteinander teilen (können), weil die diesbezüglich gleichen Erfahrungen als Grundlage fehlen.

Die symbolisch-interaktionistischen Überlegungen sollten somit letztlich zur Einsicht verhelfen, daß selbst ein *identischer Zeichen- bzw. Symbolvorrat* verschiedener Menschen "nur" einen (mehr oder weniger) *ähnlichen Bedeutungsvorrat*
impliziert. In diesem Sinn ist also auch für "signifikante Symbole" (in der Regel)
eine "Grauzone" von Vorstellungsinhalten bzw. Erlebnisdimensionen mitzuden-
ken, die von den jeweiligen Kommunikationspartnern *nicht* miteinander geteilt
werden (können).

Literaturverzeichnis

Berger, P. L./Luckmann, T.: Die gesellschaftliche Konstruktion der Wirklichkeit. Eine Theorie der Wissenssoziologie. Frankfurt/Main 1970.

Blumer, H.: "Der methodologische Standort des symbolischen Interaktionismus." In: Arbeitsgruppe Bielefelder Soziologen (Hrsg.): *Alltagswissen, Interaktion und gesellschaftliche Wirklichkeit.* 2 Bde. Hamburg 1973, S. 80-146, 1973.

Boeckmann, K.: Unser Weltbild aus Zeichen. Zur Theorie der Kommunikationsmedien. Wien 1994.

Bouissac, P.: "Semiotisches Wettrüsten: Zur Evolution artübergreifender Kommunikation." In: *Zeitschrift für Semiotik* (Themenheft: Kommunikation zwischen Mensch und Tier), Heft 1-2, 1993, S. 3-21.

Burghardt, A.: Einführung in die allgemeine Soziologie. München 1972.

Cranach, M. v.: "Die nichtverbale Kommunikation im Kontext des kommunikativen Verhaltens." In: Moscovici (Hrsg.): , S. 307-343, 1975.

Graumann, C. F.: "Interaktion und Kommunikation." In: derselbe (Hrsg.), S. 1109-1262, 1972.

Griese, H.: Soziologische Anthropologie und Sozialisationstheorie. Weimheim-Basel 1976.

Helle, H. J.: "Symbolbegriff und Handlungstheorie." In: KZfSS, S. 17-37, 1968.

Kainz, F.: Die "Sprache" der Tiere. Stuttgart 1961.

Klaus, G./Buhr, M. (Hrsg.): *Wörterbuch der Philosophie.* Hamburg 1972.

Langer, S. K.: Philosophie auf neuem Wege. Das Symbol im Denken, im Ritus und in der Kunst. Frankfurt/Main 1965.

Lersch, P.: Der Mensch als soziales Wesen: Eine Einführung in die Sozialpsychologie. München 1965.

Lindesmith, A. R., Strauss, A. L.: *Symbolische Bedingungen der Sozialisation.* Teil 1. Düsseldorf 1974.

Luhmann, N.: "Sinn als Grundbegriff der Soziologie." In: Habermas/Luhmann: *Theorie der Gesellschaft oder Sozialtechnologie – Was leistet die Systemforschung?* Frankfurt/Main 1971, S. 25 - 100.

Mead, G. H.: *Geist, Identität, Gesellschaft.* (Hrsg. Charles Morris) Frankfurt/ Main 1968.

Menne, A.: *Einführung in die Logik.* München 1973.

Pelz, H.: *Linguistik für Anfänger.* Hamburg 1975.

Pross, H.: *Medienforschung.* Darmstadt 1972.

Reimann, H.: Kommunikationssysteme. Umrisse einer Soziologie der Vermittlungs- und Mitteilungsprozesse. Tübingen 1968.

Rose, A. M.: "Systematische Zusammenfassung der Theorie der symbolischen Interaktion." In: Hartmann (Hrsg.), S. 266-282, 1967.

Schaff, A.: *Essays über die Philosophie der Sprache.* Wien-Frankfurt-Zürich 1968.

Schaff, A.: Einführung in die Semantik. Hamburg 1973

Soritsch, A.: "Die Bedeutung der Werkzeuglichkeit für die Kommunikationsfähigkeit des Menschen." In: *Österreichische Monatshefte für ärztliche Fortbildung* 11/12/1974, S. 275-280.

Steinmüller, U.: Kommunikationstheorie. Eine Einführung für Literatur- und Sprachwissenschaftler. Stuttgart 1977.

Treinen, H.: "Symbolische Ortsbezogenheit." In: KZfSS 17. Jg. S. 73-97, S. 254-297, 1965

Zdarzil, H.: Pädagogische Anthropologie. Graz 1978.

Fälle und Übungen (1)
„Kommunikation" als Interaktionsbegriff

1.1

Das Verständnis von Kommunikation als „doppelseitiges Geschehen", wie es Burkart formuliert, ist innerhalb der Kommunikationsforschung noch relativ neu. Auch heute noch findet man in vielen Bereichen insbesondere von Wirtschaft und Politik einen Kommunikationsbegriff vor, der kommunikatives Handeln nicht als Interaktion (wechselseitiges Handeln), sondern als Transmission (einseitiges Handeln) deutet.

Dieser Transmissionsbegriff von Kommunikation war bis zu den späten siebziger Jahren auch in Deutschland in nahezu allen Bereichen eindeutig dominant.

- Welche gesellschaftlichen Prozesse könnten zu dem allmählichen Bedeutungsverlust des Transmissionsbegriffes und zum Bedeutungszuwachs des Interaktionsbegriffes von Kommunikation geführt haben?

- Der ökonomische Transformationsprozess in Osteuropa wird oft als Beispiel für die Praxis eines Transmissionsbegriffs von Kommunikation genannt. Warum? Wie hätte der Transformationsprozess gestaltet werden müssen, wenn man aus westlicher Perspektive Kommunikation als Interaktion verstanden hätte?

1.2

In Anmerkung 11 werden Berger/Luckmann mit der Aussage zitiert, Religion, Kunst, Wissenschaft seien „die größten Symbolsysteme der bisherigen Geschichte des Menschen". Nennen Sie hierfür einige konkrete Beispiele!

1.3

„Als was ein Zeichen fungiert, hängt weniger von seiner Beschaffenheit als vielmehr von seinem Gebrauch ab": Erläutern Sie diese These (aus deutscher Sicht) am Beispiel der Gestaltung der nachstehenden Anzeige aus einer US-amerikanischen Zeitung. Spekulieren Sie auf der Grundlage des ersten Eindrucks und ohne den Text zu lesen, was Inhalt der Anzeige sein könnte:

The McColl School of Business
Graduate Business Alumni Association
Presents...

Heidi Miller

Named the second most powerful woman in American business by FORTUNE
Magazine in 1999, Ms. Miller has served as Senior Executive Vice President and
CFO of priceline.com and Executive Vice President and CFO of Citigroup Inc.
Currently, she is serving as Vice Chairman of Marsh, Inc.

THURSDAY, APRIL 12, 2001
6:00 P.M.
ACCENTURE AUDITORIUM
JOHN H. SYKES LEARNING CENTER

Tickets: $12 General Public, $10 Alumni
For more information, contact: Susan Cameron, Director of External Relations
Phone: 704-337-2256 Email: camerons@queens.edu

Dass Todesanzeigen in den USA dementsprechend in anderer Weise kommuniziert werden, ist naheliegend:

DEATH NOTICES

DEATHS *from preceding page*

Mecklenburg

Mr. U. Chester (Chet) Whelchel, age 90, died March 16, 2001 in Wilmington, NC.

Born in Gaffney, SC, Mr. Whelchel moved to Charlotte at the age of two years and spent his entire life there. He started his career with the Pure Oil Company. He served the Charlotte Chamber of Commerce as Director of Industrial Development until he joined Celanese Corp. where he retired as Corporate Director of Community Relations.

Always interested and active in local community affairs he served as the first President and Co-Founder of the Charlotte Public Relations Society, was President and Man of the Year of the Charlotte Jaycees, Co-Founder and director of the 'Jaycee Jollies', President of Charlotte Childrens Nature Museum, President of Mecklenburg T.B. Association, President of Charlotte Southern Lions Club, President of McClintock Junior High and Myers Park High School P.T.A. Associations, served two terms as director of Charlotte Chamber of Commerce, three terms as Vice Chairman of Charlotte Parks & Recreation Commission.

CONNELLY SPRINGS — Mrs. Esmay Frye Stevenson, 90, died March 16, 2001. Funeral is 11:00 a.m. Monday at Bass-Smith Funeral Home, Hickory. Visitation is 10-11 a.m. Monday at Bass-Smith Funeral Home.

DENTON — Dawson Alexander Snider, 89, died Friday, March 16. Funeral is 3:30 p.m. Monday at Briggs Funeral Home Memorial Chapel. Visitation is 6-7:30 p.m. Sunday at Briggs Funeral Home in Denton.

DENVER — Enid Gladys Hughes died March 17, 2001. Memorial services are 3 p.m. Monday at St. Peter by the Lake Episcopal Church and St. Alban's Episcopal Church, Louisville, KY at a later date yet to be determined.

ELLENBORO — Mr. William Odus Mathis, died Friday, March 16, 2001. Funeral is 2 p.m. Tuesday at Gantts Grove Baptist Church. Visitation will be 7-9 p.m. Monday at McKinney-Landreth Funeral Home.

GASTONIA — Bobby Dean Benge, 59, died Friday, March 16, 2001. Visitation is 7-9 p.m. Tuesday at Greene Funeral Service (Southside Chapel). Funeral Service (Southside Chapel).

GASTONIA — Mamie Kinley Revels, 74, died Thursday, March 15, 2001. The funeral will be 2 p.m. Monday at Greene Funeral Service (Southside Chapel). Visitation will be from 7-9 p.m. Sunday at Greene Funeral Service (Southside Chapel).

HICKORY — Mr. Archer Benjamin Whitley, 73, died March 16, 2001. Funeral is 3 p.m. Sunday at Highland Baptist Church. Visitation is 2-3 p.m. Sunday at Highland Baptist Church, Hickory.

LENOIR — William Charles Davis, Jr., 75, died March 16, 2001. Funeral is 11 a.m. Monday at Pendry's Chapel. Visitation is 10-11 a.m. Monday at Pendry's Funeral Home.

LENOIR — Hugh Daniel Gilbert, 81, died March 16, 2001. Funeral is 2 p.m. Tuesday at Miller Hill Baptist Church. Visitation is 7-8:30 p.m. Monday at Pendry's Funeral Home.

LENOIR — Rosa Thomas Woody, 95, died Friday. Funeral is 2 p.m. March 18, 2001 at Greer-McElveen Funeral Home Chapel. Greer McElveen Funeral Home is in charge of arrangements.

LEXINGTON — Bill Sink, 82, died Friday. Graveside service is 2 p.m. Monday at Forest Hill Memorial Park. Visitation will follow the graveside service. Davidson Funeral Home is serving the family.

LINCOLNTON — Mr. Ronnie 'Butch' Grant, 52, died Saturday. Funeral is 3 p.m. Monday in the Warlick Funeral Home Chapel. Visitation is 7-8:30 p.m. Sunday at Warlick Funeral Home.

MAXTON — Mrs. Leola Evans Stephens, 86, died March 16. Funeral is 3 p.m. Sunday at Centre Presbyterian Church. The family received friends from 6-8 p.m. Saturday at McDougald Funeral Home.

MONROE — Mr. Oscar Ca... 22, died March 14, 2001. and burial will be held in Visitation will be held Sunc Monday 10 am to 7 pm a Funeral Home in Monroe.

NEWTON — Mr. David All Lowe, age 76, died Friday, Ma 2001. A memorial service w p.m. Tuesday at the Spirit R the Abernethy Center in Newt The family will receive friends ing the memorial service.

POLKTON — Mr. Alexanc ton, 78, died March 16, 20 neral is 4 p.m. Monday at Springs Baptist Church. Visit 2-8 p.m. March 18, 2001 a Funeral Home.

RALEIGH — Jacqueline Powell Derey, of Raleigh, wen with Jesus on March 16, 200

is a grad West Mi burg School, C: and Ala Communi lege with sociate De She also a CWC stat the Ameri linary Fedi Jackie was past president of angle Chefs Association and I tained numerous awards and in her chef career. Ms. Derey is survived by Mark Edelbaum of Raleigh, a ters Ann P. Hoover of Carrbon J. Coley of Charlotte; Frances...

Erläutern Sie an diesem Beispiel auch, warum Kommunikation weit mehr beinhaltet als nur die verbalen Aspekte des Sprachhandelns.

1.4

Die Grafik in Abb. 2 im Text bezieht sich auf Kommunikationspartner, die aus derselben Kultur stammen. Wie werden im Unterschied hierzu Bedeutungen in Kommunikationszusammenhängen mit Partner unterschiedlicher Muttersprache und unterschiedlicher kultureller Herkunft ausgehandelt? Worin besteht dementsprechend der Unterschied zwischen *intra*kultureller und *inter*kultureller Kommunikation?

Weiterführende Literatur: Kommunikationsbegriff; Kommunikation und Medien

Habermas, J.: Theorie des kommunikativen Handelns. 2 Bände, Frankfurt a.m. 1981

Krallmann, D.: Grundkurs Kommunikationswissenschaft : mit einem Hypertext-Vertiefungsprogramm im Internet. München, 2001

Maletzke, G.: Kommunikationswissenschaft im Überblick. Opladen 1998

Merten, K.: Kommunikation. Eine Begriffs- und Prozeßanalyse. Opladen 1977.

Merten, K. u.a. (Hg.): Die Wirklichkeit der Medien. Eine Einführung in die Kommunikationswiss. Opladen 1994

Münch, R.: Dynamik der Kommunikationsgesellschaft. Fft./ M. 1995

Münch, R.: Dialektik der Kommunikationsgesellschaft. Frankfurt/Main 1991

Schulz von Thun, F.: Miteinander reden 1. Störungen und Klärungen. Reinbek. 1981.

Watzlawick, P. u. a.: Menschliche Kommunikation. Bern (8) 1990

Unternehmenskommunikation

Bruhn, M.: Integrierte Unternehmenskommunikation. Stuttgart 1995 (2.Aufl.)

Bungarten, T.(Hg.): Konzepte zur Unternehmenskommunikation & Unternehmensidentität. Tostedt 1991

Daub, C.-H.: Spannungsfeld Unternehmenskommunikation. Perspektiven im Zeitalter der Globalisierung. 3. Aufl. Basel 2001

Derieth, A.: Unternehmenskommunikation. Opladen 1995

Dievernich, F. E. P: Von der Unternehmenskultur zur Unternehmenskommunikation – ine theoretische Analyse des Kulturbegriffs. In: Hans A. Wüthrich ; Wolfgang B. Winter ; Andreas F. Philipp ; Knut Bleicher (Hg.), Grenzen ökonomischen Denkens : auf den Spuren einer dominanten Logik. Wiesbaden 2001, S. 451-479

Faulstich, W.: Grundwissen Öffentlichkeitsarbeit. München 2000

Kirchner, K.: Integrierte Unternehmenskommunikation – theoretische und empirische Bestandsaufnahme und eine Analyse amerikanischer Großunternehmen. Wiesbaden 2001

Wahren, H.-K.: Zwischenmenschliche Kommunikation und Interaktion in Unternehmen. Berlin/ New York 1987

Witzer, B.: Kommunikation in Konzernen. Konstruktives Menschenbild als Basis neuer Kommunikationsstrukturen. Opladen 1992.

Die Lebenswelt als unbefragter Boden der natürlichen Weltanschauung[*]

Alfred Schütz/Thomas Luckmann

Die Wissenschaften, die menschliches Handeln und Denken deuten und erklären wollen, müssen mit einer Beschreibung der Grundstrukturen der vorwissenschaftlichen, für den - in der natürlichen Einstellung verharrenden - Menschen selbstverständlichen Wirklichkeit beginnen. Diese Wirklichkeit ist die alltägliche Lebenswelt. Sie ist der Wirklichkeitsbereich, an der der Mensch in unausweichlicher, regelmäßiger Wiederkehr teilnimmt. Die alltägliche Lebenswelt ist die Wirklichkeitsregion, in die der Mensch eingreifen und die er verändern kann, indem er in ihr durch die Vermittlung seines Leibes wirkt. Zugleich beschränken die in diesem Bereich vorfindlichen Gegenständlichkeiten und Ereignisse, einschließlich des Handelns und der Handlungsergebnisse anderer Menschen, seine freien Handlungsmöglichkeiten. Sie setzen ihm zu überwindende Widerstände wie auch unüberwindliche Schranken entgegen. Ferner kann sich der Mensch nur innerhalb dieses Bereichs mit seinen Mitmenschen verständigen, und nur in ihm kann er mit ihnen zusammenwirken. Nur in der alltäglichen Lebenswelt kann sich eine gemeinsame kommunikative Umwelt[1] konstituieren. Die Lebenswelt des Alltags ist folglich die vornehmliche und ausgezeichnete Wirklichkeit des Menschen.

Unter alltäglicher Lebenswelt soll jener Wirklichkeitsbereich verstanden werden, den der wache und normale Erwachsene in der Einstellung des gesunden Menschenverstandes als schlicht gegeben vorfindet. Mit schlicht gegeben bezeichnen wir alles, was wir als fraglos erleben, jeden Sachverhalt, der uns bis auf weiteres unproblematisch ist. Daß freilich jederzeit das bisher Fraglose in Frage gestellt werden kann, ist ein Punkt, mit dem wir uns noch zu beschäftigen haben werden.

In der natürlichen Einstellung finde ich mich immer in einer Welt, die für mich fraglos und selbstverständlich »wirklich« ist. Ich wurde in sie hineingeboren und ich nehme es als gegeben an, daß sie vor mir bestand. Sie ist der unbefragte Boden aller Gegebenheiten sowie der fraglose Rahmen, in dem sich mir die Probleme stellen, die ich bewältigen muß. Sie erscheint mir in zusammenhängenden Gliederungen wohlumschriebener Objekte mit bestimmten Eigenschaften. Die

---

[*] Beitrag entnommen aus: Schütz, A., Luckmann, T.: Strukturen der Lebenswelt. Fft./M. 1979, Bd. 1, 25-44, Suhrkamp Verlag
[1] Im Sinne Husserls; vgl. seine Ideen II, Haag, Nijhoff, 1952, S. 50, 51, bes. pp. 185 und 193

Welt ist für den Menschen in der natürlichen Einstellung niemals eine bloße Ansammlung von Farbflecken, unzusammenhängenden Geräuschen oder Zentren von Kalt und Warm. Die Möglichkeit einer Reduktion der Erfahrung auf solches – und die sich daraus ergebende Frage, wie sich solches wieder zu Erfahrungsgegenständen rekonstruiert – begegnet mir nicht in der natürlichen Einstellung, sondern stellt ein Problem des spezifisch philosophischen und wissenschaftlichen Denkens dar.

Ferner nehme ich als schlicht gegeben hin, daß in dieser meiner Welt auch andere Menschen existieren, und zwar nicht nur leiblich wie andere Gegenstände und unter anderen Gegenständen, sondern als mit einem Bewußtsein begabt, das im wesentlichen dem meinen gleich ist. So ist meine Lebenswelt von Anfang an nicht meine Privatwelt, sondern intersubjektiv; die Grundstruktur ihrer Wirklichkeit ist uns gemeinsam. Es ist mir selbstverständlich, daß ich bis zu einem gewissen Maß von den Erlebnissen meiner Mitmenschen Kenntnis erlangen kann, so z. B. von den Motiven ihres Handelns, wie ich auch annehme, daß das gleiche umgekehrt für sie mit Bezug auf mich gilt. Wie sich diese Gemeinsamkeit der Lebenswelt konstituiert, welche Struktur sie hat und welche Bedeutung sie für soziales Handeln hat, wird genau zu untersuchen sein. Vorerst genügt es, festzustellen, daß ich es in der natürlichen Einstellung hinnehme, daß die Gegenstände der äußeren Umwelt für meinen Mitmenschen prinzipiell die gleichen sind wie für mich. So ist auch die »Natur«, der Bereich der Außenweltdinge rein als solcher, intersubjektiv. Ferner nehme ich es als selbstverständlich hin, daß die Bedeutung dieser »Naturwelt«, - die schon von unseren Vorfahren erfahren, bewältigt, benannt wurde - für meinen Mitmenschen grundsätzlich die gleiche ist wie für mich, da sie eben auf einen gemeinsamen Interpretationsrahmen bezogen ist. In diesem Sinn ist auch der Bereich der Außenweltdinge für mich sozial.

Allerdings besteht meine Lebenswelt nicht nur aus diesem - wiewohl schon auf den Mitmenschen bezogenen - aber als »Natur« erlebten Bereich. Denn ich finde nicht nur »Natur«, sondern auch Mitmenschen als Elemente meiner umweltlichen Situation. In der natürlichen Einstellung ist es mir selbstverständlich, daß ich auf meine Mitmenschen wirken kann, wie auch, dass sie auf mich wirken können. Ich weiß, daß ich mit ihnen in mannigfache Sozialbeziehungen treten kann. Dieses Wissen impliziert auch die Annahme, daß sie, meine Mitmenschen, ihre mich einschließenden wechselseitigen Beziehungen in einer Weise erfahren, die der, in welcher ich sie erfahre, für alle praktischen Zwecke hinreichend ähnlich ist.

Da wir auf das phänomenologische Problem der Konstitution der Intersubjektivität hier nicht eingehen können, müssen wir uns mit der Feststellung begnügen, daß ich in der natürlichen Einstellung des Alltags folgendes als fraglos gegeben hinnehme: a) die körperliche Existenz von anderen Menschen; b) daß diese Körper mit einem Bewußtsein ausgestattet sind, das dem meinen prinzipiell ähnlich ist; c) daß die Außenweltdinge in meiner Umwelt und der meiner Mitmenschen für uns die gleichen sind und grundsätzlich die gleiche Bedeutung haben; d) daß ich mit meinen Mitmenschen in Wechselbeziehung und Wechselwirkung treten kann; e) daß ich mich - dies folgt aus den vorangegangenen Annahmen - mit ihnen verständigen kann; f) daß eine gegliederte Sozial- und Kulturwelt als Bezugsrahmen für mich und meinen Mitmenschen historisch vorgegeben ist, und zwar in einer ebenso fraglosen Weise wie die »Naturwelt«; g) daß also die Situation, in der ich mich jeweils befinde, nur zu einem geringen Teil eine rein von mir geschaffene ist.

Die alltägliche Wirklichkeit der Lebenswelt schließt also nicht nur die von mir erfahrene »Natur«, sondern auch die Sozial- bzw. Kulturwelt, in der ich mich befinde, ein. Die Lebenswelt besteht nicht erschöpfend aus den bloß materiellen Gegenständen und Ereignissen, denen ich in meiner Umgebung begegne. Freilich sind diese ein Bestandteil meiner Umwelt, jedoch gehören zu ihr auch alle Sinnschichten, welche Naturdinge in Kulturobjekte, menschliche Körper in Mitmenschen und der Mitmenschen Bewegungen in Handlungen, Gesten und Mitteilungen verwandeln. Nun nennt zwar William James (1890) das Subuniversum der sinnlich wahrnehmbaren physischen Welt die »ausgezeichnete Wirklichkeit« (Paramount Reality). Aus den vorangegangenen Bemerkungen geht aber hervor, daß es zwingende Gründe gibt, die gesamte Wirklichkeit des Alltagslebens als unsere vornehmliche Realität anzusetzen.

Was uns in der natürlichen Einstellung schlicht gegeben ist, schließt keineswegs nur die Gegenstände der äußeren Wahrnehmung - rein als solche verstanden - ein, sondern auch die Sinnschichten niederer Ordnung, dank welcher Naturdinge als Kulturobjekte erlebt werden. Da allerdings diese Sinnschichten nur durch Objekte, Tatbestände und Ereignisse der äußeren Welt für mich Wirklichkeit erlangen, glauben wir, daß unsere Definition mit der von James nicht unverträglich ist. Wir stimmen mit Santayana (1951) überein, »daß der Geist ohne materielle Mittel und ohne einen materiellen Anlaß Ideen niemals haben, geschweige denn mitteilen kann. Die Zunge muß sich bewegen; das hörbare konventionelle Wort muß über die Lippen kommen und ein williges Ohr erreichen; die Hände, Werkzeuge oder Pläne haltend, müssen intervenieren, um das Projekt auszuführen.«

Die Lebenswelt, in ihrer Totalität als Natur- und Sozialwelt verstanden, ist sowohl der Schauplatz als auch das Zielgebiet meines und unseres wechselseitigen Handelns. Um unsere Ziele zu verwirklichen, müssen wir ihre Gegebenheiten bewältigen und sie verändern. Wir handeln und wirken folglich nicht nur innerhalb der Lebenswelt, sondern auch auf sie zu. Unsere leiblichen Bewegungen greifen in die Lebenswelt ein und verändern ihre Gegenstände und deren wechselseitige Beziehungen. Zugleich leisten diese Gegenstände unseren Handlungen Widerstand, den wir entweder überwinden oder dem wir weichen müssen. Die Lebenswelt ist also eine Wirklichkeit, die wir durch unsere Handlungen modifizieren und die andererseits unsere Handlungen modifiziert. Wir können sagen, daß unsere natürliche Einstellung der Welt des täglichen Lebens gegenüber durchgehend vom *pragmatischen Motiv* bestimmt ist.

Jedoch schon in der natürlichen Einstellung ist mir die Welt zur Auslegung aufgegeben. Ich muß meine Lebenswelt zu jenem Grad verstehen, der nötig ist, um in ihr handeln und auf sie wirken zu können. Auch das Denken in der lebensweltlichen Einstellung ist pragmatisch motiviert. Wir haben schon die hauptsächlichen Selbstverständlichkeiten, die der natürlichen Einstellung zugrunde liegen, angeführt. Wir wenden uns nun noch einer knappen Beschreibung der Struktur des Denkens in der natürlichen Einstellung zu.

Jeder Schritt meiner Auslegung der Welt beruht jeweils auf einem Vorrat früherer Erfahrung: sowohl meiner eigenen unmittelbaren Erfahrungen als auch solcher Erfahrungen, die mir von meinen Mitmenschen, vor allem meinen Eltern, Lehrern usw. übermittelt wurden. All diese mitgeteilten und unmittelbaren Erfahrungen schließen sich zu einer gewissen Einheit in der Form eines Wissensvorrats zusammen, der mir als Bezugsschema für den jeweiligen Schritt meiner Weltauslegung dient. Alle meine Erfahrungen in der Lebenswelt sind auf dieses Schema bezogen, so daß mir die Gegenstände und Ereignisse in der Lebenswelt von vornherein in ihrer Typenhaftigkeit entgegentreten, allgemein als Berge und Steine, Bäume und Tiere, spezifischer als Grat, als Eiche, als Vögel, Fische usw.

Wie sich Typisierungen im Wissensvorrat konstituieren, ist ein Problem, das noch genau zu untersuchen sein wird. In der natürlichen Einstellung jedenfalls ist es mir selbstverständlich, daß diese Bäume »wirklich« Bäume sind, für dich und für mich, diese Vögel »wirklich« Vögel usw. Jedes lebensweltliche Auslegen ist ein Auslegen innerhalb eines Rahmens von bereits Ausgelegtem, innerhalb einer grundsätzlich und dem Typus nach vertrauten Wirklichkeit. Ich vertraue darauf, daß die Welt, so wie sie mir bisher bekannt ist, weiter so bleiben wird und daß folglich der aus meinen eigenen Erfahrungen gebildete und der von Mitmenschen übernommene Wissensvorrat weiterhin seine grundsätzliche Gültigkeit beibehalten wird. Wir mögen das mit Husserl als die Idealität des »Und-so-weiter« bezeichnen. Aus dieser Annahme folgt die weitere und grundsätzliche Annahme, daß ich meine früheren erfolgreichen Handlungen wiederholen kann. Solange die Weltstruktur als konstant hingenommen werden kann, solange meine Vorerfahrung gilt, bleibt mein Vermögen, auf die Welt in dieser und jener Weise zu wirken, prinzipiell erhalten. Korrelativ zur Idealität des »Und-so-weiter« bildet sich, wie Husserl gezeigt hat, die weitere Idealität des »Ich-kann-immer-wieder«[2]. Beide Idealitäten und die darin begründete Annahme der Konstanz der Weltstruktur, der Gültigkeit meiner Vorerfahrung und meines Vermögens, auf die Welt zu wirken, sind wesentliche Aspekte des Denkens in der natürlichen Einstellung.

Das fraglos Gegebene und das Problematische

Wir haben nun sowohl die wichtigsten Strukturmerkmale des lebensweltlichen Denkens als auch die Selbstverständlichkeiten der natürlichen Einstellung beschrieben. Im wesentlichen deckt sich diese Beschreibung mit dem von Max Scheler geprägten Begriff der relativ-natürlichen Weltanschauung[3], deren bestimmendes Merkmal auch er in ihrer fraglosen Gegebenheit sieht. Sie ist die sedimentierte Gruppenerfahrung, die die Probe bestanden hat und vom einzelnen nicht auf ihre Gültigkeit nachgeprüft werden muß.

Nun bilden aber die in der relativ-natürlichen Weltanschauung enthaltenen typischen Erfahrungen, Maximen und Anschauungen nicht ein geschlossenes, logisch gegliedertes System, wie die von Scheler der relativ-natürlichen Anschauung entgegengesetzten höheren Wissensformen. Um so mehr gilt dies für meinen eigenen lebensweltlichen Wissensvorrat, der zum großen Teil aus der Gruppenerfahrung übernommen ist und außerdem meine eigenen unmittelbaren Vorerfahrungen einschließt. Die mangelnde Übereinstimmung der Bestandteile meines Wissensvorrats gefährdet jedoch seine Selbstverständlichkeit, seine Gültigkeit »bis auf weiteres« grundsätzlich nicht, wiederum im Gegensatz zu den höheren Wissensformen, z. B. der Wissenschaft mit ihrem Postulat der logischen Kongruenz der geltenden Theorien. In der natürlichen Einstellung tritt mir der mangelnde Einklang meines Wissensvorrats nur dann ins Bewußtsein, wenn eine neuartige Erfahrung nicht in das bishin als fraglos geltende Bezugsschema hineinpaßt. Somit kommen wir wieder zu einem Problem, das wir schon eingangs vermerkt haben und dem wir uns nun zuwenden müssen: Was heißt es, etwas »bis auf weiteres« als schlicht gegeben hinzunehmen? Und wie wird das fraglich Gewordene in neue Fraglosigkeit überführt? Zur Beantwortung dieser Fragen müssen wir zunächst näher beschreiben, wie Fragloses erfahren wird. Dann müssen wir uns ei-

---

[2] E. Husserl, Formale und transzendale Logik, Halle, Niemeyer, 1929, § 74, Erfahrung und Urteil, Prag, Academia, 1939; Hamburg, c/o Assen & Goverts, 1948², §§ 24, 58, 61, 51 b.

[3] S. Max Scheler: Die Wissensformen und die Gesellschaft, Leipzig, Der Neue Geist, 1926, pp. 58 ff., p. 60 ff.

ner genauen Analyse der Anlässe zuwenden, durch die wir motiviert werden, eine Erfahrung als auslegungsbedürftig anzusehen. Hierauf werden wir untersuchen, unter welchen typischen Umständen ein Problem als gelöst, eine Auslegung als ausreichend betrachtet wird.

Das Fraglose bildet nicht einen geschlossenen, eindeutig gegliederten und übersichtlichen Bereich. Das in der jeweiligen lebensweltlichen Situation Fraglose ist umgeben von Unbestimmtem. Man erlebt das Fraglose als einen Kern der schlichten und inhaltlichen Bestimmtheit, dem ein unbestimmter und folglich nicht in gleicher Schlichtheit vorliegender Horizont mitgegeben ist. Zugleich ist aber dieser Horizont als grundsätzlich bestimmbar, als auslegungsfähig erlebt. Der Horizont ist zwar nicht von vornherein als fragwürdig - im Sinne von zweifelhaft - wohl aber als befragbar vorhanden. Schon das Fraglose hat demnach seine Auslegungshorizonte, also Horizonte der bestimmbaren Unbestimmtheit. Der Wissensvorrat des lebensweltlichen Denkens ist nicht zu verstehen als ein in seiner Gesamtheit durchsichtiger Zusammenhang, sondern vielmehr als eine Totalität der von Situation zu Situation wechselnden Selbstverständlichkeiten, jeweils abgehoben von einem Hintergrund der Unbestimmtheit. Diese Totalität ist nicht als solche erfaßbar, ist aber, als ein sicherer, vertrauter Boden jeglicher situationsbedingter Auslegung erlebt, im Erfahrungsablauf mitgegeben.

Andererseits ist, vom jeweiligen »Kern« der Selbstverständlichkeit her gesehen, der - noch - unbestimmte Horizont ein mögliches Problem, wobei ich in der natürlichen Einstellung grundsätzlich mit meinem Vermögen, dieses Problem zu lösen, rechne. Wie es zur Verwandlung eines möglichen in ein aktuelles Problem kommt, wie ich zu einer Horizontauslegung motiviert werde, ist eine Frage, deren Beantwortung wir uns nun zuwenden, soweit dies möglich ist, bevor wir eine genaue Analyse der Relevanzstrukturen und der Typenbildung unternommen haben.

Das Fraglose ist gewohnheitsmäßiger Besitz: es stellt Lösungen zu Problemen meiner vorangegangenen Erfahrungen und Handlungen dar. Mein Wissensvorrat besteht aus solchen Problemlösungen. Diese hatten sich in Erfahrungsinterpretationen bzw. Horizontauslegungen konstituiert. In solchen Auslegungen wurden die fraglich gewordenen Wahrnehmungen, Erfahrungen und Handlungsalternativen in die zuhandenen Bezugsschemata eingeordnet und modifizierten ihrerseits, unter bestimmten Umständen, diese Bezugsschemata. Die Auslegung - die prinzipiell nie »endgültig« abgeschlossen ist - wurde immer nur so weit vorangetrieben, wie es zur Bewältigung der - durch das pragmatische Motiv bestimmten - lebensweltlichen Situation nötig war. Wenn eine aktuelle neue Erfahrung in einer ähnlichen lebensweltlichen Situation einem aus vorangegangenen Erfahrungen gebildeten Typ widerspruchslos eingeordnet werden kann und so in ein relevantes Bezugsschema »hineinpaßt«, bestätigt sie ihrerseits die Gültigkeit des Erfahrungsvorrats. Das bloß durch die Neuigkeit jeder aktuellen Erfahrung gegebene Fragliche wird im routinemäßigen Ablauf der Ereignisse in der natürlichen Einstellung routinemäßig in Fraglosigkeit überführt. Das Fragliche dieser Art ist jedoch nicht eigentlich problematisch, und die »Lösung« hebt sich auch nicht als solche im Bewußtsein ab. Die aktuelle Erfahrung erscheint mir vielmehr im allgemeinen von vornherein als vertraut, ihrem Typ nach und erst recht, wenn es sich um eine echte Identitätssetzung, z. B. mit einem früher wahrgenommenen Gegenstand, handelt. Zumeist erscheint mir die aktuelle Erfahrung als etwas im Kern Fragloses, obwohl sie natürlich prinzipiell »neu« ist. Die Abfolge der Erfahrungen in der natürlichen Einstellung bildet typisch eine Kette von Selbstverständlichkeiten. Unsere Frage ist nun, wie diese routinemäßige Abfolge unproblematischer Erfahrungen unterbrochen wird und wie sich gegen einen Hintergrund von Selbstverständlichem ein Problem abhebt. Erstens mag sich die aktuelle Erfahrung nicht in ein typisches Bezugsschema, das der situations-relevanten Typikebene entspricht, schlicht einordnen. So mag es mir z.B. nicht genügen, eine Pflanze als Pilz zu erkennen, wenn ich vorhabe, ihn zu pflücken, da für mich die untergeordneten Typisierungen »genießbar«, »giftig«, relevant sind. Andererseits mag ich auf einem Spaziergang einfach »Pilze«, wahrnehmen, ohne daß ich zur Auslegung »eßbarer Pilz« motiviert werde.

Aber auch ohne eine derartige situationsbedingte Auslegungmotivierung mag eine aktuelle Erfahrung einer - als relevant gegebenen - Typik widersprechen. Wie geschieht dies? Wenn ich an dem fraglos als Pilz wahrgenommenen Gegenstand vorbeigehe, tritt mir die Rückseite des Gegenstandes mit unmittelbarer Evidenz in mein Gesichtsfeld. Nehmen wir nun an, sie entpuppt sich als keineswegs einfügbar in irgendeine, als »Pilzrückseite« gegebene, typische Vorerfahrung. Die schon eingetretene routinemäßige Einordnung meiner Erfahrung in ein habituelles Bezugsschema stößt auf Widerspruch. Der fraglose Ablauf meiner Erfahrung wird unterbrochen. Allgemein ausgedrückt: Wohl das wichtigste Element meiner Erfahrung ist, was ich im direkten Zugriff meines Bewußtseins in unmittelbarer Evidenz habe. Jedoch gehören zu jener Erfahrung, neben der Retention vergangener Bewußtseinsphasen, auch Antizipationen weiterer Bewußtseinsphasen, die ihrer Typik nach mehr oder minder bestimmt sind. Der unmittelbaren Wahrnehmung ebenfalls mitgegeben sind jeweils nicht unmittelbar evidente Aspekte; der Vorderseite des Pilzes z. B. ist eine typische Rückseite appräsentiert.[4] Nun mag ein vormals appräsentierter Aspekt in meinem weiteren Erlebnisablauf selber evident werden, aber zur nun erinnerten Appräsentation in Widerspruch treten bzw.

---

[4] Zur Analyse der Appräsentation s. Husserl, vor allem: Cartesianische Meditationen und Pariser Vorträge, Haag, Nijhoff, 1950, §§ 49-54 und Ideen, II §§ 44-47.

es mag die antizipierte Phase, wenn sie nun aktuell wird, der Antizipation widersprechen. Wir können sagen, daß die Fraglosigkeit meiner Erfahrung »explodiert«, wenn appräsentierte Aspekte eines Gegenstandes bzw. antizipierte Phasen meines Bewußtseins, zur Selbstgegebenheit gekommen, mit der vorangegangenen Erfahrung inkongruent sind. Das bishin Fraglose wird im nachhinein in Frage gestellt. Die lebensweltliche Wirklichkeit fordert mich sozusagen zur Neuauslegung meiner Erfahrung auf und unterbricht den Ablauf der Selbstverständlichkeitskette. Der Kern meiner Erfahrung, den ich auf Grund meines Wissensvorrats »bis auf weiteres« als selbstverständlich an mir vorbeipassieren ließ, ist mir problematisch geworden, und ich muß mich ihm nun zuwenden. Das heißt aber, daß auch die in meinem Erfahrungsvorrat sedimentierten Auslegungen des Erfahrungskerns in eine »bis auf weiteres« ausreichende Horizonttiefe nun nicht mehr als ausreichend angesehen werden können und ich die Horizontauslegung wieder aufnehmen muß. Die Grundmotivierung dafür ist schon dadurch gegeben, daß die Diskrepanz zwischen meinem Erfahrungsvorrat und der aktuellen Erfahrung jedenfalls prinzipiell einen Teilbereich meines Wissensvorrats in Frage stellt. (Die Tatsache, daß unter bestimmten Umständen mein Wissensvorrat als solcher mitsamt den Sedimentierungsprozessen, durch welche Typisierungen überhaupt gebildet werden, fraglich werden kann, also die Tatsache einer radikalen »Krise«, brauchen wir hier nicht zu erörtern.) Wenn ich also an eine Wiederauslegung des Horizonts des fraglich gewordenen Erfahrungskerns herangehe, ist die Auslegungstiefe und -breite durch die neue Problemstellung bedingt. Nehmen wir wieder das Beispiel des Pilzes, dessen Rückseite in keinerlei Pilzrückseitentypik hineinpaßt. Wenn die Wiederauslegung nur durch die Diskrepanz der aktuellen Erfahrung mit meinem Wissensvorrat motiviert ist und sonst für mich keinerlei anderweitig motivierte Bedeutung hat, muß ich meine Pilztypik im allgemeinen modifizieren. Durch näheres Betasten, Besehen usw. kann ich z. B. zum Schluß kommen, daß es sich dennoch um einen Pilz handelt. Mein modifizierter Typ »Pilz« wird also von nun an eine *bisher* pilz-atypische Rückseite enthalten müssen. Oder aber ich finde bei der weiteren Auslegung des vorliegenden vorderseitig pilzähnlichen Gegenstands, daß seine anderen Qualitäten mit dem Typ »Pilz« unvereinbar sind. In diesem Fall wird mein modifizierter Pilz-Typ insofern enger sein, als er *bishin* typische Pilz-Vorderseiten in Verbindung mit fernerhin pilzatypischen Rückseiten vom Typ »Pilz« ausschließt. In beiden Fällen wird aber das vorliegende Problem gelöst und das fraglich gewordene, unter Typ-Modifizierung, wiederum »bis auf weiteres« in Fraglosigkeit überführt. Wenn meine Problemstellung noch andere Motivationen enthält, mag ich natürlich die Horizontauslegung weitertreiben, bevor ich eine »bis auf weiteres« befriedigende Lösung finde.

Bisher besprachen wir Fälle, in denen die aktuelle Erfahrung nicht schlicht in eine situationsrelevante Typik eingefügt werden konnte. Eine wichtige Motivierung zur Horizontauslegung ist aber auch gerade dadurch gegeben, daß eine Erfahrung zwar ohne weiteres in die Bezugsschemata und die Typik meines Wissensvorrats hineinpaßt, aber dennoch nicht einfach »vorbeipassiert«, sondern in der neuen Situation fraglich wird, weil sich die Typik*ebene* als unzureichend herausstellt. Vertrautheit ist lediglich Vertrautheit mit Bezug auf Typisches, während die atypischen Horizontaspekte unbestimmt bleiben, weil sich mit Bezug auf sie eine Typisierung als überflüssig erwies - in der jeweiligen vergangenen Auslegungssituation. Unser Wissen ist fraglos; das heißt, das Fragwürdige wurde ausgelegt, das Problem gelöst - in einer Weise und bis zu einem Grad, der für die jeweilige situationsbedingte Problematik zureichend war. Dies bedeutet aber auch, daß der Auslegungsprozeß irgendwo abgebrochen wurde (grundsätzlich könnte er immer weitergetrieben werden!), daß die Lösung eine Teillösung bzw. eine Lösung »bis auf weiteres« war. Unser Wissensvorrat und dessen korrelative Typisierungsschemata resultieren aus dem Abbruch von Auslegungsprozessen und stellen die Sedimentierung vergangener Situationsproblematiken dar.

Nun mag aber jede neue Situation ontologisch, biographisch und sozial bestimmte Aspekte haben, die mir an einer aktuellen Erfahrung die bisher ausreichende Typisierung unzureichend erscheinen lassen und mich dazu motivieren, an Hand der aktuellen Erfahrung zu Neuauslegungen zu schreiten. Ein einfaches Beispiel haben wir schon angeführt. Ich mag bisher Pilze nicht gegessen haben, und die Typisierungsebene »Pilz« war für mich ausreichend. Durch Hungersnot - was immer für natürliche oder soziale oder spezifisch biographische Umstände sie verursacht haben - bin ich jetzt daran interessiert, Pilze zu essen. Wenn ich nun einen Pilz sehe (d. h. sich eine aktuelle Erfahrung fraglos in das Bezugsschema »Pilz« einfügt), tritt mir die Unzulänglichkeit des Typs »Pilz« für meine jetzigen situationsbedingten Erfahrungen und Handlungen ins Bewußtsein. Wenn ich schon früher einmal zwischen genießbaren und ungenießbaren Pilzen zu unterscheiden gelernt hatte, mag ich nun versuchen, die in Undurchsichtigkeit versunkenen Pilzhorizonte in Erinnerung zu rufen. Wenn nicht, werde ich nur von der ebenfalls in meinem Wissensvorrat verankerten Vermutung, daß ebenso wie viele andere Probleme auch dieses von meinen Vorgängern oder Mitmenschen vorausgelegt ist, Gebrauch machen: Ich kann den Pilz nach Hause mitnehmen und mir ein Pilzbuch kaufen. Oder - angenommen, ich sei ganz auf mich allein angewiesen - ich mag verschiedene Experimente, z. B. mit Tieren, vornehmen. Die Anlage der Experimente wird von meinem Wissensvorrat abhängen (z. B.: Mein Körper und die Körper bestimmter Tiere sind in dem und jenem Punkt als ähnlich erfaßt worden; also mag ich sie versuchsweise auch in diesem Punkt gleichsetzen, wenn mir ins Bewußtsein tritt: wenn ich keine Pilze esse, muß ich auf jeden Fall verhungern, falls ich Pilze esse, die Tieren nicht schädlich sind, mag ich mit einer gewissen Wahrscheinlichkeit überleben.)

In all diesen Fällen handelt es sich um eine Weiterauslegung des Horizonts. Es hatte sich herausgestellt, daß die in meinem Erfahrungsvorrat gespeicherten vorangegangenen Auslegungen - von früheren Situationen bestimmt und für frühere Situationen als genügende Lösungen betrachtet - für die Lösung der aktuellen Situationsproblematik nicht ausreichen. Nun bin ich dazu motiviert, mit der Auslegung fortzufahren, bis die Lösung auch für das aktuell vorliegende Problem als ausreichend erscheint.

Es gibt einen weiteren Umstand, durch den mir eine Erfahrung mit Bezug auf meinen Wissensvorrat problematisch werden kann. Wie schon gesagt, ist mein Wissensvorrat nicht ein logisch integriertes System, sondern nur die Totalität meiner sedimentierten situationsbedingten Auslegungen, die außerdem teilweise aus eigenen, teilweise aus sozial übermittelten »traditionellen« Problemlösungen bestehen. Aus jeder neuartigen Situation wächst mir neues Wissen zu, das *nicht* auf seine Verträglichkeit mit Bezugsschemata, die für die vorliegende Problematik irrelevant scheinen, überprüft wird. Solche Bezugsschemata kommen mir dann überhaupt nicht in den Griff des Bewußtseins. Nun kann an Hand mancher aktuellen Erfahrungen die Unzulänglichkeit der bisher relevanten Auslegungen und sogar ganzer Bereiche von Bezugsschemata bewußt werden. Dann wende ich mich einer Auslegung mit Hilfe anderer, bishin nicht unmittelbar relevant erscheinender Bezugsschemata zu. Erst dann kann mir eine etwaige Unverträglichkeit zweier oder mehrerer Bereiche von Bezugsschemata ins Bewußtsein treten. Diese Unverträglichkeit motiviert mich ihrerseits zur Neuauslegung der aktuellen Erfahrung und der fragwürdig gewordenen Horizonte, die sie umgeben, oder der bisher als zureichend angesehenen Schemata. So kann ich schon in praktischen sehen Problemen, wie sie mir im Alltag begegnen, einen Ansatz zum »theoretischen« Denken oder jedenfalls zu einer wenigstens partiellen Integration unverträglicher Bezugsschemata in meinem Erfahrungsvorrat finden. Selbstverständlich ist damit eine logische Gliederung meines Wissensvorrats noch keineswegs erreicht. Die Gesamtsphäre des Vorausgelegten bleibt mir nach wie vor mehr oder minder undurchsichtig.

Während diese allgemeine Undurchsichtigkeit des lebensweltlichen Erfahrungsvorrats vom Standpunkt theoretischen Wissens als ein Mangel erscheint, muß daran erinnert werden, daß ich in der natürlichen Einstellung vom pragmatischen Motiv beherrscht werde. Der Erfahrungsvorrat dient mir zur Lösung praktischer Probleme. Im theoretischen Denken kann ich den Zweifel zum methodologischen Prinzip machen. In der Welt des Alltags liegt mir dagegen daran, mich routinemäßig in meinem Handeln orientieren zu können. Die in meinem Wissensvorrat sedimentierten Auslegungen haben den Status von Gebrauchsanweisungen: Wenn die Dinge so und so liegen, dann werde ich so und so handeln. Durch die erfolgreiche Anwendung von Gebrauchsanweisungen brauche ich nicht an jeweils neue Problemlösungen, Horizontauslegungen usw. zu gehen, sondern ich kann handeln, wie ich schon eh und je »in solchen Lagen« gehandelt habe. Die Gebrauchsanweisung mag also in ihren »theoretischen« Horizonten durchaus undurchsichtig sein und mir in »praktischen« Lagen dennoch als selbstverständlich anwendungsfähig erscheinen. Ihr kontinuierlicher »praktischer« Erfolg garantiert mir ihre Zuverlässigkeit, und sie wird als Rezept habitualisiert. Ferner ist natürlich anzumerken, daß mein Erfahrungsvorrat zum großen Teil sozial übermittelt ist; die Rezepte haben sich schon anderweitig »bewährt«. Die erste Garantie des Rezepts ist sozial.

Strukturiertheit der Lebenswelt für das erlebende Subjekt

Die Lebenswelt ist, wie wir schon sagten, von Anbeginn intersubjektiv. Sie stellt sich mir als subjektiver Sinnzusammenhang dar; sie erscheint mir sinnvoll in Auslegungsakten meines Bewußtseins; sie ist nach meinen Interessenlagen etwas zu Bewältigendes, ich projiziere in sie meine eigenen Pläne und sie leistet mir Widerstand bei der Verwirklichung meiner Zwecke, wodurch manches für mich durchführbar, anderes undurchführbar ist. Jedoch finde ich in meiner Lebenswelt von Anfang an Mitmenschen, die mir nicht nur als Organismen, sondern als mit Bewußtsein ausgestattete Körper, als Menschen »wie ich« erscheinen. Ihr Verhalten ist nicht ein beliebiges raum-zeitliches Ereignis, sondern Handeln »wie meines«; das heißt, für sie in subjektive Sinnzusammenhänge eingebettet und subjektiv motiviert, nach ihren Interessenlagen zielstrebig, nach für sie gültigen Durchführbarkeiten gegliedert. In der natürlichen Einstellung »wissen« wir im Normalfall, was der andere tut, warum er es tut und wieso er es jetzt und unter diesen Umständen tut.

Sinn ist nicht eine Qualität gewisser ausgezeichneter im Bewusstseinsstrom auftauchender Erlebnisse bzw. der darin konstituierten Gegenständlichkeiten. Sinn ist vielmehr das Resultat meiner Auslegung vergangener Erlebnisse, die von einem aktuellen Jetzt und von einem aktuell gültigen Bezugsschema reflektiv in den Griff genommen werden. Solange ich in meinen Erlebnissen befangen und auf die darin intendierten Objekte gerichtet bin, haben die Erlebnisse keinen Sinn für mich (von der besonderen Sinn- und Zeitstruktur des Handelns sei hier abgesehen!). Die Erlebnisse werden erst dann sinnvoll, wenn sie post hoc ausgelegt und mir als wohlumschriebene Erfahrungen faßlich werden. Subjektiv sinnvoll sind also nur Erlebnisse, die über ihre Aktualität hinaus erinnert, auf ihre Konstitution befragt und auf ihre Position in einem zuhandenen Bezugsschema ausgelegt werden.[5] Demnach wird mir mein eigenes Verhalten erst in Auslegung sinnvoll. Aber auch das Verhalten meines Mitmenschen wird mir durch die Deutung seines leiblichen Wirkens, seiner Ausdrucksbewegungen usw. mit Hilfe meines Wissensvorrats »verständlich«, wobei ich die Möglichkeit seines sinnvollen Verhaltens schlicht als gegeben hinnehme. Ferner weiß ich, daß mein Verhalten von ihm entsprechend in seinen Interpretationsakten als sinnvoll ausgelegt werden kann, und »ich weiß, daß er weiß, daß ich weiß«. Die alltägliche Lebenswelt ist also grundsätzlich intersubjektiv, ist Sozialwelt. Handlungen überhaupt verweisen auf Sinn, der von mir auslegbar ist und von mir ausgelegt werden muß, wenn ich mich in meiner Lebenswelt zurechtfinden will. Sinndeutung, »Verstehen«, ist ein Grundprinzip der natürlichen Einstellung mit Bezug auf Mitmenschen.

Aber nicht nur aktuell erfaßtes mitmenschliches - oder eigenes - Handeln ist als motiviert und zielstrebig, also als sinnvoll erlebt, sondern auch die Institutionalisierungen des Handelns in sozialen Einrichtungen. Diese verweisen prinzipiell auf das Handeln meiner Mitmenschen, meiner Vorgänger, ob diese als anonym, als »man pflegt so zu tun«, oder als individualisierte Gesetzgeber, Religionsstifter usw. ausgelegt werden; ihr Handeln wiederum verweist auf den Sinn, den sie mit ihrem Handeln verbunden haben.

Analoges gilt für Vergegenständlichungen menschlicher Intentionen in Zeichensystemen und der Sprache und ebenso für objektivierte Resultate menschlicher Handlungen, wie Kunstwerke. Sie alle verweisen ebenfalls auf ursprüngliche sinnstiftende Akte reflexiver Auslegungen, nachfolgende Wiederauslegungsakte und deren Habitualisierung in Sinn-Selbstverständlichkeiten für meine Vorgänger und für meine Zeitgenossen, in Tradition und relativ-natürlicher Weltanschauung.[6]

Aber auch Werkzeuge werden nicht nur als Dinge der äußeren Welt erfahren - was sie freilich auch sind - sondern in einem subjektiven Bezugsschema von Interessen- und Planungszusammenhängen. Sie sind für mich »Zange« oder »Hammer«, mit denen ich bestimmte Resultate erreichen kann. Zugleich verweisen sie aber auf ein mehr oder minder anonymes Bezugsschema ihrer Brauchbarkeit »für jedermann« oder für »Handwerker« usw. Und schließlich ist ein prinzipieller Verweis auf ursprüngliche sinnstiftende Akte von »jemand« oder einer be-

---

[5] Vgl. dazu: Der sinnhafte Aufbau der sozialen Welt, 2. Abschnitt.

[6] Der Ausdruck wird hier im Sinne Max Schelers verwendet.

stimmten historischen oder mythologischen Figur möglich, die das Werkzeug »erfunden« hat.

In der natürlichen Einstellung haften diese verschiedenen kulturellen Sinnschichten dem Gegenstand immer an, auch wenn ich die sinnstiftenden Akte nicht reflektierend ins Auge fasse.

Schließlich sind, wie schon gesagt, auch Naturobjekte als solche in den Sinnbereich der Kultur einbezogen. Meinen lebensweltlichen Erlebnissen von Naturgegenständlichkeiten haftet immer der Sinn ihrer prinzipiellen Erfahrbarkeit durch Mitmenschen an, und sie erscheinen mir in sprachlichen Typisierungen, Verhaltensrezepten usw., in denen mir die Auslegungen meiner Vorgänger immer gegenwärtig sind. Ich bin mir schon in der natürlichen Einstellung der Historizität der Sozial- und Kulturwelt bewußt. Die Befragbarkeit der Sozial- und Kulturwelt ist historischen Charakters. Ihre Objektivierungen sind rückführbar auf menschliche Tätigkeiten, die auf ihren Sinn hin auslegbar sind. Durch diese Auslegungen »verstehe« ich den Zweck des Werkzeugs, erfasse, wofür ein Zeichen steht, wie sich ein Mensch in seinem Verhalten an einer sozialen Einrichtung orientiert.

Nun ist es mir in der natürlichen Einstellung selbstverständlich, daß »jedermann« ebenso wie ich die verschiedenen, uns von Natur- und Sozialwelt auferlegten Widerstände und Beschränkungen von Projekten wie auch die »selbstverständlichen« Handlungsmotive usw. grundsätzlich in subjektiven Sinnzusammenhängen erlebt. Ebenso ist es mir auch selbstverständlich, daß dieses mich und ihn transzendierende Gefüge von Natur und Gesellschaft dasselbe ist, daß daher seine subjektiven Sinnzusammenhänge wie die meinigen Erlebnis-Abschattungen und Auffassungsweisen einer »objektiven« Ordnung sind.

Jedermann erlebt seinen individuellen Lebenszyklus von Geburt, Altern und Tod, ist dem Wechsel von Gesundheit und Krankheit unterworfen, wechselt zwischen Hoffnung und Sorge hin und her. Jedermann nimmt teil am Rhythmus der Natur, sieht die Bewegung von Sonne, Mond und Sternen, erlebt den Wechsel von Tag und Nacht, steht in der Folge der Jahreszeiten. Jedermann steht in wechselseitigen Beziehungen zu anderen Menschen, ist Mitglied einer sozialen Gliederung, in die er geboren wurde oder der er sich angeschlossen hat, die vor ihm bestanden hat und nach ihm bestehen wird. Jedes gesellschaftliche Gesamtsystem hat Verwandtschaftsstrukturen, Altersgruppen, Geschlechtsgliederungen, hat Arbeitsteilung und Differenzierung nach Beschäftigungen, hat Macht- und Herrschaftsverhältnisse, Führer und Geführte und die mit all dem zusammenhängenden sozialen Typisierungen. Für jedermann ist auch die Sozialwelt als ein Ordnungssystem mit bestimmten Verhältniskonstanten erlebbar, wiewohl seine Auffassungsperspektiven, seine subjektiven Auslegungen der gesellschaftlichen Ordnungen von seinem Standort abhängen, der ihm teils auferlegt, teils aus der biographischen Kette seiner Entscheidungen bestimmt ist - aber wiederum in einer Weise, die mir prinzipiell »verstehbar« ist.

Pläne und Durchführbarkeiten

Wir sagten, daß das Denken in der natürlichen Einstellung vom pragmatischen Motiv bestimmt ist. Wir müssen uns in der Lebenswelt zurechtfinden und uns mit den uns von Natur und Gesellschaft auferlegten Gegebenheiten leidend und handelnd auseinandersetzen. Nun ist es aber durch mein Handeln, durch mein leibliches und leibvermitteltes Wirken, daß ich das mir Auferlegte zu verändern suche. Jeder Schritt steht unter diesem Gebot. Die Lebenswelt ist vornehmlich der Bereich der Praxis, des Handelns. Die Probleme des Handelns und der Wahl müssen also einen zentralen Platz in der Analyse der Lebenswelt einnehmen. Hier seien nur einige Bemerkungen vorangeschickt, mit denen die Rolle des pragmatischen Motivs in der natürlichen Einstellung allgemein charakterisiert werden soll.

Im lebensweltlichen Denken sind wir vorzüglich auf die Zukunft ausgerichtet. Was schon eingetreten ist, kann noch reinterpretiert werden, aber es läßt sich nicht ändern. Was noch kommt, ist aber - wie wir an Hand vorangegangener Erfahrung wissen - zum Teil zwar durch uns unbeeinflußbar, aber zum Teil durch unsere möglichen Handlungen modifizierbar. Dieses Wissen beruht natürlich auf den Idealisierungen des »Und-so-weiter« und »Ich-kann-immer-wieder«. Bezüglich der unbeeinflußbaren zukünftigen Ereignisse sind wir zwar nur Zuschauer, jedoch sind wir nicht unbeteiligt, sondern durch Sorge und Hoffnung motiviert. Hinsichtlich jener zukünftigen Ereignisse, von denen wir annehmen, daß sie durch unser Handeln modifizierbar sind, müssen wir uns entscheiden, ob wir handeln wollen oder nicht, und, gegebenenfalls, wie wir handeln. Nun finden wir aber in jeder bestimmten biographischen Lage - zu der natürlich auch mein Erfahrungsvorrat gehört - daß manche Elemente der Lebenswelt unabänderlich, andere aber durch mein Handeln modifizierbar sind. Ich finde mich in einer raumzeitlichen und sozialen Lage, in einer natürlich und gesellschaftlich gegliederten Umwelt. Daraus wachsen mir Relevanzstrukturen zu, die sich mit meiner Erinnerung an meine Vergangenheit, an vergangene Entscheidungen, an begonnene Handlungen, an unvollendete Projekte, zu einem zwar nicht homogenen, aber mir einheitlich erscheinenden Plansystem zusammenschließen. Es mag nun jeweils *ein* Plan, der von einem vorherrschenden Interesse bestimmt ist, im Vordergrund meines Bewußtseins stehen. Jedoch ist er immer mit einem Sinnhorizont umgeben, dem ich mich wiederum auslegend zuwenden kann. Dann entdecke ich, daß das vorherrschende Interesse mit anderen Interessen verbunden ist, daß ein zu verwirklichendes Ziel ein Teilschritt zur Verwirklichung übergeordneter Ziele ist, daß Entscheidungen sich aus Vorentscheidungen »ergeben« haben. Im täglichen Leben sind Handlungen Teilhandlungen innerhalb eines übergeordneten Plansystems - für einen bestimmten lebensweltlichen Bereich, für den Tag, für das Jahr, für Arbeit und Freizeit - die wiederum in einem mehr oder minder bestimmten Lebensplan ihren Platz haben. Wenn ich im Augenblick meine Absicht verwirkliche, meinem Freund einen Brief zu schreiben, so könnte ich ohne weiteres erklärend hinzufügen: ich habe heute gerade einige Stunden Zeit - aus den und den Gründen - ich habe vor, demnächst die Stadt zu besuchen, in der mein Freund wohnt - aus den und den Gründen - ich muß in den nächsten Tagen ein Problem bewältigen, über das mein Freund Bescheid weiß - und so weiter und so fort.

Zugleich ist es mir in meinem Erfahrungsvorrat gegeben, daß meine Handlungen, die ich als typische Handlungen aufzufassen vermag, typische Folgen haben werden. Ich habe an andere Freunde Briefe ähnlichen Inhalts geschrieben, und sie haben so und so reagiert. Ich habe an den gleichen Freund Briefe anderen Inhalts geschrieben, und er hat so und so reagiert. Und noch einfacher: Es ist mir gelungen, durch mein Schreiben eine unwiderrufliche Veränderung, wenn auch noch so geringen Ausmaßes, in meiner Umwelt hervorzurufen. Jedes Handeln in meiner Umwelt verändert diese.

Ferner ist es mir aber auch verständlich, daß ich - um meinem Freund zu schreiben - eine ganze Reihe von Teilhandlungen vornehmen muß, die untergeordnete Zwecke zum übergeordneten Ziel sind. Ich muß bestimmte Schriftzeichen niederschreiben; ich kann mir den Brief nicht nur denken. Es stehen mir zwar einige Möglichkeiten zur Wahl, von denen ich durch meine Vorerfahrung weiß: Feder, Bleistift, Schreibmaschine, von denen jede wiederum einen schon vorausgelegten Sinnhorizont hat, wie Unpersönlichkeit, Nachlässigkeit usw. Diese Möglichkeiten werden mir ihrerseits, je nach meiner Interessenlage, meinem Verhältnis zu meinem Freund und der Situationsbedingtheit (ich schreibe etwa auf der Bahn und habe nur einen Bleistift zur Hand), Entscheidungen in einer Planhierarchie aufnötigen. Wenn ich mich für die Feder entscheide, kann ich andererseits nicht den gleichen Brief mit dem Bleistift schreiben; wenn ich meinen Freund um gewisse Information »bitte«, kann ich ihn nicht um sie »ersuchen« usw. Wenn meine Zeit sehr begrenzt ist, kann ich jetzt nur meinem Freund X aber nicht auch Y und Z schreiben. Kurz, in der natürlichen Einstellung handle ich nicht nur innerhalb einer biographisch bedingten Planhierarchie, sondern sehe auch typische Folgen meiner als typisch aufgefaßten Handlungen und füge mich in eine als selbstverständlich erlebte Struktur von Unverträglichkeiten ein, die teils ontologischen Charakters (ich kann nicht Briefe mit meinen Augen schreiben), teils historischen Charakters (es wäre mir, im 16. Jahrhundert lebend, nicht »in den Sinn gekommen«, anders als mit der Feder zu schreiben) und teils biographisch (ich habe nie leserlich zu schreiben gelernt, ich muß mit der Schreibmaschine schreiben) sind. So konfrontieren die bloß erdenklichen Planhierarchien bestimmte und zum Teil unabänderliche Unverträglichkeitssphären: es resultiert ein System von Motivierungen für *durchführbare* Ziele.

Literaturverzeichnis

Husserl, E.: *Cartesianische Meditationen.* Haag 1950.

Husserl, E.: *Erfahrung und Urteil.* Prag 1939.

Husserl, E.: *Formale und transzendentale Logik.* Halle 1929.

James, W.: *Principles of Psychology, II,* New York 1890,

Santayana, H.: *Dominations and Powers.* New York 1951.

Scheler, M.: *Die Wissensformen und die Gesellschaft.* Leipzig 1926.

Fälle und Übungen (2)
Kultur als Lebenswelt

2.1 Schütz/Luckmann beschreiben die alltägliche Lebenswelt als charakterisiert durch Annahmen und Zusammenhänge, die Individuen als "schlicht gegeben" und "fraglos" erleben. Geben Sie aus Ihrer eigenen Erfahrung einige Beispiele für solche Annahmen und nehmen Sie dann zum folgenden Gedanken Stellung:

"Was unseren Wahrnehmungen und Überlegungen als fraglos gegeben zu Grunde liegt, können wir uns nur sehr schwer bewusst machen. Es bedarf daher eines großen theoretischen Aufwandes, wenn dieses fraglos Gegebene in soziologischen, philosophischen oder psychologischen Studien analysiert werden soll."

2.2 Begründen Sie, warum die Lebenswelt als intersubjektiv konstituiert angesehen werden muss. Teilen Sie diese Annahme?

2.3 Welche Rolle spielen nach Ihrer Einschätzung die Medien in der Konstituierung von Lebenswelt im Sinne von Schütz/Luckmann? Können Sie Parallelen zwischen der Entwicklung der Medien auf der einen und der Herausbildung von lebensweltlichen Strukturen auf der anderen Seite feststellen?

2.4 Versuchen Sie, auf der Grundlage der Ausführungen von Schütz/Luckmann eine Definition von 'Sprache' zu formulieren, der die Autoren zustimmen könnten.

2.5 Am Beispiel der Wahrnehmung eines Pilzes stellen Schütz/Luckmann dar, was geschehen kann, wenn Wahrnehmungsmuster vor ein Problem gestellt werden – wenn z.B. die Rückseite des wahrgenommenen Objekts nicht dem entspricht, was man von einem Pilz erwartet – und welche Lern- bzw. Anpassungsprozesse daraus resultieren.

Lässt sich diese Darstellung auf Kommunikationsstrategien/-muster übertragen? Versuchen Sie, den folgenden Fall analog zum Pilz-Beispiel zu analysieren. Achten Sie besonders darauf, welche Voraussetzungen gegeben sein müssen, damit ein Problem überhaupt als solches erkannt und wahrgenommen wird:

Italiener sind davon überzeugt, dass ein Wunsch, der dem deutschen "Viel Glück" entspricht, das Gegenteil des gewünschten Effektes hervorruft: er bringt Unglück. Ein deutscher Austauschstudent in Italien weiß dies (noch) nicht. Er übersetzt deswegen "Viel Glück" ins Italienische und spricht diesen Wunsch Kommilitonen gegenüber aus, die eine Prüfung absolvieren müssen. Die italienischen Studenten antworten mit einer Geste, deren Bedeutung dem deutschen Kollegen nicht klar ist: Sie formen die Hand zu "Hörnern": bei geballter Faust werden Ringfinger und kleiner Finger gestreckt, sie zeigen in Richtung des Bodens. Der deutsche Student hält dies zunächst für ein Zeichen dankender Annahme seines Wunsches. Kennen Sie ähnliche Beispiele?

2.6 Die wissenschaftliche Auseinandersetzung mit interkultureller Kommunikation setzt voraus, dass man 'Kultur' definieren kann. Wie lässt dich dafür nach Ihrer Meinung der Ansatz von Schütz/Luckmann nutzen? Welche Vor- und Nachteile hätte es gegenüber anderen möglichen Kulturbegriffen (Kultur als Sprachgemeinschaft, Nation, Region, Wertegemeinschaft), wenn man Kultur als Lebenswelt auffasst?

Weiterführende Literatur: „Lebenswelt" und „Kultur"

Elias, Norbert: Über den Prozeß der Zivilisation. 2 Bde. Frankfurt/M.: Suhrkamp 1976.

Geertz, Clifford: Dichte Beschreibung. Beiträge zum Verstehen kultureller Systeme. Frankfurt/M.: Suhrkamp 1992.

Habermas, Jürgen: Theorie des kommunikativen Handelns. 2 Bde. Frankfurt/M.: Suhrkamp 1981.

Hansen, K.: Kultur und Kulturwissenschaft. Paderborn: UTB 2000.

Harris, Marvin: Kulturanthropologie. Frankfurt/M.: Campus Verlag 1988.

Hayek, Friedrich August von: Freiburger Studien. Gesammelte Aufsätze. Tübingen 1969.

Hepp, Andreas: Cultural Studies und Medienanalyse. Opladen 1999.

Hörisch, Jochen: Der Sinn und die Sinne. Eine Geschichte der Medien. Die andere Bibliothek. Frankfurt/M.: Eichborn 2001.

Münch, Richard: Die Kultur der Moderne. Ihre Entwicklung in England, Amerika, Frankreich und Deutschland. Frankfurt/M.: Suhrkamp 1986.

Nozick, Robert: Anarchie, Staat, Utopia. München 1975.

Kollektives Gedächtnis und kulturelle Identität[*]

Jan Assmann

Problem und Programm

In den 20er Jahren des vergangenen Jahrhunderts entwickelten der Soziologe Maurice Halbwachs und der Kunsthistoriker Aby Warburg unabhängig vonein-ander[1] zwei Theorien eines »kollektiven« oder »sozialen Gedächtnisses«. Der gemeinsame Nenner dieser beiden voneinander[1] grundverschiedenen Ansätze liegt in der dezidierten Abkehr von biologistischen Versuchen, das kollektive Gedächtnis als ein vererbbares, z. B. »Rassengedächtnis« o. ä. zu konzipieren, an denen es um die Jahrhundertwende nicht gefehlt hat (Gombrich 1984, 323ff.) und die auch in C.G. Jungs Archetypenlehre erheblich nachwirken.[2] Beide verlagern demgegenüber das Problem der Kontinuierung kollektiv geteilten Wissens aus der Biologie in die Kultur.

Die spezifische Prägung, die der Mensch durch seine Zugehörigkeit zu einer be-stimmten Gesellschaft und deren Kultur erfährt, erhält sich durch die Generatio-nen hindurch nicht als eine Sache der phylogenetischen Evolution, sondern der Sozialisation und Überlieferung. »Arterhaltung« im Sinne der kulturellen »Pseu-do-Speziation« (Erikson 1966; Eibl-Eibesfeldt[2] 1984) ist eine Funktion des kultu-rellen Gedächtnisses. Während im Tierreich genetische Programme die Arterhal-tung sichern, müssen die Menschen, mit Nietzsche zu reden, »auf ein Mittel« sin-nen, »um gleichartige dauernde Wesen durch lange Geschlechter zu erzielen«. Auf dieses Problem antwortet das kulturelle Gedächtnis: als Sammelbegriff für alles Wissen, das im spezifischen Interaktionsrahmen einer Gesellschaft Handeln und Erleben steuert und von Generation zu Generation zur wiederholten Ein-übung und Einweisung ansteht.

---

[*] Beitrag entnommen aus: Assmann, J., Hölscher (Hg.): Kultur und Gedächtnis, Fft./M. 1988, 9-19
Suhrkamp Verlag
[1] Warburg allerdings zitiert Durkheim in seinem Kreuzlinger Vortrag von 1923, in dem der Begriff »soziales Gedächtnis« bei ihm erstmals auftaucht, s. Kany (1987), 176. H. Ritter macht mich darauf aufmerksam, daß unveröffentlichten Notizen zufolge Warburg von F. Saxl auch auf M. Halbwachs hingewiesen wurde.
[2] Warburgs wichtigster Gewährsmann für seine eigene Gedächtnistheorie war Richard Semon (1911).

Wir[3] definieren den Begriff des kulturellen Gedächtnisses in Form einer doppelten Abgrenzung:

I. in Richtung auf das, was wir das »kommunikative« oder »Alltagsgedächtnis« nennen, weil ihm die Merkmale des - in einem engeren, noch zu entwickelnden Sinne - »Kulturellen« abgehen, und

II. in Richtung auf die Wissenschaft, weil ihr die Merkmale des Gedächtnisses, nämlich die Bezogenheit auf ein kollektives Selbstbild, abgehen. Wir lassen diese zweite Abgrenzung, die Halbwachs als den Gegensatz von mémoire und histoire entfaltet hat, hier der Kürze halber beiseite und beschränken uns auf die erste: die Unterscheidung des kommunikativen und des kulturellen Gedächtnisses.

Das kommunikative Gedächtnis

Unter dem Begriff des »kommunikativen Gedächtnisses« fassen wir jene Spielarten des kollektiven Gedächtnisses zusammen, die ausschließlich auf Alltagskommunikation beruhen. Sie sind es, die M. Halbwachs in seinen beiden Büchern *Les cadres sociaux de la mémoire (1925)* und *La mémoire collective (1950)* unter dem Begriff eines Kollektivgedächtnisses zusammengefaßt und analysiert hat und die den Gegenstandsbereich der Oral History bilden. Alltagskommunikation ist durch ein hohes Maß an Unspezialisiertheit, Rollenreziprozität[4], thematische Unfestgelegtheit und Unorganisiertheit gekennzeichnet. Sie findet typischerweise statt zwischen Partnern, die jederzeit ihre Rollen vertauschen können. Wer jetzt einen Witz, eine Erinnerung, eine Klatschgeschichte, ein Erlebnis erzählt, wird im nächsten Moment der Zuhörer sein. Es gibt Anlässe, die eine solche Kommunikation mehr oder weniger vorstrukturieren wie Eisenbahnfahrt, Stammtisch, Wartezimmer usw.; und es gibt Spielregeln - »Marktgesetze« (Bourdieu 1982) -, die diesen Austausch regulieren. Es gibt einen »Haushalt«[5], in dessen Grenzen er sich bewegt. Darüber hinaus aber herrscht ein signifikant hohes Maß an Unge-

---

[3] Der Plural verweist auf die Mitverfasserschaft Aleida Assmanns an den hier vorgetragenen Gedanken; vgl. A. u. J. Assmann (1986), (1988) sowie auf die in Vorbereitung befindliche Studie *Überlieferung und Identität,* die aus der gemeinsamen Vor- und Nachbereitung zweier Tagungen zum Thema *»Kanon und Zensur«* sowie zahlreichen Diskussionen und Seminaren am Wissenschaftskolleg zu Berlin hervorgegangen ist.

[4] Natürlich gibt es auch Alltagskommunikation in nichtreziproken Rollenkonstellationen wie z. B. ärztliche Anamnese. Beichte, Verhör, Examen, Unterricht usw. Aber solche »Sprechsitten« (Seibert) zeigen bereits ein höheres Maß an kultureller Geformtheit und bilden eine Übergangszone zwischen Alltags- und kultureller Kommunikation.

[5] Vom »kommunikativen Haushalt« einer Gesellschaft spricht der Konstanzer Wissenssoziologe Thomas Luckmann in neueren Arbeiten, z. B. Luckmann (1987).

formtheit, Beliebigkeit und Unorganisiertheit. Aus dieser Art von Kommunikation baut sich im Einzelnen ein Gedächtnis auf, das, wie Halbwachs gezeigt hat, (a) sozial vermittelt, (b) gruppenbezogen ist.

Jedes individuelle Gedächtnis konstituiert sich in der Kommunikation mit anderen. Diese anderen sind aber keine beliebige Menge, sondern Gruppen, die ein Bild oder einen Begriff von sich selbst, d. h. ihrer Einheit und Eigenart haben und dies auf ein Bewußtsein gemeinsamer Vergangenheit stützen. Halbwachs denkt an Familien, Nachbarschaften, Berufsgruppen, Parteien, Verbände usw. bis hinauf zur Nation. Jeder Einzelne ist in eine Vielzahl solcher Gruppen eingespannt und hat daher an einer Vielzahl kollektiver Selbstbilder und Gedächtnisse teil.

Aus der Praxis der Oral History wissen wir heute Genaueres über die Eigenart dieser Alltagsform des kollektiven Gedächtnisses, die wir das »kommunikative Gedächtnis«, nennen wollen (Niethammer 1985). Sein wichtigstes Merkmal ist der beschränkte Zeithorizont. Es reicht in der Regel - alle Untersuchungen der Oral History scheinen das zu bestätigen - nicht weiter zurück als 80 bis (allerhöchstens) 100 Jahre, also die biblischen 3-4 Generationen und das lateinische saeculum.[6] Dieser Horizont wandert mit dem fortschreitenden Gegenwartspunkt mit. Das kommunikative Gedächtnis kennt keine Fixpunkte, die es an eine sich mit fortschreitender Gegenwart immer weiter ausdehnende Vergangenheit binden würden. So etwas ist nur durch kulturelle Formung zu erreichen und fällt daher aus dem informellen Alltagsgedächtnis heraus.

Übergang

Wenn wir aus dem Bereich der Alltagskommunikation übergehen in den Bereich der objektivierten Kultur, dann ändert sich so gut wie alles. Der Übergang ist so grundsätzlich, daß man sich fragen muß, ob die Metapher des Gedächtnisses hier überhaupt noch angebracht ist. Halbwachs hat bekanntlich an dieser Grenze haltgemacht, ohne sie systematisch in den Blick zu bekommen.[7] Wahrscheinlich hatte er die Vorstellung, daß dann, wenn lebendige Kommunikation sich gleichsam auskristallisiert in die Formen der objektivierten Kultur, seien es nun Texte, Bil-

---

[6] Das entspricht, worauf mich T. Hölscher hinweist, genau dem von Herodot behandelten Zeitraum gesicherter Überlieferung. Tacitus notiert in Arm. 111 75 zum Jahr 22 ausdrücklich den Tod der letzten Zeitzeugen der Republik, vgl. Cancik-Lindemeier/Cancik (1987). Zur Bedeutung von saeculum als maximale Lebensdauer von Erinnerungsträgern einer Generation s. Gladigow (1983).

[7] Phänomene jenseits dieser Grenze behandelt Halbwachs (1941). Dort wird Palästina als eine kommemorative Landschaft im Wandel der Jahrhunderte dargestellt, die von jeweils eigenen theologischen Positionen aus die Vergangenheit neu rekonstruierten und diese Rekonstruktion in Denkmälern sichtbar machten.

der, Riten, Bauwerke, Denkmäler, Städte oder gar Landschaften[8], der Gruppen-
und Gegenwartsbezug verlorengeht und damit auch der Charakter dieses Wissens
als einer mémoire collective. »Mémoire« geht über in »histoire«.[9]
Unsere These ist nun, daß genau dies nicht der Fall ist. Im Bereich der objektivierten Kultur und organisierten bzw. zeremonialisierten Kommunikation lassen
sich ganz ähnliche Bindungen an Gruppen und Gruppenidentitäten beobachten,
wie sie auch das Alltagsgedächtnis kennzeichnen. Wir haben es auch hier mit einer Wissensstruktur zu tun, die wir »identitätskonkret« nennen. Damit meinen
wir, daß eine Gruppe ein Bewußtsein ihrer Einheit und Eigenart auf dieses Wissen stützt und aus diesem Wissen die formativen und normativen Kräfte bezieht,
um ihre Identität zu reproduzieren. In diesem Sinne hat auch die objektivierte
Kultur die Struktur eines Gedächtnisses. Erst im Historismus hat sich diese Struktur, wie Nietzsche (*Vom Nutzen und Nachteil der Historie für das Leben*) sehr
scharfsinnig und hellsichtig bemerkt hat, aufzulösen begonnen.[10]

Das kulturelle Gedächtnis

Ebenso wie das kommunikative Gedächtnis durch seine Alltagsnähe ist das kulturelle Gedächtnis gekennzeichnet durch seine Alltagsferne. Alltagsferne (Alltags-
transzendenz) kennzeichnet zunächst seinen Zeithorizont. Das kulturelle Gedächtnis hat seine Fixpunkte, sein Horizont wandert nicht mit dem fortschreitenden Gegenwartspunkt mit. Diese Fixpunkte sind schicksalhafte Ereignisse der
Vergangenheit, deren Erinnerung durch kulturelle Formung (Texte, Riten,
Denkmäler) und institutionalisierte Kommunikation (Rezitation, Begehung, Betrachtung) wachgehalten wird. Wir nennen das »Erinnerungsfiguren«. Der gesamte jüdische Festkalender basiert auf Erinnerungsfiguren.[11] Im Fluß der Alltagskommunikation bilden solche Feste, Riten, Epen, Gedichte, Bilder usw.

---

[8] Das klassische Beispiel für ein vornehmlich topographisch organisiertes kulturelles Gedächtnis stellen die australischen Aborigines mit ihrer Bindung an bestimmte geheiligte Orte dar; vgl. Koepping
(1981). Vgl. für andere Fälle sakraler bzw. kommemorativer Landschaften Cancik (1985/86) und
Halbwachs (1941).

[9] Von solchem Übergang handelt, unter dem Gesichtspunkt der Verfälschung und unter der Begrifflichkeit von »Urgeschichte« und »Theologie«, F.Overbeck (1919/63), bes. 20ff. Vgl. ähnlich Halbwachs (1941) und (1985), 261 ff.

[10] Vgl. hierzu A. Assmann, »Die Unfähigkeit zu vergessen: der Historismus und die Krise des
kulturellen Gedächtnisses«, in: Assmann, A. u. J. (i. V.).

[11] Halbwachs bezeichnet es als den Gegenstand von Religion, »die Erinnerung an eine längst
vergangene Zeit unberührt und ohne jede Beimischung späterer Erinnerungen durch die Zeit zu
erhalten« (1985, 261). In dieser Schärfe trifft die Definition jedoch wohl nur auf die jüdische Religion
zu, die er übrigens als assimilierter Jude nicht eigens behandelt, ja kaum erwähnt. Zum Problem der
jüdischen Erinnerung s. Yerushalmi (1982) sowie Schottroff (1964).

»Zeitinseln«, Inseln vollkommen anderer Zeitlichkeit bzw. Zeitenthobenheit. Im kulturellen Gedächtnis weiten sich solche Zeitinseln zu einem Erinnerungsraum »retrospektiver Besonnenheit«. Dieser Ausdruck stammt von Aby Warburg. Er sprach den Objektivationen der Kultur - und zwar nicht nur hohen Kunstwerken, sondern auch Plakaten, Briefmarken, Tracht, Brauchtum usw. - eine Art »mnemischer Energie« zu. In kultureller Formgebung kristallisiert kollektive Erfahrung, deren Sinngehalt sich in der Berührung blitzartig wieder erschließen kann, über Jahrtausende hinweg. Dieses Bildgedächtnis des Abendlandes wollte Warburg mit seinem großangelegten Projekt Mnemosyne rekonstruieren. Das ist zwar nicht unser Problem; unsere Fragestellung ist allgemeiner. Aber wir verdanken Warburg den nachdrücklichen Hinweis auf die Kraft kultureller Objektivationen, ein kulturelles Gedächtnis zu stabilisieren, u. U. über Jahrtausende hinweg.

Ebenso wie bei Halbwachs die Gedächtnisfunktionen der objektivierten Kultur, so bleiben bei Warburg allerdings die soziologischen Aspekte seines Bildgedächtnisses unterbelichtet. Halbwachs thematisiert den Nexus zwischen Gedächtnis und Gruppe, Warburg den zwischen Gedächtnis und kultureller Formensprache. Unsere Theorie des kulturellen Gedächtnisses versucht, alle drei Pole: Gedächtnis (bzw. appräsentierte Vergangenheit) Kultur und Gruppe (bzw. Gesellschaft) aufeinander zu beziehen.

Wir wollen hier folgende Merkmale des kulturellen Gedächtnisses hervorheben:

1. »Identitätskonkretheit« oder Gruppenbezogenheit. Das kulturelle Gedächtnis bewahrt den Wissensvorrat einer Gruppe, die aus ihm ein Bewußtsein ihrer Einheit und Eigenart bezieht. Die Gegenstände des kulturellen Gedächtnisses zeichnen sich aus durch eine Art identifikatorischer Besetztheit im positiven (»das sind wir«) oder im negativen Sinne (»das ist unser Gegenteil«).[12]

Aus solcher Identitätskonkretheit ergibt sich, was Nietzsche »Horizontbildung« genannt hat (A. Assmann, s. Anm. 10). Der im kulturellen Gedächtnis gepflegte Wissensvorrat ist gekennzeichnet durch eine scharfe Grenze, die das Zugehörige vom Nichtzugehörigen, d. h. das Eigene vom Fremden trennt. Erwerb und Überlieferung dieses Wissens sind nicht von »theoretischer Neugierde« (Blumenberg) geleitet, sondern von »need for identity« (Mol 1976).

Damit zusammen hängt

2. seine *Rekonstruktivität.* Kein Gedächtnis vermag eine Vergangenheit als solche zu bewahren. Sondern nur das von ihr bleibt, »was die Gesellschaft in je-

---

[12] Der sich aus dem »need for identity« (H. Mol) herleitende unvermeidliche Egoismus des kulturellen Gedächtnisses nimmt gefährliche Formen an, wenn sich die mit jeder Repräsentation von Identität (Selbstbilder) verbundenen Repräsentationen von Alterität (Fremdbilder) zu »Feindbildern« steigern. Vgl. dazu Gladigow (1986) und Eibl-Eibesfeldt (1984).

der Epoche mit ihren gegenwärtigen Bezugsrahmen rekonstruieren kann« (M. Halbwachs). Das kulturelle Gedächtnis verfährt rekonstruktiv, d. h., es bezieht sein Wissen immer auf eine aktuell gegenwärtige Situation. Es ist zwar fixiert auf unverrückbare Erinnerungsfiguren und Wissensbestände, aber jede Gegenwart setzt sich dazu in aneignende, auseinandersetzende, bewahrende und verändernde Beziehung. Das kulturelle Gedächtnis existiert in zwei Modi: einmal im Modus der Potentialität als Archiv, als Totalhorizont angesammelter Texte, Bilder, Handlungsmuster, und zum zweiten im Modus der Aktualität, als der von einer jeweiligen Gegenwart aus aktualisierte und perspektivierte Bestand an objektiviertem Sinn.

3. Geformtheit. Die Objektivation bzw. Kristallisation kommunizierten Sinns und kollektiv geteilten Wissens ist Vorbedingung seiner Vererbbarkeit *im kulturell institutionalisierten Erbgang einer Gesellschaft.*[13] »Haltbare« Formung ist nicht die Sache *eines* Mediums, z. B. der Schrift. Auch Bilder und Riten fungieren in diesem Sinne. Man kann von sprachlicher, bildlicher und ritueller Formung reden und erhält dann die Dreiheit der griechischen Mysterien: legomenon, dromenon, deiknymenon. Was die Sprache betrifft, findet Formung lange vor der Schrifterfindung statt. Der Unterschied zwischen dem kommunikativen und dem kulturellen Gedächtnis ist *nicht* identisch mit dem Unterschied zwischen Mündlichkeit und Schriftlichkeit.

4. Organisiertheit. Damit meinen wir a) die institutionelle Absicherung von Kommunikation, z. B. durch Zeremonialisierung der Kommunikationssituationen, und b) die Spezialisierung der Träger des kulturellen Gedächtnisses. Verteilung und Partizipationsstruktur des kommunikativen Gedächtnisses sind diffus. Hier gibt es keine Spezialisten. Im Gegensatz dazu ist das kulturelle Gedächtnis immer auf eine spezialisierte Praxis, eine Art »Pflege«, angewiesen.[14] Im Sonderfall von Schriftkulturen mit kanonisierten Texten kann solche Pflege sich enorm ausweiten und differenzieren.[15]

5. Verbindlichkeit. Durch den Bezug auf ein normatives Selbstbild der Gruppe ergibt sich eine klare *Wertperspektive* und ein *Relevanzgefälle,* das den kulturellen Wissensvorrat und Symbolhaushalt strukturiert. Es gibt wichtige und unwichtige, zentrale und periphere, lokale und interlokale Symbole, je nach

---

[13]Zum Problem der »Haltbarkeit« kulturellen Sinns s. Havelock (1963), der von »preserved communication« spricht, sowie Assmann, A.u. J. (1983), 265-284. Zur Technologie der Konservation und ihren geistigen Implikationen s. Goody (1986).

[14]Luhmann (1981) spricht in diesem Zusammenhang von »Gepflegter Semantik«.

[15]Wir unterscheiden dabei drei Dimensionen: »Textpflege«, d.h. die Beobachtung wortlautgetreuer Überlieferung, »Sinnpflege«, d. h. die Kultur der Auslegung, Exegese, Hermeneutik und Kommentierung, und »Vermittlung«, d. h. die (Rück)übersetzung von Text in Leben durch Institutionen der Erziehung, Ausbildung und Initiation.

der Funktion, die ihnen in der Produktion, Repräsentation und Reproduktion dieses Selbstbildes zukommt. Der Historismus hat gegen diese Relevanz-Perspektivierung der Überlieferung, die alles auf den Fluchtpunkt der kulturellen Identität bezieht, mit großer Entschiedenheit Stellung bezogen:

> Die Partikel und die Entelechie des Aristoteles, die heiligen Grotten Apollons und der Götze Besas, das Lied der Sappho und die Predigt der heiligen Thekla, die Metrik Pindars und der Meßtisch von Pompeii, die Fratzen der Dipylonvasen und die Thermen Caracallas, die Taten des göttlichen Augustus, die Kegelschnitte des Apollonius und die Astrologie des Petosiris: alles, alles gehört zur Philologie, denn es gehört zu dem Objekt, das sie verstehen will, auch nicht eines kann sie missen (Wilamowitz, zit. bei Jaeger 1960, 1-2).

An Gegenbewegungen gegen solchen »Relativismus« einer »wertfreien Wissenschaft« (M. Weber) hat es bekanntlich nicht gefehlt. Nietzsche opponierte gegen die Aufweichung von »Horizont« und Perspektive des historischen Wissens durch die historische Wissenschaft im Zeichen des »Lebens«, W. Jaeger und andere Neuhumanisten im Zeichen der Bildung. Um von diesen Gegenstimmen eine verhältnismäßig neue zu Wort kommen zu lassen, sei aus dem monumentalen Werk Alexander Rüstows, *Ortsbestimmung der Gegenwart,* ein Plädoyer für den »humanistischen Standpunkt« zitiert:

> Verläßt man ihn, so ist die Geschichte der Botokuden, der Zulukaffern oder jedes beliebigen anderen Volkes genauso interessant, genauso wichtig, genauso »unmittelbar zu Gott«, und wir befinden uns mitten in einem haltlosen Relativismus (Rüstow 1952, 12).

Die Verbindlichkeit des Wissens, das im kulturellen Gedächtnis bereitgehalten wird, hat zwei Aspekte: den der *Formativität* in seinen edukativen, zivilisierenden und humanisierenden Funktionen und den der *Normativität* in seinen handlungsleitenden Funktionen.

6. Reflexivität. Das kulturelle Gedächtnis ist reflexiv in einem dreifachen Sinne:

a) es ist praxis-reflexiv: es deutet die gängige Praxis in Form von Sprichwörtern, Lebensregeln, »Ethno-Theorien« (Bourdieu 1979), Riten (z.B. Opferriten, die die Praxis der Jagd deuten) usw.

b) es ist selbst-reflexiv: es nimmt auf sich selbst Bezug im Sinne der Auslegung, Ausgrenzung, Umdeutung, Kritik, Zensur, Kontrolle, Überbietung und »hypoleptischen«[16] Aufnahme.

---

[16]Zu diesem Begriff s. Marquard, in: Marquard/Stierle (1979), 358, Anm. 38: »Anknüpfen an das, was der Vorredner gesagt hat; vgl. J. Ritter, Metaphysik und Politik - Studien zu Aristoteles und Hegel, Frankfurt 1969, bes. S. 64, S. 66.«

c) es ist Selbstbild-reflexiv: es reflektiert das Selbstbild der Gruppe im Sinne von »Selbstthematisierungen« des Gesellschaftssystems« (Luhmann 1975).

Unter dem Begriff des kulturellen Gedächtnisses fassen wir den jeder Gesellschaft und jeder Epoche eigentümlichen Bestand an Wiedergebrauchs-Texten, -Bildern und -Riten zusammen, in deren »Pflege« sie ihr Selbstbild stabilisiert und vermittelt, ein kollektiv geteiltes Wissen vorzugsweise (aber nicht ausschließlich) über die Vergangenheit, auf das eine Gruppe ihr Bewußtsein von Einheit und Eigenart stützt.

Nicht nur ist dieses Wissen *inhaltlich* von Kultur zu Kultur, aber auch von Epoche zu Epoche verschieden. Auch seine Organisationsformen, seine Medien und Institutionen, sind höchst unterschiedlich. Verbindlichkeit und Reflexivität der Überlieferung können ganz verschiedene Grade oder »Aggregatzustände« aufweisen. Die eine Gesellschaft stützt ihr Selbstbild auf einen Kanon heiliger Schriften, die andere auf einen Grundbestand ritueller Handlungen, die dritte auf eine hieratisch festgelegte Formensprache, einen »Typenkanon« der bildenden Kunst und Architektur usw. Verschieden sind aber auch die allgemeinsten Grundeinstellungen zu Geschichte und Vergangenheit und damit zur Funktion des Erinnerns überhaupt. Die einen erinnern sich an die Vergangenheit aus Angst, von ihrem Vorbild abzuweichen, die anderen aus Angst, sie wiederholen zu müssen: »Those who cannot remember their past are condemned to relive it« (G. Santayana).[17] Die grundsätzliche Offenheit dieser Optionen gibt der Frage nach dem Zusammenhang von Kultur und Gedächtnis ihr kulturtypologisches Interesse. In ihrer kulturellen Überlieferung wird eine Gesellschaft sichtbar: für sich und für andere. Welche Vergangenheit sie darin sichtbar werden und in der Wertperspektive ihrer identifikatorischen Aneignung hervortreten läßt, sagt etwas aus über das, was sie ist und worauf sie hinauswill.

---

[17]Den Hinweis auf dieses Zitat, das der Heidelberger Ringvorlesung als Motto voranstand, gab Aleida Assmann.

Literaturverzeichnis

Assmann, A. u. J.: „Der Nexus von Überlieferung und Identität. Ein Gespräch über Potentiale und Probleme des Kanonbegriffs." In: Jahrbuch des Wissenschaftskollegs zu Berlin 1984-85, 291-302.

Assmann, A. u. J.: Kanon und Zensur, Archäologie der literarischen Kommunikation II. München 1987.

Assmann, A. u. J.: „Schrift, Tradition und Kultur." In: Raible, W. (Hg.), Zwischen Festtag und Alltag. Scriptoralia 6. Tübingen, 1988, S. 25-49.

Assmann, A. u. J.: Überlieferung und Identität. Formen und Funktionen des kulturellen Gedächtnisses.

Assmann, A. u. J./Hardtmeier, Chr.: Schrift und Gedächtnis. Archäologie der literarischen Kommunikation. München 1983.

Bourdieu, P.: Entwurf einer Theorie der Praxis. Auf der ethnologischen Grundlage der kabylischen Gesellschaft (französisch: 1972). Frankfurt/Main 1979.

Bourdieu, P.: Ce que parler veut dire. L'économie des échanges linguistiques. Paris 1982.

Cancik, H.: "Rome as Sacred Landscape. Varro and the End o Republican Religion in Rome". In: Visible Religion 4/5, 1985/1986, S. 250-265.

Cancik-Lindemeler, H./Cancik, H.: „Zensur und Gedächtnis. Zu Tacitus Annales IV 32-38." In: Assmann, A. u. J. (1987), 1987, S.169-189.

Eibl-Eibesfeldt, I.: Krieg und Frieden aus der Sicht der Verhaltensforschung. München 1984.

Erikson, E. H.: "Ontogeny of Ritualization in Man." In: Philos. Trans. Royal Soc. London 251B, 1966, S. 337-349.

Gladigow, B.: "Aetas, aevum und saeclorum ordo. Zur Struktur zeitlicher Deutungssysteme." In: Hellhohn, D. (Hg.), Apocalypticism in the Mediterranean World and the Near East, 1983, S. 273-294.

Gladigow, B.: Homo publice necans. Kulturelle Bedingungen kollektiven Tötens. In: Saeculum 37, 1986, S. 150-165.

Gombrich, E. H.: Aby Warburg. Eine intellektuelle Biographie (englisch: 1970). Frankfurt/Main 1984.

Goody, J.: The Logic of Writing and the Organization of Society. Cambridge 1986.

Halbwachs, M. : La topographie légendaire des évangiles en terre sainte. Etude de mémoire collective. Paris 1941.

Halbwachs, M. : La mémoire collective. Paris 1950.

Halbwachs, M. : Das Gedächtnis und seine sozialen Bedingungen (französisch 1925). Frankfurt/Main 1985.

Havelock, E.: A Preface to Plato. Oxford 1963.

Jaeger, W.: Humanistische Reden und Vorträge. Berlin 1960.

Jeudy, H-P.: Mémoires du social. Paris 1986.

Kany, R.: Mnemosyne als Programm. Geschichte, Erinnerung und die Andacht zum Unbedeutenden im Werk von Usener, Warburg und Benjamin. Tübingen 1987.

Koepping, K-P.: „Religion in Aboriginal Australia." In: Religion 11, 1981, S. 1-25.

Luckmann, Th.: „Kanon und Konversion." In: Assmann, A. u. J. (1987), S. 38-46.

Luhmann, N.: „Selbstthematisierungen des Gesellschaftssystems". In: Soziologische Aufklärung 2. Opladen 1975.

Luhmann, N.: Gesellschaftsstruktur und Semantik. Bd. I-II. Frankfurt 1981-83.

Marquard, 0./Stierle, K.H.: Identität. München 1979.

Mol, H.: Identity and the Sacred. Oxford 1976.

Niethammer, L.: Lebenserfahrung und kollektives Gedächtnis. Frankfurt/Main 1985.

Nietzsche, F.: Werke, hg. v. K. Schlechta 3 Bde. München 1962.

Overbeck, F.: Christentum und Kultur. Basel/Darmstadt 1919/1963.

Rüstow, A.: Ortsbestimmung der Gegenwart. Eine universalgeschichtliche Kulturkritik. Bd. 2: Weg der Freiheit. Zürich 1952.

Schottroff, W.: >Gedenken< im alten Orient und im Alten Testament. Die Wurzel zakar im semitischen Sprachkreis. Neukirchen-Vluyn 1964.

Semon, R.: Die Mneme als erhaltendes Prinzip im Wechsel des organischen Geschehens. Leipzig 1911.

Tenbruck, F.H.: Geschichte und Gesellschaft. Berlin 1986.

Voegelin, E.: Anamnesis. München 1966.

Yerushalmi, Y. H.: Zakhor. Jewish History and Jewish Memory. Washington 1982.

Fälle und Übungen (3) Kollektives Gedächtnis

3.1
Inwieweit legt die Argumentation Assmanns eine zumindest partielle Gleichsetzung von „kollektivem Gedächtnis" und „Kultur" nahe?

3.2
„Kultur ist primär Kommunikationsprodukt (und umgekehrt)". Ist diese These mit dem Ansatz von Assmann kompatibel?

3.3
Überlegen Sie anhand konkreter Beispiele aus der Alltagskommunikation, weshalb die Grenze zwischen kommunikativem und kulturellem Gedächtnis fließend ist.

3.4
Warum wäre jeder Versuch zum Scheitern verurteilt, das kulturelle Gedächtnis einer Gruppe auch nur annäherungsweise beschreiben zu wollen? Wie hängt dies mit den beiden Modi (a. der Potentialität und b. der Aktualität) zusammen?

3.5
Der nachstehende Zeitungsausschnitt zur Sonntagsöffnung von Läden in Deutschland ist ein gutes Beispiel einerseits für die Funktionsweise des kulturellen Gedächtnisses, andererseits aber auch für das, was bei Assmann unter „institutioneller Absicherung von Kommunikation" verstanden wird. Warum?

Sonntagsverkauf wird erschwert

Ellenberger will weniger Sondergenehmigungen erteilen

■ Von Hartmut Kaczmarek

Erfurt. (tlz) Geschäfte und Einkaufszentren sollen in Thüringen künftig nicht mehr so häufig Ausnahmegenehmigungen für Sonderöffnungen an Sonn- und Feiertagen erhalten. Sozialministerin Irene Ellenberger (SPD) will mit einer neuen Verordnung der nach ihrer Ansicht ausufernden Genehmigungspraxis einen Riegel vorschieben.

In dem der TLZ vorliegenden Entwurf werden die Genehmigungsbehörden auf Kreis- und kommunaler Ebene stärker als bisher in die Pflicht genommen. Geschäfte sollen nur noch sonn- oder feiertags öffnen, wenn in der betreffenden Stadt traditionsreiche Volksfeste wie der Weimarer Zwiebelmarkt oder der Thüringentag stattfinden. Sonderverkäufe, die lediglich kommerziellen Interessen dienen, will das Sozialministerium künftig unterbinden.

Völlig tabu soll künftig in Thüringen die sonntägliche Öffnung von Möbelmärkten oder Einkaufszentren sein, die auf der grünen Wiese liegen. Hier kündigt Sozialministerin Irene Ellenberger den Kommunen und Kreisen an. auch von ihrem Weisungsrecht Gebrauch zu machen und entsprechende Genehmigungen wieder außer Kraft zu setzen.

Das Thüringer Sozialministerium verweist die Betroffenen auf die Möglichkeit, ihre Geschäfte sonnabends länger zu öffnen. Die Initiative ist außerdem nach Gesprächen mit den beiden großen Kirchen in Thüringen und den Gewerkschaften zustande gekommen.

Seite 2: Kommentar

Sonntagsverkauf wird erschwert". In: Thüringische Landeszeitung, 15.10.98

Semantische Netzwerke*

Manfred Spitzer

Auf der Welt gibt es etwa 8 000 Sprachen. Die genaue Zahl kennt niemand, und sie läßt sich auch nur schwer ermitteln: Definitionsgemäß unterscheidet sich eine Sprache von einem Dialekt dadurch, daß man einen Übersetzer zum Verstehen braucht. Wer jedoch beispielsweise von Innsbruck nach Amsterdam wandert, der wird einen kontinuierlichen Wandel der Sprache feststellen, die bei Reisebeginn Deutsch und am Ende der Reise Holländisch heißt. Je zwei Einwohner aus je 50 km entfernten Dörfern und Städten werden sich gut unterhalten können, Menschen von den Orten des Reisebeginns und Reiseziels brauchen jedoch einen Übersetzer (Comrie 1990).

Die Anzahl der Menschen, die eine bestimmte Sprache sprechen, ist sehr unterschiedlich: Mehr als die Hälfte der Weltbevölkerung spricht eine der folgenden fünf Sprachen: Chinesisch, Englisch, Spanisch, Russisch und Hindi. Die etwa einhundert häufigsten Sprachen werden von über 95 % der Weltbevölkerung gesprochen. Am anderen Ende der Skala steht etwa ein Drittel aller Sprachen, die von weniger als tausend Menschen gesprochen werden und daher vom Aussterben (Kleiner 1995) bedroht sind: In Äthiopien wird die Sprache Ongota noch von 19 Menschen gesprochen, die Sprache Elmolo von ganzen sechs Menschen. Vor einigen Jahren starben die letzten beiden Sprecher der Sprache Gafat, nachdem sie ein Linguist aus dem Dschungel in die Hochländer geholt und sie sich eine tödlich verlaufende Erkältung zugezogen hatten. Die Sprache Aore wird von einem einzigen Einwohner der entlegenen pazifischen Inselrepublik Vanuatu gesprochen (Vines 1996). »Wäre es nicht schön, wenn alle Menschen die gleiche Sprache sprächen?« Ja und nein. Wir könnten uns dann zwar alle leicht verständigen, aber wir hätten uns auch insgesamt viel weniger zu sagen.

Verstehen und Sprechen

Der Aspekt der unterschiedlichen Kodierung einer Sache fällt bei der Sprache besonders deutlich auf: Sprache kommt lebensweltlich als gesprochene (gehörte) Sprache vor, d. h. als akustisches Phänomen, und ist zu unterscheiden von geschriebenen Symbolen (Schrift) oder von anderen Symbolsystemen (Zeichensprache, Blindenschrift etc.).

---

* Beitrag entnommen aus: Spitzer, M.: Geist im Netz. Modelle für Lernen, Denken und Handeln. Heidelberg/Berlin 2000, 229-256, Spektrum Akademischer Verlag

Wenn wir Menschen Sprache verstehen oder produzieren, dann sind erneut unterschiedliche Codes am Werk: Wir hören oder lesen ein Wort, kodieren die zeitlichen bzw. räumlichen Muster um in Lautfolgen (Phoneme) bzw. in graphische Elemente (Grapheme), woraus nach Umkodierung ein ganzes gelesenes oder gehörtes Wort resultiert, das wiederum mit Bedeutung in Verbindung gebracht wird. Bedeutungen sind ganz offensichtlich "im Kopf" getrennt von den lautlichen Aspekten gespeichert: Wenn uns z. B. ein Wort auf der Zunge liegt, so wissen wir definitionsgemäß, was wir sagen wollen (Bedeutung), uns fällt jedoch die die Bedeutung repräsentierende Lautfolge, das Wort, nicht ein. Dabei wissen wir in 60 bis 70 % der Fälle sogar den ersten Buchstaben und in 60 bis 80 % der Fälle die Anzahl der Silben (vgl. Levelt 1989). In Zuständen von Ermüdung kann es auch bei Gesunden zu solchen Wortfindungsstörungen kommen. Diese Fälle zeigen eindrücklich, daß die Repräsentation der Bedeutung von der Repräsentation von Lautfolgen, die diesen Bedeutungen zugeordnet sind, getrennt sein kann. Die Störung läßt sich ganz allgemein als Problem der Umkodierung verstehen.

Die Bedeutung eines Wortes ist zu trennen vom übergeordneten Satzsinn: In den Sätzen "*Time flies like an arrow* " und „*Fruit flies like a banana*" haben die Worte "flies" und „like" jeweils eine völlig andere Bedeutung und grammatische Funktion. Wie kann es sein, daß wir diese Sätze verstehen, wo wir doch Sätze aus Wörtern bilden, diese also schon verstanden haben müssen, wenn es an das Satzverstehen geht? Das Problem dürfte Ihnen bekannt vorkommen, denn seine niederstufigere Variante war uns oben bereits begegnet. Wir können unbekannte Lautfolgen unmittelbar richtig "hören", wenn uns der entsprechende Kontext vorliegt: "An der Angel hängt ein kleiner Fisch". Auch in diesem Fall braucht man das Ganze, um die Teile zu haben, und die Teile, um das Ganze zu bekommen. Es sei angemerkt, daß es psychologische Experimente gibt, die nahelegen, daß man Wörter vor den Buchstaben, aus denen sie bestehen, erkennt (vgl. Posner & Raichle 1996, Kap. 5, 6; Posner et al. 1996).

Die Auflösung dieser scheinbaren Widersprüche oder gar Paradoxien liegt in der oben bereits beschriebenen Art der kortikalen Informationsverarbeitung: Diese läuft nicht nacheinander von einfachen zu komplexen Analysen, sondern erfolgt auf den verschiedenen Ebenen der Analyse nahezu gleichzeitig. Hierbei informieren sich "höhere" und "tiefere" Areale wechselseitig über das Ergebnis ihrer Analyse. Mehr noch: Die Analyse besteht in wechselseitiger Signalweitergabe, und dies geschieht über mehrere Stufen hinweg. Jede einzelne dieser Stufen der Sprachverarbeitung wird von einem kortikalen Areal bewältigt, dessen Struktur so angelegt ist, dass Landkarten der in ihm verarbeiteten Information spontan entstehen müssen (vgl. Kapitel 5). Wir wissen heute, daß beim Verstehen von Sprache zunächst die vom Innenohr kommende Information von einer Frequenzkarte (einer sogenannten *tonotopischen* Karte) analysiert wird. Da alle Menschen mehr oder weniger dieselben Frequenzen wahrnehmen, ist davon auszugehen, daß diese Karten bei verschiedenen Individuen ähnlich ausgebildet sind.

Auf der nächsten Stufe der Sprachverarbeitung werden Phoneme - die kleinsten lautlichen Einheiten der Sprache - kodiert, d. h. aus Frequenzspektren werden Laute. Diese Laute sind für verschiedene Sprachen nicht identisch: Wie jeder weiß, haben Angelsachsen mit der deutschen "Gemütlichkeit" ihre Schwierigkeiten, weil sie das Wort nicht aussprechen können. Dies liegt daran, daß sie nie gelernt haben, zwischen "u" und "ü" zu unterscheiden, was wiederum daran liegt, daß dieser Unterschied im Englischen nicht vorkommt. (VW warb in den USA für seine Autos damit, daß keiner aussprechen konnte, was sie bringen sollen: Fahrvergnügen.) Japaner können bekanntermaßen nicht zwischen "la" und "ra" unterscheiden. Der Unterschied kommt in ihrer Sprache nicht vor. Es sind diese Unterschiede in der Verwendung von Sprachlauten, die die Entwicklung von kortikalen Repräsentationen vorantreiben. Was nicht gehört bzw. nicht unterschieden wird, wird nicht kodiert und ist damit auch nicht verfügbar.

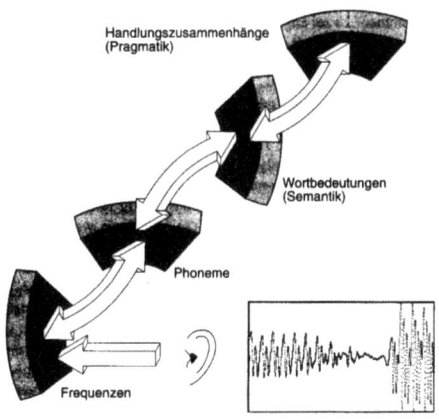

Analyseprozesse beim Verstehen gesprochener Sprache. Kortikale Areale arbeiten interaktiv auf den verschiedenen Ebenen der Kodierung und Umkodierung. Die über den Gehörnerv eintreffenden zeitlichen Erregungsmuster werden zunächst auf einer Frequenzkarte kodiert und dann weiter phonologisch, semantisch und kontextuell (pragmatisch) analysiert. Die Analyse ist auf jeder Stufe zugleich eine Synthese des jeweils aufgrund übergeordneter Information wahrscheinlichsten Inputmusters: Der Kontext kann die Bedeutung eines Wortes determinieren, ein Wort den Klang eines Phonems.

Interessanterweise setzt dies voraus, daß das Neugeborene alle Laute erkennen kann und sich dann gleichsam auf die in der Umgebung auch tatsächlich vorhandenen Laute spezialisiert. Genau dies ist nach neueren Untersuchungen der Fall. Wir Menschen werden mit der Fähigkeit zur Unterscheidung der etwa 70 Phoneme geboren, aus denen die lautlichen Wörter aller Sprachen der Welt gebildet werden (kein Druckfehler: es sind tatsächlich nur etwa 70). Bereits im Alter von etwa einem halben Jahr jedoch zeigen Säuglinge unterschiedliche Reaktionen auf die Laute ihrer Muttersprache im Vergleich zu Lauten, die nicht in ihrer Muttersprache vorkommen (Dehaene-Lambertz & Dehaene 1994). Offensichtlich wurden durch die erfahrenen lautlichen Inputmuster bereits *Lautkarten* angelegt, auf denen nur das repräsentiert wird, was tatsächlich gehört wurde. Ist die Karte erst einmal angelegt, wird es immer schwieriger, sie zu ändern. Man weiß, daß beim Erlernen einer Fremdsprache nach Abschluß der Pubertät praktisch immer ein Akzent bleibt. Offensichtlich sind die Gehirne erwachsener Sprecher verschiedener Sprachen in bezug auf die Kodierung von Lauten unterschiedlich, d. h. geprägt durch die jeweils gemachten Erfahrungen.

Überspitzt könnte man im Hinblick auf die Fähigkeiten des lautlichen Verständnisses (und der Lautproduktion) formulieren: Der Säugling kann potentiell alles, real nichts. In dem Maße, wie er lernt und sich mit seiner konkreten Umgebung auseinandersetzt, wird aus Möglichkeit Wirklichkeit, aus der Anlage einer Fähigkeit die Fähigkeit. Damit geht eine Reduktion der zunächst vorhandenen Möglichkeiten einher.

Nachdem wir in diesem Abschnitt ein allgemeines Modell des Sprachverstehens eingeführt und den Aspekt des lautlichen Verstehens näher betrachtet haben, können wir uns jetzt dem eigentlichen Thema des Kapitels zuwenden: der Repräsentation von Bedeutung.

Assoziationen: Was uns warum einfällt

Wir alle haben die Bedeutungen von mehreren zehntausend Wörtern in uns gespeichert, nebst Schreibweise, grammatischen Eigenheiten, kategorialen und kontextuellen Zuordnungen sowie Aussprache (vgl. Aitchison 1994, Miller 1993). Wie sind Wortbedeutungen in uns organisiert, repräsentiert und kodiert? Wie kann man hierüber Aussagen machen? Ist diese Organisation - wenn es eine gibt - nicht bei jedem Menschen anders?

Bereits Aristoteles beschrieb, daß Bedeutungsgehalte nicht unverbunden im Gedächtnis vorliegen. Er wußte aus der Erfahrung beim Erinnern, daß wir Wörter gemäß semantischer Relationen der Ähnlichkeit oder des Kontrasts verbunden gespeichert haben. Dies erleichtert das Erinnern, und wir gelangen beispielsweise leicht von "Milch" zu "weiß" oder von "Stuhl" zu "Tisch".

Im 18. und 19. Jahrhundert wurden diese Gedanken zunächst von den Philosophen John Locke und David Hume und dann von Ärzten und Psychologen wie David Hartley, Thomas Brown, James und John Stuart Mill aufgegriffen und in eine Lehre, die *Assoziationspsychologie,* verwandelt. Man formulierte die *Assoziationsgesetze,* die besagen, daß Ähnliches und Kontrastreiches sowie raumzeitlich Zusammenhängendes im Bedeutungsspeicher näher beieinander liegen.

Die empirisch-experimentelle Untersuchung von Assoziationen wurde von dem Wissenschaftler Sir Francis Galton begründet. Er sah die Schwierigkeiten der Methode der Selbstbeobachtung (Introspektion) sehr klar und versuchte, sie durch genaueste Beschreibung der Vorgänge zu lösen.

"Wenn wir versuchen, die ersten Schritte des Funktionierens unseres Geistes nachzuvollziehen, sind wir für gewöhnlich durch die Schwierigkeit beeinträchtigt, genau zu beobachten, ohne dabei die Freiheit seiner Aktionen zu beeinträchtigen. Diese Schwierigkeit [...] ist besonders durch die Tatsache bedingt, daß die elementaren Operationen des Geistes überaus schwach und flüchtig sind und daß es der größten Gewissenhaftigkeit bedarf, um sie richtig zu beobachten. Es erscheint zunächst unmöglich, den Denkprozessen die notwendige Aufmerksamkeit zu widmen und zugleich frei zu denken, als ob der Geist sonst mit nichts beschäftigt wäre. Das Besondere an dem Experiment, das ich sogleich beschreiben werde, liegt darin, daß es diese Schwierigkeiten überwindet. Meine Methode besteht darin, dem Geist für eine sehr kurze Zeit freies Spiel zu erlauben, bis ihn einige Gedanken durchlaufen haben, und ihnen dann - solange ihre Spuren bzw. Echos im Gehirn fortbestehen - die Aufmerksamkeit plötzlich und hellwach zuzuwenden, um sie zu untersuchen und ihr genaues Erscheinen aufzuzeichnen" (Galton 1883, S. 185).

Sir Francis Galton (1822 - 1911), der Begründer des Verfahrens
der freien Assoziationen zur Untersuchung der Arbeitsweise des Denkens
(Gemälde aus Galton 1910).

Galton führte eine große Zahl von Selbstversuchen durch, um mit der von ihm entwickelten Methode gleichsam kleinste Gedankenfetzen zu untersuchen: wie sie auftauchen, was sie motiviert, wie sie sich ablösen etc. Er verwendete hierzu eine Liste von Wörtern, die er so mit einem Buch abdeckte, daß er jeweils nur eines sehen konnte. Dann zeigte er sich selbst diese Wörter, eines nach dem anderen, und schrieb jeweils auf, welche Wörter ihm unmittelbar in den Sinn kamen. Er verwendete manchmal auch eine Stoppuhr, um die Zeit des Auftretens der Ideen zu messen. Die Ergebnisse faßte er wie folgt zusammen:

"Ich wollte zeigen, wie ganze Bereiche geistiger Leistungen, die normalerweise dem Bewußtsein entgehen, sich ans Licht bringen, aufzeichnen und statistisch untersuchen lassen. Auch sollte klar werden, wie die Dunkelheit, die die die ersten Schritte unserer Gedanken umgibt, durchdrungen und erhellt werden kann [...]. Wahrscheinlich der stärkste Eindruck, den diese Experimente hinterlassen, betrifft die Mannigfaltigkeit der Arbeit des Geistes in einem Zustand der Halbunbewußtheit. Sie liefern zudem guten Grund zur Annahme noch tieferer Schichten geistiger Tätigkeiten, die völlig unter die bewußte Ebene geistiger Leistungen gesunken sind, die möglicherweise für diejenigen geistigen Phänomene verantwortlich sind, die wir anders nicht erklären können" (Galton 1879, S. 162; vgl. hierzu auch Galton 1883, S. 202-203).

Das Zitat macht deutlich, daß Sigmund Freud und Carl-Gustav Jung auf den Spuren Galtons wanderten, als sie die Methode freien Assoziierens in die Diagnose und Therapie psychischer Störungen einführten. Um die Jahrhundertwende wurden Gedanken-Assoziationen mittels des Wort-Assoziationstests in großem Stil untersucht, nachdem 1879 in Leipzig das weltweit erste psychologische Labor durch Wilhelm Wundt begründet worden war. Hier lernte u. a. der Begründer der modernen Psychiatrie, Emil Kraepelin im Rahmen einer zweijährigen Tätigkeit als Assistent die Methode des Wortassoziierens. Die Methode bestand darin, der Versuchsperson ein Wort vorzugeben und sie aufzufordern, das erste ihr in den Sinn kommende Wort zu nennen. Bevor Sie weiterlesen und umblättern, versuchen Sie es selbst! Bitte sagen Sie so rasch wie möglich, was Ihnen zu folgenden zehn Wörtern einfällt:

weiß-
Mutter-
Tisch-
kalt-
Bruder-
Lied-
Messer-
Hammer-
Sonne-
gut-

Mit großer Wahrscheinlichkeit haben sie auf die zehn Wörter die folgenden Assoziationen produziert:

- schwarz
- Vater
- Stuhl
- heiß
- Schwester
- Singen
- Gabel
- Nagel
- Mond
- schlecht

Vielleicht lagen Sie auch bei einem oder zwei Wörtern anders, aber Sie werden zugeben, daß die bereits zur Jahrhundertwende bekannten Befunde zutreffend sind, nach denen die meisten Menschen in relativ einförmiger Weise reagieren (vgl. Spitzer 1992). Man hat in mehreren Ländern und Sprachen Assoziationsnormen durch die Untersuchung einer größeren Zahl von Personen aufgestellt. Man kann somit in Büchern (die ein bißchen aussehen wie Telefonbücher: links ein Wort, rechts eine Zahl) nachschlagen, was Otto Normalverbraucher zum Wort "so-und-so" einfällt.

Reime, Ermüdung und Aufmerksamkeit

Es ist erstaunlich, welche Fragen bereits vor einhundert Jahren mit der Methode des Assoziierens bearbeitet wurden (vgl. Spitzer 1992). Gustav Aschaffenburg war Assistent bei Emil Kraepelin und interessierte sich für den Effekt, den Ermüdung auf unser Denken hat. Um dies näher zu untersuchen, führte er bei seinen Kollegen im Nachtdienst den Assoziationsversuch durch, um 21.00 Uhr, gegen Mitternacht, um 3.00 und um 6.00 Uhr in der Frühe. Die Kollegen mußten jeweils zu einhundert Wörtern sagen, was ihnen einfällt. Die resultierenden 400 assoziierten Wörter - 100 bei jedem Durchgang - wurden dann von Aschaffenburg jedes für sich daraufhin untersucht, in welcher Beziehung sie mit dem Reizwort stehen.

Normalerweise ist diese Beziehung begrifflicher Natur, also durch Bedeutungsstrukturen bzw. durch begriffliches Denken geprägt. Beispiele hierfür haben Sie oben selbst generiert: "Sonne – Mond", "weiß - schwarz" etc. sind *begriffliche* Assoziationen, denn sie sind durch die *Bedeutung* der Wörter geprägt. Bei "weiß" hätte Ihnen auch "heiß" einfallen können, nämlich dann, wenn Ihr begriffliches Denken nicht mehr so gut funktioniert. Dann wird das Denken weniger durch den Begriff und mehr durch niederstufigere klangliche Strukturen bestimmt.

Genau dies ist unter Ermüdung der Fall, wie Aschaffenburg herausfand. Die Häufigkeit begrifflicher Assoziationen nahm ab, während "oberflächliche" und klangliche (reimende) Assoziationen zunahmen.

"Worin besteht nun überhaupt die Wirkung der Erschöpfung auf den Assoziationsvorgang? Das, was allen Nachtversuchen gemeinsam zukommt, ist die Verschlechterung in der Qualität der gebildeten Vorstellungen. An die Stelle des begrifflichen Zusammenhangs tritt die lockere Verknüpfung nach dem Klange des Reizwortes, dessen Bedeutung für die angereihte Reaktion ganz gleichgültig ist" (Aschaffenburg 1899, S. 48).

Aschaffenburg konnte seine Ergebnisse nur durch Auszählen einzelner Nächte und durch Vergleich der Assoziationshäufigkeiten gewinnen. Er konnte nicht sagen, wie dies heute üblich ist, daß Klangassoziationen bei Ermüdung *signifikant* häufiger sind als beim wachen klaren Denken. Das Konzept der statistischen Signifikanz wurde erst ein Vierteljahrhundert später von Fischer entwickelt, wonach es noch einige Jahrzehnte dauerte, bis es in der medizinischen Forschung Verbreitung fand. Aschaffenburg hat jedoch seine Rohdaten, d. h. die Anzahl der unterschiedlichen Assoziationen je Versuch, in Form von Tabellen sehr detailreich publiziert, so daß sich heute damit Statistik treiben läßt. Gibt man alle seine Werte in den Computer ein, so läßt sich errechnen, daß die Zunahme der Klangassoziationen im Vergleich zum Versuch am Abend nachts um 3.00 Uhr signifikant, die Zunahme morgens um 6.00 Uhr hochsignifikant ist.

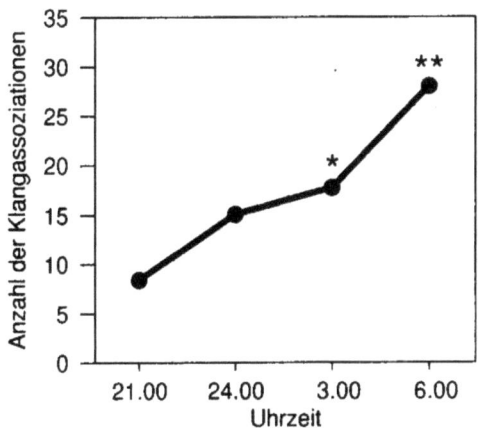

Einfluß zunehmender Ermüdung auf die Häufigkeit von Assoziationen, die durch den Wortklang bedingt sind (reimende Worte, bedeutungslose reimende Silben, Ergänzungen von Wörtern, die sich durch den Wortklang ergeben). Dargestellt sind die Mittelwerte, die bei neun freiwilligen Versuchspersonen (den Kollegen Aschaffenburgs im Nachtdienst) erhoben wurden. Um 3.00 Uhr war die Zunahme signifikant (*), um 6.00 Uhr hochsignifikant (**). Die Daten entstammen der Originalarbeit von Aschaffenburg (1899).

Die Ergebnisse lassen sich unter Zuhilfenahme der oben stehenden Abbildung dargestellten Überlegungen leicht verstehen: Der Wort-Assoziationstest zeigt in der Regel die Strukturen der Bedeutungskarte bzw. der Handlungskarte auf. Assoziationen werden aufgrund des häufigen gemeinsamen Auftretens von Wörtern in Sätzen oder in Bedeutungszusammenhängen produziert. Beim wachen, klaren Denken sind strukturbildende Prozesse permanent in "höheren" Arealen am Werk und sorgen für zielgerichtete Handlungen und sinnstiftende Sprache, kurz, für hochstufige Ordnung. Je größer die Ermüdung, desto schwächer werden diese höheren Leistungen. Damit können Denkabläufe um so eher von der Struktur der einfacheren, "niederen" Karten geprägt werden. Die "unter" der begrifflichen Ebene liegende Karte ist die der einzelnen Wörter, unterhalb der wiederum die phonologische Ebene liegt, d.h. die Karte, die lautliche Aspekte von Wörtern kodiert. Kurz: Wird der begriffliche Einfluß schwächer, dann steigt der Einfluß einfacherer Strukturen auf das Denken. Dieses wird dann weniger durch Bedeutungszusammenhänge und in stärkerem Maße durch lautliche Zusammenhänge geprägt. Dieses Prinzip des bei Wegfall "höherer" Zentren zunehmend sichtbaren Einflusses "niederer" Zentren des Nervensystems auf die jeweils betrachtete Leistung wurde bereits von dem Neurologen John Hughlings Jackson im letzten Jahrhundert formuliert.

Aschaffenburg diskutierte seine experimentellen Befunde vor dem Hintergrund von Alltagserfahrungen. Er meinte, daß Witze, die sich reimender Worte bedienen, bei müden Zuhörern besser ankommen als bei wachen. Um den einen oder anderen Leser zu Replikationsversuchen zu ermuntern, seien Aschaffenburgs Beobachtungen im Original zitiert:

"Schon vor mehreren Jahren versuchte ich gelegentlich einiger Bergtouren in der Schweiz mit den mich begleitenden Personen in einer dem Experiment ähnlichen Weise im Beginne und gegen Schluß der Märsche durch Zurufen von Worten die Assoziationsformen festzustellen. Wenn ich dabei auch durch die äußeren Umstände verhindert war, genauere Notizen zu machen, so kann ich doch versichern, daß fast stets eine außerordentlich große Anzahl von klangähnlichen Worten und Reimen auftrat. Schon die einfache Beachtung des Gespräches bei solchen Gelegenheiten aber genügt für denjenigen, der weiß, worauf er zu achten hat, um zu bemerken, welche Rolle die Klangassoziation spielt, sowohl in der Form des Reimes, als vor allem in der des typischen Wortwitzes" (Aschaffenburg 1899, S. 51).

Eine weitere von Aschaffenburg gemachte Beobachtung möchte ich ebenfalls direkt zitieren:

"Eine direkte Bestätigung, wie eng die Neigung zum Reimen mit starker - in solchen Fällen fast ausschließlich körperlicher Anstrengung verbunden ist, bietet jedes beliebige Fremdenbuch auf Berggipfeln und in Schutzhütten. Ich sehe dabei selbstverständlich von solchen Produkten ab, die unter ausschließlicher oder gleichzeitiger Wirkung des Alkohols verfaßt sind. Es wird wohl jeder zugeben müssen, daß ein wirklich inhaltreiches Gedicht nur selten die Fremdenbücher der Schutzhütten ziert; dabei sind es durchaus nicht ungebildete Personen, wenigstens nicht immer, die als Verfasser der albernsten Reimereien unterzeichnet sind, sondern oft genug solche, die in der Stille des Studierzimmers sich schämen würden, so gedankenarme Reimereien niederzuschreiben" (Aschaffenburg 1899, S.51-52).

Bevor Carl-Gustav Jung sich der Welt der Mythen und Märchen widmete, war er ein ausgezeichneter experimenteller Psychologe. Er arbeitete von 1902 bis 1909 als Assistenzarzt unter Eugen Bleuler an der Klinik Burghölzli bei Zürich und widmete sich sehr intensiv dem Studium von Assoziationen. In seiner Antrittsvorlesung beschreibt er das Assoziationsexperiment wie folgt:

"Das Experiment ist also ähnlich irgendeinem anderen Experiment aus der Physiologie, wo wir an einem lebenden Versuchsobjekt einen adäquaten Reiz anbringen, also zum Beispiel elektrische Reizungen an verschiedenen Stellen des Nervensystems, Lichtreize am Auge, akustische am Ohr. So bringen wir mit dem Reizwort am psychischen Organ einen psychischen Reiz an. Wir führen in das Bewußtsein der Versuchsperson eine Vorstellung ein und lassen uns angeben, was für eine weitere Vorstellung im Gehirn der Versuchsperson dadurch ausgelöst wurde. Auf diese Weise können wir in kurzer Zeit eine große Anzahl von Vorstellungsverbindungen oder Assoziationen erhalten. Bei dem gewonnenen Material können wir konstatieren in Vergleichung mit anderen Versuchspersonen, daß der und der bestimmte Reiz meist eine bestimmte Reaktion auslöst. Wir haben auf diese Weise das Mittel in der Hand zur Erforschung der 'Gesetzmäßigkeit von Ideenverbindungen'"(Jung 1906/1979, S. 431).

Zusammen mit Franz Riklin publizierte Jung im Jahr 1906 eine sehr detaillierte Arbeit mit dein Titel *Experimentelle Untersuchungen über Assoziationen Gesunder,* in der er über 35 000 Assoziationen bei insgesamt etwa 150 Versuchspersonen einer genauen Analyse unterzog. Ausgehend von den Studien Aschaffenburgs wollte Jung zeigen, daß nicht Ermüdung, sondern ganz allgemein die Verminderung der zielgerichteten Aufmerksamkeit für die Effekte der Abnahme der begrifflichen bzw. Zunahme der klanglichen Assoziationen verantwortlich war. Er verwendete hierzu einen experimentellen Ansatz, der erst Jahrzehnte später von angloamerikanischen Psychologen wiederentdeckt wurde, die sogenannte *Dual-Task-Methode.*

Jung stellte den Versuchspersonen die Aufgabe, im Takt eines Metronoms (das sich auf verschiedene Geschwindigkeiten einstellen ließ) Striche mit Bleistift auf ein Papier zu zeichnen, z. B. ein Strich in jeder Sekunde oder zwei Striche je Sekunde. Während die Versuchspersonen dies taten, führte Jung dann den Assoziationsversuch durch, d. h. er rief ihnen nacheinander einhundert Wörter zu und ließ sie sagen, welches Wort ihnen einfiel. Die Versuchspersonen mußten also zwei Aufgaben gleichzeitig bewältigen. Die dahintersteckende Idee ist einfach: Um zu untersuchen, welchen Einfluß die geistige Funktion A auf die geistige Funktion B hat, wird Funktion A für etwas anderes benutzt, und die Änderungen der Funktion B werden aufgezeichnet (daher der Name dieses Verfahrens: *Zwei-Aufgaben-Methode,* dual task method). Jung zog die Aufmerksamkeit vom Assoziieren ab, indem er die Versuchspersonen Striche zeichnen ließ. Der Effekt dieser "experimentellen Manipulation der Variablen Aufmerksamkeit" (wie man sich heute in der Psychologie ausdrückt) wurde dann durch Analyse der einzelnen assoziierten Wörter bestimmt.

Wie auch Aschaffenburg hat Jung seine Rohdaten in Tabellenform publiziert, so daß man seine Ergebnisse ebenfalls nachrechnen kann. Jung konnte zeigen, daß Klangassoziationen nicht an den besonderen Zustand der Ermüdung geknüpft sind, sondern immer dann auftreten, wenn Aufmerksamkeit vom assoziativen Denken gleichsam abgezogen wird. Dies ist im Zustand der Ermüdung sicherlich auch der Fall, betrifft aber auch andere Zustände verminderter Aufmerksamkeit.

Die Untersuchungen von Jung und Aschaffenburg zu den Bedingungen des Auftretens von Klangassoziationen sind keineswegs nur von historischem Interesse. Sie verweisen vielmehr direkt auf ein wesentliches Organisationsprinzip kortikaler Informationsverarbeitung, wie oben bereits diskutiert wurde. Dieses Prinzip der *interaktiven Hierarchie* spielt auch bei höherstufigen Prozessen eine Rolle. Diesen Prozessen, die traditionell mit Begriffen wie *Bedeutung, Kontext* und *Sprachgebrauch* verbunden sind, wenden wir uns jetzt zu.

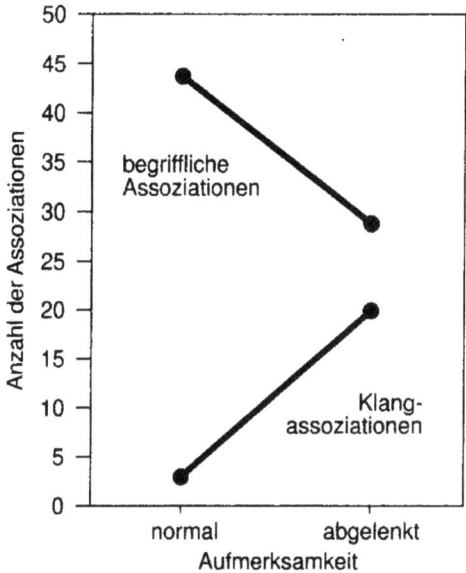

Anzahl begrifflicher und klanglicher Assoziationen unter Normalbedingungen sowie unter der Bedingung abgelenkter Aufmerksamkeit (Mittelwerte von drei Versuchspersonen; Daten aus Jung 1903/1978, S. 180-181). Die Abnahme der begrifflichen und die gleichzeitige Zunahme der klanglichen Assoziationen sind sehr deutlich.

Assoziative Netzwerke

Aufgrund einer großen Zahl von Untersuchungen zu bedeutungstragenden Zusammenhängen benachbarter Wörter sowie aufgrund später durchgeführter weiterer Studien hat man als Organisationsprinzip des semantischen Gedächtnisses bereits vor Jahrzehnten eine *Netzwerkstruktur* vorgeschlagen: Wörter und ihre Bedeutungen sind im mentalen Lexikon nicht etwa alphabetisch oder völlig unorganisiert, sondern netzwerkartig gespeichert (vgl. Collins & Loftus 1975, Neely 1977). Die Bedeutung eines Wortes ist in einem solchen Netzwerk durch *Knoten* repräsentiert sowie durch Nachbarschaftsbeziehungen zu anderen Inhalten bzw. Begriffen.

Solche Netzwerke lassen sich im Ansatz aus den gerade erwähnten Assoziationsnormen gewinnen. Man schlägt die Wahrscheinlichkeit der Assoziationen zu Wörtern nach und trägt sie dann entsprechend graphisch auf.

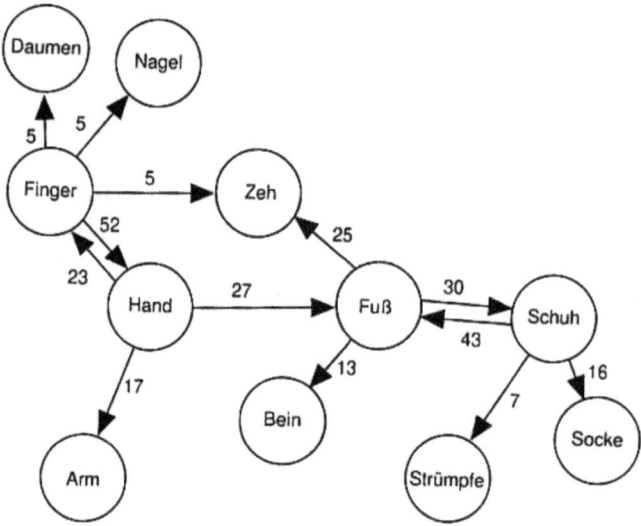

Semantisches Netz, gewonnen aus den von Palermo und Jenkins (1963) publizierten Assoziationsnormen. Die Zahlen geben die relative Häufigkeit von Assoziationen in Prozent an, die an insgesamt tausend Studenten und Studentinnen gewonnen wurden.

Wenn wir sprechen oder Sprache verstehen, dann werden Knoten in semantischen Netzwerken aktiviert. Wenn ich also sage: "Der Tisch ist weiß", dann werden der Tisch-Knoten und der weiß-Knoten aktiviert. Eine Reihe von Befunden aus psycholinguistischen Untersuchungen deutet darauf hin, daß sich die Aktivierung von einem Knoten ein Stück weit in dessen Umgebung ausbreitet. Hierdurch werden Nachbarknoten im Netzwerk für eine gewisse Zeit (im Bereich mehrerer hundert Millisekunden) aktiviert. Diese sich ausbreitende Aktivierung erhöht die Wahrscheinlichkeit, daß die aktivierten Knoten von der Sprachproduktionsmaschinerie in uns verwendet werden, also in nachfolgenden Sätzen tatsächlich auftauchen.

Hierzu einige Beispiele aus dem Bereich normaler Sprache.

1) "Die Bahn senkt die Preise. Das ist aber ein schöner Zug von ihr."

2) (beim Metzger) "Ob Schweine- oder Rindfleisch - das ist mir Wurst."

3) "Ich muß einen Kaffee bei meiner Zigarette rauchen."

4) "momenticklich" (momentan/augenblicklich).

Wie die Beispiele (1) und (2) zeigen, kann es zum Einbau bereits aktivierter semantischer Gehalte in nachfolgende Satzteile oder Sätze kommen, wenn sie ohnehin gerade passen. Manchmal kommt es jedoch auch zu Umstellungen (Beispiel 3) oder Verschmelzungen (Beispiel 4), die den Sinn der Äußerung entstellen (vgl. auch Maher 1988). Beispiele wie diese kommen häufiger vor, als man denkt, wenn man erst einmal gelernt hat, auf sie zu achten. Auch verrät die Wortwahl eines Sprechers oft mehr über das, was er wirklich meint, als das, was er sagt.

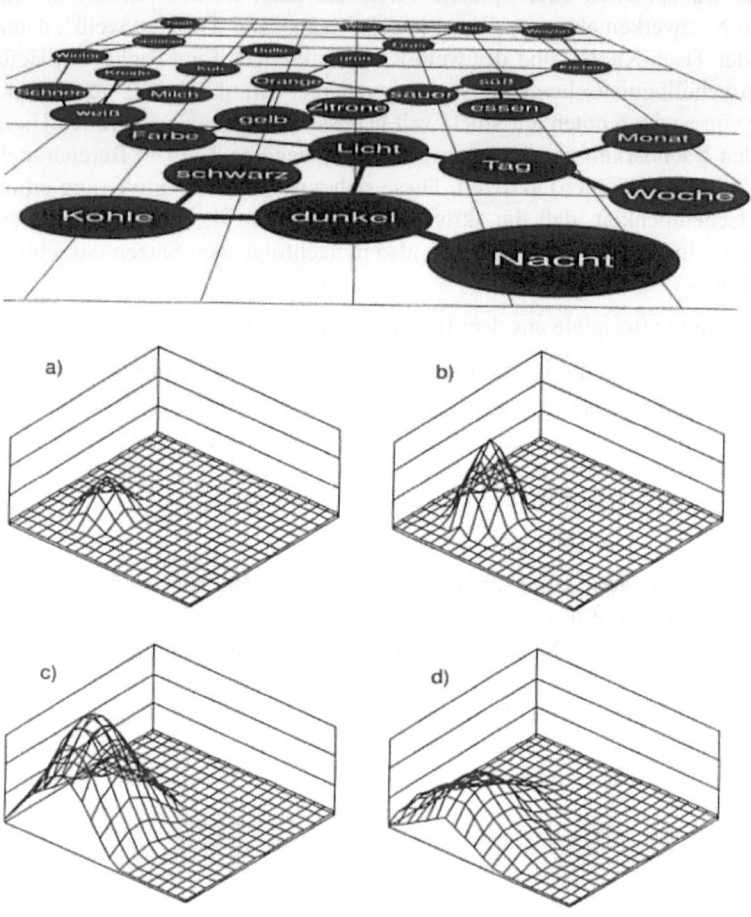

Semantisches Netzwerk, schematische Darstellung (oben). Zeitlicher Verlauf der Aktivierung eines Knotens im semantischen Netzwerk (unter Ausmaß der Aktivierung) ist auf der nach oben gerichteten Achse des Koordinatensystems aufgetragen. Die Aktivierung beginnt binnen 200 bis 300 Millisekunden nach Beginn der Wahrnehmung eines Wortes (a), wird stärker (b) und breitet sich aus (c), um dann bei wahrscheinlich weiterer Ausbreitung wieder abzuflachen (d).

Der Zugriff auf das *mentale semantische Gedächtnis* läßt sich somit nach dem Modell der sich *ausbreitenden Aktivierung (spreading activation model)* beschreiben. Nach diesem heute allgemein akzeptierten Modell breitet sich die Aktivierung eines Knotens im Netzwerk im Laufe von einigen hundert Millisekunden aus und klingt dann entweder passiv ab oder wird durch einen Hemmprozeß aktiv gemindert. Die sich ausbreitende Aktivierung sorgt dafür, daß bei Aktivierung eines Wortes im Netzwerk naheliegende Bedeutungen mit aktiviert werden. Durch diese Mitaktivierung tauchen die entsprechenden Wörter nicht nur in den nachfolgenden Sätzen der Spontansprache häufiger auf, sondern werden auch bei Wortentscheidungsaufgaben rascher erkannt. Wenn man das Wort *weiß* sieht, schwappt die Erregung ein Stück weit zu *schwarz*. Aufgrund dieser Voraktivierung erkennt man dann *schwarz* als Wort besser. Wie kommt es zur Organisation unseres *mentalen Lexikons*? Warum haben wir offensichtlich Ähnliches (vgl. Tisch - Stuhl) oder Entgegengesetztes (vgl. schwarz - weiß) nahe beieinander abgespeichert, so daß die eine Bedeutung die andere jeweils etwas mitaktiviert?

Selbstorganisierende semantische Netzwerke

Ende der 80er Jahre wurde erstmals gezeigt, daß neuronale Netzwerke vom Typ der selbstorganisierenden Eigenschaftskarten nicht nur relativ einfache Mustereigenschaften von Inputsignalen wie Tonhöhe oder graphische Struktur abbilden können. Aufgrund der besonderen Bedeutung dieser Netzwerksimulationen - wie sich zeigt, organisieren Kohonen-Netzwerke auch die Repräsentationen abstrakter semantischer und grammatischer Eigenschaften - seien sie hier relativ ausführlich dargestellt (vgl. Ritter & Kohonen 1989).

Wenn man einer selbstorganisierenden Eigenschaftskarte das Erkennen von Buchstaben beibringt, dann setzt dies voraus, daß man die Eigenschaften dieser Buchstaben klar angeben kann, d. h., daß man klar sagen kann, inwiefern sich zwei Buchstaben ähnlich oder unähnlich sind. Im Fall der graphischen Repräsentation von Buchstaben ist dies einfach, denn man braucht nur die Anzahl der nicht übereinstimmenden Bildpunkte zu bestimmen und gewinnt auf diese Weise ein Ähnlichkeitsmaß. Wie läßt sich dies auf Wörter und Bedeutungen übertragen?

Das, was Wörter meinen (repräsentieren), besitzt Eigenschaften, und es sind diese Eigenschaften, die die Ordnung der Wörter bewirken können. Betrachten wir hierzu eine Computersimulation im einzelnen.

Ritter und Kohonen verwendeten 16 Namen für Tiere, die durch 13 Eigenschaften zu charakterisieren waren, wie die Tabelle zeigt.

		Taube	Henne	Ente	Gans	Eule	Falke	Adler	Fuchs	Hund	Wolf	Katze	Tiger	Löwe	Pferd	Zebra	Kuh
	klein	1	1	1	1	1	1	0	0	0	0	1	0	0	0	0	0
ist	mittel	0	0	0	0	0	0	1	1	1	1	0	0	0	0	0	0
	groß	0	0	0	0	0	0	0	0	0	0	0	1	1	1	1	1
	2 Beine	1	1	1	1	1	1	1	0	0	0	0	0	0	0	0	0
	4 Beine	0	0	0	0	0	0	0	1	1	1	1	1	1	1	1	1
hat	Haare	0	0	0	0	0	0	0	1	1	1	1	1	1	1	1	1
	Hufe	0	0	0	0	0	0	0	0	0	0	0	0	0	1	1	1
	Mähne	0	0	0	0	0	0	0	0	0	1	0	0	1	1	1	0
	Federn	1	1	1	1	1	1	1	0	0	0	0	0	0	0	0	0
	jagen	0	0	0	0	1	1	1	1	0	1	1	1	1	0	0	0
kann	rennen	0	0	0	0	0	0	0	0	1	1	0	1	1	1	1	0
	fliegen	1	0	0	1	1	1	1	0	0	0	0	0	0	0	0	0
	schwimmen	0	0	1	1	0	0	0	0	0	0	0	0	0	0	0	0

Sind die Eigenschaften der Tiere erst einmal auf diese Weise kategorisiert, so lassen sie sich durch 13-dimensionale Vektoren repräsentieren, wobei eine 1 das Vorhandensein der Eigenschaft, eine 0 dagegen deren Abwesenheit anzeigt. Die Eigenschaft "Katzenhaftigkeit" läßt sich somit in diesem System als Folge von Nullen und Einsen darstellen, also als Vektor. In Zeilenschreibweise entspricht somit "Katzenhaftigkeit" dem Zeilenvektor (1,0,0,0,1,1,0,0,0,1,0,0,0), man braucht nur die Zahlen von oben nach unten aus der Tabelle zu entnehmen.

Wenn man Wörter lernt, lernt man nicht nur Eigenschaftskombinationen, sondern auch - willkürliche - Namen für diese Eigenschaftskombinationen, eben die Wörter. In der Computersimulation wurde jeder Name durch einen Vektor dargestellt, der an den Eigenschaftsvektor noch angehängt wurde.

Die auf diese Weise gewonnenen Inputvektoren wurden einer 10 x 10 Neuronen umfassenden selbstorganisierenden Eigenschaftskarte als Input dargeboten.

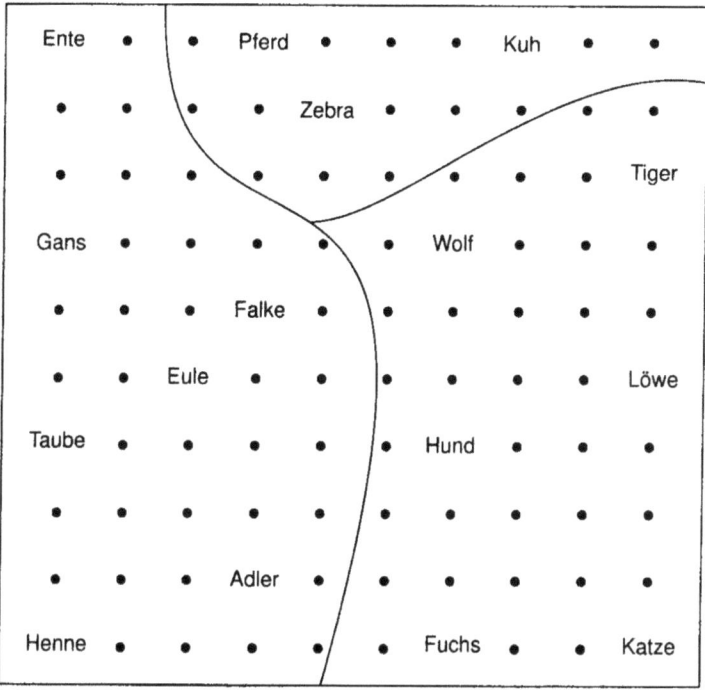

Selbstorganisierende Eigenschaftskarte nach 2 000 Lernschritten (nach Ritter & Kohonen 1989). Als Input wurden kombinierte Eigenschaftsnamen Vektoren dargeboten. Die Punkte zeigen die Neuronen an, die jeweils nur schwächere Aktivierung gezeigt haben, während die mit einem Namen bezeichneten Neuronen die "Gewinner" repräsentieren. Es ist sehr deutlich zu sehen, wie die Namen sinnvoll auf dem Netz angeordnet sind: links die Vögel, oben die Paarhufer und rechts die Raubtiere. Auch innerhalb der Gruppen sind ähnliche Tiere auf der Karte nahe beieinander repräsentiert, unähnliche hingegen liegen weiter voneinander entfernt. Diese Ordnung entstand spontan im Netzwerk, ohne Zutun von außen.

Wie gezeigt, sind diese Netzwerke dem Kortex nachempfunden und benötigen keinen Lehrer. Sie bilden vielmehr selbsttätig eine Karte der Inputmuster nach den Prinzipien der Ähnlichkeit und Häufigkeit. In der Simulation von Ritter und Kohonen war dies nach 2 000 Lernschritten erfolgt. In der nachstehenden Abbildung ist jede Zelle mit dem Wort markiert, das dem Input entspricht, der sie am stärksten aktiviert. Wie zu sehen, sind die Neuronen um das gewinnende Neuron jeweils ebenfalls auf diesen Input spezialisiert. Für jedes Inputmuster hat sich somit eine kleine *Neuronenpopulation* gebildet, die diesen Input repräsentiert. Damit funktioniert die Karte selbst dann noch, wenn ein Teil der Neuronen ausfällt.

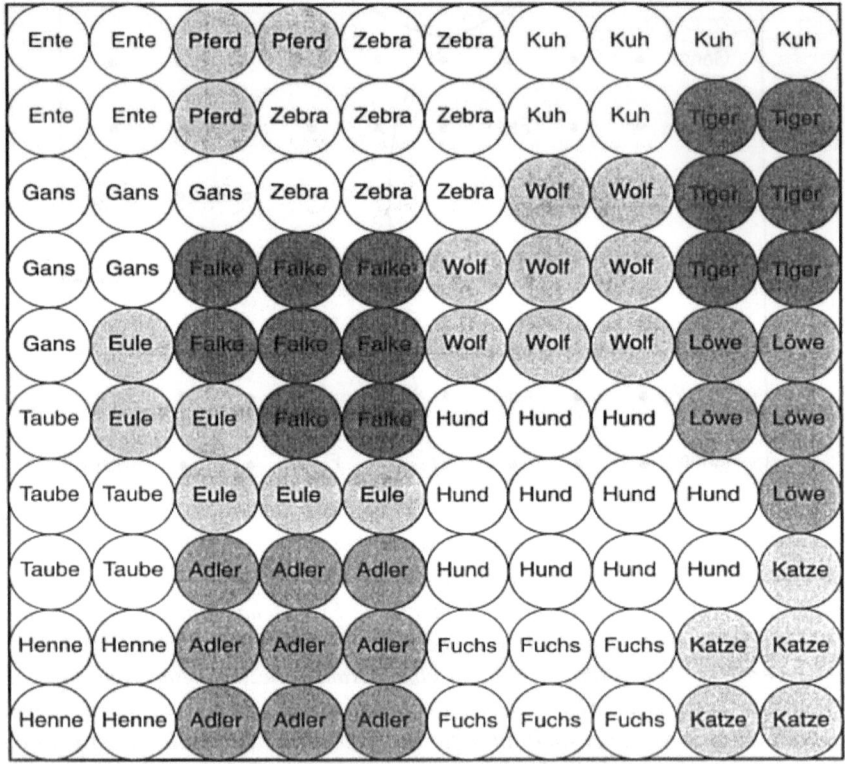

Gleiche Computersimulation wie in der vorangehenden; jedes Neuron ist mit dem Namen bezeichnet, dessen zugehöriger Input das Neuron am stärksten aktiviert (nach Ritter & Kohonen 1989).

Insgesamt ist festzuhalten, daß die Computersimulation - obgleich mit stark vereinfachenden Vorgaben und Annahmen durchgeführt - zu einer sinnvollen räumlichen Verteilung von *Gedächtnisspuren* geführt hat. Ritter und Kohonen kommentieren dies wie folgt:

"Obgleich stark abstrahiert, legt dieses Ergebnis nahe, daß ein selbstorganisierendes System das räumlich organisierte Anlegen von Gedächtnisspuren lernen kann, so daß das physikalische Layout der Karte ein direktes Abbild der Hierarchie der wichtigsten 'begrifflichen Beziehungen' darstellt" (Ritter & Kohonen 1989, S. 248).

Wir lernen Sprache keineswegs nur durch Verknüpfung wahrgenommener Eigenschaftsmuster mit gleichzeitig wahrgenommenen Wörtern. Stehen erst einmal einige Wörter zur Verfügung, bilden vor allem diese selbst den Kontext für weiteres Lernen. Wir lernen Wörter gleichsam auf dem Rücken bereits gelernter Wörter. Ist die oben beschriebene Simulation somit eher charakteristisch für den Beginn des Spracherwerbs, so zeigt die folgende, daß sich auch das spätere Stadium, in dem Sätze gelernt werden, durch selbstorganisierende Eigenschaftskarten simulieren läßt.

Die zweite von Ritter und Kohonen durchgeführte Computersimulation diente dem Nachweis, daß sich durch geeignete kontextuelle Information in einer selbstorganisierenden Eigenschaftskarte eine räumliche Repräsentation der Wörter spontan bildet, die semantische und sogar grammatische Eigenschaften des Input repräsentiert.

Der Input in Form von Sätzen wurde dadurch konstruiert, daß man die als Input gewählten Wörter (wiederum nur einige wenige) in Klassen einteilte, den Klassen Nummern zuwies und mittels der Nummern die Möglichkeiten der Satzbildung vorschrieb. Hierdurch wurde eine einfache Grammatik simuliert, d. h. bestimmte Regeln, die die Inputsätze befolgten. In der folgenden Tabelle sind Vokabular, vorgeschriebene Grammatik und einige Beispiele der insgesamt auf diese Weise produzierten 498 Sätze wiedergegeben.

Alle Wörter wurden erneut durch Vektoren kodiert. Der Kontext wurde dabei dadurch repräsentiert, daß die Vektoren zweier aufeinanderfolgender Wörter zu einem Vektor verbunden wurden, wodurch der Kontext eines Wortes gleichsam zu dessen Eigenschaft wurde. Die selbstorganisierende Eigenschaftskarte wurde durch ein 10 x 15 Neuronen umfassendes Netzwerk gebildet. Nachdem dieses sich durch 2 000 Präsentationen von Wörtern mit Kontext organisiert hatte, zeigte die Ermittlung der durch die Einzelwörter jeweils am stärksten aktivierten Neuronen die folgende Verteilung.

Wörter		**Satzstrukturen**			**Beispielsätze**
1	Bob, Jim, Mary	5-12	1-9-2	2-5-14	Mary mag Fleisch
2	Pferd, Hund, Katze	1-5-13	1-9-3	2-9-1	Jim spricht gut
3	Bier, Wasser	1-5-14	1-9-4	2-9-2	Mary mag Jim
4	Fleisch, Brot	1-6-12	1-10-3	2-9-3	Jim ißt oft
5	rennt, läuft	1-6-13	1-11-4	2-9-4	Mary kauft Fleisch
6	arbeitet, spricht	1-6-14	1-10-12	2-10-3	Hunde trinken schnell
7	besucht, telefoniert	1-6-15	1-10-13	2-10-12	Pferd haßt Fleisch
8	kauft, verkauft	1-7-14	1-10-14	2-10-13	Jim ißt selten
9	mag, haßt	1-8-12	1-11-12	2-10-14	Bob kauft Fleisch
10	trinkt, ißt	1-8-2	1-11-13	1-11-4	Katze läuft langsam
11	viel, wenig	1-8-3	1-11-14	1-11-12	Jim ißt Brot
12	schnell, langsam	1-8-4	2-5-12	2-11-13	Katze haßt Jim
13	oft, selten	1-9-1	2-5-13	2-11-14	Bob verkauft Bier
14	gut, schlecht				usw.

Es ist klar erkennbar, daß die Wörter sowohl nach semantischen als auch nach grammatischen Gesichtspunkten auf das Netz verteilt wurden. Wörter des gleichen Typs, Substantive, Verben und Adverbien, wurden auf je eigene größere Flächen verteilt, und in jeder dieser Flächen sind die Wörter wiederum nach semantischen Gesichtspunkten geordnet. Es fällt z. B. auf, daß Adjektive bzw. Adverben mit entgegengesetzter Bedeutung nahe beieinander stehen. Dies ist darauf zurückzuführen, daß gerade ihre entgegengesetzte Bedeutung dazu führt, daß sie häufig im gleichen Wortkontext verwendet werden (vgl. "der kleine/große Hund" etc.). Die Karte ähnelt sehr stark der in der oben dargestellten, aus Assoziationsnormen gewonnenen Karte.

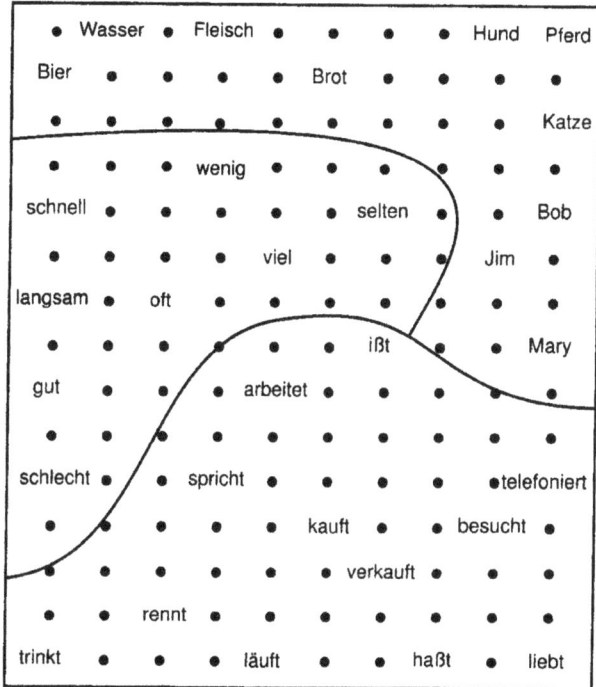

Ergebnis der Computersimulation mit Sätzen der oben beschriebenen Art. Jedes Neuron ist mit dem Namen bezeichnet, dessen zugehöriger Input das Neuron am stärksten aktiviert (nach Ritter & Kohonen 1989). Es ist sehr deutlich zu sehen, daß das Netzwerk die Wörter nach semantischer Verwandtschaft und nach grammatischer Kategorie geordnet repräsentiert hat. Es hat somit hochstufige begriffliche und grammatische Zusammenhänge räumlich auf einer zweidimensionalen Fläche abgebildet.

"Wir haben mit dieser Arbeit gezeigt, daß das Prinzip der selbstorganisierenden Eigenschaftskarte auch auf höhere Ebenen der Informationsverarbeitung übertragen werden kann, in denen die Beziehungen zwischen den verarbeiteten Mustern eher subtil und weniger offensichtlich gleichsam an ihrer Oberfläche ablesbar sind. Dies ist charakteristisch für symbolische Ausdrücke. Ganz allgemein enthalten Symbole keine Komponenten, die sich in metrische Beziehungen bringen lassen. Es folgt, daß sinnvolle topographische Karten, die symbolische Inhalte repräsentieren, nicht die oberflächlichen Charakteristika der Symbole, sondern deren logische Ähnlichkeiten darstellen müssen. Unsere Simulationen zeigen je-

doch, daß die organisierte Bildung von Karten aus symbolischen Daten durch die
gleichen Prinzipien der Anpassung (von Synapsengewichten) möglich ist, sofern
diese symbolischen Daten dem Netzwerk zusammen mit *genügend Kontext dar-*
geboten werden, der Ähnlichkeitsrelationen zwischen ihnen definiert" (Ritter &
Kohonen 1989, S. 251, kursiv im Original).

Es bedarf kaum der Erwähnung, daß bei der Simulation stark vereinfachende Annahmen gemacht werden mußten. Dennoch zeigt sie, daß selbstorganisierende
Netzwerke zumindest prinzipiell das Potential zur Bildung semantischer Karten
aufweisen, deren Existenz man aufgrund psychologischer Experimente ohnehin
bereits vermutet hatte.

Sprache wird gebraucht

Ludwig Wittgenstein hat in seinen Schriften zur Sprache immer wieder auf den
Gebrauchsaspekt der Sprache hingewiesen. Die Bedeutung eines Wortes liege in
seinem Gebrauch begründet. Diese Sicht von Sprache und Bedeutung wird durch
die Theorie neuronaler Netzwerke neu aufgerollt. Die erste oben beschriebene
Simulation zeigt sehr deutlich, wie geordnete Repräsentationen allein dadurch
entstehen können, daß entsprechender Input - ein Wort und ein Bündel von Eigenschaften - dargeboten wird. Das Netz formt unter dem Einfluß dieser Erfahrungen zunächst einfache Ordnungsstrukturen, ähnlich wie ein Kind zunächst alles sich wuselig Bewegende mit "Wauwau" bezeichnet. Es meint damit zunächst
weniger den individuellen Hund, sondern "Manifestation von Hundehaftigkeit".
Erst später wird es Gedächtnisspuren ausbilden, die differenziert genug sind, um
Hunde von Katzen und Kühen zu unterscheiden sowie innerhalb der Hunde die
namentlich bekannten Individuen Lumpi, Max und Bello.

Ebenso wie die lautliche Umgebung des Kindes bereits nach sechs Monaten dafür
gesorgt hat, daß es die Laute der Muttersprache besser verarbeiten kann als Laute,
die in der Muttersprache nicht vorkommen, wird die Umgebung des Kindes - und
diese liegt immer schon *als versprachlichte Umgebung* für ein Kind vor - die Anlage von Karten im Kortex des Kindes bewirken. Auf diesen Karten wird die Erfahrung des Kindes nach Häufigkeit und Ähnlichkeit abgebildet sein, zunächst
recht undifferenziert und dann immer genauer. Der Sprachgebrauch und die Interaktionen mit der Umgebung stellen dann die Summe der Erfahrung dar, die
zeitlebens dafür sorgt, daß sich die hochstufigen *Bedeutungskarten* ändern und
anpassen.

Wir hatten schon mehrfach betont, daß neuronale Netzwerke durch langsames
Lernen allgemeine Eigenschaften von Inputmustern speichern. Auch hatten wir in

Elman-Netzwerke kennengelernt, die zeitliche Muster abbilden können und damit zu einer Art Grammatik fähig sind. Ganz allgemein gesprochen geht unser Gehirn mit sprachlichem Input nicht anders um als mit anderen Inputmustern: Es werden Regelmäßigkeiten extrahiert.

Das Besondere an der Sprache ist nun, daß diese Regelmäßigkeiten selbst geäußert und direkt an *andere Teilnehmer* des gemeinsamen sprachlichen Diskurses weitergegeben werden können. Im Gegensatz zum Radfahren und Geigespielen, also zu Fertigkeiten, die sich jeder selbst aneignen muß, können wir Erfahrung - d. h. die von uns aus der Verarbeitung vieler Inputmuster gewonnenen allgemeinen Strukturen der Realität - sprachlich weitergeben. Sprache selbst ist zudem nicht fest, sondern paßt sich den Erfahrungen an bzw. wird von uns den Erfahrungen angepaßt. Auch wird sie von kompetenten und erfinderischen Sprechern beständig weiterentwickelt. Shakespeare beispielsweise erfand etwa 10 % der Wörter, die er in seinen Stücken verwandte.

Man kann eine Sprache als eine Art kollektives Gedächtnis einer bestimmten Kultur auffassen. Auch wenn die in den 30er Jahren von dem amerikanischen Linguisten Edward Sapir und seinem Studenten Benjamin Lee Whorf verbreitete Hypothese nicht zutrifft, daß die Hopi-Indianer keinen Begriff von Zeit haben, weil ihnen die entsprechenden sprachlichen Ausdrucksmittel fehlen, bleibt festzuhalten, daß Sprache unser Denken prägt. Umgekehrt prägt unser Denken unsere Sprache. Es sind letztlich die Erfahrungen und Kenntnisse *vieler,* die eine Sprache zu dem machen, was sie ist: ein einzigartiges System von verbundenen Begriffen und Regeln, die einen Teil der Welt und unseres Verhältnisses zu ihr abbilden.

Die Vereinheitlichung von Kommunikation durch die Medien hat potentiell positive Auswirkungen auf die Gesellschaft: Sie schafft mehr Verständnis der Menschen untereinander und kann daher friedens- und freiheitsstiftend wirken. *The fax shall make you free* war der Titel eines Zeitungsartikels, der zu Beginn des Zusammenbruchs der Sowjethegemonie plakativ verdeutlichte, welche Rolle ungehinderte Kommunikation für unser gesellschaftliches Leben spielt. Da keine Sprache, keine Kultur allwissend ist, bringt das Aussterben von Sprachen auch eine kulturelle Verarmung mit sich, eine Verarmung an "Sichten" der Welt, an gewachsenen Interpretationsmustern der Erfahrung.

Literaturverzeichnis

Aitchison, J.: *Words in the mind.* Oxford, UK, Cambridge, MA. 1994.

Aschaffenburg, G.: „Experimentelle Studien über Assoziationen II." In: Kraepelin, E. (Hg.) *Psychologische Arbeiten* II; S. 1-83, Leipzig 1899.

Collins, A. M./Loftus, E. F.: "A spreading activation theory of semantic processing." In: *Psychological Review* 82,1975, S. 407-428.

Comrie, B.: *The World's Major Languages.* Oxford University Press 1990.

Dehaene-Lambertz, G./Dehaene, S.: "Speed and cerebral correlates of syllable discrimination in infants." In: *Nature* 370, 1994, S. 292-295.

Galton, F.: "Psychometric experiments." In: *Brain* 2, 1897, S. 149-1162.

Galton, F.: Inquiries into human faculty and its development. London 1883.

Jung, C. G.: "Experimentelle Untersuchungen über Assoziationen Gesunder" (Mit Frenz Riklin, 1906). In: *Gesammelte Werke, Bd. 2.* Freiburg 1979, S. 13-213.

Kleiner, K.: "Language deaths, 'bad for as all'." In: *New Scientist* 4.3, 1995.

Levelt, W. J. M.: *Speaking. From Intention to Articulation.* Cambridge MA, London, England 1989.

Miller, G.: *Wörter. Streifzüge durch die Psycholinguistik.* Heidelberg 1993.

Neely, J. H.: "Semantic priming and retrieval from lexical memory: roles of inhibitionless spreading activation and limited capacity attention." In: *Journal of Experimental Psychology,* General 106, 1977, S. 226-254.

Palermo, D./Jenkins, J. J.: *Word association norms.* University of Minnesota press, Minneapolis 1964.

Posner, M. I./Raichle, M.: *Bilder des Geistes.* Heidelberg 1996.

Ritter, H./Kohonen, T.: "Self-organizing semantic maps." In: *Biological Cybernetics* 61, 1989, S. 241-254.

Spitzer, M.: "Word-Associations in experimental psychiatry: A historical perspective." In: Spitzer, M./Uehlein, F. A./Schwartz, M. A./Mundt, C.: *Phenomenology, Language and Schizophrenia.* New York 1992, S. 160-196.

Vines, G.: "Death of a mother tongue." In: *New Scientist* 6.1.96: S. 24-27.

Fälle und Übungen (4)

Semantische Netzwerke und Wahrnehmungsprozesse

4.1

Warum sind die von Spitzer beschriebenen Assoziationsketten und semantischen Netzwerke kulturspezifisch?

4.2

Stellen Sie ausgehend von Spitzers Modell der „Gedächtnisspuren" und seiner These „wir lernen Wörter gleichsam auf dem Rücken bereits gelernter Wörter" Bezüge zwischen der semantischen Netzwerktheorie und Assmanns Theorie des kollektiven Gedächtnisses her.

4.3

Welche Zusammenhänge bestehen zwischen Spitzers Aussage, die Umgebung des Kindes liege „immer schon als versprachlichte Umgebung für ein Kind vor" und der bei Schütz/Luckmann formulierten These der fraglosen Gegebenheit lebensweltlicher Zusammenhänge?

4.4

Spitzer behauptet, durch Medien würde eine Vereinheitlichung von Kommunikation stattfinden. Wo sind – aus Spitzers Netzwerktheorie heraus – notwendigerweise die Grenzen einer solchen Vereinheitlichung zu sehen? Anders gesagt: Kann es - wenn man Spitzers Gedanken konsequent weiterdenkt - eine „einheitliche" Weltkommunikation oder ein „globales semantisches Netzwerk" geben?

4.5

Die Kollision zwischen einem chinesischen Abfangjäger und einem amerikanischen Spionageflugzeug über dem südchinesischen Meer löste am 1.April

2001 eine schwere diplomatische Krise zwischen der VR China und den USA aus. Der Kernpunkt der Krise bestand darin, dass die chinesische Seite von den USA eine offizielle Entschuldigung verlangte, die USA ihrerseits allerdings nicht bereit waren, eine solche Entschuldigungshandlung vorzunehmen. Die Situation entspannte sich aus chinesischer Sicht erst, als die USA ihr „aufrichtiges Bedauern" bekundeten. Im konservativen Kreisen der USA rief dieses „Bedauern" wiederum Kritik an dem diplomatischen Vorgehen der Bush-Regierung hervor (s. Zeitungsausschnitt aus dem Charlotte Observer, 12.4.2001).

Some conservatives:
Too much given away

By RON HUTCHESON
Observer Washington Bureau
WASHINGTON — President Bush won the release of 24 U.S. crew members without an apology to China, but praise for his handling of the standoff was tempered Wednesday with criticism from conservative hard-liners who felt he should have been tougher.

After 11 days of tense and secretive negotiations, Bush achieved his primary goal in securing the release of the U.S. military personnel.

In Congress, lawmakers from both parties congratulated Bush and his aides on the outcome. The impasse over the U.S. spy plane on China's Hainan Island was the first real test of Bush's diplomatic skills, and many lawmakers had low expectations. Bush, a former Texas governor, came to office with almost no foreign policy experience beyond dealing with neighboring Mexico.

"The way in which the president handled this from the beginning – not yielding to the temptation of escalating the crisis, not referring to our crew as hostages – was wise, showed balance, and was the right message to send to the Chinese," said Sen. Joseph Biden, D-Del., senior Democrat on the Foreign Relations Committee. "I think this is the way we should be conducting foreign policy."

Sen. Jesse Helms, R-N.C., chairman of the Foreign Relations Committee and an outspoken China critic, issued a statement saying he was "extremely proud" of Bush.

But the praise was not universal,

Biden

and most criticism came from Bush's fellow conservatives. Advocates of a tough stance toward China said Bush went too far in trying to meet Chinese demands. And he has failed, so far, to secure the release of the Navy EP-3E spy plane and its sophisticated surveillance equipment, critics said.

"I think we gave away quite a lot," said Robert Kagan, a foreign policy specialist at the Carnegie Endowment for International Peace. "For all intents and purposes, China demanded an apology and we gave them one."

U.S. officials insisted they held firm in rebuffing China's terms for the crew's release, even as Chinese leaders claimed a diplomatic victory.

"We didn't give away anything," said one senior administration official who was involved in the diplomatic wrangling. "If the Chinese want to claim we apologized, they can. But we never said we did anything wrong, because we didn't."

U.S. officials also insisted they did not make any commitment to limit U.S. surveillance flights along China's coast, but it remains unknown whether the Bush administration made any private concessions.

White House aides said Bush personally approved a letter to Chinese leaders from U.S. Ambassador Joseph Prueher that twice used the phrase "very sorry" to describe U.S. views toward the aircraft accident that killed a Chinese fighter pilot and forced the U.S. plane to land in China.

Bush amplified the sentiment Wednesday morning when announcing the crew's scheduled release by saying, "I know the American people join me in expressing sorrow for the loss of life of the Chinese pilot."

Wie lässt sich dieser Vorgang mit Hilfe der von Spitzer beschriebenen semantischen Assoziationsvorgänge analysieren?

Washington/ Peking /dpa – Die 24 Besatzungsmitglieder des amerikanischen Spionageflugzeugs können jetzt China nach elf Tagen Gewahrsam verlassen. Sie sollen zunächst nach Hawaii geflogen werden. Zuvor hatte die US-Regierung in einem Brief erneut aufrichtiges Bedauern über den vermissten chinesischen Piloten zum Ausdruck gebracht. Peking interpretierte dies als formelle Entschuldigung für den Vorfall vom 1.April. Dabei war ein chinesischer Abfangjäger nach der Kollision mit der US-Maschine vor der chinesischen Küste abgestürzt.

Deutsche Presse-Agentur, 11.4.2001

Weiterführende Literatur: Wahrnehmung

Geulen, D. (Hrsg.): *Perspektivenübernahme und soziales Handeln: Texte zur sozialkognitiven Entwicklung.* Frankfurt/Main 1992.

Goffman, E.: *Interaktionsrituale.* Frankfurt/Main [2]1991.

Goffmann, E.: *Rahmen-Analyse. Ein Versuch über die Organisation von Alltagserfahrungen.* Frankfurt/Main 1992.

Rock, Irvin: *Wahrnehmung. Vom visuellen Reiz zum Sehen und Erkennen.* Heidelberg/Berlin 1998.

Schäfer, B.: „Entwicklungslinien der Stereotypen- und Vorurteilforschung." In: Schäfer, B./Petermann, F.: *Vorurteile und Einstellungen. Sozialpsychologische Beiträge zum Problem sozialer Orientierung. Festschrift für Reinhold Bergler.* Köln 1988, 11-65.

Thomas, A. (Hg.): Interkulturelle Psychologie. Verlag Hogrefe 1996.

Techniken der Imagepflege[*]

Erving Goffman

Eine Analyse ritueller Elemente in sozialer Interaktion

Jeder Mensch lebt in einer Welt sozialer Begegnungen, die ihn in direkten oder indirekten Kontakt mit anderen Leuten bringt. Bei jedem dieser Kontakte versucht er, eine bestimmte Strategie im Verhalten zu verfolgen, ein Muster verbaler und nichtverbaler Handlungen, die seine Beurteilung der Situation und dadurch seine Einschätzung der Teilnehmer, besonders seiner selbst ausdrückt. Unabhängig davon, ob jemand eine Verhaltensstrategie verfolgen will, wird ihm eines Tages bewußt werden, daß er in Wirklichkeit immer schon einer solchen folgt. Die anderen nehmen in der Regel an, daß er mehr oder weniger absichtlich eine bestimmte Position vertritt. Bei der Beurteilung ihrer Reaktionen muß er das Bild berücksichtigen, das sie sich vermutlich von ihm gemacht haben.

Der Terminus *Image* kann als der positive soziale Wert definiert werden, den man für sich durch die Verhaltensstrategie erwirbt, von der die anderen annehmen, man verfolge sie in einer bestimmten Interaktion. Image ist ein in Termini sozial anerkannter Eigenschaften umschriebenes Selbstbild – ein Bild, das die anderen übernehmen können. Jemand kann einen guten Eindruck von seinem Beruf oder seiner religiösen Einstellung vermitteln, indem er sich selbst gut darzustellen weiß.[1]

Das Image, das ein Kontakt ermöglicht, wird meist mit einer spontanen, emotionalen Reaktion »belohnt«; der Interagierende besetzt es; seine »Gefühle« gewinnen es lieb. Wenn die Begegnung das Image bestätigt, das er schon lange für si-

[*] Beitrag entnommen aus: E. Goffman: Interaktionsrituale. Fft./M. 1971, 10-20, Suhrkamp Verlag. Dieser Aufsatz wurde an der Universität von Chicago geschrieben. Die finanzielle Unterstützung wurde durch einen U.S. Public Health grant (No. M 702 [6] MH [5] für eine Untersuchung der Charakteristika sozialer Interaktion von Individuen, die von Dr. William Soskin vom Department of Psychology der Universität von Chicago geleitet wurde, gewährt.

[1] Zur Diskussion der chinesischen Auffassung von Image vergleiche: Hsien Chin Hu, „The Chinese Concept of ›Face‹, *American Anthropologist*, 1944, n. s. 46: 45-64. Martin C. Yang, *A Chinese Village* (New York, Columbia University Press, 1945), S. 167-72. J. Macgowan, *Men and Manners of Modern China* (London, Unwin, 1912), S. 301-12. Arthur H. Smith, *Chinese Characteristics* (New York, Felming H. Revell Co., 1894), S. 16-18. Ein Kommentar über das indio-amerikanische Konzept von Image findet sich bei Marcel Mauss, *Die Gabe* (Frankfurt, Suhrkamp, 1968), S. 50 ff.

cher hält, dann wird er vermutlich wenig Gefühle dafür entwickeln. Wenn aber die Ereignisse ihn auf ein Image festlegen, das besser ist, als er es erwartet haben mag, dann wird er sich wahrscheinlich »wohl« fühlen; wenn seine normalen Erwartungen nicht erfüllt werden, so erwartet man, daß er sich »schlecht« oder »verletzt« fühlt. Ein Grund, warum man die Teilnahme an jeder Interaktion als Verpflichtung empfindet, ist die Tatsache, daß man auf sein Image fixiert ist und leicht für einen selbst oder andere ungünstige Informationen mitgeteilt werden können. Man wird auch Gefühle für das Image der anderen entwickeln, und obwohl diese Gefühle sich in ihrer Stärke und Richtung von denen, die man für sein eigenes Image aufbringt, unterscheiden können, konstituieren sie doch ein Engagement an das Image der anderen, das genauso unmittelbar und spontan ist wie das Engagement für das eigene. Das eigene Image und das der anderen sind Konstruktionen derselben Ordnung; die Regeln der Gruppe und die Definition der Situation legen fest, wieviel Gefühl jemand für das Image allein aufbringen und wie dieses Gefühl sich auf die Beteiligten verteilen muß.

Von einer Person kann man sagen, daß sie ein Image *hat, besitzt* oder es *wahrt,* wenn ihre Verhaltensstrategie ein konsistentes Image vermittelt, das durch Urteile und Aussagen anderer Teilnehmer, durch die Umgebung dieser Situation bestätigt wird. Hier ist das Image deutlich nicht etwas in oder an jemandem, sondern bleibt eher diffus im Zuge der Ereignisse der Begegnung und wird erst dann manifest, wenn diese Ereignisse nach den in ihnen zum Ausdruck gekommenen Bewertungen interpretiert werden.

Die Strategie im Verhalten eines Teilnehmers, die von ihm und für ihn in der Interaktion mit anderen verfolgt wird, ist meistens legitimiert und institutionalisiert. Während einer bestimmten Interaktion kann ein Interagierender, der bekannte oder sichtbare Eigenschaften besitzt, erwarten, daß er in seinem Auftreten bestärkt wird; er nimmt dann an, dass dieses Auftreten moralisch angemessen ist. Nimmt man seine Eigenschaften und die konventionalisierte Art der Begegnung als gegeben hin, dann stehen ihm eine begrenzte Zahl von Verhaltens- und Darstellungsweisen zur Auswahl. Hinzu kommt: auch wenn nur einige wenige seiner Eigenschaften bekannt sind, wird von ihm erwartet, daß er ein weites Spektrum anderer Eigenschaften besitzt. Seine Interaktionspartner sind sich wahrscheinlich vieler dieser Eigenschaften so lange nicht bewußt, bis er einmal offen in einer Weise handelt, die es zweifelhaft erscheinen läßt, daß er sie überhaupt besitzt; dann wird sich jedermann dieser Eigenschaften bewußt und nimmt an, daß er absichtlich den falschen Eindruck erweckte, sie zu besitzen.

So konzentriert man sich aus Sorge um sein Image auf die gegenwärtige Handlung und muß darüber hinaus, um dabei sein Image zu wahren, seine eigene Stellung in der Gesellschaft berücksichtigen. Ist jemand in der Lage, sein Image in der gegenwärtigen Situation zu wahren, so hat er sich vermutlich in der Vergangenheit bestimmter Handlungen enthalten, die er schwerlich später hätte legitimieren können. Zusätzlich fürchtet er jetzt, sein Image zu verlieren, zum Teil, weil die anderen dies als einen Anlaß nehmen könnten, in Zukunft seine Gefühle nicht mehr zu berücksichtigen. Dennoch ist diese Interdependenz zwischen der augenblicklichen Situation und der sozialen Umwelt begrenzt. Eine Begegnung mit Leuten, mit denen er nichts wieder zu tun haben wird, stellt es ihm frei, Hochstapelei zu begehen, die von der Zukunft diskreditiert werden würde, oder stellt es ihm anheim, Erniedrigungen zu ertragen, die zukünftige Begegnungen mit diesen Leuten zu etwas Verwirrendem machen würden, dem er standhalten müßte.

Jemand hat sozusagen ein *falsches Image,* wenn Informationen über seinen sozialen Wert irgendwie ans Licht gebracht werden, die selbst mit größter Mühe nicht in die von ihm verfolgte Strategie integriert werden können. Jemand besitzt *gar kein Image,* wenn er an einer Interaktion mit anderen teilnimmt, ohne eine der Verhaltens-Strategien bereit zu haben, die von Teilnehmern in solchen Situationen erwartet werden. Die Intention vieler Possen ist es, jemanden dazu zu bringen, ein falsches oder gar kein Image zu zeigen; es gibt aber auch ernste Gelegenheiten, wo man selbst kein Verhältnis zur Situation gewinnt.

Wenn jemand spürt, daß sein Image stimmig ist, dann reagiert er typischerweise mit Gefühlen von Vertrauen und Sicherheit. Überzeugt von seinem Verhalten, glaubt er seinen Kopf hochhalten und sich selbst offen anderen darstellen zu können. Er fühlt sich irgendwie sicher und unbefangen. Genauso fühlt er sich, wenn die anderen zwar meinen, er habe ein falsches Image, diese Einstellung aber erfolgreich vor ihm verbergen.

Wenn jemand ein falsches oder gar kein Image hat, dann werden Ausdrucksformen entstehen, die nicht leicht in das Ausdruckssystem der Situation einbezogen werden können. Wenn er das merkt, wird er wahrscheinlich beschämt sein oder sich minderwertig vorkommen, weil er die Interaktion stört und sein Ruf als Interaktionsteilnehmer in Gefahr geraten kann. Er kann sich überdies schlecht fühlen, weil er sich darauf verlassen hatte, daß die Begegnung ein Selbstbild von ihm stützen würde, an das er emotional fixiert war und das er nun bedroht sieht. Mangel an verständiger Unterstützung kann ihn bestürzen, ihn verwirren und ihn momentan unfähig zum Interagieren machen. Sein Verhalten und seine Haltung können schwanken, zusammenbrechen und zerbröckeln. Er kann verwirrt und verärgert werden; er kann beschämt werden. Sein Gefühl, ob nun berechtigt oder nicht, daß andere ihn in erregter Verfassung gesehen haben und daß er keine adäquate Reaktionsweise gezeigt hat, kann sein Selbstwertgefühl noch mehr verletzen. Ebenso kann der Übergang von dem Bewußtsein, ein falsches oder gar kein Image zu besitzen, in einen Zustand des Beschämtseins weitere Unordnung in die expressive Organisation der Situation bringen. Dem üblichen Sprachgebrauch folgend, möchte ich hier den Terminus >Gelassenheit< benutzen: damit beziehe ich mich auf die Fähigkeit, in der Begegnung mit anderen Beschämung zu unterdrücken und zu vermeiden.

In der anglo-amerikanischen und anderen Gesellschaften scheint die Formulierung »das Gesicht verlieren« zu bedeuten, ein falsches oder gar kein Image zu haben oder beschämt zu sein. Der Ausspruch »sein Gesicht wahren« scheint sich auf den Verhaltensablauf zu beziehen, durch den jemand bei anderen den Eindruck erweckt, er habe sein Gesicht nicht verloren. Dem chinesischen Brauch folgend kann man sagen, dass »ein Gesicht leihen« heißt, jemand anderem dazu zu verhelfen, geschickter vorzugehen, als er es andernfalls hätte tun können[2] ; auf diese Weise kann der andere ein Image gewinnen.

Ein Aspekt des Regelsystems jeder sozialen Gruppe besteht in dem Konsens darüber, wie weit jemand gehen sollte, um sein Image zu wahren. Hat jemand erst einmal eine Vorstellung seiner selbst, die durch sein Image zum Ausdruck gebracht wird, angenommen, dann wird von ihm erwartet, daß er auch danach lebt.

In verschiedenen Gesellschaften wird auf ganz verschiedene Weise dadurch Selbstachtung gefordert, daß man sich bestimmter Handlungen enthalten muß, die einem entweder nicht zustehen oder unter der eigenen Würde sind, während man gezwungen ist, andere auszuführen, selbst wenn sie einem schwer ankommen. In einer Situation, wo man sein Image wahren muß, übernimmt man die Verantwortung, den Gang der Ereignisse zu überwachen. Man muß sicherstellen, daß eine bestimmte expressive Ordnung eingehalten wird - eine Ordnung, die den Gang der Ereignisse reguliert, ganz gleich, ob viele oder wenige, so daß alles, was augenscheinlich durch sie ausgedrückt wird, mit dem eigenen Image konsistent sein wird. Zeigt jemand diese Bedenken in erster Linie aus Eigeninteresse, dann spricht man in unserer Gesellschaft von Stolz; zeigt er sie aus Pflichtgefühl gegenüber größeren sozialen Gruppen und wird er von diesen Gruppen in seinem Tun noch unterstützt, dann spricht man von Ehrgefühl. Haben diese Bedenken etwas damit zu tun, wie man mit seinem Körper umgeht, mit expressiven Ereignissen oder mit seinen Emotionen und Dingen, mit denen man physischen Kontakt hat, dann spricht man von Würde; dies ist ein Aspekt expressiver Kontrolle, der immer gerühmt, aber niemals untersucht worden ist. Immer aber ist das eigene soziale Image, selbst wenn es persönlichster Besitz und Zentrum der eigenen Sicherheit und des Vergnügens sein kann, nur eine Anleihe von der Gesellschaft; es wird einem entzogen, es sei denn, man verhält sich dessen würdig. Anerkannte

---

[2] Siehe z. B. Smith, Fußnote 1

Eigenschaften und ihre Beziehung zum Image machen aus jedem Menschen seinen eigenen Gefängniswärter; dies ist ein fundamentaler sozialer Zwang, auch
wenn jeder Mensch seine Zelle gerne mag.

So wie vom Mitglied jeder Gruppe erwartet wird, Selbstachtung zu zeigen, so
wird von ihm erwartet, einen bestimmten Standard von Rücksichtnahme aufrecht
zu erhalten; man erwartet von ihm, daß er sich bis zu einem gewissen Grad bemüht, die Gefühle und das Image anderer Anwesender zu schonen, und zwar
freiwillig und spontan auf Grund emotionaler Identifikation mit den anderen und
ihren Gefühlen.[3] Infolgedessen möchte er nicht Zeuge sein, wenn andere ihr
Image verlieren.[4] Bringt jemand es fertig, der Erniedrigung anderer zuzusehen,
und dabei kühl zu bleiben, dann bezeichnet man ihn in unserer Gesellschaft als
„herzlos", genauso wie man von einem, der gefühllos dabeisteht, wenn er sein eigenes Image verliert, sagt, er sei »schamlos«.

Die doppelte Wirkung der Regeln von Selbstachtung und Rücksichtnahme besteht darin, daß jemand sich bei einer Begegnung tendenziell so verhält, daß er
beides wahrt: sein eigenes Image und das der anderen Interaktionspartner. D. h.
daß die von jedem Teilnehmer eingeschlagene Strategie sich meist durchsetzen
und jeder Interaktionsteilnehmer die Rolle übernehmen darf, die er für sich selbst
gewählt zu haben scheint. Ein Zustand, wo jeder temporär die Verhaltensstrategie
jedes anderen akzeptiert, ist erreicht.[5] Diese Art gegenseitiger Anerkennung

---

[3] Natürlich wird man, je mehr Macht und Prestige die anderen haben, wahrscheinlich um so mehr
Rücksicht gegenüber ihren Gefühlen zeigen. H. E. Dale schreibt dazu in *The Higher Civil Service of
Great Britain* (Oxford, Oxford Univ. Press, *1941),* S. 126 Fn. folgendes: „Die Doktrin von Gefühlen
wurde mir vor vielen Jahren von einem wichtigen Staatsbeamten, der Sinn für Zynismus hatte, erläutert. Er erklärte, daß die Bedeutung der Gefühle in enger Korrelation steht zu der Bedeutung der Person, die die Gefühle hat. Wenn es das öffentliche Interesse erfordert, daß ein jüngerer Angestellter
seines Postens enthoben wird, braucht seinen Gefühlen keine Beachtung geschenkt zu werden. Im Fall
eines Abteilungsleiters dagegen müssen sie in bestimmten Grenzen sorgfältig berücksichtigt werden;
wenn es um einen Staatssekretär geht, sind seine Gefühle ein Hauptelement in der Situation, und nur
zwingendes öffentliches Interesse kann sie übergehen."

[4] Verkäufer, besonders Straßen-»Händler« wissen, daß, wenn sie eine Strategie einschlagen, die diskreditiert werden würde, falls der widerwillige Kunde nichts kauft, dieser aus Mitleid ihm in die Falle
gehen könnte, um das Image des Kaufmannes zu wahren und dadurch etwas vermeiden, was sonst in
einer „Szene" enden würde.

[5] Oberflächliche Übereinkunft in der Einschätzung des sozialen Werts impliziert natürlich nicht
Gleichheit; die gemeinsam akzeptierte Bewertung eines Teilnehmers mag recht verschieden von der
gemeinsam akzeptierten eines anderen sein. Eine solche Übereinkunft ist auch mit dem Ausdruck von
Meinungsunterschieden zwischen zwei Teilnehmern vereinbar, vorausgesetzt daß jeder der Disputan-
ten >Respekt< für den anderen zeigt und die Meinungsverschiedenheit so zum Ausdruck bringt, daß
er eine Bewertung des anderen gibt, die der andere von sich selbst geben würde. Extreme Fälle stellen
Kriege, Duelle und Streitereien in Bars dar, falls sie im Rahmen der Konvention bleiben, denn sie
können auf Grund eines Konsensus durchgeführt werden, wo jeder Protagonist seine Handlung gemäß
den Spielregeln ausführt und es dabei ermöglicht, daß seine Handlung als Ausdruck eines fairen Spie-

scheint ein grundlegendes strukturelles Merkmal von Interaktion zu sein, besonders der Interaktion von direkten Gesprächen. Dies ist typischerweise ein »Ar-
beitskonsensus« und nicht ein »wirklicher«, da ihm meistens nicht eine Übereinstimmung in tief empfundenen Bewertungen zugrunde liegt, die aufrichtig ausgedrückt würden, sondern die Bereitschaft, zeitweilig Lippenbekenntnisse in bezug
auf Beurteilungen zu machen, mit denen die Interaktionspartner nicht wirklich
übereinstimmen.

Die gegenseitige Anerkennung von Verhaltensstrategien hat eine wichtige stabili-
sierende Wirkung für Begegnungen. Hat jemand erst einmal eine Verhaltensstrategie präsentiert, dann richten er und die anderen meistens ihre späteren Reaktionen danach und bleiben sozusagen daran kleben. Sollte er seine Strategie radikal
ändern oder sollte sie diskreditiert werden, dann entsteht Verwirrung, denn die
Interaktionspartner werden sich auf Handlungen vorbereitet und verpflichtet haben, die jetzt unangemessen sind.

Normalerweise ist die Aufrechterhaltung des Images eine Bedingung für Interaktion, nicht ihr Ziel. Gewöhnlich werden Ziele wie z. B., für sich selbst ein Image
zu gewinnen, seine Ansichten frei äußern zu können, herabsetzende Informationen über andere einzubringen, oder Probleme und Aufgaben zu lösen, typischerweise so verfolgt, daß sie mit der Aufrechterhaltung des Images konform gehen.
Will man untersuchen, wie ein Image zu wahren ist, so muß man die Verkehrsre-
geln sozialer Interaktion untersuchen. Dabei erfährt man etwas über die Regeln,
nach denen sich jemand in der Interaktion bewegt, aber man lernt nichts über die
Richtung und den Grund seines Verhaltens. Man erfährt nicht einmal, warum er
bereit ist, diesen Regeln zu folgen, da viele verschiedene Motive ihn gleichermaßen dazu veranlassen können. Vielleicht möchte er sein eigenes Image wahren,
weil er emotional daran fixiert ist - aus Stolz oder Würde oder wegen des Einflusses, den er aufgrund des ihm zugeschriebenen Status auf andere Teilnehmer ausüben darf, usw. Vielleicht möchte er auch das Image anderer wahren, weil er daran emotional fixiert ist, weil er glaubt, seine Interaktionspartner hätten ein mora-
lisches Recht auf diesen Schutz, oder er möchte Feindseligkeiten vermeiden, die
auftreten würden, wenn sie ihr Image verlieren. Vielleicht glaubt er auch, andere
hielten ihn für einen Menschen, der Mitgefühl und Sympathie für andere zeigt.
Um sein eigenes Image zu wahren, muß er dann auf Verhaltensweisen anderer
Teilnehmer rücksichtsvoll eingehen.

---

lers in offenem Kampf mit einem fairen Gegner interpretiert wird. Tatsächlich können die Regeln und
Etiketten von vielen Spielen als ein Mittel analysiert werden, das Image eines fairen Spielers auszudrücken, genauso wie man das Image eines fairen Spielers als ein Mittel analysieren kann, durch das
die Regeln und die Etikette eines Spieles aufrechterhalten werden können.

Mit Techniken der Imagepflege möchte ich Handlungen bezeichnen, die vorgenommen werden, um all das, was man tut, in Übereinstimmung mit seinem Image zu bringen. Techniken der Imagepflege dienen dazu,»Zwischenfällen« entgegenzuarbeiten - das sind Ereignisse, deren effektive, symbolische Implikationen das Image bedrohen. So ist z. B. Gelassenheit eine wichtige Technik der Imagepflege, da man mit Gelassenheit seine Verwirrung kontrolliert und auch die Verwirrung, die man selbst und andere über die eigene Verwirrung haben können. Ob man sich nun der vollen Konsequenzen der Handlungen zur Wahrung des Images bewußt ist oder nicht, oft werden sie zu habituellen und standardisierten Handlungen; sie sind wie traditionelle Züge in einem Spiel oder traditionelle Schritte in einem Tanz. Jeder Mensch, jede Subkultur und jede Gesellschaft scheinen ihr eigenes charakteristisches Repertoire an Praktiken zur Wahrung des Images zu haben. Auf dieses Repertoire beziehen sich die Leute zum Teil, wenn sie fragen, wie ein Mensch oder eine Kultur nun wirklich ist. Und trotzdem scheint eine besondere Klasse von Praktiken, auf die sich bestimmte Leute oder Gruppen stützen, aus einem einzigen logischen kohärenten Bezugsrahmen möglicher Praktiken genommen zu sein. Es ist, als ob man das Image wegen seiner spezifischen Beschaffenheit nur auf bestimmte Weisen wahren könnte, und als ob jede soziale Gruppierung eine Auswahl aus dieser einzigen Matrix von Möglichkeiten treffen würde.

Von Mitgliedern jeder sozialen Gruppe wird erwartet, Kenntnis über Techniken der Imagepflege zu besitzen und Erfahrung in ihrem Gebrauch zu haben. In unserer Gesellschaft werden solche Fähigkeiten manchmal Takt, savoir-faire, Diplomatie oder soziale Geschicklichkeit genannt. Variation in sozialer Geschicklichkeit betrifft eher die Wirksamkeit von Techniken der Imagepflege als die Häufigkeit ihrer Anwendung, da meist alle Handlungen, die andere miteinbeziehen, durch Reflexion auf das Image modifiziert sind.

Wenn jemand sein Repertoire von Praktiken zur Wahrung des Images anwendet, dann muß er sich offensichtlich darüber klar werden, wie andere seine Handlung interpretieren, und wie er vielleicht die ihren interpretieren sollte. In anderen Worten, er muß seine Wahrnehmungsfähigkeit üben.[6] Aber selbst wenn er für die

---

[6] Vermutlich werden soziale Geschicklichkeit und Wahrnehmungsvermögen in solchen Gruppen stark sein, deren Mitglieder häufig als Repräsentanten von größeren sozialen Gruppen, von Stämmen oder Nationen handeln, da der Spieler hier mit einem Image spielt, an das die Gefühle vieler Leute gebunden sind. Ähnlich kann man erwarten, daß soziale Geschicklichkeit bei hochgestellten Leuten und solchen, mit denen sie zu tun haben, gut entfaltet ist, denn je besser das Image eines Interagierenden ist, desto größer ist die Zahl der Ereignisse, die unvereinbar mit seinem Image sein könnten« und daher ist soziale Geschicklichkeit um so erforderlicher, um solchen Inkonsistenzen zuvorzukommen oder entgegenzutreten.

symbolisch übermittelten Beurteilungen wirklich empfänglich oder soziabel ist, muß er dennoch willens sein, seine Wahrnehmungsfähigkeit und seine Geschicklichkeit zu üben; kurz, er muß stolz und rücksichtsvoll sein. Zugegebenermaßen führt der Besitz von Wahrnehmungsfähigkeit und sozialer Geschicklichkeit so oft zu deren Anwendung, daß in unserer Gesellschaft Termini wie Höflichkeit oder Takt nicht zwischen der Neigung, solche Fähigkeiten auszuüben, und den Fähigkeiten selbst unterscheiden.

Ich habe bereits gesagt, daß man zwei Einstellungen haben wird: eine defensive Orientierung im Hinblick auf die Wahrung des eigenen Images und eine protektive im Hinblick auf die Wahrung des Images anderer. Einige Praktiken werden in erster Linie defensiv und andere in erster Linie protektiv sein, obwohl man generell erwarten kann, daß diese beiden Perspektiven gleichzeitig vorhanden sind. Beim Versuch, das Image anderer zu wahren, muß man einen Weg suchen, der nicht zum Verlust des eigenen führt; beim Versuch, sein eigenes Image zu wahren, muß man den Verlust berücksichtigen, den die eigenen Handlungen für andere enthalten können.

In vielen Gesellschaften gibt es eine Tendenz, drei Ebenen von Verantwortlichkeit zu unterscheiden, die man in bezug auf Bedrohungen des Images, die durch eigene Handlungen hervorgerufen wurden, übernehmen kann. Erstens kann es so aussehen, als habe man arglos gehandelt; das Vergehen scheint nicht intendiert und ungewollt zu sein, und diejenigen, die die Handlung bemerken, spüren, daß man versucht haben würde, diese zu vermeiden, hätte man ihre verletzenden Konsequenzen vorausgesehen. In unserer Gesellschaft nennt man solche Bedrohungen faux pas, Dummheiten, Schnitzer oder Taktlosigkeiten. Zweitens kann die verletzende Person den Anschein erwecken, boshaft und gehässig gehandelt zu haben, mit der Intention, offene Beleidigung zu verursachen. Drittens gibt es zufällige Beleidigungen; diese entstehen als ungeplante, aber manchmal antizipierte Nebenprodukte der Handlungen - Handlungen, die der Täter trotz ihrer verletzenden Konsequenzen ausführt, nicht ganz ohne Trotz. Vom Standpunkt eines einzelnen Interaktionsteilnehmers aus gesehen, können diese drei Typen von Bedrohung von ihm selbst gegen sein eigenes Image eingeführt werden, von ihm gegen das Image anderer, von anderen gegen ihr eigenes Image oder von anderen gegen ihn. So kann man sich in vielen verschiedenen Positionen gegenüber der Bedrohung des Images befinden. Wenn man sich selbst und die anderen zu allen Gelegenheiten gut behandeln will, muß man über ein Repertoire von Praktiken verfügen, die es einem in jeder dieser Positionen ermöglichen, das Image zu wahren.

Fälle und Übungen (5)

Images und Stereotype

5.1 Überlegen Sie auf der Grundlage der Ausführungen Goffmans, welche Funktion die folgenden Begriffe im Rahmen einer solchen Theorie haben könnten und wie sie definiert werden können:

Verlegenheit, Höflichkeit, Takt, Ritual, Regel, wechselseitige Erwartungen der Kommunikationsteilnehmer.

Wie/mit welchen Mitteln wird 'Image' konstituiert?

5.2 Goffman beschreibt in diesem Text, wie sich Images von Individuen konstituieren und welche Funktion sie in sozialen Interaktionen haben. Versuchen Sie, diese Ausführungen auf das Image von Organisationen (z. B. Unternehmen) zu übertragen: Wie bildet sich ihr Image heraus? Welche Auswirkungen hat Image auf Kontakte mit anderen Organisationen bzw. Individuen? Inwieweit kann eine Organisation ihr Image selbst bestimmen und welche Mittel stehen ihr zur Durchsetzung dieses Images zur Verfügung?

5.3 Welchen Zusammenhang sehen Sie zwischen 'Image' und 'Stereotyp'?

5.4 An einer anderen Stelle beschreibt Goffman sehr anschaulich, wie Imagearbeit in Alltagssituationen aussieht:

„Im Kleinen kann man das alles beim Verhalten in einem Fahrstuhl erleben. Für die in einem Fahrstuhl Mitfahrenden ergeben sich zwei Probleme: sich den Raum gleichmäßig zu teilen und eine Position zu beziehen, die leicht zu verteidigen ist - was hier Orientierung zur Tür und zur Mitte hin bedeutet, und zwar möglichst mit dem Rücken an der Wand. Die ersten Personen können eintreten, ohne daß irgendeiner der Anwesenden seinen Platz verändern müßte, aber schon bald veranlaßt jeder neu Hinzukommende alle Anwesenden dazu, ihre Position zu verändern und sich neu zu orientieren. Diese Tendenz wird aber abgeschwächt durch den Wunsch, nicht als jemand zu erscheinen, der es als unangenehm empfindet, sich in einer einmal hergestellten Distanz zu jemand anderem zu befinden. In dem

Maße, in dem sich der Fahrstuhl leert, stellt sich deshalb ein Gefühl des Unbeha-
gen bei den Mitfahrenden ein, da sie von zwei einander widersprechenden Neigungen erfaßt sind - nämlich maximale Entfernung von den anderen einzuhalten
und sich gleichzeitig nicht wie jemand zu verhalten, der andere meidet, was An-
stoß erregen könnte." (E. Goffman, Interaktionsrituale, 1971)

Versuchen Sie, dieses Beispiel auf interkulturelle Kommunikation anzuwenden.
Wo und warum könnten hier Konflikte auftreten?

5.5 Unter dem Titel "Frankreich. Wo bleibt die Gastfreundschaft?" berichtete die
Süddeutsche Zeitung am 11.09.2001 über ein Imageproblem Frankreichs, das
sich negativ auf die Tourismuswirtschaft auswirkt. Vor allem in Deutschland und
den nordeuropäischen Ländern halten sich hartnäckig negative Stereotype in Bezug auf Franzosen. Zur Verbesserung dieser Situation hat sich in Frankreich eine
Initiative entwickelt:

Das Image ist hartnäckig: Die Franzosen seien arrogant, sprächen keine Fremdsprachen, begrüßten Urlauber unfreundlich - das glauben mehr als die Hälfte der
vom Maison de la France befragten Deutschen. Dabei läuft seit 1994 in Frankreich die Initiative "Bonjour", bei der sich in diesem Jahr rund 60.000 im Touris-
mus-Sektor beschäftigte Franzosen verpflichteten, mit ihren Kunden freundlich
umzugehen.

a) Welche Gründe (historisch, politisch, sozial etc.) sehen Sie für das negative
Frankreichbild vieler Nord- und Mitteleuropäer?

b) Im SZ-Interview zitiert ein führender Mitarbeiter der Bonjour-Initiative eine
typische Äußerung von angesprochenen Personen:

„Vor ein paar Jahren bekamen wir bei Gesprächen mit regionalen Tourismusver-
tretern über Freundlichkeit oft zu hören: So sind wir eben, wir können uns einfach nicht verstellen, die Urlauber müssen uns nehmen, wie wir sind."

Wie würden Sie aus der Perspektive der Initiative mit solchen Äußerungen um-
gehen?

c) Die Initiative will für die teilnehmenden Betriebe eine 'Fünf Punkte Charta'
verfassen, mit der sich die Betriebe auf Qualitätsstandards im Umgang mit Touri-
sten aus dem Ausland verpflichten. Formulieren Sie einen Vorschlag für diese
Charta.

d) Was kann/muss die Initiative nach Ihrer Meinung außerdem noch unternehmen, um die Standards durchzusetzen?

e) Eine weitere Maßnahme der Initiative ist die Verleihung eines Preises an den freundlichsten Betrieb des Jahres. Wie würden Sie die Auswahl des Betriebes organisieren und wie würden Sie die Preisverleihung in Deutschland vermarkten?

Weiterführende Literatur

Aitchison, J.: Wörter im Kopf. Eine Einführung in das mentale Lexikon. Tübingen 1997.

Kleiber, G.: Prototypensemantik. Eine Einführung. Tübingen, 2. Aufl. 1998.

Lakoff, G. & Johnson, M.: Metaphors We Live By. Chicago + London 1980.

Langacker, R. W.: Grammar and Conceptualization. Berlin/New York: de Gruyter 1999.

Rosch, E.: Human Categorization. In: Warren, Neil (ed.): Studies in Cross-Cultural Psychology. Vol. 1. London: Academic Press 1977; 3 - 49.

Schwarze, Christoph: Stereotyp und lexikalische Bedeutung. In: Studium Linguistik 13, 1982; 1-16.

Thomas, A.: Interkulturelle Psychologie. Verlag Hogrefe 1996.

Thomas, A.: Interpersonale Distanzregulation als Kulturstandard. In:

Ders. (Hrsg.): Kulturstandards in der internationalen Begegnung. Saarbrücken/ Fort Lauderdale 1991.

II.

Kultur und Kommunikation

Communication in Personal Relationships Across Cultures: An Introduction[*]

William B. Gudykunst
Stella Ting-Toomey

Communication and culture reciprocally influence each other. The culture in which individuals are socialized influences the way they communicate, and the way that individuals communicate can change the culture they share over time. Yet most analyses of interpersonal communication ignore this relationship and study communication in a cultural vacuum. Studies of cross-cultural communication, in contrast, examine the influence of culture on communication. Most analyses of communication across cultures compare and contrast communication patterns in various cultures (see Gudykunst & Ting-Toomey, 1988, for a summary of much of this research). There are relatively few analyses of communication within specific cultures. The purpose of this volume is to Provide an overview of comparative research on communication across cultures and to examine communication in several cultures very different than the culture in the United States.

In this chapter, we provide an introduction to the approaches used to study communication in personal relationships across cultures. We begin by looking at the nature of culture. Next, we discuss the major approaches to the study of communication and culture.

Culture

There are many definitions of culture (See Kroeber & Kluckhohn, 1952, for examples), but to date no consensus has emerged on one definition. Culture can be seen as including everything that is human made (e.g., Herskovits, 1955) or as a system of shared meanings (e.g., Geertz, 1973), to name only two possible conceptualizations. Culture also has been equated with communication. Hall (1959), for example, believes that "culture is communication and communication is culture" (p. 169). Birdwhistell (1970) takes a slightly different position suggesting that "culture and communication are terms which represent two different viewpoints or methods of representation of patterned and structured interconnected-

* Beitrag entnommen aus: Gudykunst, W.B., Ting-Toomey, S., Tsukasa Nishida (ed.): Communication in Personal Relationships Across Cultures. Thousand Oaks/London/New Delhi 1996, 3-16, Sage Publications

ness. As 'culture' the focus is on structure, as 'communication' it is on process" (p. 318).

Keesing (1974) isolates two major approaches to defining culture: culture as an adaptive system and culture as an ideational system. Those who see culture as an adaptive tend to see culture as linking people to the ecological systems in which they live. Harris (1968), for example, contends that culture "comes down to behavior patterns associated with particular groups of people, that is, to 'customs' or to people's 'way of life' " (p. 16). Cultural theorists who take this position see cultures as evolving toward equilibrium.

Ideational theories of culture view culture as a cognitive system or a symbolic system. Goodenough (1961), for example, argues that culture "consists of standards for deciding what is ... for deciding what can be ... for deciding what one feels about it ... for deciding what to do about it ... and for deciding how to go about doing it" (p. 522). Geertz (1966) is one of the major proponents of the culture-as-symbolic-system school of thought. He argues that

the problem of cultural analysis is as much a matter of determining independencies as interconnection, gulfs as well as bridges. The appropriate image, if one must have images, of cultural organization, is neither the spider web nor the pile of sand. It is rather more the octopus, whose tentacles are in large part separately integrated, neurally quite poorly connected with one another and with what in the octopus passes for a brain, and yet who nonetheless manages to get around and to preserve himself [or herself], for a while anyway, as a viable if somewhat ungainly entity. (pp. 66-67)

Geertz's use of the octopus as a metaphor for culture suggests that cultures are organized and disorganized at the same time.

Keesing (1974) argues that there are problems with both major approaches to culture. Viewing culture as an adaptive system can lead to cognitive reductionism, while viewing culture as a symbolic system can lead to seeing the world of cultural symbols as spuriously uniform. To overcome the problems in both types of definitions, Keesing borrows the distinction between competence and performance from linguistics to explain culture:

Culture, conceived as a system of competence shared in its broad design and deeper principles, and varying between individuals in its specificities, is then not all of what an individual knows and thinks and feels about his [or her] world. It is his [or her] theory of what his [or her] fellows know, believe, and mean, his [or her] theory of the code being followed, the game being played, in the society into which he [or she] was born.... It is this theory to which a native actor [or actress] refers in interpreting the unfamiliar or the ambiguous, in interacting with strangers (or supernaturals), and in other settings peripheral to the familiarity of mundane everyday life space; and with which he [or she creates the stage on which the games of life are played. . . . Both note that the actor's [or actress's] "theory" of his [or her] culture, like his [or her] theory of his [or her] language may be in large measure unconscious. Actors [or actresses] follow rules of which they are not consciously aware, and assume a world to be "out there" that they have in fact created with culturally shaped and shaded patterns of mind. We can recognize that not every individual shares precisely the same theory of the cultural code, that not every individual knows all the sectors of the culture ... even though no one native actor [or actress] knows all the culture, and each has a variant version of the code. Culture in this view is ordered not simply as a collection of symbols fitted together by the analyst but as a system of knowledge, shaped and constrained by the way the human brain acquires, organizes, and processes information and creates internal models of reality." (p. 89)

Keesing goes on to point out that cultures must be studied within the social and ecological settings in which humans communicate. Rohner (1984) argues that "an individual is a *member* of society ... individuals *participate* in social systems ... and *share* cultures" (p. 132).

Keesing (1974) emphasizes that culture is our theory of the "game being played" in our society. He suggests that we generally are not highly aware of the rules of the game being played, but we behave as though there were general agreement on the rules. To illustrate, if we met a stranger from Mars and the Martian asked us to explain the rules of our culture, we probably would not be able to describe many of the rules because we are not highly aware of them. Keesing (1974) argues that we use our theory of the game being played to interpret unfamiliar things we come across. We also use the theory in interacting with the other people we encounter in our society. Keesing also points out that members of a culture do not all share exactly the same view of the culture. No one individual knows all aspects of the culture, and each person has a unique view of the culture. The theories that members of a culture share, however, overlap sufficiently so that they can coordinate their behavior in everyday life.

Approaches to the Study of Culture

There are two basic approaches to the study of cultures: emic and etic. The emic approach focuses on studying cultures from the inside, understanding cultures as the members of the cultures understand them. The etic approach, in contrast, focuses on understanding cultures from the outside by comparing cultures using predetermined characteristics. The distinction between the emic and etic approaches can be traced to Pike's (1966) discussion of phonetics (vocal utterances that are universal) and phonemics (culturally specific vocal utterances). Brislin (1983) argues that in current usage the distinction is employed basically as a metaphor for differences between the culture specific approach (emic, single culture) and cultural general (etic, universal) approaches to research. Berry (1980, pp. 11 - 12) presents a succinct summary of the distinction (see Table 1.1).

Most sociological and psychological research tends to be etic, whereas most anthropological research tends to be emic. Communication research tends to draw on psychological and anthropological approaches and can be either emic or etic.

When the concepts tested using the etic method are assumed to exist across cultures, they are referred to as imposed etics (Berry, 1969) or pseudo etics (Triandis, Malpass, & Davidson, 1973). Derived etics, in contrast, emerge from empirical data; they are the common features of the concept being studied in the cultures studied. Although

TABLE 1.1 Examples of Emic and Etic Approaches

Emic Approach	*Etic Approach*
studies behavior from within the system	behavior from a position outside the system
examines only one culture	examines many cultures, comparing them
structure discovered by the analyst	structure created by the analyst
criteria are relative to internal characteristics	criteria are considered absolute or universal

SOURCE: Berry, J. (1980). Introduction to methodology. In H. C. Triandis & J. Berry (Eds.), Handbook of cross-cultural psychology (Vol. 2, pp. 1-28). Boston: Allyn & Bacon.

the emic and etic approaches are viewed as opposites, they can be integrated. Triandis (1972), for example, recommends that researchers should combine emic and etic data. One way to accomplish this is to elicit attributes of the concepts under study and include aspects that are common across cultures, as well as aspects that are unique to the cultures being studied.

Given this overview of the emic and etic approaches, we briefly review how these approaches are used in the study of communication in personal relationships across cultures. We begin with emic approaches. These approaches are based on anthropological, sociolinguistic, or ethnography of speaking models. Next, we examine etic approaches. These models are based on finding systematic ways that cultures differ and in isolating universal aspects of communication across cultures.

Anthropological Research on Communication: An Emic Approach

Anthropological research typically involves an emic approach to understanding culture. The goal of anthropological research is to describe a culture, or some aspect of a culture, from the perspective of the members of the culture being examined. Most anthropological research examines one culture, but there is research that uses a comparative perspective. Obviously, not all anthropological research focuses on communication. There is, however, extensive anthropological research on communication across cultures. It is impossible to review even the "tip of the iceberg" of anthropological research on communication here; a few illustrative examples, nevertheless, can be provided.[1]

Basso's (1970) research on silence in the Native American subcultures in the United States provides thick descriptions of communication behaviors. To illustrate, he observes that silence in Apache culture is appropriate in the contexts of uncertain and unpredictable social relations. Silence is preferred over talk when the status of the person with whom Apaches are communicating is ambiguous.

Rosaldo's (1973, 1980) research on Ilongot oratory also is useful to understanding cultural differences in communication in personal relationships. She observes that Ilongot oratory employs abundant use of metaphors, flowery expressions, and

---

[1] Often it is not possible to tell from the title whether anthropological studies examine communication. We suggest that scholars conducting research in a particular culture became familiar with anthropological research on that culture before beginning the research.

elaborate rhythms. These styles of speech are used to negotiate relational equality and social harmony. "Plain talk," in contrast, is reserved for power assertion and relational dominance in Ilongot culture.

Hall's (1959, 1966, 1976, 1983) anthropological research is the most frequently cited work in the study of communication across cultures. Hall's (1976) work on low- and high-context communication is particularly important. He defines low-context communication as involving messages in which "the mass of the information [that provides the meaning for the message] is vested in the explicit code" and high-context communication as messages in which "most of the information is either in the physical context or internalized in the person, while very little is in the coded explicit, transmitted part of the message" (p. 79). This schema has been used in emic descriptions of communication in various cultures, as well as in etic comparisons of communication across cultures (see Gudykunst & Matsumoto, Chapter 2 in this volume, for a complete description of low- and high-context communication).

Sociolinguistic Research: An Emic Approach

Cross-cultural sociolinguistic research is designed to examine the use of language within specific cultures or across cultures. Ochs (1986) argues that most cross-cultural differences in language are "differences in *context* and/or *frequency of occurrence"* (p. 10). She goes on to point out that cross-cultural differences in language usage are a function of "the semantic-pragmatic content covered ... the number of interlocutors involved ... the social relationship of the interlocutors ... the setting ... the length of the imitative routines ... and the frequency of occurrence in the experience of young children" (p. 10).

Albert's (1972) study of the cultural patterning of speech in Burundi illustrates sociolinguistic research on language usage. Based on her fieldwork, she notes that members of the Burundi culture use different degrees of formal speech style in accordance with the other person's caste, age, sex, kinship, friendship, contiguous residence, and political-economic ties. Albert points out that "social role and situational prescriptions determine the order of precedence of speakers, relevant conventions of politeness, appropriate formulas and style of speech, including extralinguistic signs and topics of discussion" (p. 86).

Ethnography of Speaking: An Emic Approach

Research on the ethnography of speaking involves a combination of anthropological and sociolinguistic research. Research on the ethnography of speaking is based on the work of Hymes (1962), Gumperz (1971, 1982), Phillipsen (1975, 1989), and their students. This approach focuses on the distinctive patterns of communication and rules of communication used within specific speech communities (e.g., groups of people who share knowledge of rules for the conduct and interpretation of speech). Of particular importance in the study of the ethnography of speaking is describing culturally shaped ways of speaking (Hymes, 1974).

Katriel (1986) describes *dugri* speech in Israeli Sabra culture. *Dugri* speech (or "straight talk") is used to demonstrate sincerity, assertiveness, naturalness, and solidarity. Katriel contends that *dugri* speech in Hebrew "involves a conscious suspension of face-concerns so as to allow the free expression of the speaker's thoughts, opinions, or preferences that might pose a threat to the addressee" (p. 111). Hebrew speakers use *dugri* speech to demonstrate that they are being true to themselves. Arab speakers, in contrast, use *dugri* speech to demonstrate their concern for honesty by stating information truthfully without concealments and embellishments.

Morris (1981) conducted fieldwork to examine discourse in Puerto Rico. He describes discourse in Puerto Rico as requiring that speakers take great care not to put themselves or others "at risk" and that they must reduce the risk of confrontation in any way possible. Morris points out that this leads to "a systematic blurring of meaning - that is, imprecision and indirectness" in language usage (p. 135). He goes on to point out that the imprecision leads to a "constant problem of interpretation, testing, probing, second-guessing, and investigation, but conducted indirectly" (p. 135).

Dimensions of Cultural Variability: An Etic Approach

Etic aspects of culture often are examined in terms of dimensions of cultural variability; that is, dimensions on which cultures differ or are similar that can be used to explain differences or similarities in communication behavior across cultures (see Gudykunst & Matsumoto, Chapter 2 in this volume, for details). The major dimension of cultural variability isolated by theorists across cultures is individualism-collectivism (e.g., The Chinese Culture Connection, 1987; Hofstede, 1980;

Ito, 1989; Kluckhohn & Strodtbeck, 1961; Triandis, 1995). In individualistic cultures the needs, values, and goals of the individual take precedence over the needs, values, and goals of the group.[2] In collectivistic cultures, the needs, values, and goals of the ingroup take precedence over the needs, values, and goals of the individual (Triandis, 1995).

Other theorists isolate different dimensions of cultural variability. Hofstede (1980), for example, isolates individualism-collectivism and three additional dimensions: uncertainty avoidance, power distance, and masculinity-femininity. Uncertainty avoidance involves the degree to which members of a culture try to avoid uncertainty. In high uncertainty avoidance cultures, uncertainty is viewed as dangerous and members try to avoid it. In low uncertainty avoidance cultures, uncertainty is viewed as a necessary part of life with which members of the culture must deal. Power distance refers to the degree to which inequities in power are viewed as natural and inherent in the individuals in a culture. In high power distance cultures, power inequities are viewed as natural and inherent in the individuals involved. In low power distance cultures, people are assumed to be equal and inequities among individuals are viewed as a function of the roles they fill in particular situations. Masculinity-femininity is a function of the sex roles in a culture. In masculine cultures, there are rigid sex roles for males and females. In feminine cultures, sex roles are fluid and there are not clear expectations for males and females.

Using dimensions of cultural variability as etic concepts allows broad similarities and differences in behaviors to be predicted across cultures. To illustrate, Triandis (1995) argues that the relative focus on the ingroup in individualistic and collectivistic cultures leads to different orientations toward ingroup and outgroup members. Specifically, he suggests that there is a significant difference in the way individuals behave toward ingroup and outgroup members in collectivistic cultures, but the difference is not significant in individualistic cultures. Numerous predictions can be made based on each dimension of cultural variability (see Gudykunst & Matsumoto, Chapter 2 in this volume, for examples).

Although the dimensions of cultural variability are useful in making broad predictions of cultural similarities and differences, each dimension is manifested in a unique way within each culture. Gudykunst and Nishida (1994), for example, point out that to understand collectivism in Japan, emic Japanese concepts (e.g., *wa, enryo)* must be taken into consideration. Some Japanese writers (particularly

---

[2] We are focusing on the end-points of the dimensions of cultural variability. It may appear that they are dichotomies, but they actually are continuums from low to high.

those in the *Nihonjinron* tradition, who believe that only Japanese can understand Japanese culture), in contrast, argue that Japanese culture is not "collectivistic." To illustrate, Hamaguchi (1980) contends that Japanese culture is "contextualistic." Hamaguchi's discussion of contextualism is similar to most descriptions of collectivism, but it also contains emic aspects of Japanese culture that are not included in general discussions of collectivism. This is to be expected, however, because the way collectivism is manifested in a culture is unique to that culture.

Universal Dimensions of Personal Relationships: An Etic Approach

Triandis (1977) isolates four dimensions of social relations that appear to be universal.[3] The first dimension is association-dissociation. Associative behaviors includebeing helpful, supportive, or cooperative, while dissociative behaviors involve fighting or avoiding another person. The second universal dimension is superordination-subordination. Superordinate behaviors include criticizing or giving orders, while subordinate behaviors involve asking for help, agreeing, or obeying. The third dimension is intimacy-formality. Intimate behaviors include self-disclosure, expressing emotions, or touching, while formal behaviors involve sending written invitations to others and similar activities. The final dimension of universal social behavior is overt-covert. Overt behaviors are visible to others, while covert behaviors are not visible to others.

Association-dissociation, superordination-subordination, intimacy-formality, and overt-covert behaviors are universal, but the degree to which they are manifested varies across cultures. Triandis (1984) argues that the association-dissociation dimension is related to Kluckhohn and Strodtbeck's (1961) human nature value orientation. Associative behaviors predominate in cultures in which people assume that human nature is inherently good, and dissociative behaviors predominate in cultures in which people assume that human nature is inherently evil.

The superordination-subordination dimension is similar to Hofstede's (1980) power distance dimension of cultural variability. Triandis (1984) argues that being superordinate and being subordinate are viewed as natural and a function of the characteristics of the people in high power distance cultures. Superordinate and subordinate behaviors are not viewed as natural in low power distance cultures. In low power distance cultures, being superordinate or subordinate is

---

[3]See Lonner (1980) for other approaches to isolating universal structures.

viewed as a function of the roles people play, not of characteristics with which they are born.

Intimacy-formality can be related to the general issue of contact. Triandis (1984) argues that in contact cultures "people touch a lot, they stand much closer to each other, they orient their bodies so they face each other, they look each other in the eye, and they employ greater amplitudes of emotional expression" (p. 324). Noncontact cultures involve the opposite pattern: little touching, standing far apart, little eye contact, and low levels of emotional expression. People in contact cultures tend to express their emotions openly, whereas members of noncontact cultures tend to suppress them.

Triandis (1984) suggests that the overt-covert dimension varies as a function of loose-tight cultural variations. Boldt (1978) defines structural tightness in terms of the role diversity (the number of roles and role relationships) and role relatedness (the nature of the bonds among the roles). The more roles there are and the more tightly they are bonded together, the more structurally tight the social structure is. Triandis contends that there is greater overt behavior in loose cultures than in tight cultures.

Adamopoulos and Bontempo (1986) focus on the universality of three dimensions of interpersonal relations using literary material from different historical periods. They note that affiliation and dominance appear to be universal, without much change over the past 3,000 years. Intimacy, in contrast, also appears universal, but the behaviors that are considered intimate have changed over the years.

Foa and Foa (1974) take a different approach to isolating universal dimensions of behavior. They argue that resources individuals exchange during interaction can be classified into six groups arranged in a circle: love (12 o'clock using the face of a clock to represent the circle), services (2 o'clock), goods (4 o'clock), money (6 o'clock), information (8 o'clock), and status (10 o'clock). These resources vary along two dimensions: (a) particularism-the importance of the individual's (receiver or giver) identity in the exchange (runs vertically up and down the face of the clock, least particularism at 6 o'clock and most at 12 o'clock), and (b) concreteness-the degree to which the resource has face value versus symbolic value (runs horizontally across clock's face, least concreteness at 9 o'clock, most at 3 o'clock).

The closer the resources in Foa and Foa's (1974) framework are to each other, the more similar they are perceived to be and the greater the satisfaction that emerges when resources are exchanged. Foa and Foa's (1974) and Foa et al.'s (1987) research indicates that the resource structure is applicable across cultures.

Fiske (1991) isolates four elementary forms of human relations: communal sharing, equality matching, authority ranking, and market pricing (see Hoppe, Snell, & Cocroft, Chapter 3 in this volume, for details). Communal sharing is "a relationship of equivalence in which people are merged (for the purpose at hand) so that the boundaries of individual selves are indistinct" (p. 13). Equality matching is an equal relationship between people who are distinct from each other and they are peers. Authority ranking is an asymmetrical relationship between two people who are not equals. Market pricing is a relationship mediated by the values of some "market system." The market system, for example, might be based on people's actions, services, or products. Fiske argues that these four models provide the basic "grammars" for social relationships, and they give order to the way individuals think about their social interactions. Fiske's (1993) research supports this claim. The four elementary forms of social behavior are the basis for all other types of relationships, and are universal across cultures.

Fiske (1991) argues that all forms of behavior can be used in any situation in any culture. Members of cultures, however, learn preferences for particular forms of behavior in particular situations. Triandis (1994) contends that people in collectivistic cultures learn to use communal sharing and authority ranking more than equality matching and market pricing. Members of individualistic cultures, in contrast, learn to use equality matching and market pricing more than the other two. Authority ranking also can be seen to vary as a function of power distance (Triandis, 1994). Smith and Bond (1993) argue that market pricing is related to Hofstede's (1980) masculine orientation and equality matching is related to a feminine orientation.

Conclusion

Emic approaches to the study of communication in personal relationships involve describing the meanings people in specific cultures attach to the communication with partners in personal relationships. Etic approaches, in contrast, focus on explaining how communication in personal relationships is similar and different across cultures. Both are viable approaches to the study of communication in personal relationships in and of themselves. A complete understanding of communication in personal relationships, however, requires a combination of both emic and etic approaches.

References

Adamopoulos, J./Bontempo, R.: "Diachronic universals in interpersonal structures: Evidence from literary sources." In: *Journal of Cross-Cultural Psychology*, 17, 1986, 169-189.

Albert, E.: "Cultural patterning of speech behaviors in Burundi." In J. Gumperz & D. Hymes (Eds.), *Directions in sociolinguistics.* New York 1972, S. 72 - 105.

Basso, K.: "To give up on words: Silence in western Apache culture." In: *Southern Journal of Anthropology*, 26, 1970, S. 213-230.

Berry, J.: "On cross-cultural comparability." In: *International Journal of Psychology*, 4, 1969, S. 119-128.

Berry, J.: "Introduction to methodology." In H. C. Triandis & J. Berry (Eds.), *Handbook of cross-cultural psychology* Vol. 2. Boston 1980, S. 1 - 28.

Birdwhistell, R.: *Kinesics and context.* New York 1970.

Boldt, E.: "Structural tightness and cross-cultural research." In. *Journal of Cross-Cultural Psychology* 9, 1978, S. 151-165.

Brislin, R.: "Cross-cultural research in psychology." In: *Annual Review of Psychology 1983, S.* 363-400.

The Chinese Culture Connection: "Chinese values and the search for culture-free dimensions of culture." In: *Journal of Cross-Cultural Psychology* 18, 1987, S. 143-164.

Fiske, A.: *Structures of social life.* New York 1991.

Fiske, A.: "Social errors in four cultures." In: *International Journal of Intercultural Relations* 24, 1993, S. 463-494.

Foa, U./ Foa, E.: *Societal structures of the mind.* Springfield, IL 1974.

Foa, U./Sacedo, L./Tornblom, K./Gardner, M./Glaubman, H./Teichman, M.: "Interrelation of social resources: Evidence of pancultural invariance." In: *Journal of Cross-Cultural Psychology* 18, 1987, S. 221-233.

Geertz, C.:. *Person, time, und conduct in Bali* (Cult. Rep., Ser. No. 14). New Haven, CT 1966.

Geertz, C.: *On the interpretation of culture.* New York 1973.

Goodenough, W. : "Comment on cultural evolution." In: *Daedalus* 90, 1961, S. 521-528.

Gudykunst, W. B./Nishida, T.: *Bridging Japanese/North American differences.* Thousand Oaks, CA 1994.

Gudykunst, W. B./Ting-Toorney, S.: *Culture and interpersonal communication.* Newbury Park, CA 1988.

Gumperz, J.: *Language in social groups.* Stanford, CA 1971.

Gumperz, J.: *Discourse strategies.* New York 1982.

Hall, E. T.: *The silent language.* Garden City, NY 1959.

Hall, E. T.: *The hidden dimension.* Garden City, NY. 1966.

Hall, E. T.: *Beyond culture.* Garden City, NY 1976.

Hall, E. T.: *The dance of life.* Garden City, NY. 1983.

Hamaguchi, E.: "Nihonjin no rentaiteki jiritsusei: Kanjinshugi lo kojinshugi Japanese connected autonomy:" Contextualism and individualism). Gendai no Esupuri (Contemporary Spirit), 160, 127-143 1910.

Harris, M.: *The rise of cultural theory.* New York 1968.

Herskovits, M.: *Cultural anthropology.* New York 1955.

Hofstede, G. : *Culture's consequences.* Beverly Hills, CA 1980.

Hymes, D.: "The ethnography of speaking." In: T. Gladwin & W. Sturtevant (Eds.), *Anthropology and human behavior.* Washington, DC 1962, S. 13 - 53.

Hymes, D.: "Ways of speaking." In: R. Bauman & J. Sherzer (Eds.): *Explorations in the ethnography of speaking.* Cambridge, UK 1974, S. 433 - 451.

Ito, Y.: "Socio-cultural backgrounds of Japanese interpersonal communication style." In: *Civilisations* 39, 1989, S. 101-137.

Katriel, T. : *Talking straight.- Dugri speech in Israeli Sabra culture.* Cambridge, UK 1986.

Keesing, R.: "Theories of culture." In: *Annual Review of Anthropology* 3, 1974, S. 73-97.

Kluckhohn, F./Strodtbeck, R.: *Variations in value orientations.* New York 1961.

Kroeber, A./Kluckhohn, C.: *Culture: A critical review of concepts and definitions.* Cambridge, MA 1952.

Lonner, W.: "The search for psychological universals." In: H. Triandis & W. Lambert (Eds.), *Handbook of cross-cultural psychology* Vol. 1. Boston 1980; S. 143 - 204.

Morris, M.: *Saying and meaning in Puerto Rico.* Elmsford, NY 1981.

Ochs, E.: "Introduction." In B. Schieffelin & E, Ochs (Eds.), *Language socialization across cultures.* Cambridge, UK 1986, S. 1 - 13.

Phillipsen, G.: "Speaking "like a man" in Teamsterville." In: *Quarterly Journal of Speech* 61, 1975, S. 13-22.

Phillipsen, G.: "Speech and the communal function in four cultures." In: S. Ting-Toomey & F. Korzenny (Eds.), *Language, communication, and culture.* Newbury Park, CA 1989, S. 79 - 92.

Pike, K.: *Language in relation to a unified theory of the structure of human behavior.* The Hague, the Netherlands 1966.

Rohner, R.: "Toward a conception of culture for cross-cultural psychology." In: Journal of Cross-Cultural Psychology 15, 1984, S. 111-138.

Rosaldo, M.: "I have nothing to hide: The language of Ilongot oratory." In: *Language in Society* 11, 1973, S. 193-223.

Rosaldo, M.: *Knowledge and passion: Ilongot notions of self and social systems.* Cambridge, UK 1980.

Smith, P./Bond, M. H.: *Social psychology across cultures.* New York 1993.

Triandis, H. C.: *The analysis of objective culture.* New York 1972.

Triandis, H. C.: *Interpersonal behavior.* Monterey, CA 1977.

Triandis, H. C.: "A theoretical framework for the more efficient construction of culture assimilators." In: *International Journal of Intercultural Relations* 8, 1984, S. 301-330.

Triandis, H. C. : *Culture und social behavior.* New York 1994.

Triandis, H. C.: *Individualism-collectivism.* Boulder, CO 1995.

Triandis, H. C./ Malpass, R./Davidson, A.: "Cross-cultural psychology." In: *Bien nial Review of Anthropology* 24, 1973, S. 1-84.

Fälle und Übungen (6)
Kultur und Kommunikation:
Forschungsmethoden

6.1

Gudykunst und Ting-Toomey verstehen das Verhältnis von Kultur und Kommunikation als einen Prozeß wechselseitiger Einflussnahme: „The culture in which individuals are socialized influences the way they communicate, and the way that individuals communicate can change the culture they share over time."

Belegen Sie diese These mit konkreten Beispielen. Sie können dabei auch auf den Artikel zur Sonntagsöffnung von Läden (Fälle und Übungen 3) Bezug nehmen.

6.2

Der Forschungsüberblick orientiert sich an der Unterscheidung zwischen emischen und etischen Perspektiven der Kulturanalyse (Innensicht – Außensicht). Fassen Sie noch einmal tabellarisch zusammen, welche der in dem Aufsatz beschriebenen Ansätze zu welcher Kategorie gerechnet wird. Warum ist eine solch strikte Trennung zwischen emischen und etischen Ansätzen lediglich als Orientierungshilfe zu verstehen? Handelt es sich bei den dargestellten emischen Ansätzen tatsächlich immer um „reine" Innensichten auf eine Kultur?

Weshalb plädieren die Autoren für eine Integration der Sichtweisen?

6.3

Fassen Sie anhand des Textes (und am besten unter Bezug auf den Originaltext) zusammen, was unter der von Hall vorgenommenen Differenzierung zwischen high-context und low-context cultures zu verstehen ist. Welche Gefahr ist mit derartigen Zuordnungen verbunden?

6.4.

Eng mit dem Namen Hofstede verbunden ist der Ansatz, Kulturen anhand bestimmter Dimen sionen zu klassifizieren und in einer Matrix (siehe unten) zu vergleichen:

Hofstedes Untersuchung beruht auf Daten, die er zwischen 1968 und 1972 bei Befragungen von 116.000 IBM-Mitarbeitern in 53 Ländern ermittelt hat. Die Dimensionen, mit denen Hofstede bei seiner Matrixerstellung gearbeitet hat, sind:

- Power Distance
- Uncertainty Avoidance
- Individualism vs. Collectivism
- Masculinity vs. Feminity
- Langfristige/ kurzfristige Orientierung

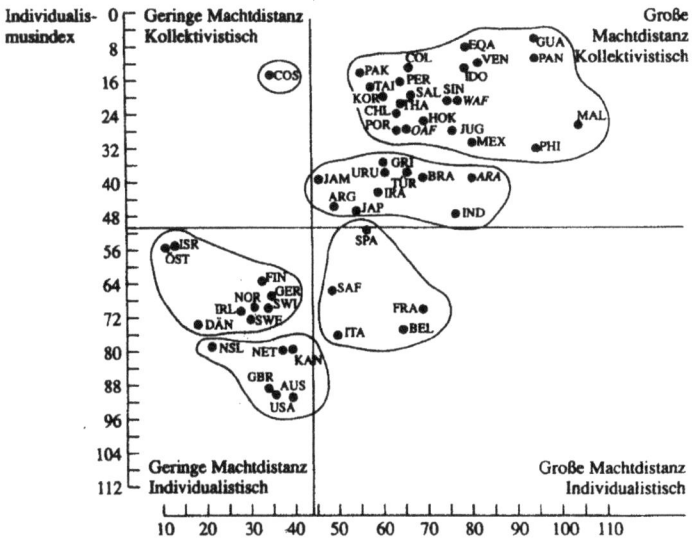

aus: G.Hofstede, Interkulturelle Zusammenarbeit. Wiesbaden 1993, S., Abb. 3.

Länderpositionierungen wie Hofstede sie in obenstehender Grafik seinerzeit vorgenommen hat, gelten nach wie vor besonders in Unternehmen als wichtige Orientierung bei der Planung von Auslandsengagements.

Warum ist die Verwendung solcher Kulturdimensionen im Grunde genommen als äußerst problematisch einzustufen?

Weiterführende Literatur:
Kultur und Kommunikation

Blommaert, J.: "How much culture is there in intercultural communication?", in: *The Pragmatics of International and Intercultural Communication,* Blommaert, Jan/Verschueren, Jef ,eds., Amsterdam/Philadelphia - Benjamins. 1991. 13-33.

Goodenough, W. H.: "Cultural Anthropology and Linguistics", in: *Language in Culture and Society, A Reader in Linguistics and Anthropology,* Hymes, Dell H., ed., Harper/Row – New York. 1964. 36-39.

Gumperz, J. J./Jupp, T./Roberts, C.: Cross talk. National Council for Industrial Training – Southal. 1979.

Gumperz, J. J.: "Contextualization revisited", in: *The Contextualization Of Language,* Auer, Peter /Luzio, Aldo Di, ed., Amsterdam/Philadelphia. 1992. 39-54.

Helmolt, K. v.: Kommunikation in internationalen Arbeitsgruppen. München 1997

Hinnenkamp (1989): *Interaktionale Soziolinguistik und interkulturelle Kommunikation. Gesprächsmanagement zwischen Deutschen und Türken.* Tübingen.

Knapp-Potthoff, A.: Interkulturelle Kommunikationsfähigkeit als Lernziel. In: Knapp-Potthoff, Annelie & Martina Liedke (Hg.), Aspekte interkultureller Kommunikationsfähigkeit. iudicium Verlag – München. 1997. 181-205.

Rehbein, J. (Hg.): Interkulturelle Kommunikation. Narr – Tübingen. 1985.

Samovar, L./Porter, R.: Communication Between Cultures. New York 2000

Diplomatie und Alltag

Claus Ehrhardt

Anmerkungen zur Linguistik der interkulturellen Kommunikation

1. Interkulturelle Kommunikation und ihre Erforschung

Nur selten rücken Probleme der interkulturellen Kommunikation (im Folgenden: IKK) so massiv in den Blickpunkt der Weltöffentlichkeit wie im April 2001. Zur Erinnerung:[1] Am 1. April kam es über dem südchinesischen Meer zur Kollision eines amerikanischen Spionageflugzeuges mit einem chinesischen Abfangjäger. Der chinesische Kampfjet stürzte ab und der Pilot kam dabei ums Leben. Das amerikanische Flugzeug musste auf einer chinesischen Insel notlanden, Maschine und Besatzung waren damit in chinesischen Händen. Der chinesische Minister-präsident Jiang Zemin knüpfte die Herausgabe an eine Bedingung: er forderte vom amerikanischen Präsidenten eine Entschuldigung für den Zwischenfall. Prä-sident Bush konnte jedoch kein Verschulden der amerikanischen Crew oder der Regierung erkennen und äußerte "nur" sein Bedauern über den Zwischenfall. Dies genügte der chinesischen Seite nicht und so entwickelte sich in interkulturellem Kontext ein diplomatisches Tauziehen um die Sprechhandlung 'Entschuldigung'.

Das bisher beschriebene Geschehen lässt sich leicht in den Begriffen der Sprech-akttheorie zusammenfassen: Searle ordnet 'Entschuldigungen' der Klasse der Ex-pressiva zu. Diese definiert er:

Der illokutionäre Witz dieser Klasse ist es, den in der Aufrichtigkeitsbedingung angegebenen psychischen Zustand zum Ausdruck zu bringen, der auf eine im propositionalen Gehalt aufgeführte Sachlage gerichtet ist. (Searle 1982/1979: 34)

Der im propositionalen Gehalt aufgeführte Sachverhalt ist im Beispiel der Zu-sammenstoß der beiden Flugzeuge. Der angesprochene psychische Zustand wäre im Falle einer Entschuldigung zum einen die Anerkennung der Schuld am Sach-verhalt und zum anderen ein Gefühl des Bedauerns darüber. Im Falle von George

---

[1] Die folgende Darstellung basiert auf der Berichterstattung der Süddeutschen Zeitung aus den Tagen zwischen dem 1. und dem 12./13. April 2001.

W. Bush war zumindest die erste der beiden Bedingungen und damit die Aufrichtigkeitsbedingung für eine Entschuldigung nicht erfüllt (manche Kommentatoren
gingen davon aus, dass sie auch überhaupt nicht erfüllt werden konnte, weil der
amerikanische Pilot objektiv schuldlos war), er konnte also keine Entschuldigung
abgeben, die in herkömmlichem Sinne als erfolgreich angesehen werden könnte –
wenn er sich entschuldigt hätte, wäre diese Handlung von einem Angehörigen
seines Kulturkreises wohl nicht akzeptiert worden.[2]

Die chinesischen Spitzenpolitiker jedoch beharrten auf einer Entschuldigung,
obwohl auch sie wissen mussten, dass von aufrichtigem Bedauern aufseiten des
amerikanischen Präsidenten keine Rede sein konnte.[3] Auch eine solchermaßen
defizitäre Entschuldigung hätte der chinesischen Führung einen Gesichtsverlust
erspart.

Offensichtlich liegen hier zwei unterschiedliche Auffassungen über Entschuldigungen vor – in Bezug auf die Bedingungen für ihren erfolgreichen Vollzug und
in Bezug auf die Modalität des Vollzugs selber. Und offensichtlich sind diese Di-
vergenzen kulturell bedingt, in der intrakulturellen Kommunikation wäre das
Problem so nicht vorstellbar. Für eine wissenschaftliche Auseinandersetzung mit
Fällen von interkultureller Kommunikation stellt sich natürlich die Frage, wie
(z. B.) die hier beschriebenen Unterschiede begrifflich erfasst werden können.
Man könnte annehmen, dass es sich einfach um ein Übersetzungsproblem handelt, dass also das chinesische Wort für das, was vom chinesischen Ministerpräsidenten verlangt wurde, mit *Entschuldigung* nur unzureichend übersetzt wurde.
Man könnte mit Anna Wierzbicka auch davon ausgehen, dass die Kategorien der
Sprechakttheorie eurozentristisch sind (vgl. Wierzbicka 1991: 47ff.), dass demnach die Handlung, die die chinesische Seite fordert und diejenige, die die amerikanische Seite verweigert, nicht beide unter den Begriff 'Entschuldigung' subsu-

---

[2]Dies zeigte sich auch in anderen prominenten Fällen von öffentlichen Entschuldigungen, die in den
Jahren 2000/2001 zu verzeichnen waren. So wurde beispielsweise eine öffentliche Entschuldigung des
hessischen Ministerpräsidenten und CDU-Landesvorsitzenden Koch für die Spendenaffäre seiner Partei von Kommentatoren kritisiert, weil ihm das Bedauern über die Vorfälle nicht geglaubt wurde.
Auch eine Entschuldigung von Papst Johannes Paul II. für Verbrechen der katholischen Kirche gegenüber jüdischen Mitbürgern wurde aus verschiedenen Gründen nicht problemlos anerkannt. Vgl.
hierzu Ehrhardt 2001, Kap. 4.3. Weitere Beispiele für öffentliche Entschuldigungen: die PDS-
Vorsitzende Gabi Zimmer entschuldigt sich für von ihrer Partei der SPD zugefügtes Unrecht im Rahmen der Zwangsvereinigung der Parteien (vgl. SZ 19. 04. 2001); die PDS führte im Juni/Juli 2001 eine lebhafte Debatte über die Frage, ob sie sich für den Bau der Mauer und in diesem Zusammenhang
begangenes Unrecht entschuldigen müsse.

[3] Darüber hinaus wäre hier auch zu diskutieren, ob eine Entschuldigung, die erst auf Verlangen des
Geschädigten abgegeben wird, überhaupt als vollwertiger Vollzug dieser Handlung anerkannt werden
kann. Diese Fragestellung würde aber zu weit vom eigentlichen Thema dieses Aufsatzes wegführen.

miert werden können. Man könnte von der Fragestellung ausgehen, ob Unterschiede in der amerikanischen und chinesischen Kultur, etwa im Hinblick auf die Auffassung von persönlicher Schuld und Ritualen zu ihrer Bewältigung die Grundlage des Konfliktes bilden. Oder man könnte die Verlautbarungen der Politiker als Medien-Inszenierung betrachten und annehmen, dass beide beteiligten Politiker den Zusammenstoß und die große Aufmerksamkeit der Weltöffentlichkeit ausnutzten, um bestimmte politische Ziele zu erreichen, sich zum Beispiel auf der politischen Bühne mit einem bestimmten Image zu positionieren.

Die Wahl eines dieser (oder weiterer möglicher) Interpretationsansätze ist für die Auseinandersetzung mit dem Ereignis von weitreichender Bedeutung: sie determiniert die Begriffe, in denen das Geschehen beschrieben, analysiert und interpretiert wird – und sie determiniert teilweise auch mögliche Lösungen, die gesehen, angeraten und verwirklicht werden.

In diesem konkreten Fall nahm die Suche nach einer für alle Seiten befriedigenden Lösung fast zwei Wochen in Anspruch und endete in "Sprachdoktorei und einem linguistischen Drahtseilakt" (SZ 12./13. 4. 2001, S.4): Der chinesische Ministerpräsident erhielt einen Brief, für dessen Formulierung wohl sehr viel diplomatischer Sachverstand und interkulturelle Kompetenz aufgewendet worden war: "US-Experten sind sich einig, dass geschickte Wortwahl in dem Brief beiden Seiten eine Lösung ohne Gesichtsverlust ermöglichte. Die entscheidenden Stellen des Schreibens in englischer Sprache lassen sich beim Übersetzen ins Chinesische so interpretieren, dass sie Pekings Wünschen entgegenkommen." (SZ 12./13. 4. 2001; S.8)

Aus naheliegenden Gründen wurde der Zusammenstoß der beiden Flugzeuge ausschließlich als diplomatisch-politisches Problem behandelt. Dadurch wurde eine Lösung möglich, die Beobachtern, die an der Frage interessiert sind, wie in interkultureller Kommunikation möglichst vollständiges Verständnis erreicht werden kann, kurios erscheinen muss: Die Lösung liegt hier darin, dass intendiertes Nicht-Verstehen (oder unvollständiges Verstehen) die Grundlage für die Möglichkeit darstellt, das Ziel der betreffenden (Sprech-)Handlung zu erreichen.

Die amerikanische Regierung hat sich (im Sinne der in den Vereinigten Staaten anerkannten diesbezüglichen Konventionen) nicht entschuldigt, formulierte dies aber so, dass es aus der Perspektive der chinesischen Seite (und nach den chinesischen Konventionen) so aussehen konnte, als seien die Bedingungen für eine erfolgreiche Entschuldigung erfüllt. Die chinesische Regierung ihrerseits wusste, dass die Aufrichtigkeitsbedingung nicht erfüllt ist, konnte aber die Sprechhandlung 'Entschuldigung' trotzdem als vollzogen ansehen; wenn ein Amerikaner dies getan hätte, dann hätte man davon ausgehen müssen, dass er den Sprecher falsch verstanden hat oder dass er die Regeln für den Vollzug des Sprechakts 'Entschuldigung' nicht genau kennt.

Die Grundlage für den Erfolg dieses subtilen Sprachspiels bildet das Wissen beider Seiten um die jeweiligen Entschuldigungskonventionen, die Unterschiede zwischen beiden Ländern/Kulturen/Sprachen und das gezielte Ausnutzen eines Unterschiedes in der betreffenden Kommunikationssituation. Der Sprecher vollzieht hier zwei Handlungen, von denen die erste die zweite in seiner Kultur eigentlich ausschließt: wer sein Bedauern äußert, gibt damit auch zu verstehen, dass er nicht die Intention hat, sich zu entschuldigen. Erst der kulturelle Unterschied zwischen China und den USA ermöglicht es, mit der Äußerung zu intendieren, dass der Hörer dem Sprecher auch die Intention unterstellen kann, sich zu entschuldigen – obwohl der Sprecher zu verstehen gegeben hat, dass er das gerade nicht tun will.

Es kann an dieser Stelle natürlich nicht darum gehen, eine politische Einschätzung des diplomatischen Zwischenfalls abzugeben oder eingehend zu diskutieren, ob in diesem Fall tatsächlich davon die Rede sein kann, dass die amerikanische Regierung sich entschuldigt hat, ob es sich um eine geeignete Lösung oder eine Scheinlösung für ein Problem oder ein Scheinproblem handelte. Die Behandlung des Zusammenstoßes kann aber als besonders dramatisches Beispiel für viele andere mögliche Konflikte in der IKK angesehen werden: bei Kontakten mit Angehörigen fremder Kulturen kommt es häufig zu kleinen Missverständnissen, die dann zu "critical incidents" werden können – dafür sind viele Beispiele bekannt: Der Westeuropäer, der in eine arabische Wohnung eingeladen wird und seiner Bewunderung für ein Objekt Ausdruck verleiht, bekommt dieses geschenkt; wenn er das Geschenk annimmt, begeht er jedoch einen Fehler. Deutsche Urlauber, die in Portugal einer Einladung in die Wohnung einer portugiesischen Familie nachkommen, wundern sich, dass sie dort nicht wirklich erwartet werden. Und wer in Mexiko hört, dass etwas 'mañana' stattfindet und damit rechnet, dass der nächste Tag gemeint ist, kann sich schwer täuschen ...

Im Unterschied zum eingangs beschriebenen Beispiel stellen solche eher alltäglichen Kommunikationsprobleme natürlich keine Bedrohung für die politische Stabilität von Ländern und Regionen oder gar den Weltfrieden dar – bei der Suche nach einer Lösung kann dementsprechend auch nicht auf ein Beratergremium aus erfahrenen Diplomaten zurückgegriffen werden, der einzelne Sprecher ist vielmehr auf seine eigenen diplomatischen Fähigkeiten bzw. seine interkulturelle Kompetenz angewiesen. Wo diese fehlen oder nicht ausreichen, kommt es zu Störungen in der Kommunikation bis hin zum Abbruch des Kontakts und unter Umständen zur Herausbildung von negativen Urteilen eines Kommunikationsteilnehmers über seinen Gesprächspartner persönlich oder gleich zur Formulierung von Urteilen über die Kultur des Partners.

Wie schon angesprochen bilden solche Zusammenhänge zahlreiche Ansatzpunkte für eine Thematisierung und Aufarbeitung aus wissenschaftlicher Perspektive: es handelt sich um einen möglichen Gegenstand für Soziologie, Psychologie, Ethnologie, Kulturanthropologie, Medienwissenschaften – um nur einige Disziplinen zu nennen, aus denen relevante Beiträge zur Erforschung von IKK zu erwarten sind und vorliegen. Es gehört zum Selbstverständnis der interkulturellen Kommunikationsforschung, dass letztlich nur die Integration verschiedenster Ansätze im Geiste der Interdisziplinarität zu verwertbaren Ergebnissen führen kann.

In diesem Beitrag soll eine Fragestellung verfolgt werden, die auf den ersten Blick der Idee der Interdisziplinarität widersprechen muss: es soll ein rein linguistischer Ansatz verfolgt werden: "(...) da sich *inter*kulturelle von *intra*kultureller Kommunikation wesentlich nur durch die Beteiligung einer *fremden* Sprache unterscheidet, ist es naheliegend, linguistische Aspekte in den Vordergrund der Betrachtung von IKK zu stellen" (Knapp/Knapp-Potthoff 1990: 68). Es soll also gefragt werden, inwieweit IKK als sprachliches Problem verstanden werden kann bzw. wie weit linguistische Begriffe zur Beschreibung und Erklärung von Problemen in diesem Bereich sinnvoll verwendet werden können, wie sich also interkulturelle Kommunikation sprachwissenschaftlich/kommunikationstheoretisch charakterisieren und von intrakultureller abgrenzen lässt.

2. Der Gegenstandsbereich

Die Bestimmung des Gegenstandsbereiches der IKK-Forschung und seine Abgrenzung gegenüber der Erforschung intrakultureller Kommunikation ist nicht unproblematisch (vgl. z. B. Wierlacher/Hudson-Wiedenmann 2000: 220f). Zu einem großen Teil ist dies durch die Schwierigkeit bedingt, einen trag- und konsensfähigen Begriff von 'Kultur' zu finden (vgl. z. B. Garcea 1996: 27ff).

Offensichtlich ist die Verwendung von Fremdsprachen charakteristisch (vielleicht sogar das relevanteste Charakteristikum) für Situationen, von denen man sagt, dass in ihnen IKK stattfindet: mindestens ein Beteiligter verwendet eine Sprache, die nicht seine Muttersprache ist. Im Falle des Gebrauchs einer lingua franca müssen unter Umständen sogar alle Beteiligten sich in einer Fremdsprache ausdrücken. Es liegt also nahe, in der Muttersprache der Beteiligten bzw. der Verwendung einer davon abweichenden Sprache das wichtigste Abgrenzungskriterium zwischen inter- und interkultureller Kommunikation zu sehen.[4] IKK wäre dann Kommunikation zwischen Sprechern mit unterschiedlicher Muttersprache oder Angehörigen unterschiedlicher Sprachgemeinschaften.

Die Zugehörigkeit zu einer Sprachgemeinschaft kann als relevanteste Manifestation von Kulturzugehörigkeit angesehen werden. Auch wenn beide nicht zwangsläufig zusammenfallen, so kann doch mit einiger Berechtigung behauptet werden, dass zwischen der Zugehörigkeit zu einer Sprachgemeinschaft und einer Kultur eine größere Annäherung zu verzeichnen ist als zwischen Kulturzugehörigkeit und irgendeiner anderen Eigenschaft von Individuen. Auch bei der Selbsteinschätzung von Individuen in Bezug auf ihre Kulturzugehörigkeit ist die Muttersprache im Allgemeinen das wichtigste Kriterium.

Der Gegenstandsbereich der IKK-Forschung deckt sich damit mit dem, was Ammon und andere Linguisten "Internationale Kommunikation" nennen: die Untersuchung von Kommunikation zwischen Sprechern verschiedener Muttersprachen (vgl. Ammon 1991: 11). Die Erforschung von internationaler/interlingualer Kommunikation auf der einen und IKK auf der anderen Seite lässt sich aber trotzdem klar unterscheiden: die Fragestellung ist unterschiedlich. Wer sich mit internationaler Kommunikation beschäftigt, untersucht (z. B.), wie häufig, in welchen Zusammenhängen, von welchen Sprechern eine Sprache in internationalem Kontext verwendet wird, was die internationale Stellung oder die wirtschaftliche Stärke einer Sprache ausmacht (vgl. auch Coulmas 1992). Er stellt also Fragen, die sich weniger auf den Prozess der (sprachlichen) Kommunikation selber oder die Struktur der verwendeten Sprachen beziehen, als vielmehr auf die äußeren Bedingungen dafür.

Anders die Erforschung der IKK: Knapp/Knapp-Potthoff formulieren deren Forschungsanliegen:

Im internationalen Kontakt bekommen wir es mit menschlichen Verhaltensweisen und geistigen, sozialen und materialen Schöpfungen zu tun, die von Weltbildern, Glaubenssätzen, Wertvorstellungen, Normen und Konventionen, von Interessen und Formen des Denkens, Handelns und Kommunizierens abhängen, welche geprägt sind von einer anderen, uns fremden Kultur. Die Begegnung mit anderen

---

[4] Einen anderen Vorschlag zur Abgrenzung macht Bolten in Bolten 1997: 475: "Für den Kulturbegriff der interkulturellen Wirtschaftskommunikation ist daher eine pragmatische Eingrenzung notwendig, die in der Regel dazu führt, Kultur- und politische Ländergrenzen gleichzusetzen." Der Autor selber aber bezeichnet diesen Vorschlag als "nicht unproblematisch" bzw. als "beste aller schlechtesten Lösungen" (ebd.). Bolten sieht die Staatsangehörigkeit als relevanteste Manifestation der Kulturzugehörigkeit an, während die hier vorgeschlagene Lösung die Muttersprache an diese Stelle setzt. Es bleibt auf jeden Fall eine problematische Festlegung.

Denk- und Verhaltensmustern und das Kennenlernen von fremdkulturellen Schöpfungen können uns ohne Zweifel bereichern. Doch nicht selten kann der Kontakt mit kultureller Fremdheit für uns auch problematisch werden, indem sie das, was für uns selbstverständlich ist, infragestellt, indem sie uns ganz oder teilweise unverständlich bleibt oder indem sie zu Mißverständnissen, gar zu Konflikten im Umgang mit Angehörigen der anderen Kultur führt (Knapp/Knapp-Potthoff 1990: 62f).

Der Unterschied zu den oben genannten Fragestellungen ist deutlich: es geht zwar ebenfalls um die Kommunikation zwischen Personen unterschiedlicher Muttersprache, Untersuchungsgegenstand sind aber nicht mehr die äußeren Bedingungen der Kommunikation, sondern die Faktoren, die zu ihrem Gelingen oder Scheitern beitragen; insbesondere wird dabei der Faktor 'Kulturzugehörigkeit der Beteiligten' analysiert.

Aus linguistischer Perspektive stellt sich vor allem die Frage nach der Bedeutung der Sprache in der interkulturellen Verständigung und ihre Bedeutung als potenzielle Störungsquelle in solchen Zusammenhängen. Die Gleichsetzung von Zugehörigkeit zu einer Sprachgemeinschaft und einer Kultur als formale Abgrenzung des Untersuchungsbereiches von IKK-Forschung muss daher selber problematisiert werden: wir gehen (intuitionsgemäß) davon aus, dass alle Angehörigen einer Kultur (a) eine gemeinsame Muttersprache haben und (b) bestimmte Wertorientierungen teilen, die gleichen Grundsätze für wahr halten, den gleichen Konventionen folgen, auf eine bestimmte Art denken und handeln.

Satz (a) war das Unterscheidungskriterium für die Zugehörigkeit zu einer Kultur. Satz (b) eignet sich als Kriterium nicht, weil diese Eigenarten der Kulturzugehörigkeit schwer zu überprüfen sind – beides sind jedoch notwendige Bestandteile einer Definition von 'Kulturzugehörigkeit'. Die Bestimmung der Bedeutung, die der Linguistik in der Analyse von IKK beigemessen wird, setzt voraus, dass das Verhältnis von (a) und (b) geklärt wird: gibt es einen kausalen Zusammenhang zwischen beiden, sprechen wir also z. B. Deutsch, weil unser Denken nach bestimmten Prinzipien strukturiert ist oder denken wir auf eine bestimmte Art, weil wir Deutsch sprechen? Impliziert (a) (b) oder umgekehrt? Oder gibt es zwischen beiden keine logische Relation, sind etwa sowohl die Muttersprache, die wir gelernt haben als auch unsere intellektuellen und emotionalen Eigenarten (soweit sie kulturbedingt sind) Resultate von mehr oder weniger analogen evolutionären Prozessen? Erst wenn das Verhältnis von Sprache zu Kultur geklärt ist, wird der Stellenwert von Überlegungen zur Linguistik der interkulturellen Kommunikation innerhalb der IKK-Forschung deutlich.

3. Sprachstruktur und Kultur

"Daß Sprache und Kultur zusammenhängen, ist trivial", schreiben Knapp/Knapp-Potthoff im Anschluss an die oben zitierte Passage. Diese intuitiv einleuchtende Annahme bedarf jedoch einer Klärung und Vertiefung.

Trivial ist zuerst einmal die Tatsache, dass Menschen, die eine unterschiedliche Sprache sprechen, einer unterschiedlichen Kultur angehören; das war in der oben vorgeschlagenen Definition so festgelegt. Nicht ganz so trivial ist aber die Frage, ob diese beiden Menschen deswegen auch zwangsläufig eine unterschiedliche Weltanschauung, ein unterschiedliches Weltbild oder unterschiedliche Wertvorstellungen haben und ob schon die Strukturen der Muttersprache Verständigungsprobleme in der IKK verursachen können.

Im Vergleich mit anderen Sprachen erweist sich für das Deutsche zum Beispiel (vgl. zum Folgenden: Roelcke 1997), dass es einige Nasale aufweist und durch freien Wortakzent charakterisiert ist (Lautebene), dass es als Mischtyp zwischen analytischer und synthetischer Sprache bezeichnet werden kann und Eigenschaften von synthetisch-flektierenden und analytisch-isolierenden Sprachen hat, dass im Deutschen drei Modi und zwei Genus verbi grammatikalisiert sind (morphologische Ebene) oder dass es in abhängigen Sätzen Verbendstellung vorschreibt (syntaktische Ebene). Hinzu kommen natürlich zahlreiche lexikalische Unterschiede zu anderen Sprachen.

Es hat in der Geschichte der Sprachwissenschaft viele und einflussreiche Ansätze gegeben, die solche Eigenschaften einer Sprache als Manifestation der Eigenschaften der entsprechenden Sprachgemeinschaft gesehen haben. Diese Tradition lässt sich auf Humboldt zurückführen, der Sprachuntersuchungen unter kulturanthropologischen Fragestellungen anging:

Durch die gegenseitige Anhängigkeit des Gedankens und des Wortes von einander leuchtet es klar ein, dass die Sprachen nicht eigentlich Mittel sind, die schon erkannte Wahrheit darzustellen, sondern weit mehr, die vorher unbekannte zu entdecken. Ihre Verschiedenheit ist nicht eine von Schällen und Zeichen, sondern eine Verschiedenheit der Weltansicht selbst. Hierin ist der Grund und der letzte Zweck aller Sprachuntersuchung enthalten (Humboldt 1969: 19f)[5].

Besonders folgenreich waren dann die Diskussionen um die These von der sprachlichen Determination bzw. der sprachlichen Relativität, die durch die Arbeiten von Sapir und Whorf angeregt worden war. In mehr oder weniger starker

---

[5] Auch die moderne Linguistik hat sich aber zum Teil aus anthropologischen und ethnologischen Kontexten heraus entwickelt (Boas, Sapir) und stand zunächst im Dienste der Beschreibung fremder Kulturen.

Ausprägung gehen diese Ansätze von der Idee aus, dass Sprachen die Weltsicht ihrer Sprecher determinieren, dass also z. B. Sprecher des Chinesischen zu vielen Phänomenen einen anderen Zugang haben als US-Amerikaner – was natürlich für die interkulturelle Verständigung eine potenzielle Störungsquelle darstellen würde. Dies bezieht sich etwa auf Zeit- und Raumbegriffe, Wahrnehmungskategorien u.a. Sprecher von Sprachen, in denen das grammatische System keine Möglichkeit zum Ausdruck von irrealen Hypothesen (als Entsprechung zum deutschen Konjunktiv II) aufweist, sind demnach nicht in der Lage, kontrafaktisch (hypothetisch) zu denken.

Hier stellt sich also die Frage, ob mögliche Probleme in der IKK schon in der Struktur der Sprachen der Beteiligten angelegt sind. Mit anderen Worten: ist das beschriebene (in diesem Fall segensreiche und intendierte) Missverständnis zwischen Chinesen und Amerikanern zum größten Teil darauf zurückzuführen oder dadurch erklärbar, dass die beiden Parteien unterschiedliche Muttersprachen mit vollkommen unterschiedlichen Strukturen sprechen oder müssen noch weitere Erklärungsinstrumente herangezogen werden?

Anhänger der These von der sprachlichen Relativität (vgl. zum Folgenden Pinker 1994: 59ff) stützen ihre Ideen meistens mit Beispielen wie der Vielfalt von Bezeichnungen für Schnee in Eskimosprachen, der Verschiedenheit von Farbadjektiven in unterschiedlichen Sprachen oder der von Whorf beschriebenen – im Vergleich zu westlichen Kulturen – unterschiedlichen Zeitwahrnehmung von Indianerstämmen in den USA, die sich in deren Sprache manifestiert und durch diese bedingt wird. Die These hat starke Implikationen: zum Beispiel müsste man, um der Argumentation von Whorf und anderen folgen zu können, davon ausgehen, dass grundlegende Wahrnehmungskategorien nicht in der Welt, sondern nur in den Sprachen angelegt sind.

Die Beispiele sind bei empirischen Prüfungen allerdings immer widerlegt worden: Eskimosprachen haben keine bis zu 400 Wörter für die Bezeichnung von Schnee (wie behauptet wurde), sondern – bei großzügiger Zählung – höchstens 12; auf eine annähernd so hohe Zahl würden begeisterte Wintersportler in der deutschen Sprache sicherlich auch kommen. Und Sprachen, in denen Tempuskategorien nicht grammatikalisiert sind, weisen eben andere Strukturen (z. B. Adverbien) auf, mit denen Zeitverhältnisse deutlich gemacht werden können.

Die Absurdität solcher Argumentationen zur Unterstützung der Relativitätsthese bringt Pinker auf den Punkt:

Apaches speak differently, so they must think differently. How do we know that they think differently? Just listen to the way they speak. (Pinker 1994: 61)

Argumentationen, die Sprachstruktur und Weltsicht auf diese Art miteinander in Verbindung setzen wollen, sind demnach zwangsläufig zirkulär.

Ähnlich verhält es sich mit der Charakterisierung von Kulturen oder Volksgruppen auf der Grundlage von Beschreibungen der Sprache – der etwas schwächeren These, die keinen kausalen Zusammenhang zwischen Sprachstruktur und Weltsicht sieht, aber Besonderheiten der Sprachstruktur als Symptome für das Vorhandensein bestimmter kollektiver Werte oder als Konsequenz aus deren Existenz betrachtet. Wierzbicka hat gezeigt (Wierzbicka 1991, v.a. Kap. 3), dass Kategorien, die in diesen Zusammenhängen in moderneren Diskussionen häufig verwendet werden, beliebig, unklar, zirkulär und häufig auch ethnozentrisch sind:

It seems obvious that if we want to compare different cultures in terms of their true basic values, and if we want to do it in a way that would help us to understand those cultures, we should try to do it not in terms of our own conceptual artefacts (such as the English terms 'self-assertion' or 'sincerity') (...). (Wierzbicka 1991: 71)

Weitere Beispiele sind die Begriffe 'spontan', 'höflich' oder 'direkt', die häufig herangezogen werden, wenn es um die Charakterisierung von Kulturen geht. So wird beispielsweise behauptet, Japaner legten im Vergleich zu anderen Völkern größeren Wert auf Höflichkeit; als Begründung für diese Behauptung wird das vergleichsweise elaborierte Anredesystem[6] der japanischen Sprache angeführt. Diese Sichtweise ist zumindest einseitig – Sprecher des Englischen mit nur einer grammatikalisierten Anredeform könnten demnach nämlich nicht höflich sein. Der Höflichkeitsbegriff ist selbst kulturbedingt, die Einschätzung von Personen oder gar Völkern als mehr oder weniger höflich also von der Perspektive bzw. der Ausgangskultur des Beobachters bestimmt. Die Gültigkeit solcher Einschätzungen in internationalen Vergleichen ist dadurch stark eingeschränkt.

Bei Kollektivaussagen vom Typ 'Japaner sind höflich' oder 'Briten sind distanziert' handelt es sich um Stereotypen, die in der Kommunikation durchaus eine Funktion haben können (dazu später Genaueres), sie sind aber schlechterdings nicht verifizierbar (und erweisen sich bei empirischen Überprüfungen meistens als unhaltbar) und können damit nicht objektiviert werden. Es lässt sich darüber hinaus kein zwingend notwendiger kausaler Zusammenhang zwischen dem Vorliegen bestimmter Eigenschaften und dem Vorhandensein von sprachlichen Strukturen aufweisen. Aussagen des zitierten Typs nutzen also linguistische Be-

---

[6] Zum japanischen Anredesystem vgl. z. B. Haase 1994, Kap. 3. Haase betont, dass es unsinnig ist, Sprachen nach ihrem Grad an Höflichkeit zu klassifizieren (S. 18).

griffe, um einer unangemessenen Objektivierung von Stereotypen eine (schein-) wissenschaftliche Grundlage und Dignität zu verschaffen.

Tatsächlich sagt beispielsweise die Anzahl der Anredeformen ebenso wenig über die Höflichkeit der Sprecher der betreffenden Sprache aus wie die Tatsache, dass man in asiatischen Ländern den Teller nicht mit der linken Hand anfasst, dass man in Großbritannien auf der linken Straßenseite fährt oder dass man norwegischen Kellnern kein Trinkgeld gibt, über die Weltsicht bzw. die Wertorientierungen von Japanern, Engländern und Norwegern.

Diese Phänomene sind Beispiele für das, was Lewis Konventionen nennt (vgl. Lewis 1969/1975): man tut das (bestimmte Anredepronomen verwenden, Trinkgeld geben usw.), weil es alle anderen ebenfalls tun würden. Bei Wittgenstein findet sich dafür der Begriff 'Gepflogenheiten'. Wittgenstein erklärt dies am Beispiel des Wegweisers:

Was hat der Ausdruck der Regel – sagen wir, der Wegweiser – mit meinen Handlungen zu tun? Was für eine Verbindung besteht da? – Nun, etwa diese: ich bin zu einem bestimmten Reagieren auf dieses Zeichen abgerichtet worden, und so reagiere ich nun.

Aber damit hast du nur einen kausalen Zusammenhang angegeben, nur erklärt, wie es dazu kam, daß wir uns jetzt nach dem Wegweiser richten; nicht, worin dieses Dem-Zeichen-Folgen eigentlich besteht. Nein; ich habe auch noch angedeutet, daß sich Einer nur insofern nach einem Wegweiser richtet, als es einen ständigen Gebrauch, eine Gepflogenheit, gibt (Wittgenstein PU §198).

Die Form des Wegweisers ist arbiträr (eine logische Voraussetzung dafür, dass es sich hier um eine Konvention handeln kann), es gibt keinen logischen Zusammenhang im engeren Sinne zwischen ihr und der Tatsache, dass man in eine bestimmte Richtung geht, wenn man ein solches Objekt sieht.

Diese Arbitrarität ist zum einen eine gemeinsame Eigenschaft von sprachlichen und kulturellen Strukturen und damit ein Hinweis darauf, wo nach einer Verbindung von Sprache und Kultur gesucht werden kann, zum anderen ist sie der Grund dafür, dass zwischen den oben beschriebenen Sätzen (a) und (b) kein logischer (kausaler) Zusammenhang bestehen kann. Aussagen über die phonetische, morphologische, syntaktische oder lexikalische Struktur einer Sprache lassen demnach keine direkten Schlüsse auf Charakteristika ihrer Sprecher zu – weder ist die Weltsicht durch die Muttersprache determiniert noch ist die Muttersprache ein direktes Ergebnis kulturspezifischer Eigenarten.

Wittgenstein deutet in der zitierten Passage aber auch an, wie die beschriebenen Tatsachen in einen Erklärungszusammenhang gebracht werden können: man muss danach fragen, wie es kommt, dass Menschen beispielsweise beim Anblick von Wegweisern bestimmte Handlungen vollziehen. Übertragen auf Sprache: Man kann eine Sprache nur dann angemessen beschreiben und erklären, wenn man sie vor dem Hintergrund ihrer Entwicklung als Produkt von kommunikativen Bemühungen betrachtet. Eine solche Sichtweise findet sich schon bei Humboldt, der schrieb: "Sie selbst (die Sprache) ist kein Werk (Ergon), sondern eine Thätigkeit (Energeia). Ihr wahre Definition kann daher nur eine genetische seyn." (Humboldt 1836/1870: 150). Keller argumentiert, dass das Wesen einer Struktur nicht verstanden werden kann, (...) wenn man die Logik ihrer Genese nicht verstanden hat. Dazu ist es wiederum notwendig, die Funktion des Handelns der an der Struktur beteiligten Individuen zu begreifen" (Keller 1990: 28). Er beschreibt sowohl sprachliche Strukturen als auch andere "Gepflogenheiten" als "Phänomene der dritten Art" – es handelt sich weder um Artefakte noch um Naturphänomene:

Ein Phänomen der dritten Art ist die kausale Konsequenz einer Vielzahl individueller intentionaler Handlungen, die mindestens partiell ähnlichen Intentionen dienen (Keller 1990: 88).

Eine Erklärung solcher Phänomene kann nur dann angemessen sein, wenn sie diese auf die Ebene individueller Intentionen zurückführen kann und dann zeigen kann, dass die Übereinstimmung der Intentionen vieler Individuen zur Ausprägung der fraglichen Struktur führt. Die Stärke einer solchen Erklärung liegt darin, dass sie Kollektivaussagen meidet.

Hier lässt sich auch eine mögliche Verbindung zwischen Sprache und Kultur lokalisieren: die beiden Phänomene lassen sich sinnvoll nur dann aufeinander beziehen, wenn man nicht auf der Ebene von Strukturen stehen bleibt – damit kann man beliebige Aussagen über Kultur oder kollektive Einstellungen beweisen -, sondern Intentionen beschreibt: was tut ein Sprecher, wenn er kommuniziert und welche Faktoren beeinflussen ihn dabei? Der Kommunikationsakt selbst wird untersucht, nicht die Mittel, die dabei verwendet werden.

Wenn IKK-Forschung also das Ziel hat, kulturbedingte Einstellungen, Sicht- und Handlungsweisen, Konventionen, Werte usw. und deren Einfluss auf die Kommunikation mit Angehörigen anderer Kulturen zu analysieren, dann kann der Beitrag der Linguistik nicht in erster Linie in der Beschreibung von Sprachsystemen liegen, sondern muss die Verwendung von sprachlichen Strukturen in der Kommunikation behandeln. Der Beitrag muss auf den Begriffen von sprachwissenschaftlichen Untersuchungen aufbauen, die die Bedingungen für das Zustandekommen von Verständigung in der Kommunikation untersuchen und die Strukturen der Einzelsprachen als Mittel betrachten, diese Verständigung herbeizuführen.

Nur in einem solchen Untersuchungsfeld kann die IKK-relevante Thematik von kulturspezifischen Werten linguistisch behandelt werden.

4. Kommunikation

Im Sinne der bisher gemachten Ausführungen argumentiert auch Richard Rorty, der die Sichtweise von Sprache als Barriere zwischen verschiedenen Personen und Kulturen zurückweist:

Daß zwei Gruppen Mühe mit der Verständigung haben, weil die Wörter, die sie verwenden, so schwer in die der jeweils anderen Gruppe zu übersetzen sind, heißt nur, daß das sprachliche Verhalten von Angehörigen der einen Gruppe ebenso wie ihr sonstiges Verhalten auch schwer vorhersagbar für die andere Gruppe ist (Rorty 1989: 39).

Auch Rorty betont damit zum einen, dass die Frage, wie erfolgreiche Verständigung zu beschreiben und zu erklären ist, nicht in erster Linie eine Frage über Sprache ist, sondern vielmehr ein Problem des sprachlichen Verhaltens. Zum anderen geht er davon aus, dass die Fähigkeit, den anderen zu verstehen, zu großen Teilen eine Funktion der Fähigkeit ist, sein Verhalten zu antizipieren.

Sprachliches Verhalten ist der Gebrauch, den Menschen von ihrer Sprache machen, um sich mit anderen Menschen zu verständigen, ihnen etwas mitzuteilen, sie zu beeinflussen, das persönliche Verhältnis zwischen Sprecher und Hörer zu bestätigen oder zu entwickeln, sich als originell/witzig/galant o. a. darzustellen oder andere Ziele zu erreichen – mit einem Wort, um zu kommunizieren. Dabei ist die Sprache das wichtigste Medium, aber erstens ist es nicht das einzige und zweitens liegt die Funktion der Sprache nicht nur darin, intersubjektive Verständigung zu ermöglichen. Dies machen Sperber/Wilson deutlich:

Languages are indispensable not for communication, but for information processing: this is their essential function. Having rejected the assumption that there is a necessary link between language and communication, it then becomes interesting to see what happens when, as a matter of contingent fact, they *do* become linked: in verbal communication, for example (Sperber/Wilson 1986: 172).

Charakteristisch für solche Kommunikationssituationen ist es zunächst einmal, dass Sprache meistens nicht das einzige Mittel der Verständigung ist. Die Analyse gesprochener Sprache berücksichtigt dementsprechend auch nonverbale, extraverbale und parasprachliche Signale (vgl. z. B. Oksaar 1988). Wenn Sprache als Verständigungsmittel eingesetzt wird, dann meistens (zumindest in der mündlichen Kommunikation) in Begleitung von Elementen, die systematisch einen anderen Status haben: Stimmhöhe, Lautstärke, Gesten, Mimik u. a. Überlegungen

über die Bedingungen für das Zustandekommen von Verständigung dürfen solche
Tatsachen nicht vernachlässigen, sie müssen vielmehr davon ausgehen, dass man
nur dann richtig verstehen kann, was ein Sprecher sagt, wenn man auch diese
"Begleiterscheinungen" der verbalen Signale richtig interpretieren kann. Ganz besonders bedeutsam wird dies natürlich in der IKK, wo die Unsicherheit über das
richtige Verständnis sprachlicher Elemente durch stärkere Beachtung der anderen
kompensiert werden kann und wo sich die Gepflogenheiten bezüglich der nicht
verbalen Kommunikationsmittel zum Teil erheblich unterscheiden und dadurch
auch ein Potenzial für Missverständnisse darstellen.

Ein Hörer, der mündliche Äußerungen interpretiert, muss also mehr verstehen als
eine Sprache. Ein Sprecher wiederum gibt mehr zu verstehen als das, was er in
Worte fasst – manchmal auch mehr als er zu verstehen geben will. Eine Theorie
der Kommunikation, die genau beschreiben und erklären will, was Sprecher tun,
wenn sie Äußerungen produzieren und verstehen und unter welchen Bedingungen
Kommunikation gelingt oder scheitert, muss auch diese zusätzlichen Elemente
betrachten. Im Anschluss an Watzlawick et. al. (im Folgenden W/B/J) und ihre
aus psychologischer Perspektive vorgebrachten Ausführungen zur Kommunikation wurde so die These entwickelt, dass alle Manifestationen eines Sprechers, die
vom Hörer interpretiert werden, unter den Begriff 'Kommunikation' fallen: "*Man
kann nicht* nicht *kommunizieren*" (Watzlawick et. al. 1967/1969: 50ff). So lautet
eines der Kommunikationsaxiome, die die Autoren entwickeln.

Auf die von Sperber/Wilson aufgeworfene Frage ergibt sich damit eine erste
Antwort: aus der unbestreitbaren Tatsache, dass der Gebrauch von Sprache in der
verbalen Kommunikation nicht isoliert, als einziges Medium auftritt, ist der
Schluss zu ziehen, dass nicht-sprachliche Signale nach der gleichen Logik wie
sprachliche produziert und rezipiert werden. In der Sprachwissenschaft ist diese
Sichtweise teilweise übernommen und linguistisch ausgearbeitet worden, teilweise ist sie aber auch auf Ablehnung gestoßen (vgl. z. B. Adamzik 1984).

W/B/J gehen davon aus, dass jede physische Manifestation eines Kommunikationsteilnehmers als Zeichen interpretiert werden kann und interpretiert wird. Sie
machen explizit keinen Unterschied zwischen 'Verhalten' auf der einen und
'Kommunikation' auf der anderen Seite.[7]

Es spricht allerdings vieles dagegen, die W/B/J-These zur Grundlage einer Kommunikationstheorie zu machen, wie die Diskussion eines kleinen Beispieles zeigen soll:

---

[7] Vgl. W/B/J 1967/1969: 23: "(...) daß wir die Begriffe Kommunikation und Verhalten hier als praktisch gleichbedeutend verwenden."

Ein Mann (A) unternimmt in einem fremden Land, dessen Sprache und Kultur er nicht kennt, eine längere Zugreise. In seinem Abteil sitzt eine Person (B), die A für einen Bewohner des Landes hält. A hofft nun, die Zugreise angenehmer zu gestalten, indem er (auf Englisch) ein Gespräch mit B beginnt. Zur Kontaktaufnahme schaut er den Mitreisenden mehrmals freundlich an, dieser wendet aber immer seinen Blick ab und schaut aus dem Fenster.

Es gibt für die Verhaltensweise von B grundsätzlich zwei mögliche Interpretationen: man kann es als Ablehnung der Kontaktaufnahme verstehen oder als (vielleicht kulturbedingte) Zurückhaltung: entweder B will nicht mit A sprechen oder er ist zu schüchtern bzw. es ist in seiner Kultur nicht üblich, mit Fremden Kontakt aufzunehmen.

Die beiden Interpretationen unterscheiden sich fundamental in Bezug auf die Interpretationsmethode, die A anwendet und auch in Bezug auf die Konsequenzen, die die Interpretation jeweils hat. Im ersten Fall (Abwenden als Ablehnung) interpretiert A eine Bewegung als Zeichen – in diesem Fall als Geste: er nimmt an, dass B ihm zu verstehen geben will, dass er im Moment kein Interesse an einer Konversation hat. Wahrscheinlich wird A dies akzeptieren und auf weitere Versuche zur Kontaktaufnahme verzichten. Sollte er dennoch insistieren wollen, wird er sich sicherlich einen wichtigen Grund einfallen lassen, der eine Störung des Mitreisenden rechtfertigen kann und er wird seinen Beitrag mit einer Entschuldigung beginnen.

Im anderen Fall interpretiert A die gleiche Bewegung nicht als Zeichen, sondern als Symptom für die Schüchternheit des anderen; er nimmt nicht an, dass B ihm etwas zu verstehen geben will, sondern dass dieser Mensch sich eben so verhält, wie es seiner Natur entspricht. Eventuell könnte er das Verhalten auch für kulturbedingt halten und davon ausgehen, dass nicht nur das Individuum B sich so verhält, sondern dass dies charakteristisch für die Kultur des Landes ist. Hier könnte A denken, dass B in Wirklichkeit sehr wohl ein Interesse an einer Konversation hat (dieses Interesse aber nicht manifestieren kann), er wird die Versuche zur Kontaktaufnahme mit größerer Wahrscheinlichkeit fortsetzen und dabei nicht das Gefühl haben, er verletze die Privatsphäre eines Menschen. Über die weiteren Folgen kann man nur spekulieren: wenn diese Interpretation angemessen ist, kann A ein Stereotyp über die Kultur von B bestätigt sehen, er kann eine Hypothese über diese Kultur entwickeln, es kann – wenn B insistiert und dies tatsächlich in der Kultur von B als ungehörig angesehen wird – zu einem 'critical incident' kommen.

Die Körperbewegungen werden also einmal als Zeichen und im anderen Fall als Symptom gedeutet. Es ist hier unwichtig, welche Deutung der Wahrheit entspricht – wichtiger ist, dass kaum beide der Wahrheit entsprechen können; man muss sich für eine der beiden Möglichkeiten entscheiden, wenn man das Verhalten des Senders interpretieren möchte. W/B/J würden zwischen den beiden Möglichkeiten keinen grundlegenden Unterschied sehen – sie müssten beides als Kommunikation verstehen.

Der Unterschied ist aber offensichtlich vorhanden und für das kommunikative Handeln von großer Bedeutung. Er besteht vor allem darin, dass eine Geste intentional hervorgebracht wird, eine nicht-gestische Bewegung dagegen anderen Impulsen entspringt. Grice hat diese Unterscheidung zwischen intentional und nicht-intentional zur Grundlage seiner Bedeutungs- und Kommunikationstheorie gemacht. In seinen Begriffen wäre die Geste des Wegschauens ein Beispiel für nicht-natürliche Bedeutung (non-natural meaning oder meaning-nn), eine nicht-intendierte Bewegung des Kopfes und der Augen natürliche Bedeutung (natural meaning) (vgl. Grice 1957/1979). In einer von Levinson leicht abgewandelten Version definiert er ('S' steht für 'Sprecher', 'H' für 'Hörer'. 'U' für eine Äußerung und 'z' für einen kommunikativen Effekt, z. B. eine Überzeugung):

S meant-nn z by uttering U if and only if: (i) S intended U to cause some effect *z* in recipient H. (ii) S intended (i) to be achieved simply by H recognizing that intention (i). (Levinson 1983: 16)

Intentionalität wird hier das wichtigste Kriterium für die Unterscheidung zwischen naturgegebenen Tatsachen und Zeichen, die in der Kommunikation verwendet werden können. Der Unterschied zwischen den beiden oben beschriebenen Interpretationen lässt sich damit erfassen: nur wenn der Sender die fraglichen Bewegungen gemacht hat, um beim Empfänger eine Wirkung zu erzielen (ihm etwas zu verstehen zu geben), ist es gerechtfertigt, von nicht-natürlicher Bedeutung und damit von Kommunikation zu sprechen.

Ein entsprechendes Interpretationsmuster kommt in vielen anderen Fällen zur Anwendung: man versteht das Vorbeugen des Oberkörpers etwa nur dann als Verbeugung, wenn man nicht annimmt, dass der Sender Rückenschmerzen hat; Schweigen (vgl. Ehrhardt 1999) kann nur dann als Antwort auf eine Frage verstanden werden, wenn man nicht denkt, der Gesprächspartner schweige aus Unsicherheit; Handbewegungen werden nur dann als Winken aufgefasst, wenn man nicht denkt, der Grüßende sei nervös und bewege aus diesem Grund seinen Körper.

Natürlich weiß niemand und kann niemand mit Sicherheit wissen, welche Intentionen andere Menschen haben – und wenn es möglich wäre, das zu wissen, dann wäre dies eine Frage für Psychologen. In der Kommunikationstheorie geht es darum, zu erklären, unter welchen Bedingungen Verständigung zustande kommen kann und hierfür ist keine Sicherheit über die Intentionen anderer nötig: es reicht, Hypothesen zu haben, die sich dann in der Folge bestätigen können oder die widerlegt werden. Es genügt also, wenn der Hörer annimmt, dass der Sprecher eine Handlung intentional vollzogen hat, um die Handlung als Zeichen zu interpretieren, also den entsprechenden Interpretationsmechanismus zu aktivieren. Im Normalfall wird ein Sprecher aber die Hypothesenbildung beim Hörer dadurch unterstützen, dass er konventionalisierte Mittel verwendet, um sein Handlungsziel zu erreichen.

In einer ersten (allerdings nur heuristisch trennbaren) Stufe geht es beim Kommunizieren aus der Perspektive des Rezipienten also darum, Zeichen von Symptomen oder anderen natürlichen Phänomenen zu unterscheiden. Dazu muss eine Hypothese über die Intentionen des Partners gebildet werden. In der IKK erweist sich das als besonders wichtig und als schwieriger als in der intrakulturellen Kommunikation. Wer beispielsweise Italien besucht, wird feststellen, dass die meisten Menschen dort beim Sprechen ihren Körper mehr bewegen als in nord- und mitteleuropäischen Ländern. Nur wenn er erkennt, dass dies intentional (das heißt nicht unbedingt bewusst) geschieht, wird er überhaupt den Zeichencharakter dieser Bewegungen wahrnehmen können und sie als Gesten deuten, mit denen etwas ausgesagt wird. Oder – um ein anderes Beispiel zu nennen – wenn man in einem fremden Land Personen zum Abendessen einlädt und beobachtet, dass viele oder alle Gäste sehr früh aufbrechen, dann muss eine im Sinne der IKK besonders relevante Interpretation des Ereignisses als 'critical incident' auf der Einsicht basieren, dass dies nicht auf die Müdigkeit zurückzuführen ist (vielleicht, weil es in diesem Land üblich ist, früher zu essen und früher schlafen zu gehen), sondern dass die Gäste damit etwas sagen wollen, dass ihnen das Essen nicht geschmeckt hat, dass jemand während des Essens sie beleidigt hat o. ä. Eine solche Interpretation und die eventuell anschließende Reflexion über einen kulturbedingten Konflikt setzt die Intentionalitätshypothese voraus.

In einer zweiten Stufe muss die Intention, nachdem ihr Vorliegen angenommen wird, identifiziert werden: der Hörer muss erkennen, was der Sprecher mit seiner kommunikativen Handlung erreichen will, welches Ziel er verfolgt. Aus der Perspektive des Sprechers stellt sich die Aufgabe, die Kommunikationsmittel so zu wählen, dass beim Hörer mit möglichst großer Wahrscheinlichkeit der gewünschte Effekt hervorgerufen wird. Dafür hält jede Kultur einen Vorrat an konventionellen Mittel bereit: das wichtigste (vielseitigste) ist die Sprache.

Die Verwendung von konventionellen Zeichen ist weder notwendig noch hinreichend für das Erreichen eines Zieles in der Kommunikation – es ist einfach sowohl für den Sender als auch für den Empfänger der ökonomischste Weg, ein Ziel zu erreichen. Notwendig ist es nicht, weil es auch Alternativen gibt: wenn man jemanden zum Verlassen des Raumes bringen möchte, kann man ihm einen Tritt geben oder ihn aus dem Raum tragen; bequemer wird es allerdings sein (je nach Umständen) so etwas zu sagen wie: "raus!" oder "Würden Sie bitte mal raus gehen?" Hinreichend ist dies nicht, weil es in Bezug auf das Ziel unterdeterminiert ist, der Hörer kann auf der Grundlage einer Interpretation der konventionellen Bedeutung solcher Sätze z. B. nicht verstehen, ob er aus dem Raum, dem Haus oder der Stadt gehen soll. Wenn mehrere Personen im Raum sind ist auch eine Desambiguierung bezüglich des Empfängers nötig. Dafür sind über das Verständnis der Wort- und Satzbedeutung hinaus gehende Interpretationsleistungen notwendig. Das Verstehen von Äußerungen stellt eine "form of suitably constrained guesswork" (Sperber/Wilson 1986: 69)[8] dar: der Hörer muss verschiedene Schlussprozesse vollziehen und der Sprecher muss diese antizipieren. Dabei kann es leicht zu Missverständnissen kommen – vor allem natürlich in der IKK.

Mögliche Quellen für Missverständnisse lassen sich lokalisieren, wenn man die Bedingungen für die Möglichkeit von Verständigung durch Kommunikation näher beschreibt. Die dafür notwendigen Begriffe finden sich ebenfalls bei Grice, der davon ausgeht, dass Menschen, solange sie kommunizieren, sich immer gegenseitig unterstellen, dass sie sich an das "Kooperationsprinzip" halten: "Mache deinen Gesprächsbeitrag jeweils so, wie es von dem akzeptierten Zweck oder der akzeptierten Richtung des Gesprächs, an dem du teilnimmst, gerade verlangt wird" (Grice 1975/1979: 248). Spätere Diskussionen haben ergeben, dass die Annahme zu stark ist: wir gehen nicht immer von einer gemeinsamen Richtung des Gesprächs aus, sondern von der (schwächeren) Annahme, dass die Gesprächspartner rational handelnde Menschen sind, dass sie mit ihren Handlungen einen Zweck verfolgen und dazu Mittel gewählt haben, von denen sie glauben, dass sie für dessen Erreichen geeignet sind. Daraus ergibt sich das Rationalitätsprinzip: (Keller 1995: 209 und Kasher 1976) "Betrachte die Gesprächsbeiträge deiner Gesprächspartner als rationale Handlungen."

Was darüber hinaus noch für die Identifikation des Zieles nötig ist, beschreibt Keller:

Der Sprecher hat (vereinfacht gesagt) ein Ziel und sucht aus seinem Repertoire das erfolgversprechendste Mittel. Der Adressat bekommt das Mittel und muß das Ziel, das der Sprecher zu erreichen beabsichtigt, rekonstruieren. Die Mittel-Ziel-Relation ist jedoch weit davon entfernt, ein-eindeutig zu sein. Das heißt, der Adressat und Interpret muß unter der Vielzahl der möglichen Ziele, die durch das

---

[8] Vgl. auch Levinson 2000: 2ff: er vergleicht die Interpretation einer Äußerung mit der eines skizzenhaften Bildes, dessen Objekt Betrachter nur auf der Grundlage von Vorwissen und Hypothesen identifizieren können.

gegebene Mittel eröffnet wird, das plausibelste auswählen. Genau dazu benötigt er die Maximen (Keller 1995: 214).

Die letzte Bemerkung bezieht sich auf die Maximen, die Grice formuliert hatte. Ihre Kenntnis wird hier als Voraussetzung dafür interpretiert, dass ein Rezipient erkennen kann, was ein Sprecher mit einer Äußerung erreichen wollte.

Dass Sprache zu mehr verwendet wird, als verifizierbare Aussagen über Sachverhalte zu machen, ist eine Annahme, die in der pragmatisch orientierten Sprachwissenschaft eine längere Geschichte hat. Auch Ausführungen über mögliche weitere Ziele finden sich (z. B.) schon bei Malinowski, Jakobson oder Bühler (vgl. Malinowski 1923, Bühler 1965 und Jakobson 1981). Keller nimmt folgende Ziele an (vgl. Keller 1995: 216): Persuasion, Repräsentation, Image, Beziehung, Ästhetik. Man kann also sprechen, um jemanden zu überzeugen, etwas darzustellen, sich positiv darzustellen, Beziehungen zu pflegen oder um sich schön auszudrücken. Jeder Sprecher kennt diese Ziele und weiß, was man (in seiner Kultur) tun kann, um sie zu ereichen.

Wenn man beispielsweise in einer Äußerung besonderen Wert auf Persuation oder Repräsentation legt, ist es sinnvoll, sich an die Maximen zu halten, die Grice formuliert hat:

Maxime der Quantität: 1. Mache deinen Beitrag so informativ wie (für den gegebenen Gesprächszweck) nötig. 2. Mache deinen Beitrag nicht informativer als nötig. *Maxime der Qualität*: „Versuche deinen Beitrag so zu machen, dass er wahr ist." 1. Sage nichts, was du für falsch hältst. 2. Sage nichts, wofür dir angemessene Gründe fehlen. *Maxime der Relation*: „Sei relevant". *Maxime der Modalität*: „Sei klar". 1. Vermeide Dunkelheit des Ausdrucks. 2. Vermeide Mehrdeutigkeit. 3. Sei kurz (vermeide unnötige Weitschweifigkeit). 4. Der Reihe nach (vgl. Grice 1975/1979: 248ff).

Wenn man dagegen mit einer Äußerung vorrangig Beziehungspflege betreiben will, sollte man die Höflichkeitsmaxime beachten (vgl. Ehrhardt 2001, Kap. 5).

In starker Vereinfachung lässt sich die Interpretation einer Äußerung folgendermaßen nachstellen:

Der Sprecher hat gesagt: "Raus!" Die konventionelle Bedeutung des Ausdrucks, die Stimmführung und die Satzform deuten darauf hin, dass der Sprecher damit ein persuasives Ziel verfolgt. Das Wort wird normalerweise dazu verwendet, jemanden aus dem Raum zu schicken. In diesem Fall spricht nichts dagegen, dass dies auch in der vorliegenden Situation der Fall ist.

Der Hörer muss jetzt nur die Ausdrücke desambiguieren, ihre Referenz feststellen und den Bezug deiktischer Ausdrücke erkennen. Das Ergebnis dieses Schlussprozesses ist die Feststellung, dass der Sprecher das Ziel hatte, den Hörer aus dem Raum zu schicken. Darin besteht das persuasive Ziel. Die Wahl eines sehr unaufwändigen Ausdrucks zur Erreichung des Zieles lässt auch noch auf ein weiteres Ziel im Bereich der Beziehung schließen: der Sprecher hält den Hörer für einen Menschen, bei dem er keinen großen rhetorischen Aufwand betreiben muss, um ihn zu etwas aufzufordern, entweder beide sind sehr vertraut miteinander oder der Sprecher hält sich für im Vergleich zum Adressaten sozial viel höher stehend.

Komplizierter wird dieser Schlussprozess, wenn Sprecher sich anscheinend nicht an Maximen halten: Wenn jemand aus dem Kino kommt und gefragt wird, wie ihm der Film gefallen hat, könnte er einen Satz äußern wie: "Die Hauptdarstellerin war hübsch." Die Analyse der wörtlichen Bedeutung der Ausdrücke und des Satzes ergibt hier keine Interpretation, die mit der Maxime der Relevanz in Einklang zu bringen ist. Der Hörer gibt deswegen aber nicht die Annahme auf, dass der Sprecher rational handelt und sich an die Maximen halten will, er sucht vielmehr nach alternativen Erklärungen und weiteren Zielen, die der Sprecher verfolgt. In diesem Fall wird diese Suche relativ schnell zu dem Ergebnis kommen, dass der Film langweilig war und dass der Sprecher dies nicht so deutlich ausdrücken wollte – und dass er durch den Einsatz von Ironie seine Originalität unter Beweis stellen wollte.

Sprachliche Kommunikation zeichnet sich also – um die zitierte Fragestellung von Sperber/Wilson wieder aufzugreifen – nicht in erster Linie dadurch aus, dass neben den Strukturen der Sprache noch mehr Signale und andere Typen von Signalen verwendet werden. Das relevante Charakteristikum sind die Schlussprozesse, die auf der Interpretation der wörtliche Bedeutung der Äußerung aufbauen und die erst dazu führen, dass Verständigung zustande kommen kann. Die Voraussetzung dafür ist die gegenseitige Unterstellung rationalen Handelns, die Kenntnis der Sprache und die Kenntnis "normaler" Mittel zum Erreichen eines Zieles.

Für die Beschreibung der Spezifika von IKK ergeben sich daraus mehrere mögliche Ansatzpunkte. Unproblematisch ist sicherlich die Rationalitätsannahme: man unterstellt in der Kommunikation auch Angehörigen fremder Kulturen, dass sie geeignete Mittel einsetzen, um bestimmte Ziele zu erreichen – andernfalls würde man nicht mehr kommunizieren. Die Rationalitätsannahme und die Maximen müssten demnach also als Universalien angenommen werden: wenn man beispielsweise jemanden von etwas überzeugen möchte, wird man in allen Kulturen versuchen, klar zu sein und sich damit an die Maxime der Modalität zu halten.

Aber schon der Begriff 'geeignete Mittel' könnte kulturspezifisch sein, in unterschiedlichen Kulturen könnte es verschiedene Mittel geben, ein Ziel zu erreichen

– und es kann unterschiedliche Auffassungen darüber geben, was es heißt, klar zu sein. Ebenso verhält es sich bei Handlungszielen, die eher dem sozialen Bereich zuzurechnen sind: Man kann davon ausgehen, dass in allen Kulturen einem befreundeten Gast gegenüber besondere Aufmerksamkeit an den Tag gelegt wird, dass ein mögliches Ziel von Handlungen darin liegt, einem Gast einen angenehmen Aufenthalt zu bereiten. Die Maxime der Gastfreundschaft könnte lauten: 'Behandele einen Gast zuvorkommend'. Darunter wird aber in Abhängigkeit von individuellen, sozialen und kulturellen Faktoren Unterschiedliches verstanden: in manchen Fällen gehört dazu ein mehrgängiges Essen, in anderen genügt ein Getränk.

Solche Unterschiede können in der IKK zu Konflikten führen: wenn ein Gast nicht die Aufmerksamkeit bekommt, die er erwartet, hat er 3 Möglichkeiten der Interpretation:

1. Der Gast kann die Maxime der Gastfreundschaft zugrundelegen, annehmen, dass der Gastgeber sie befolgt und zu dem Schluss kommen, dass dieser Zuvorkommenheit anders definiert und es keinen Grund gibt, beleidigt zu sein. Er kann im Anschluss daran auch kulturvergleichende Studien über Gastfreundschaft beginnen – die Annahme der Maxime ist dafür eine Voraussetzung und eine (Vergleichs-)Grundlage.

2. Der Gast kann annehmen, dass der Gastgeber sich nicht an die Maxime hält. In diesem Fall wird er ihm aber zwangsläufig unterstellen, ein Ziel zu verfolgen, das von dem oben genannten abweicht.

3. Der Gast kann die von ihm auf der Grundlage seiner Normalitätserwartung diagnostizierte Abweichung in unangemessener Weise kollektivieren und behaupten, in der Kultur des Gastgebers gelte Gastfreundschaft weniger als in der eigenen Kultur. Er entwickelt so ein (negatives) Stereotyp (auch die positive Variante ist häufig anzutreffen), das der Komplexität des tatsächlichen Geschehens nicht gerecht wird.

Unterschiedlich im Vergleich zur intrakulturellen Kommunikation ist in der IKK darüber hinaus auf jeden Fall die Ausgangslage in Bezug auf die Prämissen, die die Grundlage für die Schlussprozesse bilden: die Sprachstruktur (die Bedeutung der Wörter und Sätze, die grammatische Struktur) hat sicher weniger Gewicht; die Unsicherheit in der Verwendung und im Verständnis einer fremden Sprache führt zu einer stärkeren Beachtung anderer Prämissen. Hier spielen beispielsweise stereotype Vorstellungen über die andere Kultur eine entscheidende Rolle: ein Sprecher, der die wörtliche Bedeutung einer Äußerung nicht ganz versteht oder nicht zu verstehen glaubt, interpretiert das Gehörte mit hoher Wahrscheinlichkeit auf der Grundlage seiner Annahmen über die fremde Kultur – und bewirkt damit unter Umständen eine Selbstbestätigung und -verstärkung von Stereotypen. Wer etwa in Nordafrika die Erfahrung gemacht hat, dass man als Mitteleuropäer häufig um Geld gebeten wird, neigt dazu, Äußerungen von fremden Menschen auf der Straße, die an ihn gerichtet werden und deren Bedeutung er nicht entschlüsseln kann, als Betteln zu interpretieren – auch wenn der Sprecher ein ganz anderes Ziel verfolgt.

5. Kontrastive und interkulturelle Pragmatik

Innerhalb der Sprachwissenschaft beschäftigt sich vor allem die Pragmatik mit dem angedeuteten Zusammenhang zwischen der Realisierung von Zielen in der Kommunikation und der Struktur bzw. dem Gebrauch der Sprache. Sie hat als Gegenstand "the problem how to relate sense to force (...)" (Leech 1983: 104) und damit einen Bereich der in der IKK besonders fehlerträchtig ist:

Gerade solche pragmatischen Merkmale sind so eng mit der Eigenkultur und mit der individuellen Persönlichkeit verknüpft, daß es nicht angemessen wäre zu erwarten, daß man sich fremden Normen anpaßt. (...) Sowohl pragmatische als auch textstrukturelle Verschiedenheiten können also nicht lediglich Kommunikationsstörungen veranlassen, sondern auch Vorurteile über Gruppen und Individuen, die menschliche Beziehungen, internationalen Handel und den freien wissenschaftlichen Austausch beeinträchtigen (Clyne 1993: 4).

Fehler im pragmatischen Bereich führen nicht nur auf der weltpolitischen Bühne zu internationalen Verwicklungen, sondern stellen auch im Alltag der IKK eine größere Bedrohung des kommunikativen Gleichgewichts dar als phonetische, morphologische, syntaktische oder lexikalische Fehler.

In diesem Sinne kulturbedingte Unterschiede zwischen Sprachen sind das bevorzugte Untersuchungsgebiet der kontrastiven Pragmatik. Arbeiten aus dieser Richtung beschäftigen sich sprachvergleichend mit einzelnen Sprechhandlungen (danken, sich entschuldigen, bitten usw.), mit komplexen Phänomenen wie Höflichkeit, mit Partikeln oder mit Problemen wie der Indirektheit von Sprechhandlungen (für einen Überblick vgl. Jaszczolt 1995: 562ff).

Schon bei der kurzen Diskussion des Beispiels am Anfang hatte sich angedeutet, wo ein wichtiges Problem solcher vergleichender Untersuchungen liegt: es gibt kein Kriterium für die Vergleichbarkeit von Sprechhandlungen in verschiedenen Sprachen. Beim Versuch, zwischensprachliche Analogien zu finden, geht man zwangsläufig von der Definition einer Handlung aus, wie sie im eigenen Kulturkreis anerkannt ist: wer Entschuldigungen im Chinesischen beschreiben will, beschreibt letztlich das, was er selber als Europäer oder Amerikaner unter einer Entschuldigung versteht – ohne wirklich wissen zu können, ob es eine entsprechende Kategorie im Chinesischen gibt. Die kulturellen Unterschiede, die man vorfinden wird, sind also zum Teil schon durch die Fragestellung vorgegeben; die Argumentation ist immer dem Risiko ausgesetzt, zirkulär zu werden. Es fehlt das "tertium comparationis" (Krzeszowski 1984).

Wierzbicka zieht daraus den Schluss, dass als Grundlage für Vergleiche Einzelsprachen in einer sprachunabhängigen semantischen Metasprache analysiert werden müssen: "This means that I will try to state the meanings under consideration in terms of simple and intuitively understandable sentences in natural language" (Wierzbicka 1991: 6). Die Sprechhandlung 'Befehlen' wird dann zum Beispiel folgendermaßen beschrieben:

I order you to do this (x): I say: I want you to do this (x). I say this because I want you to do it. I think: You have to do it because of this. You will do it because of this (Wierzbicka 1991: 202).

Dabei wird ein Problem einer solchen Beschreibung deutlich: es gibt keine natürliche Sprache, die in diesem Sinne als Metasprache gebraucht werden könnte. Auch Wierzbicka gebraucht hier Ausdrücke der englischen Sprache und setzt sich damit der Gefahr aus, genau das zu tun, was sie an anderen Autoren (zum Beispiel der Sprechakttheorie) kritisiert.[9]

Die Ergebnisse, die mit dieser Methode erzielt werden, unterscheiden sich dann auch nicht grundsätzlich von denen anderer Arbeiten. Im Kapitel über den italienischen absoluten Superlativ und die Reduplikation von Adjektiven etwa kommt Wierzbicka zu dem Ergebnis, dass dies ein Ausdruck der theatralischen Qualität des italienischen Lebens und der Expressivität der Italiener sei (Wierzbicka 1991, Kap. 7). Eine solche Schlussfolgerung steht offensichtlich in der Tradition Humboldts – sie sieht Sprachbeschreibung als einen Beitrag zur Beschreibung der Weltsicht – sie setzt sich somit der Gefahr aus, in die oben beschriebenen zirkulären Argumentationsmuster zu verfallen und dann im Wesentlichen aufgeklärte Versionen von Vorurteilen und Stereotypen zu produzieren.

Häufig werden auch die in der kognitiven Linguistik entwickelten Begriffe 'frame', 'Szenario' oder 'Schema' verwendet, um kulturunabhängige Kategorien der Sprachbeschreibung zu entwickeln.[10] Solche Begriffe, die zur Beschreibung von Einzelsprachen wichtige Gesichtspunkte beitragen können, erweisen in Sprach-

---

[9] Dies kritisiert auch Clyne an Wierzbickas Ansatz. Vgl. Clyne 1993: 5.

[10] Vgl. z. B. Escandell-Vidal 1996. Zur kognitiven Linguistik: Schwarz 1992, v.a. 87ff.

vergleich allerdings immer wieder ihre Kulturbedingtheit und damit einge-
schränkte Tauglichkeit für interkulturelle Vergleiche.

Offensichtlich scheitert der Ansatz, kulturübergreifende, exakte Beschreibungs-
und Vergleichskategorien für Sprachen zu entwickeln, nicht an der mangelnden
Präzision der Begriffe, sondern an der Fragestellung selber, die eine wichtige Eigenart kommunikativer Handlungen nicht berücksichtigt: für die Erklärung der
Möglichkeit des Zustandekommens von Verständigung ist eine Objektivierung
von Sprechereinstellungen nicht notwendig. Auch in intrakultureller Kommunikation haben wir keine genaue, klar definierte Vorstellung von Begriffen – und
brauchen sie auch nicht für die Verständigung – folglich kann eine wissenschaftliche Beschäftigung mit eben dieser Form der Verständigung ebenfalls ohne derartige Begriffe auskommen. Wittgenstein macht dies am Beispiel von 'Spiel' deutlich:

Wie würden wir denn jemandem erklären, was ein Spiel ist? Ich glaube, wir werden ihm Spiele beschreiben, und wir könnten der Beschreibung hinzufügen: "das,
und Ähnliches, nennt man 'Spiele'". Und wissen wir selbst denn mehr? Können
wir etwa nur dem Andern nicht genau sagen, was ein Spiel ist? – Aber das ist
nicht Unwissenheit. Wir kennen die Grenzen nicht, weil keine gezogen sind
(Wittgenstein PU § 69).

Niemand kann genau sagen, was unter den Begriff 'Spiel' fällt und was nicht – es
gibt kein Kriterium dafür. Und das stört die Verständigung überhaupt nicht, wenn
jemand das Wort *Spiel* gebraucht, weiß trotzdem jeder fast immer, was gemeint
ist. Sprecher einer Sprache haben eine Vorstellung von einem prototypischen
Spiel und das genügt in der Kommunikation. Eventuelle Unsicherheiten können
durch Schlussprozesse wie die oben beschriebenen ausgeglichen werden. Sprecher und Hörer müssen (und können) nicht *wissen*, was ein Spiel ist, sie müssen –
wie im Fall der Intentionen – eine Hypothese darüber entwickeln, was der Sprecher meinte, als er das Wort gebraucht hat und diese Hypothese dann verifizieren
können.

Aus der Perspektive einer Sprachwissenschaft, die an die Überlegungen Wittgensteins anknüpft, ist es demnach nicht sinnvoll, Aussagen darüber machen zu wollen, was ein 'Spiel' ist – die Extension ist nicht eingrenzbar. Analysieren kann
man aber die Funktion des Wortes in der Kommunikation (in 'Sprachspielen'), das
Ergebnis solcher Analysen sind Gebrauchsregeln.

Dieser Gedanke lässt sich auf die Diskussion um Nationalcharaktere übertragen.
Es war argumentiert worden, dass (jedenfalls auf der Grundlage linguistischer
Überlegungen) ein Nationalcharakter nicht sinnvoll beschrieben werden kann und
dass demnach Vergleiche zwischen Nationalcharakteren im Rahmen sprachwis-

senschaftlicher Arbeiten keine exakte Grundlage haben können. Auch hier lässt sich aber hinzufügen, dass dies auch gar nicht notwendig ist: Sprecher und Hörer kommunizieren ebenfalls nicht auf der Grundlage der Kenntnis des Nationalcharakters des Gesprächspartners. Wenn wir mit Angehörigen anderer Kulturen sprechen, sind unsere Erwartungen vielmehr durch mehr oder weniger stereotype Vorstellungen über die andere Kultur determiniert – und eben nicht durch gesichertes und begründetes Wissen darüber.

Niemand kann und muss wissen, wie Italiener/Norweger/Russen/Australier sind, jeder hat aber eine mehr oder weniger vage Idee davon (ein Stereotyp). Die Sprachwissenschaft bzw. IKK-Forschung kann sich unmöglich zum Ziel setzten, diese Stereotype zu objektivieren; das ist per definitionem ausgeschlossen. Sie kann aber versuchen zu beschreiben, wie diese stereotypen Vorstellungen die interkulturelle Kommunikation beeinflussen, indem sie zum Beispiel zu wichtigen Prämissen im Schlussverfahren werden und dessen Ergebnis beeinflussen.

Der Beitrag, den die Linguistik zur Erforschung der IKK leisten kann, ist also in einer Weiterentwicklung der *vergleichenden* zu einer *interkulturellen* Pragmatik zu suchen. Deren Untersuchungsfeld ist der Prozess der Kommunikation, wie er oben angedeutet wurde unter besonderer Berücksichtigung der im Vergleich zur intrakulturellen Kommunikation veränderten Prämissen. Die Frage ist also weniger, wie Sprache und Kultur zusammenhängen als vielmehr wie Kommunikation und kulturbedingte Hypothesen über den Gesprächspartner zusammenhängen und unter welchen Bedingungen interkulturelle Verständigung erleichtert bzw. erschwert wird. An die Stelle der Leitfrage 'Wie ist eine Kultur?' oder 'Wer sind wir?' tritt die Frage 'Wie verständigen wir uns interkulturell?'

Die Diplomatie des (interkulturellen) Alltags liegt also darin, dass Kommunizierende die im Vergleich zur intrakulturellen Kommunikation veränderten Bedingungen bei der Ermittlung der Ziele des Partners und bei der Auswahl der geeigneten Mittel zum Erreichen der eigenen Ziele berücksichtigen und dabei ihr Wissen über die Kultur des anderen in angemessener Form anwenden – im Bewusstsein der Tatsache, dass es sich nie um gesichertes Wissen, sondern immer um Stereotype handelt. Ein guter "Alltagsdiplomat" muss also der Versuchung widerstehen, seine Stereotype zu objektivieren (oder 'schein-objektivieren') und sollte auch wissen, dass in der Kommunikation die Gefahr nahe liegt, nur Bestätigung für Stereotype zu suchen und keine Falsifizierung zuzulassen. Das sollte er vermeiden.

Der linguistische Beitrag zur Beschreibung dieser Diplomatie des Alltags muss die kommunikativen Kompetenzen beschreiben, die hier zur Anwendung kommen. Interessante Beiträge sind hier von sprachvergleichenden Studien zu erwarten, die sprachliche Strukturen als konventionalisierte Mittel begreifen, bestimmte Ziele zu erreichen und untersuchen, ob hier kulturbedingte Unterschiede zu verzeichnen sind. Besonders relevante Ergebnisse sind zu erwarten, wenn die Dynamik der Kommunikationssituation betrachtet und untersucht wird, wie das Bewusstsein der Beteiligten, sich in einer Situation der IKK zu befinden, die Schlussprozesse beeinflusst und welche Prämissen zu Unterschieden im Vergleich zur intrakulturellen Kommunikation führen.

Literaturverzeichnis

Adamzik, Kirsten: *Sprachliches Handeln und sozialer Kontakt.* Tübingen 1994.

Ammon, Ulrich: *Die internationale Stellung der deutschen Sprache.* Berlin/New York 1991.

Bolten, Jürgen: "Interkulturelle Wirtschaftskommunikation". In: Walter, Rolf (Hrsg.): *Wirtschaftswissenschaften. Eine Einführung.* Paderborn 1997, S. 469 - 499.

Bühler, Karl: *Sprachtheorie. Die Darstellungsfunktion von Sprache.* 2. Auflage. Stuttgart 1965.

Clyne, Michael: "Pragmatik, Textstruktur und kulturelle Werte. Eine interkulturelle Perspektive." In: Schröder, Hartmut (Hrsg.): *Fachtextpragmatik.* Tübingen 1993, S. 3 - 18.

Coulmas, Florian: *Die Wirtschaft mit der Sprache. Eine sprachsoziologische Studie.* Frankfurt/Main 1992.

Coulmas, Florian (Hrsg.): *Conversational Routine. Exploration in standardized communication situations and prepatterned speech.* Den Haag u.a. 1981.

Ehrhardt, Claus: "Il significato del silenzio: cooperazione, comunicazione e silenzio". In: De Agostini, Daniela & Pietro Montani (a cura di): *L'opera del silenzio* (Peregre. Collana di Studi e ricerche della Facoltà di Lingue e Letterature Straniere dell'Università di Urbino). Fasano 1999.

Ehrhardt, Claus: *Beziehungsgestaltung und Rationalität. Eine linguistische Theorie der Höflichkeit.* Trieste 2002.

Escandell-Vidal, Victoria (1996): "Towards a cognitive approach to politeness". In: Jaszcolt, Katarzyna & Ken Turner (eds.): *Contrastive Semantics and Pragmatics*. Vol. 2: Discourse Strategies. 1996, S. 629 - 650.

Garcea, Elena A. A. (1996): *La comunicazione interculturale. Teoria e pratica*. Roma 1996.

Grice, Herbert Paul: "Intendieren, Meinen, Bedeuten". In: Meggle, Georg (Hrsg.) (1979), S. 2 - 15 (Original: "Meaning". In: *The Philosophical Revue* 66/1957: 377 - 388).

Grice, Herbert Paul: „Logik und Konversation". In: Meggle, Georg (Hrsg.) (1979), 243 - 256 (Original: „Logic and Conversation". In: P. Cole & J. Morgan (eds.): *Syntax and Semantics*, Vol. 3. New York, San Francisco, London. Academic Press 1975, S. 41 - 58.

Haase, Martin (1994): *Respekt: Die Grammatikalisierung von Höflichkeit*. München/Newcastle 1994.

Humboldt, Wilhelm von: "Über die Verschiedenheit des menschlichen Sprachbaues und ihren Einfluß auf die geistige Entwicklung des Menschengeschlechts". *Gesammelte Schriften Bd. VII*. Berlin 1907.

Hunboldt, Wilhelm von: "Über das vergleichende Sprachstudium in Beziehung auf die verschiedenen Epochen der Sprachentwicklung." In: ders.: *Werke III*. 3. Aufl. Darmstadt 1969.

Jakobson, Roman: „Linguistics and Poetics". In: ders., *Selected Writings*, Vol. 3, Poetry of Grammar and Grammar of Poetry. The Hague/Paris 1981, S. 18 - 51.

Jaszczolt, Katarzyna: "Contrastive Analysis". In. Verschueren u. a. (eds.) (1995), S. 561 - 565.

Kasher, Asa: "Conversational Maxims and Rationality". In: Ders. (ed.): *Language in Focus*. Dordrecht 1976, S. 197 - 216.

Keller, Rudi: *Sprachwandel. Von der unsichtbaren Hand in der Sprache*. Tübingen 1990.

Keller, Rudi: *Zeichentheorie. Zu einer Theorie semiotischen Wissens*. Tübingen 1995.

Knapp, Karlfried & Annelie Knapp-Potthoff: "Interkulturelle Kommunikation". In: *Zeitschrift für Fremdsprachenforschung* 1, 1990, S. 62 - 93.

Knapp, Karlfried: "Kommunikativer Stil in interkulturellem Kontakt (1)". In: Albrecht, J./Drescher, H. W./ Göhring, H./Salnikow, N. (Hrsg.): Translation und interkulturelle Kommunikation. 40 Jahre Fachbereich Angewandte Sprachwissenschaft der Johannes-Gutenberg-Universität Mainz. Frankfurt/Main 1987, S. 439 - 467.

Krzeszowski, Tomasz P. (1984): "Tertium comparationis". In: Fisiak, Jacek (ed.): *Contrastive Linguistics. Prospects and Problems*. Berlin 1984, S. 301 - 312.

Leech, Geoffrey N.: *Principles of Pragmatics*. London/New York 1983.

Levinson, Stephen C.: *Pragmatics*. Cambridge 1983.

Levinson, Stephen C.: *Presumptive Meanings. The theory of generalized conversational implicature*. London/Cambridge 2000.

Lewis, David: *Konventionen. Eine sprachphilosophische Abhandlung*. Berlin 1975. (Original: *Convention: A Philosophical Study*. Cambridge: Harvard College 1969).

Malinowski, Bronislaw: „The problem of meaning in primitive languages". Supplement to: Ogden, C. K. & I .A. Richards, *The meaning of meaning. A study of the influence of language upon thought and of the science of symbolism*. London 1923.

Meggle, Georg (Hrsg.): *Handlung, Kommunikation, Bedeutung*. Frankfurt/Main 1979.

Oksaar, Els: *Kulturemtheorie. Ein Beitrag zur Sprachverwendungsforschung*. Hamburg 1988.

Pinker, Steven: *The Language Instinct. The New Science of Language and Mind*. London 1994.

Roelcke, Thorsten: *Sprachtypologie des Deutschen*. Berlin/New York 1997.

Rorty, Richard: *Kontingenz, Ironie und Solidarität*. Frankfurt/Main 1989. (Original: *Contingency, irony and solidarity*. Cambridge 1989).

Schwarz, Monika: *Einführung in die kognitive Linguistik*. Tübingen 1992.

Searle, John R.: "Eine Taxonomie illokutionärer Akte". In: ders., *Ausdruck und Bedeutung. Untersuchungen zur Sprechakttheorie*. Frankfurt/Main 1982, S. 17 - 51 (Original: "A Taxonomy of illocutionary acts". In: ders., *Expression and Meaning. Studies in the Theory of Speech Acts*. Cambridge 1979).

Sperber, Dan & Deidre Wilson: *Relevance. Communication and Cognition*. Oxford 1986.

Verschueren, Jef, Jan-Ola Östmann & Jan Bommaert (eds.): *Handbook of Pragmatics*: Amsterdam/Philadelphia 1995.

Watzlawick, Paul & Janet Helmick Beavin & Don D. Jackson: *Menschliche Kommunikation. Formen, Störungen, Paradoxien*. Bern 1969 (Original: *Pragmatics of the Human Communication. A Study of Interactional Patterns, Pathologies and Paradoxes*. New York 1967).

Whorf, Benjamin L.: *Language, Thought and Reality*. New York 1956. Dt.: *Sprache, Denken, Wirklichkeit*. Reinbek 1986.

Wierlacher, Alois & Ursula Hudson-Wiedenmann: "Interkulturalität. Zur Konzeptualisierung eines Grundbegriffs interkultureller Kommunikation." In: Wierlacher, Alois (Hrsg.): *Kulturthema Kommunikation*. Möhnesee 2000, S. 119 - 232.

Wierzbicka, Anna: *Cross-Cultural Pragmatics. The Semantics of Human Interaction*. Berlin 1991.

Wittgenstein, Ludwig (PU): *Philosophische Untersuchungen. Schriften* Band 1. Frankfurt/M.: Suhrkamp 1969.

Fälle und Übungen (7)

Missverständnisse in der interkulturellen Kommunikation

7.1 Stellen Sie sich eine Szene auf einem deutschen internationalen Flughafen vor: Bei der Zollabfertigung äußert der Beamte gegenüber einem chinesischen Reisenden: "Öffnen Sie doch bitte mal Ihre Reisetasche."

Listen Sie auf, wie der chinesische Reisende diesen Satz verstehen könnte, wenn er über keine, geringe, gute bzw. sehr gute Deutschkenntnisse verfügen würde. Welche Missverständnisse wären jeweils möglich? Welche Missverständnisse wären nach Ihrer Meinung durch Übersetzungsprobleme verursacht, welche durch kulturbedingte Verständigungsprobleme bedingt?

7.2 Im Unterschied zu Watzlawick/Beavin/Jackson und anderen Autoren geht Ehrhardt davon aus, dass man auch 'nicht kommunizieren' kann. Stellen Sie anhand eigener Beispiele Ihre Position in dieser Frage dar. Welche Vor- und Nachteile haben die unterschiedlichen Kommunikationsbegriffe für die Analyse von Interkultureller Kommunikation?

7.3 Welche Hinweise gibt der Text für eine Unterscheidung von kulturvergleichenden auf der einen und interkulturellen Arbeiten auf der anderen Seite?

7.4 Die Ausführungen von Ehrhardt thematisieren vor allem Kommunikation zwischen Individuen. Lassen sie sich nach Ihrer Meinung auf die Kommunikation zwischen Organisationen (z.B. Unternehmen) übertragen? Wo sehen Sie mögliche Ansatzpunkte für eine solche Übertragung und was könnte für Unternehmen daraus folgen?

7.5 In der Wirtschaftskommunikation ist die Wahrscheinlichkeit sehr groß, dass jeder Äußerung vor allem ein persuasives Ziel unterstellt wird: der Gesprächspartner geht davon aus, dass ein Sprecher in der Interaktion in erster Linie geschäftlich relevante Ziele verfolgt. Was folgt aus dieser Annahme für das Verständnis der Äußerungen und was lässt sich daraus über Kommunikationsstrategien ableiten?

7.6 Wie kann man auf der Grundlage dieses Textes kulturspezifische Verhaltens- und Denkweisen beschreiben? Inwiefern entsprechen kulturbedingte Unterschiede im Verhalten, die man beobachten kann, Unterschieden in Denk- und Handlungsstilen? Vergleichen Sie diesen Text mit den Ausführungen von Galtung über "intellektuelle Stile".

7.7 Die Daimler-Chrysler-Fusion war auch eine Fusion zweier (Unternehmens-) Kulturen. Aus diesem Grund kam es bekanntlich zu zahlreichen kulturbedingten Unsicherheiten und Konflikten in der Kommunikation. Zu einigen davon äußert sich im folgenden Auszug aus einem Zeit-Artikel (Die Zeit Nr. 36, 30. 08. 2001, Seite 43ff) ein amerikanischer Manager:

"Was wir durch Vorbereitungskurse wussten (....) war nicht eben hilfreich." Standardformeln aus dem interkulturellen Trainingsprogramm wie "Die Amerikaner gleichen Pfirsichen – außen weich, innern hart. Die Deutschen dagegen Kokosnüssen – harte Schale, weicher Kern" hatten nicht geholfen, die Begegnung zwischen Pfirsich und Kokosnuss vorzubereiten. "Ich hatte zum Beispiel gelernt, dass ich einem deutschen Kollegen auf keinen Fall mit der Hand in der Tasche entgegentreten dürfe", (...). Ich würde sonst nicht ernst genommen. Beim ersten Treffen hatte prompt jeder zweite Deutsche die Hand in der Tasche.

Andere Vorerwartungen oder auch Vorurteile bewährten sich aufs prächtigste. Die Deutschen schleppten dicke Aktenordner, Ausdrucke ganzer Datenbanken und auch Dias in die Besprechungen. Die Amerikaner kamen unbewaffnet und wollten sich ohne Tagesordnung unterhalten. Die Deutschen fertigten Protokolle von jeder Sitzung an, die Amerikaner beschränkten sich auf Memos. (...)

Und dann die Sache mit den Vornamen! In Gegenwart der Amerikaner gingen die Deutschen dazu über, sich auch untereinander mit dem Vornamen anzureden und sich sogar zu duzen. Waren Sie unter sich, siezten sie sich wieder, blieben aber beim Vornamen. (...)

Die Amerikaner die Lässigen, die Deutschen steif und auf Formalität bedacht? Richtig, aber auch wieder nicht. (...) Die Deutschen staunten auch nicht wenig, als sie mit ihren duzfreudigen Kollegen im Chrysler-Gebäude (...) in die Kantine gingen. Dieselben Chefs, die sich nichts aus Titeln machten und ihre Jackets gerne auf die Stuhllehne hängten, fanden nichts dabei, dass es mehrere hierarchisch abgestufte Kantinen gab.

Ein anderes Problem waren die Gehälter von Spitzenmanagern: Amerikanische Manager verdienen sehr viel mehr als deutsche Kollegen. Dazu die Haltung des Chefs von Mercedes-Benz:

Schrempp soll sich, auf diese Differenz angesprochen, lässig geäußert haben: Er lebe nicht gerade auf dem Existenzminimum. Er ahnte wohl nicht, dass er sich mit dieser Haltung, mit der er in Deutschland Liebesbriefe sogar von den Linken eingeheimst hätte, in den USA eher verdächtig machte. Mit so einem, dem es offenbar nicht zuerst um den eigenen Vorteil ging, stimmte etwas nicht; er musste andere, dunklere Motive haben.

Analysieren Sie die Beispiel in den Begriffen der hier vorgeschlagenen Kommunikationstheorie.

Skizzieren Sie ein Trainingskonzept, mit dem Manager auf diese Situation vorbereitet werden können und das nicht in die Schwächen des hier angesprochenen Vorbereitungstrainings verfällt.

Weiterführende Literatur

Bodmer, Frederick: Die Sprachen der Welt. Geschichte, Grammatik, Wortschatz in vergleichender Darstellung. Köln 1997.

Eco, Umberto: Die Suche nach der vollkommenen Sprache. München: dtv 2002.

Giesecke, Michael: Sinnenwandel, Sprachwandel, Kulturwandel. Studien zur Vorgeschichte der Informationsgesellschaft. Frankfurt/M. 1992.

Keller, Rudi: Sprachwandel, ein Zerrspiegel des Kulturwandels? In: Lönne, Karl-Egon (Hrsg.): Kulturwandel im Spiegel des Sprachwandels. Tübingen, Basel 1995; 207 - 218.

Krämer, Sybille: Sprache, Sprechakt, Kommunikation. Sprachtheoretische Positionen des 20. Jahrhunderts. Frankfurt/M.: Suhrkamp 2001.

Krämer; Sybille: Über den Zusammenhang zwischen Medien, Sprache und Kulturtechniken. In: Kallmeyer, Werner (Hrsg.): Sprache und neue Medien. Jahrbuch 1999. Berlin: de Gruyter 2000; 31 - 56.

Meibauer, Jörg: Pragmatik. Eine Einführung. Tübingen 1999.

Pinker, Steven: Wörter und Regeln. Die Natur der Sprache. Heidelberg 2000.

Störig, Hans Joachim: Abenteuer Sprache. Ein Streifzug durch die Sprachen der Erde. München 1992.

Struktur, Kultur und intellektueller Stil[*]

Ein vergleichender Essay über sachsonische, teutonische, gallische und nipponische Wissenschaft

Johan Galtung

1. Über intellektuelle Stile im Allgemeinen

Lieber Leser – *was* Sie vor sich haben, ist im Wortsinn ein Essay. Er basiert auf Eindrücken und Einsichten, die sich in meinem Gedächtnis und auf dem Papier niedergeschlagen haben, während der Reisen und Aufenthalte, die mich viele Jahre in unterschiedliche intellektuelle Atmosphären rund um die Welt führten. Ich selbst stamme aus einem Land an der Peripherie dessen, was immer noch weitgehend das Zentrum der Welt ist, und zweifellos bin ich davon geprägt. Da ich die Gelegenheit hatte, auf dem Gebiet der Wissenschaftsmethodologie (Galtung, 1967, 1977, 1979) wie auf dem der empirischen Sozialwissenschaft zu arbeiten, besonders in der Friedensforschung (1975-1980) und in der Entwicklungs- und Zukunftsforschung (1980), ist mir immer wieder aufgefallen, wie wenig den Angehörigen einer intellektuellen Gemeinschaft offenbar die Eigentümlichkeiten ihrer Gemeinschaft bewußt sind. Sie können oft zwar sehr gut andere charakterisieren, sich selbst aber nicht – und es könnte sich zeigen, daß auch dieser Essay keine Ausnahme von der Regel ist.[1]

Ehe ich versuchen möchte, einen bestimmten intellektuellen Stil zu charakterisieren, lassen Sie mich zunächst etwas über "intellektuellen Stil" im Allgemeinen sagen. Was versuchen wir Intellektuellen denn zu tun? Zweifellos verarbeiten wir Eindrücke zu Ausdrücken – wir geben ihnen eine sprachliche Fassung, mündlich oder schriftlich. Aus dem Grund ist für uns die Freiheit, Eindrücke zu sammeln, ebenso wichtig wie die Freiheit des Ausdrucks. Da wir im allgemeinen nicht glauben, alles aus uns selbst hervorbringen zu können, brauchen wir Eindrücke,

---

[*] Beitrag entnommen aus: Wierlacher, A. (Hrsg.): Das Fremde und das Eigene. München 1985, 151-193, iudicium-Verlag

[1] Dieser Arbeit vorausgegangen sind Versuche, die intellektuellen Stile zu charakterisieren, die sich bei vielen Sozialwissenschaftlern in Lateinamerika (Galtung, 1979, 5. Kapitel) und in Deutschland (1979, 8. Kapitel) finden. Die die lateinamerikanischen Wissenschaftler betreffende Studie erschien zuerst in *Social Science Information 5* (3), 1966, pp. 7-33. Eine spanische Fassung wurde veröffentlicht in *Revista Latino Americana de Sociologia 1* (1965), pp. 72-101. Siehe auch die Kritik von J. Graciarena (1965) in derselben Zeitschrift.

und wir müssen fähig sein, sie als Teil unseres eigenen Vergnügens und unserer Selbstverwirklichung auszudrücken; und wir müssen auch fähig sein, insbesondere in die Kreise der Intellektuellen einzudringen und allgemein zum Publikum vorzudringen, indem wir unsere intellektuellen Produkte lancieren und dabei nach Kritik suchen, wie wir sagen – und wie alle andern ziehen wir im allgemeinen positive Kritik der negativen vor.[2] So sind wir durch die Eindrücke, die wir empfangen, und durch die Ausdrucksmöglichkeiten, über die wir verfügen, konditioniert; in der gegenwärtig dominierenden Philosophie der "Wahrheit" (mutmaßlich das, was wir zu enträtseln versuchen) wird Wahrheit mehr oder weniger gleichgesetzt mit dem, was innerhalb eines Kreises von akzeptablen Kollegen intersubjektiv akzeptabel ist.[3]

In diesem Zusammenhang braucht, was die universale Problematik der Erkenntnis angeht, nur das Werk Kants[4] und Wittgensteins (1921, 1922) erwähnt zu werden. Auf der individuellen Ebene sind es die subjektiven, persönlichen Elemente, die den Forschungsprozeß färben können.[5]

Was mich jedoch interessiert, ist die Ebene zwischen dem Individuellen und dem Universalen. Im weitesten Sinne ist es die Ebene der Zivilisationen oder Sub-Zivilisationen – in anderen Worten, die makro-kulturelle Ebene.

Der vorliegende Essay bleibt auf der Ebene der Makro-Kulturen, begibt sich aber auf die Ebene unterhalb der Zivilisationen: in die Sub-Zivilisationen. Genauer gesagt, sind es drei okzidentale Subzivilisationen und eine orientalische, die Gegenstand dieser Untersuchung sind: *sachsonische, teutonische, gallische* und *nipponische* Wissenschaft, wie es im Untertitel heißt. Warum diese seltsamen Bezeich-

---

[2] Kurz: Intellektuelle tun eine *Arbeit;* wir *verarbeiten.* Aber das bedeutet, daß die materiellen und sozialen Bedingungen als wesentlicher Faktor das wissenschaftliche Output bestimmen. Ein Beispiel wäre der Unterschied zwischen der handwerklichen und industriellen Weise intellektueller Produktion, zwischen dem Intellektuellen, der im Wesentlichen allein arbeitet, und den Intellektuellen, die zusammen in "Fabriken" arbeiten, mit einer (gewöhnlich) scharfen Arbeitsteilung – *think tanks,* Universitäten, Akademien. Dieses Thema wird ausgeführt in einer Arbeit für das GPID-Projekt (Galtung, 1980). Siehe dazu auch die prägnante Analyse der Situation der Intellektuellen in vielen Entwicklungsländern von S.H. Alatas (1977).

[3] Eine Untersuchung der Beziehung zwischen Sozialstruktur und Wahrheitskriterien bietet "Sozialstruktur und Wissenschaftsstruktur", das 1. Kapitel in *Methodologie und Ideologie, pp.* 13-51.

[4] Es wäre nützlich gewesen, wenn Kant bei der Untersuchung der Beschränkungen des menschlichen Geistes seine eigenen Beschränkungen näher untersucht hätte – "seine" nicht im persönlichen Sinn, sondern "seine" als Teil einer Nation, einer Klasse, einer Tradition, einer Zivilisation und dergleichen. Aber es war kein Zeitalter vergleichender Studien, um Punkt für Punkt eine Zivilisation an der andern zu messen.

[5] Dies ist natürlich der Grund dafür, daß im Journalismus wie in der Forschung die Quellen anzugeben sind: der Leser hat das Recht, die Glaubwürdigkeit einzuschätzen.

nungen?[6] Aus dem einfachen Grund, weil sie nicht mit Britannien, Deutschland, Frankreich und Japan identifiziert werden sollen – da diese als Länder Akteure im internationalen System sind und in sich vielfältige kulturelle Merkmale vereinen. Ich sehe allerdings die Stile, die durch diese Begriffe charakterisiert werden sollen, in den genannten Ländern als vorherrschend an, wenn auch möglicherweise in der Vergangenheit, vielleicht sogar noch vor zehn Jahren, stärker als heute; das liegt an der starken Interdependenz und Interaktion auf der Welt und an der Unterwerfung unter einen allgemeinen intellektuellen Weltstil – der später zu beschreiben sein wird. Im übrigen ist zu hoffen, daß eine Untersuchung dieser Art auch auf indische, chinesische und arabische und andere Denkstile ausgedehnt werden kann.[7]

Ein Grund, dies zu tun, besteht darin, daß es interessant sein könnte, eine *Weltkarte* der intellektuellen Stile zu besitzen. Auf dieser Weltkarte würden, um ins Detail zu gehen, Oxbridge in England und die wichtigsten Universitäten an der Ost- und Westküste der USA das Zentrum des sachsonischen intellektuellen Stils bilden; einige der kleineren, klassischen Universitäten in Deutschland (möglicherweise Münster, Marburg, Heidelberg, Tübingen) könnten als Zentrum des teutonischen intellektuellen Stils betrachtet werden; es gibt keinen Zweifel darüber, wo sich *das* Zentrum des gallischen intellektuellen Stils befindet; und der nipponische intellektuelle Stil hätte die Achse Tódai-Kyódai (die Universitäten Tokio und Kyoto) zum Zentrum. Dies ist ganz offensichtlich eine ideal-typische Analyse im Sinne Webers, die nicht wörtlich als empirische Beschreibung genommen werden darf. Aber als erste Annäherung mag sie nichtsdestoweniger nützlich sein.

Man könnte sich sodann eine Landkarte vorstellen, auf der diese Zentren als Leuchttürme verzeichnet sind, die die intellektuellen Aktivitäten in weiten Gebieten, also in den Peripherien, lenken. Die Peripherien würden, grob gesprochen, nicht nur das umfassen, was von den erwähnten Ländern übrig bleibt, sondern auch die intellektuellen Aktivitäten in den Kolonial- und Neokolonialreichen. So ist es bemerkenswert, wie der intellektuelle Stil vom sachsonischen zum gallischen und wieder zurück zum sachsonischen Stil wechselt, wenn man in Afrika im Auto am Golf von Guinea entlangfährt: es ist mehr als eine Übung im Wechsel vom Linksverkehr zum Rechtsverkehr, die Grenze von einer ehemaligen briti-

---

[6] Toynbee verwendet solche Zeichnungen, aber ich versuche nicht, mich hinter ihm zu verstecken. Mein Grund ist, wie gesagt, eine zu starke Identifikation mit den Ländern zu vermeiden.

[7] In der Erforschung der Kosmologien (Galtung, 1981) fehlen Verweise auf die indianischen, afrikanischen und pazifischen Zivilisationen deshalb völlig, weil der Autor über sie nicht Bescheid weiß (und, vielleicht, den westlichen Anthropologen mißtraut).

schen zu einer ehemaligen französischen Kolonie zu überschreiten. Offenbar gehörte die Befreiung vom intellektuellen Stil nicht zum Programm der Entkolonialisierung; das könnte auch ein Grund dafür sein, warum die Befreiung von anderen Aspekten des Kolonialismus womöglich auch nicht besonders erfolgreich gewesen ist.[8]

Der gallische Einfluß geht jedoch weit über *la communauté française* hinaus: er erstreckt sich über den ganzen Bereich der romanischen Länder, wie man in Südamerika sagt: *Paris es la capital de la raza latina.* Wozu übrigens auch Rumänien weitgehend gehört. Sonst aber möchte ich behaupten, daß Osteuropa einschließlich der Sowjetunion als im Bann des teutonischen intellektuellen Stils stehend betrachtet werden kann: teilweise aufgrund eines allgemeinen kulturellen Einflusses über die Jahrhunderte hinweg, teilweise aufgrund des Einflusses einer Schlüsselfigur des teutonischen Denkens: Karl Marx. Japan schließlich bildet ein eigenes Zentrum für sich, wie im Fall der übrigen Aspekte der japanischen Kultur verfügt es über keine Peripherie, die über das Land selbst hinausreicht.

Ich möchte das als Einleitung genügen lassen. Es ist eine Zentrum-Peripherie-Welt, die bis jetzt nur über vier Zentren sehr verschiedener Art verfügt. Der größte Teil der Welt ist Peripherie. Aber es stellt sich die interessante Frage nach der möglichen Unterteilung dieser Peripherie:

– *unter dem Einfluß von 0 Zentren:* intellektuell "marginalisiertes", randständiges Territorium, das frei ist, sich in jede Richtung zu entwickeln;

– *unter dem Einfluß von 1 Zentrum:* kulturelle Peripherie dieses einen Zentrums; eine intellektuelle Peripherie, die auf Identifikation ausgerichtet ist;

– *unter dem Einfluß von 2 Zentren:* zieht potentiell Nutzen aus den sich kreuzenden Einflüssen, um sich die Stärken beider anzueignen;

– *unter dem Einfluß von 3 oder mehr Zentren:* möglicherweise zu überwältigend, zu verwirrend, als daß sich etwas Neues entwickeln könnte.

Dies bedarf einer detaillierteren Analyse, die nach der Diskussion der vier intellektuellen Stile erfolgen soll.

---

[8] Ein Grund dafür ist natürlich, daß diejenigen, die in ihren jugendlichen Lehrjahren darum gekämpft haben, sich einen intellektuellen Stil anzueignen, um als Angehörige einer Gemeinschaft akzeptiert zu werden, diesen nicht leichthin aufgeben werden – und ihn bestimmt nicht als Behinderung, sondern als Instrument der Befreiung sehen. Aber der intellektuelle Stil reicht tiefer als die Sprache: Er kann beim Übergang von der Arbeit in einer europäischen Sprache zur Arbeit in einer afrikanischen Sprache erhalten bleiben, zumindest für einige Zeit.

Wie soll man nun, nachdem sie benannt sind, die Stile charakterisieren? Aus Gründen der logischen Ökonomie scheint es vernünftig zu versuchen, sie im Rahmen der selben Dimensionen zu charakterisieren, obwohl dadurch womöglich der Untersuchung von Anfang an eine bestimmte Richtung gegeben wird. Bei dem Gedanken, die "intellektuelle Tätigkeit" in vier Gruppen zu unterteilen, ist sicherlich auch ein Element der westlichen Atomisierung vorhanden – was zweifellos ein Licht auf den Autor wirft. Es soll jedoch im späteren Verlauf dieses Essays versucht werden, diese Dinge ganzheitlicher zu betrachten.

Was also tun die Intellektuellen? Ich glaube, man kann mit Recht ihre Aufgabe als *deskriptiv* und *erklärend* bezeichnen; das heißt, sie beschreiben, wie die Wirklichkeit beschaffen ist und versuchen, sie zu verstehen.[9] In der für Lehrbücher der Methodologie typischen Sprache würde man von der Sammlung, Verarbeitung und Analyse von Daten einerseits und der Theoriebildung andererseits sprechen.[10] Wie wir wissen, kann jede der beiden Tätigkeiten die jeweils andere bedingen. Aber intellektuelle Tätigkeit geht natürlich darüber hinaus. Es gibt noch die Dimension der *Paradigmen-Analyse,* die Betrachtung der Grundlagen dessen, was man tut, die Erforschung der Standortgebundenheit, der die eigene intellektuelle Tätigkeit unterworfen ist. Man könnte sagen, daß es in diesem Essay genau darum geht. Dazu ein kleiner Hinweis auf einen sehr einfachen Sachverhalt: Für jeden von uns ist es nur zu leicht, die subjektiven Beschränkungen eines bestimmten Kollegen zu erkennen. Wir können sie erkennen, weil es andere Kollegen zum Vergleich gibt. Ich halte es aus diesem Grund für sehr schwierig, unsere Beschränkungen als Menschen in einem universalen Sinn zu begreifen, weil wir nichts anderes zum Vergleich haben. Soviel wir wissen, gibt es keine anderen Wesen, die uns mit sich selbst vergleichen. Wie Koestler bemerkt hat, mag es zwar irgendwo irgend welche geben, aber die haben möglicherweise eine so geringe Meinung von uns, daß es sie überhaupt nicht interessiert, uns ihre Befunde mitzuteilen wie etwa ein Biologe gewöhnlich auch nicht darüber nachdenkt, wie er seine Entdeckung über Bakterien den Bakterien selbst mitteilen könnte. Doch auf der Ebene der Makro-Kulturen können wir das sehr wohl: Es gibt Gegensätze, sie können mitgeteilt werden und sie können verstanden werden, und Übersetzungen sind irgendwo zwischen dem vollkommen Vollkommenen und dem vollkommen Unvollkommenen angesiedelt.

---

[9] Dies wird detaillierter ausgeführt in meinem Aufsatz *In defense of epistemological eclecticism* (1980a).

[10] So ist mein Buch *Theory and methods of social research* auf diese Weise unterteilt.

Nun ein weiteres Beispiel dafür, worum es in diesem Essay geht: Alle Intellektuellen sind fasziniert von anderen Intellektuellen und widmen in der Tat viel von ihrer Zeit der Erforschung dessen, was andere tun. Dieser Typus von Kommentar über andere Intellektuelle kann zweckmäßigerweise wieder in die drei oben entwickelten Subkategorien unterteilt werden: Beschreibung und Erklärung (in dem Sinne von Verstehen, warum ihre Tätigkeit so ist, wie sie ist) und Erforschung der Paradigmen für ein solches Verstehen.

Damit haben wir vier Dimensionen, in deren Rahmen wir, als Arbeitshypothese, die vier intellektuellen Stile charakterisieren können. Da ich davon ausgegangen bin, daß in allen Kulturen alle vier Dimensionen zu einem gewissen Grad vorhanden sein müssen, damit eine Aktivität intellektuell genannt werden kann, *wird der intellektuelle Stil zur Frage des Profils, zur Frage nach derjeweiligen Stärke oder Schwäche in jeder Dimension.* Wenn wir an dieser einfachen Trennung stark/schwach festhalten, ergeben sich natürlicherweise sechzehn verschiedene Stile, von denen einer "ideal" in dem Sinne ist, daß in ihm alle vier Dimensionen voll entwickelt sind, während einer überhaupt kaum ein intellektueller Stil ist, weil er in allen Dimensionen schwach ist. Aber diese simple Kombinatorik führt uns nicht sehr weit. Was zählt, ist die ausgeprägte Qualität, das Gewicht, das den Dimensionen innerhalb eines intellektuellen Stils gegeben wird. Und das ist der Gegenstand des nächsten Abschnitts.

2. Sachsonischer, teutonischer, gallischer und nipponischer Stil: Versuch einer Charakteristik

In der Tabelle 1 wird der Leser in einer stark zusammenfassenden Darstellung das finden, was ich sagen möchte. Es muß jedoch noch genauer ausgeführt werden, und das soll jetzt primär durch eine Einkreisung des Gegenstandes geschehen. In anderen Worten, dieser Abschnitt soll nicht in vier Unterabschnitte – einer für jeden intellektuellen Stil – eingeteilt werden. Vielmehr werde ich versuchen, die jeweiligen Gegensätze herauszuarbeiten und so das Merkmal eines Stils durch das Merkmal eines anderen Stils zu erläutern. Auf diese Weise, hoffe ich, wird sich am Ende des Abschnitts ein Bild dieser Stile, so wie sie aufzufassen sind, ergeben.

Tabelle 1: Intellektuelle Stile im Überblick

	Sachsonisch	Teutonisch	Gallisch	Nipponisch
Paradigmenanalyse	schwach	stark	stark	schwach
Beschreibungen:				
Thesenproduktion	sehr stark	schwach	schwach	stark
Erklärungen:				
Theoriebildung	schwach	sehr stark	sehr stark	schwach
Kommentar über				
andere Intellektuelle:				
– Paradigmen	stark	stark	stark	sehr stark
– Thesen				
– Theorien				

Die Tabelle weist eigentlich bloß zwei Profile auf: Eines, das den sachsonischen und nipponischen Stil umfaßt, und eines, das den teutonischen und gallischen Stil umfaßt. Außerdem scheinen alle vier Stile in einem Punkt stark zu sein: Sie alle sind ziemlich gut in der Kommentierung anderer Intellektueller. Diese Aussage verweist auf einen sehr einfachen Sachverhalt: die Gruppe der Intellektuellen ist in einem gewissen Grad eine geschlossene Gesellschaft, die in allen Gesellschaften von sich selber zehrt. Viele Intellektuelle nehmen als die wichtigsten Eindrücke das wahr, was andere Intellektuelle sagen und tun. Das ist die Wirklichkeit, auf die sie reagieren, die empirische wie auch die potentielle Wirklichkeit. Und sie reagieren meistens negativ, denn ihr Kommentar ist oft kritisch. Hat man dies festgestellt, dann bemerkt man allerdings auch, daß sie recht unterschiedlich reagieren, und deshalb können wir an diesem Punkt gut in die Diskussion eintreten. Kurz gesagt: wie spielt sich die intellektuelle Kommentierung – diese ziemlich inzestuöse und ergötzliche Tätigkeit – in den vier Stilen ab?

In großen Zügen lautet unsere Behauptung, daß der sachsonische Stil die *Debatte* und den *Diskurs* begünstige und fördere. Es ist dort die allgemeine Auffassung, daß Intellektuelle ein Team bilden, daß ihre Zusammengehörigkeit bewahrt bleiben muß, daß es ein *Gentlemen's Agreement* gibt, demzufolge "wir zusammenhalten und trotz unserer Differenzen unsere Debatte fortsetzen sollten", daß der Pluralismus ein übergreifender Wert ist, der höher steht als die Werte, die den individuell oder kollektiv vertretenen Glaubenssystemen zuerkannt werden. Seminare führen vorwiegend Leute verschiedener Prägung zusammen; wer den Vorsitz hat, wird die Debatte zurückhaltend leiten, und der/die erste Diskutant(in) wird seine oder ihre Wortmeldung mit der üblichen Bemerkung beginnen, wie etwa: "Es war mir ein Vergnügen, den Vortrag von Mr. X zu hören, und ich bewundere nicht nur seine Beherrschung der Fakten, sondern auch die Zusammenstellung der Fakten, aber ..." Die mit "aber" beginnende Einschränkung wird dann möglicherweise sehr lang werden und viele bohrende Spitzen und beißende Bemerkungen enthalten, aber höchstwahrscheinlich wird doch am Ende eine schmeichelhafte beifällige Äußerung stehen.

Hier sollte man vielleicht die Unterschiede erwähnen, die zwischen den Varianten des sachsonischen Stils in den Vereinigten Staaten [hier kurz US genannt] und im Vereinigten Königreich [hier kurz UK: United Kingdom genannt] bestehen. Nach meiner Erfahrung wird im UK der durch "aber" eingeleitete Satz um vieles länger sein als der schmeichelhafte Einleitungssatz, während in den US das Gegenteil häufiger ist, besonders, je weiter man nach Westen kommt. Der US-Professor in einem Graduiertenseminar wird sein Bestes tun, um selbst in der miserabelsten Darbietung doch jenes kleine Körnchen Gold zu finden, das, wenn man es poliert, noch einen glaubwürdigen Glanz erzeugt. Er wird dazu neigen, alle andern Dinge beiseite zu schieben, schnurstracks auf diesen Kern zusteuern und ihn herausstellen: "Ich glaube, damit haben Sie einen entscheidenden Punkt getroffen!" Sein UK-Kollege wäre wohl etwas weniger großzügig. Er würde zwar nicht alle Hoffnungen vom Tisch wischen, aber er würde sehr deutlich machen, daß derjenige, der etwas vorträgt, etwas zu verteidigen hat, daß er auf der Anklagebank sitzt und die Last des Beweises bei ihm und nicht bei den Diskutanten liegt. Der US-Professor wird es für seine Aufgabe halten, etwas Positives zu erzielen; im UK kann sehr wohl das Gegenteil der Fall sein. Aber von den Unterschieden einmal abgesehen: man geht allgemein von dem Gedanken aus, in einer Debatte die verschiedensten Anschauungen zur Sprache zu bringen und sie zu konfrontieren, damit sich letzten Endes vielleicht etwas ergebe, das mehr ist als die Summe seiner Teile. Es gilt, den andern aufzubauen, nicht, ihn fertigzumachen.

Nicht so in teutonischen und gallischen intellektuellen Diskussionen. Erst einmal wird die Meinungsstreuung oder Meinungsvielfalt in einer einzelnen Debatte wahrscheinlich viel kleiner, das Publikum viel homogener sein, so daß man es mit weniger Widerspruch zu tun haben wird. Zweitens wird es selbst unter Freunden keine Höflichkeitsbezeugungen in der Einführung geben, jedenfalls mit Sicherheit nicht, wenn auch nur die geringste Diskrepanz der Meinungen vorliegt. Drittens wird sich niemand von seinem oder ihrem Weg abbringen lassen, nur um das kleine Körnchen Gold zu finden, das kleine Element der Hoffnung, auf dem sich aufbauen ließe im Gegenteil: die Diskutanten werden schnurstracks auf den schwächsten Punkt zusteuern. So mag eine Diskussion im gallischen Stil mit der Bemerkung eröffnet werden: Je ne suis pas d'accord..." Im teutonischen Stil mit: "Sie haben nicht erwähnt ..."[11]. Dieser schwächste Punkt wird aus dem Meer von Worten herausgefischt, ins hellste Rampenlicht gestellt, damit auch ja keine Zweifel aufkommen, und dann mit dem Seziermesser auseinandergenommen, was mit beachtlicher Wendigkeit und Verständigkeit geschieht. Vermutlich wird sich die Debatte weitgehend derartigen Aspekten widmen, und wenn überhaupt, so wird es am Ende nur wenige besänftigende Worte geben, um den Angeklagten als menschliches Wesen wieder aufzurichten; kein Versuch wird unternommen, das Blut aufzuwischen und das verletzte Ego wieder zusammenzufügen. Entgegen der sachsonischen Sitte, sich bei solchen Gelegenheiten in Humor und Schulterklopfen zu üben, ist hier der Blick eher kühl, die Miene starr, und in den Augenwinkeln ist womöglich eine Spur von Hohn und Spott zu erkennen.

Der vortragende Angeklagte erlebt die Situation als Opfer. Da er das aber schon vorher weiß, wird er wohl, um sich nicht unterkriegen zu lassen, auf der Hut sein und lieber auf Nummer Sicher gehen, von Anfang an nicht von der vorgeschriebenen Bahn abweichen, einige einleitende Bemerkungen machen, die feindliche Aufmerksamkeit ablenken, indem er die gehörigen magischen Worte ausspricht, den Autoritäten Gehorsam zollt und sich weiterer Kunstgriffe bedient. Das Endergebnis braucht nicht unbedingt intellektuell trivial zu sein, weist aber ein Element der Unterwürfigkeit auf. Die entsprechenden Personen in der sachsonischen Szene dürften wohl schneller zur Sache kommen, die US-Spieler vielleicht unbekümmerter als die andern. Aber es sollte auch der Preis für die Unbekümmertheit erwähnt werden: *Anything goes,* alles ist möglich und wertvoll, man braucht seine Ideen nicht richtig zu durchdenken, denn am anderen Ende wird immer ein verständnisvolles Ohr sein, das bereitwillig hilft – unter anderem aus dem Grund, weil man das Gefühl kollektiver Verantwortung als Angehöriger eines "intellektuellen Standes" hat.

In der nipponischen Situation ist das alles ganz anders. Erst einmal sind die Japaner nicht sehr geschickt im Debattieren; darin sind sie nicht wirklich geübt. Zweitens, was immer auch geschieht, *die erste Regel ist, die präetablierten sozialen Beziehungen nicht zu verletzen.* Diese äußern sich in zwei typischen Formen[12].

---

[11] Andererseits sollte darauf hingewiesen werden, daß in beiden Stilen bereits die Tatsache, überhaupt für würdig befunden zu werden, daß einem zugehört wird und daß man sogar kommentiert wird, etwas Besonderes ist: eine so hohe Ehre, daß Höflichkeit ganz überflüssig wird.

[12] Diese beiden lassen sich in Beziehung setzen zum Konfuzianismus, beziehungsweise Mahayana-Buddhismus.

Da ist einmal der allgemeine Respekt vor der Autorität, vor dem Meister, wo immer er sein mag – der Respekt vor einer vertikalen Ordnung. Und dann existiert ein Gefühl der Kollektivität, der organischen Solidarität: Wir sind alle eins, im wesentlichen von gleicher Art, und was immer auch geschieht, es müßte uns doch möglich sein, am Ende abends auf der Tatami-Matte zu sitzen, Sapporo-Bier oder Suntory-Whisky zu trinken und uns Geschichten über ähnliche Begegnungen an anderen Orten zu erzählen. Was den letzten Punkt angeht, gleichen die Japaner ihren sachsonischen Kollegen, ohne aber den gleichen Spaß an pointierten intellektuellen Auseinandersetzungen zu haben oder dafür talentiert zu sein.

Was also passiert in einer japanischen intellektuellen Debatte? Diese Frage läßt sich nicht leicht beantworten, und schon gar nicht von einem *gaijin* (einem Ausländer oder Fremden), denn in Gegenwart eines *gaijin* verändert sich die Atmosphäre ganz entschieden. Der grundlegende Punkt ist, daß der intellektuelle Kommentar eine ganz andere Form annimmt. Dabei geht es nicht so sehr um die Erforschung der Paradigmen, um die Infragestellung der grundlegenden Daten und die Untersuchung, ob in der Theoriebildung adäquate Schlußfolgerungen gezogen werden. Es geht vielmehr um eine Klassifizierung: Zu welcher Schule gehören Sie? Woher haben Sie das? Wer hat das zuerst gesagt? Man könnte es fast das lexikalisch-enzyklopädische Verfahren der intellektuellen Kommentierung nennen, die philologische Art und Weise, solche Dinge wie die gesellschaftliche und persönliche Biographie in den Griff zu bekommen. Wichtig ist dabei auch, den Umkreis der intellektuellen Bindungen des Betreffenden zu erkunden: Was wäre Ihre Meinung über dieses oder jenes? Letztes Jahr haben sie dies gesagt, nun sagen Sie das: welcher Zusammenhang besteht zwischen beiden Aussagen? Steht das, was Sie über den Gegenstand X gesagt haben, auf irgendeine Weise in Beziehung zu dem, was Mr. B über Y gesagt hat?

Es ist eine kartographische Erfassung des intellektuellen Territoriums, eine Erkundung der Grenzlinien, und als allgemeine Überschrift läßt sich über diese Übung ein einziges Wort setzen: *Schule,* oder im Japanischen, mit einer besonderen Konnotation: *iemoto.* Selbstverständlich kann jede beliebige Schule starke Reaktionen auslösen, aber derartige Gefühle verbirgt man gewöhnlich beim Akt der Etikettierung. Die Frage ist nur, ob die betreffende Person das Etikett auch akzeptiert; doch steht das erst einmal fest, bedarf es keines weiteren Kommentars mehr. Jeder weitere Kommentar könnte vielmehr die gesellschaftlichen Beziehungen zerstören. Das hat viel Ähnlichkeit mit dem allgegenwärtigen japanischen Vorstellungsritual: zwei japanische Gentleman, beide sehr gut gekleidet in konservativer westlicher Kleidung (schwarzer Anzug, weißes Hemd, dunkle Krawatte, dunkle Socken, schwarze Schuhe) gehen aufeinander zu, verbeugen sich, sprechen Begrüßungsworte, bis sie beide eine Haltung eingenommen haben, in der

Rücken und Beine einen angemessenen Winkel bilden; daraufhin greifen sie nach den Visitenkarten in ihren Brusttaschen und ziehen sie hervor, und nachdem sie die Karten ausgetauscht und kurz überflogen haben, weiß jeder über den relativen Status des anderen Bescheid. *Die Debatte ist eher ein gesellschaftlicher als ein intellektueller Akt.* Die Klassifizierung in Schulen geht der Debatte zwingend voraus und sorgt dafür, daß es zu geringeren Erschütterungen der sozialen Beziehungen kommt.

Nichts von dem, was ich gesagt habe, soll nun aber heißen, daß es innerhalb der vier intellektuellen Kulturen keine Meinungsverschiedenheiten gäbe. Die Frage ist nur, wie sie jeweils behandelt werden. In der sachsonischen Praxis treten sie offen zu Tage, es gibt eine Debatte; in der US-Variante jedoch werden Unterschiede wohl eher hinweggedeutet werden als in der UK-Variante, und man wird wohl eher versuchen, am Ende eine allgemeine Stimmung der Übereinstimmung zu erzielen. Kommt es zu irgendeiner Art der "Annäherung", so wird das freudig begrüßt. Jemand, der gewillt ist zu signalisieren, daß er seine Meinung im Laufe der Debatte geändert habe, wird dafür Lorbeeren ernten. In teutonischen und gallischen Kulturen bestimmt nicht: es gibt eben Meinungsverschiedenheiten, erwachsene Menschen haben ihre eigene Meinung, und diese Meinungen sind keinesfalls gleichrangig. Da heißt es ganz einfach: "Ich habe recht, Sie haben unrecht" – oder doch dergleichen. Sachsonische Kollegen mögen durchaus eine ähnliche Meinung von ihrer eigenen Meinung haben, aber der Unterschied ist dieser: man sieht die Debatte als Quelle des Vergnügens an, auch wenn sie über eine beträchtliche Distanz im Meinungsspektrum hinweg geführt wird. Auch Teutonen und Gallier lieben die Debatte, nur darf der Gegner nicht allzuweit vom eigenen Standpunkt entfernt sein – an einer solchen Debatte sich zu beteiligen wäre reine Zeitverschwendung, wäre hoffnungslos, ein Akt der Herablassung. (Man debattiert doch nicht mit Halb-Menschen, Primitiven oder Barbaren.) Und was von den Debatten gesagt wurde, gilt auch für die Zeitschriften, Magazine und Revuen: Dies ist möglicherweise auch der Grund, warum in den USA die Fachzeitschrift (gewöhnlich heißt sie *American X Review,* wobei man für X jede sozialwissenschaftliche Disziplin einsetzen kann) eine sehr umfassende Angelegenheit ist, die alle Beteiligten des Fachs einbezieht, während sie in anderen Intellektuellen-Kulturen eine etwas begrenztere Sache ist. Der Preis, den die US dafür zahlen, daß sie so ökumenisch werden, ist vielleicht ein gewisser sanftmütiger Ton; andere Kulturen sind da viel sektiererischer und haben einen weniger ausgeprägten Nationalcharakter, außer eben den des Sektierertums.

Von all diesen Bemerkungen ausgehend, möchte ich nun zur zweiten Spalte der Tabelle 1 kommen: Wie wird die Beschreibung der Wirklichkeit in den vier Stilen gehandhabt? Die grundlegende Behauptung lautet, natürlich, daß der sachsonische Stil in dieser besonderen Hinsicht sehr stark ist. Der britische Hang zur Dokumentierung ist so sprichwörtlich wie die US-amerikanische Liebe zur Statistik[13]. Alle Quellen gründlich erforscht zu haben, alle Daten zusammengestellt zu haben, ohne etwas zu verschleiern, ist das entscheidende Kriterium für Wissenschaftlichkeit. Das ist keinesfalls leicht; es ist ein Handwerk, das besonderer Fertigkeiten bedarf. Aber als solches besitzt es ein besonderes Merkmal: Überzeugungen und Glaubensbekenntnisse finden hier in geringerem Maße Eingang als in anderen intellektuellen Betätigungen. Man kann für oder gegen eine Theorie sein; man kann ein Faktum mögen oder nicht; aber man kann nicht für oder wider ein Faktum sein. Vielleicht könnte man einen Schritt weitergehen und einfach sagen: *Daten verbinden, Theorien trennen.* Es gibt klare, auch explizite Regeln zur Bestimmung dessen, was ein zuverlässiges Faktum konstituiert und was nicht; der entsprechende Regelkanon in Bezug auf Theorien ist da schon viel vager. Nur wenige Dinge vermögen eine Debatte unter Gentlemen, die in der sachsonischen Praxis sowieso schon als eine höhere Form des zwischenmenschlichen Verkehrs gepriesen wird, so sehr zu vervollkommnen wie gerade *Daten.* Und nur wenige Dinge tragen so sehr dazu bei, scharfe Trennungslinien zu erzeugen – Menschen mit festen Überzeugungen – wie es *Theorien* im teutonischen und gallischen intellektuellen Ansatz vermögen.

Man könnte nun das Bild des sachsonischen intellektuellen Stils durch die Betonung seiner schwachen Punkte vervollständigen: nicht sehr stark in der Theoriebildung und nicht eben stark in der bewußten Wahrnehmung der Paradigmen. Das soll nicht heißen, daß gerade Britannien keine Wissenschaftsphilosphen höchsten Ranges hervorgebracht (im Gegensatz zu importiert) habe. Aber irgendwie ist es nicht so offensichtlich, daß sie sich direkt auf die wissenschaftliche Arbeit beziehen. In einem gewissen Sinn gehören sie zu einer anderen, gesonderten Zunft, die nebenher besteht. Britische Historiker und britische Anthropologen sind dafür bekannt und geachtet, daß sie mit außerordentlicher Kunstfertigkeit und Energie eine ungeheure Vielfalt von Details, von Daten aller Art zu Tage fördern – von denen manche äußerst schwierig zu beschaffen sind. Sie sind gewiß nicht dafür bekannt, daß sie umfassende, mitreißende Theorien und grandiose Perspektiven entwickeln und daß von ihnen jenes Licht ausgegangen wäre, das weite Gebiete hell erleuchtet, wenn auch zu Lasten aller Nuancen, der Schatten in den Klüften,

---

[13] Beides sind empirische Verfahren, aber während die UK-Form eine Fülle von Erkenntnissen über ausgewählte, begrenzte Untersuchungsgegenstände sammelt, ist die US-Form extensiver, behandelt weit mehr Analyseeinheiten mit weniger (aber vergleichbarer) Information über möglichst viele Untersuchungsgegenstände. (Diese Unterscheidung wird erörtert in *Theory and method of social research,* Kap. 1, 1.1.). Im Wesentlichen handelt es sich um die alte Unterscheidung zwischen ideographischen und nomothetischen Verfahren.

der Schluchten des Zweifels und so weiter. Man könnte sich sogar vorstellen, daß ein durchschnittlicher sachsonischer Forscher vom Schwindel gepackt würde, wenn eine theoretische Pyramide auch nur fünf Zentimeter hoch über den Erdboden ragte ... Das höchste, an das er sich heranwagen würde, wären Mertons sprichwörtliche "Theorien mittlerer Reichweite:"[14] eine Reihe kleiner, in der Landschaft verstreuter Pyramiden, die von keiner Super-Pyramide überwölbt werden, außer von den fundamentalen Grundsätzen der sachsonischen intellektuellen Kultur in ihren ideographischen (UK) und nomothetischen (US) Varianten.[15]

Wie läßt sich das alles begründen? An einer einzelnen Ursache kann es nicht liegen; es ist Bestandteil der allgemeinen Kultur. Der Historiker weiß ganz einfach, daß er etwas gegen umfassende Verallgemeinerungen ("sweeping generalizations") hat, und das gilt auch für den Anthropologen. Eine Untersuchung dieses Sachverhalts dürfte keine besonders interessanten Antworten ergeben. Infolge dieser Art von Unbewußtheit wird der teutonische oder gallische Intellektuelle womöglich nicht einmal erkennen, daß es ihm ein bißchen an Dokumentierung fehlt, an Belegen, die das stützen, was er sagt. Für ihn steht im Zentrum der intellektuellen Tätigkeit die Theoriebildung. Die Funktion der Daten besteht darin, vor allem zu illustrieren und nicht zu beweisen. Ein Widerspruch zwischen Theorie und Daten würde zu Lasten der Daten erledigt: man wird sie entweder als atypisch oder als völlig irrig betrachten, oder, noch bezeichnender, als irrelevant für die Theorie. Und an diesem Punkt tritt der Unterschied zwischen empirischer und potenzieller Wirklichkeit auf den Plan: Für den teutonischen oder gallischen Intellektuellen braucht die potentielle Wirklichkeit nicht so sehr die Wirklichkeit zu sein, die es noch stärker zu meiden oder noch stärker anzustreben gilt als die empirische Wirklichkeit, sie kann vielmehr *eine wirklichere Wirklichkeit* sein, frei vom Lärm und den Unreinheiten der empirischen Wirklichkeit. Theorien beziehen sich, verweisen auf jene Wirklichkeit, wobei die mathematische Wirtschaftswissenschaft vielleicht ein einschlägiges Beispiel ist. Dagegen ließe sich einwenden, daß nur wenige Leute auf diesem Gebiet so stark sind wie die US- und UK-Wirtschaftswissenschaftler – eine anerkannte Tatsache. Aber darauf könnte man auch antworten, daß sie in dieser Hinsicht gar nicht richtig sachso-

---

[14] Es gibt z.B. in der US-Soziologie praktisch fast keine Theorien irgendwelcher Art, die über die mittlere Reichweite hinausgehen – vielleicht mit der Ausnahme von Parsons (wenn man in dieser Art von Arbeit nicht eher eine taxonomische Arbeit anstelle einer Theorie sehen will). Perspektiven von höherer Warte aus sind gewöhnlich aus Europa importiert (z.B. mit der Welle brillanter jüdischer Flüchtlinge, die gewöhnlich vielleicht in die teutonische Richtung schlugen, aber fähig waren, sich der örtlichen intellektuellen Kultur anzupassen, wie auch aus Lateinamerika *(dependencia-Theorie)*.

[15] Weiterentwickelt in "Social structure and scientific structure" in *Papers on methodology*, Kapitel 1.

nisch sind. Denn sie wenden sich ja eigentlich einer potentiellen Wirklichkeit zu, die eine gewöhnlich nicht sehr deutliche Beziehung zu der Wirklichkeit hat, wie die Menschen im allgemeinen sie kennen – und sie wählen ihre Daten so aus, daß sie in diese Wirklichkeit passen.[16]

Theoriebildung ist die Verknüpfung von Wörtern, mit gelegentlicher Verankerung in der Datenbasis. Kaum einer wird bestreiten, daß teutonische und gallische Intellektuelle darin Meister sein können. Hat man aber dieses gemeinsame Merkmal herausgestellt, muß man doch ganz deutlich auf die gewaltigen Unterschiede hinweisen, die zwischen ihrem jeweiligen Vorgehen bestehen.

Es kann von der Behauptung ausgegangen werden, daß die teutonische Theoriebildung vor allem rein deduktiver Natur ist. Sie läßt sich von der grundlegenden Idee der *Gedankennotwedigkeit* leiten: Hat man erst einmal die Prämissen und gewisse Regeln des logischen Schließens akzeptiert, so ergibt sich eben die Schlußfolgerung. Ziel ist es, von einer kleinen Zahl von Prämissen zu einer großen Zahl von Schlußfolgerungen zu gelangen, die ein möglichst weites Untersuchungsgebiet betreffen. Grundlage dafür ist die logische Beziehung der *Implikation: p > q*, die alle möglichen Beziehungen zwischen p und q zuläßt, *außer* der Idee, daß p (Prämisse) falsch und gleichzeitig q (Schlußfolgerung) richtig sein könnte. Sagt man: "Wenn p, dann q," und fügt man hinzu: "p ist richtig, das hat mir meine (ob empirische oder nichtempirische) Untersuchung gezeigt", dann muß, *modus ponens,* die Schlußfolgerung einfach lauten: "q ist richtig." Darauf basiert, zumindest im Prinzip, die deduktive Theoriekonstruktion. Die Teutonen sind Meister im Errichten solcher Pyramiden. Die Mathematik basiert darauf, und so *kann* möglicherweise die Mathematisierung dazu führen, den Intellektuellen in Richtung des teutonischen Stils zu beeinflussen.[17]

---

[16] In anderen Worten lautet die Hypothese, daß die mathematische Wirtschaftswissenschaft in einer vorwiegend sachsonischen Kultur eher einer Insel gleichen wird, intellektuell isoliert von Wirtschaftshochschulen und Business Colleges mit ihren stärker datenorientierten Verfahren. Auf institutioneller Ebene könnte sie auch in den Planungsabteilungen der Ministerien isoliert sein, die eingebettet sind in eine politisch eher teutonisch ausgerichtete Kultur – z.B. mit marxistischen Neigungen, wie in den nordischen Ländern.

[17] Kann – sie könnte aber auch ein völlig unabhängiges Spiel werden, isoliert von anderen Aspekten menschlicher Tätigkeit, einschließlich der intellektuellen Tätigkeit – obwohl eine solch perfekt abgrenzende Aufteilung sich gewöhnlich nicht leicht aufrechterhalten läßt. Vielleicht ist das nur in einer Klassen- oder sogar Kastengesellschaft möglich. So sagt Ogura Kinnosuke in "Arithmetic in a Class Society" (1974): "Die kirchliche Arithmetik, basierend auf der Zahlentheorie des Boethius, verfügte über keine Rechenmethoden. Sie bediente sich indischer Symbole, hatte aber praktisch keine Beziehung zum täglichen Leben und betonte die okkulte Bedeutung der Zahlen. Im Gegensatz dazu bestand die Arithmetik der Bourgeoisie, die sich auch indischer Symbole bediente, hauptsächlich aus Berechnungen und betonte die wirtschaftliche Anwendung." So ging viel Arbeit in die Theorie vollkomme-

Warum dieser Ausflug in die elementare Logik? Nur um eines zu verdeutlichen: Theoriebildung basiert auf starken und strengen Dichotomien und ist in höchstem Maß unzweideutig. Daten können eine Hypothese nur bis zu einem bestimmten Punkt bestätigen; wenn sie es aber hundertprozentig tun, wird man sogar argwöhnen dürfen, daß die Hypothese eine Tautologie ist. Mit anderen Worten, es bleibt Raum für eine gewisse Ambiguität. Nicht so bei der Implikationsbeziehung und damit also der Theoriebildung: Hat man erst einmal die Prämisse akzeptiert, muß man auch die Schlußfolgerungen akzeptieren. In andern Worten, man wird zum Gefangenen der Prämissen und des deduktiven Rahmens, in den sie eingebettet sind. Wenn man eine begriffliche Vorstellung des Universums oder eines seiner Teile wünscht, die im Grunde wohlgeordnet ist – ob sich diese Ordnung nun aus der Wirklichkeit selbst ergibt oder etwas ist, das man der Wirklichkeit aufstülpt (oder beides) –, so läßt sich gegen diesen Ansatz nichts einwenden. Wird man aber auf einer tieferen Ebene von Vieldeutigkeiten angezogen, weil man entweder nicht der Gefangene seiner eigenen Gedanken sein möchte oder weil man das Universum selbst für vieldeutig hält, dann kann die deduktive Theoriebildung auf der Grundlage der aristotelischen Logik zu einer quälenden Last werden, und zu einer gefährlichen dazu. Sie steckt die Wirklichkeit in eine Zwangsjacke.

Zumindest drei verschiedene Reaktionen auf dieses Problem sind möglich. Die erste entspricht dem Verfahren, wie es im Rahmen des gallischen intellektuellen Stils angewandt wird; die zweite dem Verfahren im Rahmen des nipponischen intellektuellen Stils. Und die dritte Reaktion ist, ganz einfach ausgedrückt, folgende: Man überläßt sich voll und ganz dem Vergnügen an der deduktiven Übung, ohne auf irgendeine Weise anzunehmen, daß die "Wahrheit" der Thesen und Aussagen in der pyramidenförmigen Verknüpfung auch eine empirische Wahrheit sei. Sie braucht bloß eine postulierte Wahrheit zu sein, und der Rest ist Spiel. Das Spiel heißt formale Logik; der bedeutendste Zweig des Baumes der formalen Logik ist die Mathematik. Wie man weiß, gibt es in allen vier intellektuellen Kulturen hervorragende Mathematiker.

Das Argument, das es nun zu entwickeln gilt, lautet, daß das gallische (und später auch das nipponische) Verfahren der Theoriebildung sich sehr von dem teutonischen Verfahren unterscheidet. Insbesondere glaube ich, daß das gallische Verfahren sicher auch eine Verknüpfung von Wörtern ist, aber nicht unbedingt eine deduktive. Die Wörter verfügen über Konnotationen, sie haben Überzeugungs-

---

ner Zahlen, ganzer Zahlen, die der Summe ihrer Divisoren gleich waren (z.B. 6= 1+2+3), weil sie "die Wahrheit des Schöpfers des Universums bezeugten" (p. 22).

kraft. Sie können in der Tat sogar viel überzeugender sein als eine teutonische Pyramide eng sich verschränkender Einheiten. Aber es kann sein, daß diese Überzeugungskraft weniger von einer logischen Struktur ausgeht als vielmehr von einer bestimmten künstlerischen Qualität, die die Prosa der gallischen Sozialwissenschaften sehr oft besitzt, besonders dann, wenn sie von ihren wahren Meistern gesprochen und geschrieben wird. Die Überzeugungskraft geht vielleicht weniger von der Implikation aus als von der *élégance*. Hinter dieser *élégance* steckt nicht nur die Beherrschung eines guten Stils, im Gegensatz zu der dürren Prosa der deutschen Sozialwissenschaften, die oft an Fadheit grenzt, sondern auch der Gebrauch von Bonmots, das Spiel mit Worten und ihren Bedeutungen, der Einsatz von Alliterationen und mannigfaltigen semantischen und sogar typographischen Kunstgriffen. Die *Umkehrung von Sätzen* gehört dazu: Beginnt ein Artikel mit der Annahme, daß das Ei die Art und Weise sei, mit der die Henne eine andere Henne erzeuge, so muß er mit der Annahme (nicht mit dem Ergebnis!) enden, daß die Henne die Art und Weise sei, mit der ein Ei ein anderes Ei erzeuge. So wird auf die gleiche Weise aus der Armut der Philosophie gegen Ende eines Essays die Philosophie der Armut. Typographisch kann das sogar noch deutlicher werden, wenn dafür gesorgt wird, daß zwischen dem ersten und dem letzten Wort auf der selben Druckseite eine Art Korrespondenz besteht. Auf den ästhetischen Aspekt-Balance, Symmetrie – kommt es an.[18]

Was ich sagen möchte, ist, daß es vielleicht eine diesem Ansatz zugrundeliegende Denkfigur gibt, die sehr weitgehend die Praxis der Theoriebildung bestimmt. Es ist hier schon des Öfteren darauf hingewiesen worden, daß dies für den teutonischen intellektuellen Stil die *Pyramide* ist (vielleicht je steiler, desto besser), an deren Spitze ein grundsätzlicher "Widerspruch" steht. So waren für Marx der Gegensatz zwischen Kapital und Arbeit, für Freud der zwischen Es und Überich, für Hitler der zwischen Ariern und Juden derartige Schlüsselprinzipien, Perspektiven, Axiome, aus denen, mehr oder weniger rigoros, eine ungeheure Anzahl von Schlußfolgerungen deduziert wurden. Das grundlegende Postulat für alle drei lau-

---

[18] Dies ist eine britische (sachsonische?) Reaktion – voll Bewunderung – auf einen der gallischen Meister, und zwar aus einer Rezension von Michel Foucaults *Surveiller et punir* (Paris, Gallimard, 1975), erschienen in *Times Literary Supplement* vom 26. September 1975: "Dieses Buch zeigt wieder einmal alle charakteristischen Züge Foucaults – einen bemerkenswerten Gebrauch von Bildern, einen scharfen Sinn für das Paradoxon und die Mehrdeutigkeit, eine Vorliebe für Inversionen, ein nicht nachlassendes Aufspüren der Multiplizität menschlicher Erfahrung, eine solch unwiderstehliche Luzidität in kritischen Passagen, daß der Leser der Überzeugungskraft nicht widerstehen kann, und doch zeigt sich auch der ärgerliche Rückzug in ein Vokabular, das sich dem Uneingeweihten hermetisch verschließt, und dazu kommen Momente unzweifelhaften Sichgehenlassens." Und der Rezensent gibt ein Beispiel für "eine von Foucaults geschickten Inversionen, *die Seele ist zum Gefängnis des Körpers geworden*" (p. 1090 – meine Hervorhebung).

tete, daß der Widerspruch überwunden werden müsse, damit das System zur "Reife" gelange: indem in einer reifen sozialistischen Gesellschaft die Arbeit das Kapital kontrolliert, indem das Überich und das Es ein Ich erzeugen, das ausgleichend beide beherrscht, und indem die Arier die Juden besiegen, entweder durch Ausrottung oder Vertreibung. Aus einem einzigen Grundprinzip wurden viele Schlüsse gezogen, manche davon mit höchst dramatischen Auswirkungen.

Nicht so im gallischen intellektuellen Stil. Sollte ich die entsprechende Denkfigur erraten, so würde ich ihr die Form einer *Hängematte* geben: zwei Pfeiler, und zwischen ihnen hängt schwebend die Hängematte. Der Körper kommt zur Ruhe, sobald die Verknüpfung der Wörter zwischen den beiden entgegengesetzten Polen schwebt, voller Spannung zwar, aber voll ausbalancierter Spannung. "Entgegengesetzt" ist nicht dasselbe wie "gegenüberstehend;" vielleicht sollte man lieber von "Gewicht und Gegengewicht" sprechen. Die Dinge existieren in einer Totalität; es eignet ihnen eher eine Balance als ein Zentrum und ein Gipfel, wie es die Pyramidenmetapher für den teutonischen Stil anzeigt. Aber diese Totalität läßt sich nicht durch rigorose Deduktion darstellen. Man kann sie nur andeuten, man muß sie umtanzen und aus vielen Blickwinkeln betrachten, bis sie am Ende zwischen den beiden Polen schwebend ruht.[19]

Die teutonische wie auch die gallische Form der Theoriekonstruktion erfordern ein sprachliches Vermögen, das nur wenige meistern. Ich würde sogar die Hypothese wagen, daß es schwieriger ist, eine solide teutonische Pyramide zu errichten oder eine fein-schwebende gallische Hängematte künstlerisch auszubalancieren, als alle Kunstfertigkeiten zu mobilisieren, die nötig sind, um eine These im Rahmen des sachsonischen Stils zu belegen. Und das paßt auch sehr gut zu dem, was bereits über den Stil des intellektuellen Diskurses gesagt worden ist. Die teutonischen und gallischen intellektuellen Diskurse sind ihrer Art nach stark darwinistische Kämpfe, in denen nur die Stärksten überleben, abgehärtet und befähigt, die Bedingungen des nächsten Kampfes zu diktieren. Die Sachsonischen- die US-Varianten mehr noch als die UK-Varianten – und die nipponischen Praktiken sind toleranter, demokratischer, weniger elitär. Das hängt sicherlich damit zusammen, daß sowohl die USA als auch Japan Länder mit einer breiten Massenerziehung sind, auch im tertiären, akademischen Bereich, und aus dem Grunde mehr Menschen den Zugang zur Arena des intellektuellen Diskurses ermöglichen müssen

---

[19] Der Strukturalismus von Claude Lévi-Strauss ist für mich ein Beispiel dafür. Die grundlegende Gleichung a:b=x:y (a verhält sich zu b wie x zu y) ist kein Axiom, von dem streng deduktive Ableitungen gemacht werden können und ist deshalb nicht zu vergleichen mit der berühmten Mathematisierung der Verwandtschaftsbeziehungen, die André Weil 1949 durchgeführt hat. Vielmehr sind die Beziehungen a: b und x: y die beiden Pfeiler, die ich erwähnt habe, und der Denkvorgang schwebt zwischen beiden, verwoben in ein Muster dichten und höchst eleganten Denkens.

(oder umgekehrt: Weil sie mehr Menschen den Zugang ermöglichen, können sie zu Ländern mit einer breiten Massenerziehung auch auf der Tertiärstufe werden).[20]

In den teutonischen und gallischen Fällen handelt es sich nicht nur darum, keinen falschen Schritt zu tun, sondern auch um den Versuch, ein neues Territorium zu betreten. Das Gefühl dafür, was im Rahmen des jeweiligen Stils korrekt ist, muß in der Tat ziemlich stark ausgebildet sein. Im teutonischen Fall strebt man Strenge an, wenn nötig, auf Kosten der Eleganz; im gallischen Fall ist Eleganz das Ziel, vielleicht auf Kosten der Strenge im teutonischen Sinn. Von dem hier vertretenen Standpunkt aus ist natürlich weder das eine noch das andere richtig oder falsch; es sind einfach zwei verschiedene Arten der Annäherung an das intellektuelle Unternehmen. Und von beiden ist vermutlich die gallische Form elitärer: Der wahre *maitre* muß das beherrschen, was die sachsonischen, teutonischen und nipponischen Intellektuellen beherrschen, *und dazu noch Künstler sein; so* wird für die Gemeinschaft der Intellektuellen eine Struktur geschaffen, die isomorph zur Struktur der französischen Verwaltung ist.[21]

Wo aber fügt sich nun das nipponische Verfahren der Theoriebildung ein? Auf den ersten Blick könnte man sagen, daß im nipponischen intellektuellen Stil vielleicht nicht viel an Theoriebildung vorhanden ist, oder nicht mehr als man es im sachsonischen Denken findet. Theorien beziehen Stellung; sie sagen nicht nur, daß bestimmte Dinge so und nicht anders seien; sie verketten eine Reihe von Dingen in einem Rahmen des Gültigen *[valid]*, und alles, was außerhalb dieses Systems bleibt, wird leichthin als ungültig (Man beachte die doppelte Bedeutung

---

[20] Dies spiegelt sich auch sehr gut in dem unterschiedlichen Verhalten US-ameriknischer, britischer, französischer und deutscher Studenten, ganz zu schweigen von dem der japanischen in einem Seminar: Die US-Studenten beteiligen sich äußerst aktiv, bitten ums Wort; den britischen, französischen und deutschen Studenten geht es mehr darum, ob sie etwas zu sagen haben. Das spiegelt sich auch in der Haltung des US-Professors, der sich an seine langsamen und schwachen Studenten richtet – und vielleicht sogar an die nichtakademische Welt, an die ganze Gesellschaft. Seine französischen und deutschen Kollegen würden das gewiß nicht tun; sie wenden sich an ihre besten Studenten, ihre Kollegen, letzten Endes nur an sich selbst. Auch die japanischen Professoren wirken in geschlossenen Systemen, und die extreme Vertikalität der Systeme bewirkt ein niedriges Niveau der allgemeinen Unterrichtsbeteiligung und ein hohes Niveau einseitiger Rezipientenmentalität. Es besteht zwar ein hohes Niveau der Beteiligung an der Tertiärstufe der Erziehung, aber dann wieder ist diese Stufe selbst derartig in Kasten und Klassen geschichtet, innerhalb der Universitäten selbst und zwischen den Universitäten, daß sich der US-Effekt der Beteiligung (besonders wenn man weiter nach Westen kommt) erst gar nicht einstellt. Ich bin den Diskussionen am Maison des Sciences de l'homme für manche dieser Beobachtungen zu Dank verpflichtet, besonders Catherine Ballé und Edmund Leites.

[21] Zur Analyse vieler dieser Probleme, siehe *Le Mal Francais* von Alain Peyrefitte – ein Buch auch von einem Meister und sehr im gallischen Stil geschrieben besonders das 31. Kapitel *"Le cloisonnement"* mit Abschnitten wie *"Ils sont tous directeurs"* (pp. 312-326).

des englischen Wortes *invalid)* betrachtet. Das Fehlen von Ambiguität, die Klarheit der teutonisch geformten Theorie ist unvereinbar mit den Grundlagen der hinduistischen, buddhistischen und daoistischen Betrachtungsweisen. Diese Betrachtungsweisen des Ostens streiten gegen den Atomismus und die deduktive Strenge westlicher Verfahren im Allgmeinen und des teutonischen im Besonderen. Zum Beispiel braucht man nur an das hinduistische Beharren auf der *Unteilbarkeit* von Grundelementen zu denken (man kann nicht ein Element erkennen – und damit begreifen -, ohne die übrigen zu erkennen oder zu begreifen);[22] auf das buddhistische Beharren auf dem Kreischarakter des Denkens hinzuweisen (ein Satz und seine Umkehrung kommen der Wahrheit weitaus näher als einer der Sätze allein: "Ich fahre ein Auto" im Gegengewicht zu: "Das Auto fährt mich," ergeben zusammen ein wahres Bild der Situation – ein Punkt, dem man ohne weiteres zustimmen könnte);[23] und man braucht nur die daoistische Konzentration auf eine sehr bewegliche Dialektik zu erwähnen. Man muß dabei auch die zahlreichen Mehrdeutigkeiten des Japanischen berücksichtigen (vgl. Galtung und Nishimura, 1981), die in hohem Maße mit diesen Elementen des hinduistischen und orientalischen Denkens vereinbar sind, jedoch viel weniger vereinbar mit der deduktiven Theoriebildung. Fühlt sich indes ein Japaner unbehaglich angesichts einer eleganten westlichen Theorie, so wird er die Ursache seines Unbehagens vielleicht gar nicht identifizieren können und deshalb versuchen, die Theorie auf ihrem eigenen Feld anzugreifen und zum Beispiel behaupten, daß die Prämissen und/oder die Schlußfolgerungen empirisch einfach nicht haltbar seien. Der westliche Vertreter der Theorie wird darauf wohl mit Überraschung reagieren, weil solche Argumente einfach nicht hieb- und stichfest sind, und er wird unfähig sein, die wirkliche Ursache der Einwände zu verstehen.

Viele Fäden laufen an diesem Punkt zusammen. Zunächst einmal machen die Japaner im Alltagsdiskurs kaum jemals absolute, kategorische Aussagen; sie ziehen die Vagheit selbst bei trivialen Dingen vor (sie würden viel lieber nicht "Der Zug fährt um zwölf Uhr" sagen), weil eindeutige Aussagen unbescheiden klingen, weil sie den Anschein von Urteilen über die Wirklichkeit erwecken. Zu sagen: "Dies ist meine Theorie", und sie dann zu erläutern, das wäre eine unverhohlene Unbescheidenheit, eine völlig unjapanische Haltung. Was man tun könnte, wäre,

---

[22] Das klassische Beispiel ist die Unteilbarkeit von *artha, dharma, kama* und *moksha.*

[23] Hakan Wiberg verdanke ich den folgenden Witz: Einstein auf dem Berner Bahnhof fragte, wenn er sich nach dem Zug nach Zürich erkundigte, nicht: "Hält dieser Zug in Zürich?" sondern „Hält Zürich an diesem Zug?" Das ist wieder die gleiche Geschichte: Die Spannung zwischen zwei Aussagen ist das, was zur Erkenntnis führt, und die buddhistische Literatur ist sehr reich daran, da sie genau auf dem Prinzip von Gewicht und Gegengewicht basiert. Einer dieser Sätze allein, selbst der Einstein in den Mund gelegte, transportiert noch nicht genügend Erkenntnis.

mit einem intellektuellen Kommentar zu beginnen; man sagt etwa: "Es gibt eine Theorie ...," und beschreibt sie dann als die eines anderen, zeichnet sie vielleicht in die intellektuelle Landkarte ein, ohne aber dazu unbedingt ein Bekenntnis abzulegen. Für den westlichen Geist wird das sehr unbefriedigend klingen, denn er will immer wissen, ob er es mit dem Pro oder Kontra bei einer Sache zu tun hat, welcher Standpunkt da vertreten wird, so daß er sich der Person und nicht nur einer abstrakten Theorie stellen kann.

Doch in einer tieferen Schicht, glaube ich, ist die Angst vor Nicht-Mehrdeutigkeit viel wichtiger. So wie der okzidentale Geist sich vor Inkonsequenz, Ambiguität, Widersprüchlichkeit zu fürchten scheint und deshalb nach Bildern strebt, die frei sind von Widersprüchen,[24] strebt der orientalische Geist nach dem Gegenteil, und nicht unbedingt aus sprachlichen Gründen, sondern einfach, weil die zugrundeliegende Kosmologie sehr unterschiedliche Visionen von der Beschaffenheit der Wirklichkeit enthält. Das heißt nun nicht, daß Theoriebildung unmöglich sei; sie erfordert aber holistischere, dialektische Verfahren. Diese sind durchdrungen von der alten Weisheit der hinduistischen, buddhistischen und daoistischen Lehren (nicht so sehr von den shintoistischen und konfuzianischen), und sie sind daher in Ausdrücke gekleidet, die wunderlich klingen mögen, besonders in westlichen Ohren. Klar scheint auch zu sein, daß es bis heute noch niemandem gelungen ist, eine Synthese "moderner" wissenschaftlicher Einsichten und "traditioneller" formender Erkenntnis herbeizuführen. Die Suche danach geht vielleicht noch weiter (siehe z.B. Mushakoji, 1979), aber insofern es sich noch um vorläufige Ergebnisse handelt, erscheint der erzeugte Diskurs dem westlich geschulten Auge oder Ohr nicht als Theoriebildung, sondern als ein bloßer Wortschwall. Den mag man nun "Weisheit" nennen, doch das muß nicht unbedingt eine positive Bezeichnung sein.

Daher lautet meine Schlußfolgerung, daß das nipponische Verhalten gegenüber diesem Dilemma die folgenden drei Formen annehmen wird: (a) es wird nur wenig oder überhaupt keine Theorie entwickelt, oder es wird nur sehr vorsichtig daran gearbeitet, mit allen möglichen Entschuldigungen und Rechtfertigungen; (b) es wird etwas erarbeitet, das einer Theorie näherkommt, aber in nicht okzidentalen Begriffen ausgedrückt wird, die nicht leicht mit den okzidentalen Aspekten

---

[24] Das kommt sehr gut zum Ausdruck in *Japanese religious attitudes* (Maryknoll, New York, 1972) von Fernando M. Besabe S.J., p.87: „Japanische Autoren stellen fest, daß der wesentliche Unterschied zwischen den Menschen des Westens und den Japanern darin besteht, daß sich erstere immer die Frage stellen ‚dieses oder jenes'? *(ara ka kore ka)*, während der Japaner den Sinn eines solchen Dualismus nicht verstehen kann und sich immer wiederholen wird ‚dieses und auch jenes' *(are mo kore mo)* " Aber Theorien dienen dem Sortieren und Sieben, dazu, das Gültige vom Ungültigen zu trennen, das Wahre vom Falschen, in anderen Worten, eine Linie zu ziehen zwischen diesem und jenem.

der japanischen intellektuellen Tätigkeit zu versöhnen sind; und (c) der japanische Geist wendet sich immer mehr der Mathematik zu. Es gibt viele erstklassige Mathematiker in Japan, aber bis jetzt ist der japanische Beitrag zur sozialwissenschaftlichen Theoriebildung, einschließlich solcher Gebiete wie der Friedens-, Entwicklungs- und Zukunftsforschung, wirklich noch belanglos.[25] Wir wollen uns nun dem Problem der Theoriebildung von einem anderen Punkt nähern, und zwar ausgehend von einigen Konzeptionen der Gesellschaftsstruktur in den vier Typen von Gesellschaft, mit denen wir es hier zu tun haben. Die Ausgangshypothese ist sehr einfach: Es muß irgendeine Art von Entsprechung zwischen den allgemeinen Gesellschaftsstrukturen und der Struktur der wissenschaftlichen Gemeinschaft (des Wissenschaftsbetriebs) geben, und es muß auch irgendeine Entsprechung zwischen der Struktur der wissenschaftlichen Gemeinschaft und der Struktur des wissenschaftlichen Produkts geben, das heißt, der Mixtur, die letzten Endes aus Paradigmese/Thesenprodukten/Theoriebildung/Kommentar erzeugt wird.[26] Von welchen Annahmen über die Struktur der wissenschaftlichen Gemeinschaft könnte man ausgehen?

In Deutschland scheint die Struktur im Großen und Ganzen doch ziemlich einer Pyramide zu entsprechen. Es herrschte ein ungeheurer Respekt vor dem *Professor*, ein wirklicher Respekt, der nicht nur vorgetäuscht wurde, und das Verhältnis des Professors zu seinen unbedeutenderen kleinen Assistenten und Studenten war

---

[25] Der OECD-Bericht *Social Science Policy: Japan* (1977) gibt ein äußerst negatives Bild vom Zustand der Sozialwissenschaften in Japan, mit solch unfreundlichen Bemerkungen wie: Anstellung auf Lebenszeit hat bestimmte Auswirkungen auf das Universitätssystem. Eine Folge davon ist eine weitgehende Inzucht, die gewöhnlich als notwendiges Element der Heranziehung eines Nachfolgers durch einen älteren Professor akzeptiert wird. Gleichzeitig bedeutet das Akzeptieren dieser Tradition, daß oft gezögert wird, "das Boot zu schaukeln", indem man neue Ansätze oder Ideen in das Universitätssystem einführt, und daß dadurch der Prozeß der Veränderung verlangsamt wird. (p. 114)
... viele wissenschaftliche Abhandlungen unterscheiden nicht zwischen politischer Ideologie und akademischer Objektivität. Häufig wird sozialwissenschaftliche Forschung nur als Studium der Literatur durchgeführt, oder es wird betrieben als Einführung oder Übersetzung ausländischer sozialwissenschaftlicher Texte und Materialien. (p. 115)
... es gibt zusätzliche Gründe für die Lethargie der Angehörigen der sozialwissenschaftlichen Fakultäten: zu vielen scheint es an einer Vision dessen zu fehlen, was die Sozialwissenschaften sind oder werden können. Und in zu vielen Fällen sind sie selbst auch nicht ausreichend ausgebildet. (p. 135)
Und so weiter, und so fort. Die Prüfer der OECD haben meiner Ansicht nach die kulturelle Eigenart der japanischen Sozialwissenschaft nicht begriffen: Die Japaner interessieren sich vielleicht für etwas anderes als das, was die Prüfer im Sinn hatten. So beziehen sich das erste und dritte Zitat auf die *iemoto*-Tradition und ihren Primat über die individualistische, konkurrenz-orientierte westliche Tradition mit universalen Ansprüchen. Und das zweite Zitat bezieht sich auf die Bedeutung, die man dem Vorhandensein von genügend Material für die angemessene Klassifizierung der Arbeit anderer beimißt. Aber ich will nicht abstreiten, daß die Prüfer aus ihrer ethnozentrischen sachsonischen Perspektive auch recht haben.

[26] Siehe dazu die weitere Untersuchung Galtung, 1977, 1. Kapitel.

das eines Meisters zu seinen Jüngern. Der steile Aufbau der Struktur der wissenschaftlichen Gemeinschaft entspricht sehr gut dem steilen Aufbau der Theoriepyramide: je höher der Professor steht, desto tiefreichender oder abstrakter sind die fundamentalen Prinzipien, mit denen er arbeitet; je niedriger er auf der Pyramide angesiedelt ist, desto niedriger ist auch das Niveau seiner Thesen, bis man unten bei den Studenten angelangt ist, dem Fußvolk der Forschung, die sich die Hände mit empirischen Dingen beschmutzen. Man kann vielleicht in alledem ein Zurückbleiben der Universitäten hinter den Veränderungen sehen, die doch schließlich auch in Deutschland, besonders im Deutschland unter der Sozialdemokratie, stattgefunden haben – seit den feudalistischen Tagen, die durchaus bis ins neunzehnte und sogar zwanzigste Jahrhundert andauerten.

Aber ist nicht Frankreich ein Land des gleichen Typs? Es ist sicherlich elitär in dem Sinne, daß die wissenschaftliche Gemeinschaft in der französischen Gesellschaft eine Elite ist. Aber ich bezweifle doch sehr, ob man über Meister-Jünger-Verhältnisse in Frankreich in der gleichen Weise sprechen kann, wie das für Deutschland zutrifft. In Deutschland kann es vorkommen, daß man stolz auf seinen Status als Jünger ist, und man läßt sich als Anhänger des *Meisters* Sowieso bezeichnen und bezeichnet sich selbst so. In Frankreich habe ich so etwas fast nie zu hören bekommen: Dort klingt es eher so, als ob sich jeder selbst für einen Meister hält, oder doch einen Meister in *statu nascendi*. Man mag zwar bei jemandem in der Abteilung oder im Labor arbeiten, doch das ist nur eine zeitweise notwendige Beleidigung des menschliches Geistes, der Menschenwürde, ein Stadium, das bald überwunden sein müßte. Danach wird nämlich die endgültige Synthese von Marx und Freud geschrieben werden ... Es ist eine wissenschaftliche Gemeinschaft von Meistern, jeder mit seinem unnachahmlichen, höchst individuellen Stil, von denen oft ein jeder bei sich zu Hause arbeitet, unbelastet von jener Art von Institut, dem sich die deutschen Professoren letzten Endes unterwerfen; aber weil sie keine ausreichende wissenschaftliche oder organisatorische Unterstützung haben, sind sie fast ebenso frustriert wie die deutschen Meister es sind, weil sie nun wiederum von administrativen Pflichten erdrückt werden und eine beträchtliche Anzahl von Formularen ausfüllen müssen, um den bürokatischen Erfordernissen nachzukommen.

Woran liegt es, daß die deutschen Institute größer zu sein scheinen als die französischen, daß letztere dazu neigen, sich zu teilen und zu unterteilen, bis sie aus anderthalb Personen bestehen, die zu Hause arbeiten? Möglicherweise daran, daß die gesellschaftliche Außenstruktur ein noch höheres Maß an Konkurrenzfähigkeit fordert; möglicherweise daran, daß die Individualität als grundlegende Charaktereigenschaft noch stärker ausgeprägt ist; möglicherweise daran, daß solche Züge wie vertikale Ordnung und eine gewisse autoritäre Unterwürfigkeit (die einhergeht mit der autoritären Beherrschung anderer) nicht auf beide Länder gleichmäßig verteilt sind. Ich weiß nicht, aber es sieht so aus, als ob der wissenschaftliche Begriff der Wahrheit als das, was intersubjektiv mitgeteilt und reproduziert werden kann, beträchtlich modifiziert werden muß auf Grund der kulturellen Unterschiede. Ist das ein sachsonisches Vorurteil?

Konkreter: In Deutschland wird Intersubjektivität innerhalb einer philosophischen Schule, innerhalb einer pyramidenförmig gestalteten Meister-Jünger-Beziehung erreicht. Im Wesentlichen bedeutet das, daß die Jünger zum Verständnis des Meisters gelangen und in diesem Prozeß seine Theorie akzeptieren, ohne sie grundsätzlich in Frage zu stellen. Oder, falls jemand sie doch in Frage stellt, muß er die ganze Last des Beweises auf sich nehmen und sich selbst als Meister etablieren – über oder neben dem alten Meister: eine herkuleische Aufgabe. Intersubjektivität zwischen zwei Pyramiden ist nicht erwünscht; die theoretischen Konstruktionen sind unvergleichbar, und ihre Anhänger feiern ihre Unvergleichbarkeit, indem sie sich gegenseitig massiv bescheinigen, daß der andere nicht nur irre, sondern grundsätzlich irre ist.[27]

Ich bezweifle, daß es in Frankreich eine stärkere horizontale Intersubjektivität gibt, die das Fehlen vertikaler Intersubjektivität wettmacht. Man bewundert zwar die Überzeugungskraft, den sprachlichen Glanz, der zur Schau gestellt wird, das klare Licht, das von den Leuchten des Fachs ausgeht. Aber zu einem richtigen Gedankenaustausch wird es nie kommen, wenn auch nur aus keinem anderen Grund, als daß jeder Meister seine eigene Sprache hat. Falls jemand anderes versuchen sollte, in einer Art von Rückantwort zu verstehen zu geben, daß er die Botschaft empfangen habe, so würde das entschieden zurückgewiesen als eine Verletzung der persönlichen Integrität des Meisters: "Sie haben mich nicht richtig verstanden, ich habe nicht gesagt ..." Die Bemühungen, Reproduzierbarkeit zu

---

[27] In dem Essay über den teutonischen intellektuellen Stil (Galtung, 1979) werden zwölf Punkte als "erste Einführung in den teutonischen intellektuellen Stil" aufgeführt (pp. 195-197). Zum Beispiel:

5. Viel Arbeit geht in das Ausstellen von Gutachten, die andere Systeme, Artikel, Bücher, Autoren, Gruppen, Schulen usw. klassifizieren. Ist solch ein Gutachten erst einmal ausgestellt worden, wird es kaum jemals wieder zurückgezogen. Ob dessen Gültigkeit geleugnet oder auch akzeptiert wird, gilt als irrelevant; die Außengruppe kann in solchen Dingen kein Richter sein. Ihr Urteil spiegelt nur ihre grundlegenden Irrtümer.

11. Diskussionen nehmen nicht die Form von Dialogen (oder Multilogen) an, sondern die Form von parallelen Monologen, ähnlich den Kraftproben, die der Selbstbestätigung dienen und nicht der gemeinsamen Suche nach etwas Neuem. Sehr wenig Austausch, geschweige denn Lernen, findet über die Grenzen des Systems hinweg statt.

12. Der allgemeine Stil des Diskurses ist ernsthaft und humorlos; Witze gelten als frivol und zeigen den fehlenden Glauben an das, was man sagt.

demonstrieren, werden als versuchtes Plagiat abgewertet, als Mangel an Originalität auf beiden Seiten.

Aber das soll nicht heißen, daß es auf einer höheren Ebene nicht doch eine Art von Intersubjektivität gibt. *Sie kann in der Zugehörigkeit zum gallischen intellektuellen Stil an sich ihren Ausdruck finden,* in der gemeinsamen Überzeugung, daß so und nicht anders eine Theorie konstruiert werden müsse, und daß Menschen minderen Ranges nie fähig sein werden, das zu tun, was schon durch die Tatsache bewiesen wird, daß sie es nicht tun. Und so wird man vielleicht mit einem beifälligen, oft unkenntlichen Kopfnicken die Tatsache begrüßen, daß Monsieur Soundso sich endlich den angemessenen Stil angeeignet hat, auch wenn man das, was er mitzuteilen hat, für puren Unsinn hält. Möchte ein deutscher Professor sehen, ob er es wagen kann, einem seiner Jünger ein "Gutachten" zur Erlangung eines höheren Titels auszustellen, so wird er peinlich genau den Pyramidenausschnitt, den sein Jünger als Dissertation vorgelegt hat, auf mögliche Löcher in der Gedankenkette untersuchen. Der französische Professor wird möglicherweise eher einen mündlichen Dialog vorziehen, um zu sehen, ob der *candidat* das Niveau erreicht hat, für sich selbst zu sprechen und sich zu verteidigen. Das könnte sehr wohl zu einem *dialogue de sourds* werden, denn es dient nicht so sehr dem Zweck der Kommunikation als dem Zweck, das pattern des sprachlichen Verhaltens im allgemeinen zu prüfen. Der Gedanke, daß ein intellektuelles Seminar ein Ort der gegenseitigen Hilfe sei -, "Ich werde Ihnen heute helfen, vielleicht helfen Sie mir morgen" – geht von der Vorstellung aus, daß sich dort Gleiche in einer Gemeinschaft treffen. Das spiegelt sich in der sachsonischen Grundvoraussetzung: "Wir gehören alle zur Elite in der britischen Gesellschaft, wir sind alle nachweislich Fachleute, die sich zwar in ihren Fertigkeiten unterscheiden mögen, doch nicht in dem Maße, daß wir uns nicht horizontal verständigen können." Das ist unvereinbar mit der vertikalen deutschen Beziehung, in der der Meister so tun muß, als habe er nichts mehr zu lernen. Und es ist auch unvereinbar mit der fragmentarisierten französischen Beziehung, in der so viele Leute anscheinend so tun, als seien sie völlig irrelevant füreinander, wie sehr sie auch den gleichen intellektuellen Stil teilen mögen, oder gerade *weil* sie ihn teilen. In einem solchen Rahmen können die Leute an der Spitze sogar völlig unerreichbar werden für jede Herausforderung und Debatte, aus Angst vor einer *l'èse majesté.*

Wie aber verhält es sich mit Japan? Ist das nicht im Grunde eine vertikal geordnete, kollektivistische Gesellschaft? Ist nicht das Atom der japanischen Gesellschaft, die menschliche Gruppe, die rund um die organische Solidarität gebaut ist und einen Führer hat, durchaus vereinbar mit dem Meister-Jünger-Bild des deutschen Modells? Gewiß ist es das, und man möchte sich vorstellen, daß es in Japan viele kleine Pyramiden eines intellektuellen Stils geben müßte, der sich nicht so sehr vom teutonischen unterscheidet. Innerhalb dieser Pyramiden könnte sich dann die Theoriebildung entfalten, die sozialen Binnenbeziehungen würden erstarken und die sozialen Außenbeziehungen überflüssig machen. Aber dieser letzte Punkt ist es gerade, der problematisch ist: seit dem zweiten Weltkrieg sind die gesamtjapanischen Gesellschaften für die Wissenschaft X und die Wissenschaft Y derart wichtig geworden, daß sie wahrscheinlich dabei behilflich waren, viele der kleineren *iemoto* (mit einem sensei, Meister) zu nivellieren, und so eine gewisse gesamt-japanische Einebnung bewirken.[28] Ein allgemeiner japanischer Kollektivismus konnte sich wahrscheinlich nur durch ein gewisses Opfer an Vertikalität erzielen lassen, und in der Horizontalität, die sich daraus ergab, ist die japanische intellektuelle Tätigkeit vielleicht mehr zu Thesenproduktion als zur Theoriebildung gezwungen worden – aus den vielen, oben erwähnten Gründen.

Einige Bemerkungen zur Paradigmen-Analyse. Wie aus der Darstellung in Tabelle 1 ersichtlich, fällt die Stärke auf dem Gebiet der Paradigmenanalyse zusammen mit der Stärke auf dem der Theoriebildung. Ich glaube, nicht ganz zufällig: Das eine ist mit dem andern verwandt, beide erwachsen aus der gleichen grundlegenden Fähigkeit, der sprachlichen Analyse, und können relativ losgelöst von zu starken Konfrontationen mit der empirischen Wirklichkeit durchgeführt werden. Paradigmen-Analyse und Theoriebildung sind in der teutonischen und gallischen Praxis ebenso allgegenwärtig wie sie in der sachsonischen (besonders der US-Form)[29] und nipponischen intellektuellen Tätigkeit zumeist fehlen. Darin liegt zweifellos ein zweiter Schlüssel zur Erklärung des nipponischen intellektuellen Stils von heute (falls meine Beobachtungen der wirklichen Situation nahekommen): Japan liegt an der Peripherie der sachsonischen, speziell der US-amerikanischen, intellektuellen Kultur, wovon die Sozialwissenschaften gewiß nicht am wenigsten betroffen sind. Dies scheint im Gegensatz zu stehen zu dem traditionellen Interesse der Japaner an konfuzianischen Studien (die eher auf eindrucksvoller Theoriebildung oder der "Verknüpfung von Wörtern" beruhen) und an deutscher Jurisprudenz, die ihrer Struktur nach auch äußerst deduktiv ist. Und das bringt uns zu einem Punkt, der noch weiterer Ausführung bedarf: wenn Japan

---

[28] Von grundlegender Bedeutung für die Anfänge der japanischen Sozialwissenschaft war jedoch die Einführung der deutschen Jurisprudenz, die dazu neigte, einen doppelten Impetus in Richtung des teutonischen Stils zu geben, besonders, da sie im Zentrum der Struktur, in Todai, lanciert wurde. Aber heute nimmt der gesamt-japanische Rahmen an Bedeutung zu, nicht zuletzt durch den homogenisierenden Einfluß der Dienststellen der Zentralregierung.

[29] So scheinen die nordamerikanischen Sozialwissenschaftler besonders anfällig für die Annahme zu sein, daß das, was sie betreiben, universale Sozialwissenschaft sei, "Ökonomie" als solche, und nicht "US-Ökonomie", gefärbt von der strukturellen Position der USA in der Welt (und der US-Wirtschaftswissenschaftler in den USA) und von den besonderen kulturellen Annahmen der USA im Allgemeinen und seiner Eliten im Besonderen.

sich nach und nach von der US-Vormundschaft und Beherrschung in militärischen und politischen Angelegenheiten befreit, wie es das bereits auf wirtschaftlichem Gebiet getan hat, wird dann im gleichen Zug auch der intellektuelle Stil folgen? Wird etwas entstehen, das weniger Ähnlichkeit hat mit dem sachsonischen Stil?

Ich erwähne das, weil es zu einer stärker zivilisationsgebundenen und weniger politischen Interpretation dessen beitragen könnte, was gegen Ende der sechziger Jahre in Deutschland geschehen ist. Dort kam es zu einem ungeheuren Wiederaufleben des marxistischen Denkens und zu einem entsprechenden Angriff auf den "Positivismus", "Funktionalismus" und auch den Empirismus in den gesamten Sozialwissenschaften (ausgenommen empirische Studien jener Art, die eine unzweideutige Unterstützung der Thesen jener Art des marxistischen Denkens erwarten ließen, die gerade entstand).[30] Könnte dies auch eine teutonische Protestwelle gewesen sein gegen das sachsonische Vordringen, wie es besonders von den US-Sozialwissenschaften bewirkt wurde? Wellen von Fulbright-Wissenschaftlern in beide Richtungen, zahllose Austauschprogramme, empirische Techniken der US-Sozialwissenschaften, die weit ins deutsche Herzland vorstießen – mußte das nicht unausweichlich zu einer Art Widerstand führen? Könnte es vielleicht sein, daß der deutsche Nationalismus ein Teil dieser marxistischen Auferstehung war? Und wenn das der Fall sein sollte: verdiente das nicht Unterstützung – nicht nur oder nicht unbedingt wegen des politischen Beiklangs, sondern auch, weil dadurch eine größere Vielfalt intellektueller Stile herbeigeführt wurde? Jenen, die im sachsonischen Stil den Weltstil sehen, die intellektuelle Kultur, die einer entstehenden Weltzivilisation mit einer Weltregierung und so weiter zugrundeliegt, muß das als ein Rückschritt erscheinen. Anderen aber, die die Welt anders sehen, könnte sich der Vorgang unterschiedlich darstellen, z.B. als eine Unabhängigkeitsbewegung.

Lassen Sie mich nun versuchen, das Gesagte zusammenzufassen, indem ich in der kürzest möglichen Form die typische Frage stelle, die in den vier Stilen gestellt wird, wenn jemand mit einer These konfrontiert wird:

---

[30] Die Schwierigkeiten, Marxisten dazu zu bringen, den Marxismus auf eine Weise darzustellen, daß er empirischen Überprüfungen unterworfen werden kann, in denen Schlußfolgerungen der Art "nicht 100 % gültig, nur x %" möglich werden, unterscheiden sich nicht sehr von den Schwierigkeiten, Liberale dazu zu bringen, das Konzept der "Ausbeutung" in ihre theoretischen Systeme einzuarbeiten.

– sachsonischer Stil: *How do you operationalize it? (US-Version)*

Wie läßt sich das operationalisieren?

How do you document ist? (UK-Version)

Wie läßt sich das belegen?

– teutonischer Stil: *Wie können Sie das zurückführen/ableiten?*

– gallischer Stil: *Peut-on dire cela en bon francais?*

Kann man das auch auf gut Französisch sagen?

– nipponischer Stil: *Donatano monka desuka?*

Wer ist Ihr Meister?

Tabelle 2 Vier Stile, vier Denkfiguren

	Nicht-dialektisch	*Dialektisch*
Thesenorientiert:	sachsonisch	nipponisch
Theorieorientiert:	teutonisch	gallisch

Man sollte die Figuren natürlich nicht zu ernst nehmen. Aber sie zeigen deutlich die Kontraste: die sehr kleinen sachsonischen Pyramiden, die auf dem soliden Boden der Empirie errichtet sind; die gigantischen teutonischen Pyramidenkonstruktionen, die ein weites Gebiet umfassen; die dialektische Spannung in der gallischen Form der Darstellung, die vagen Versuche, Daten miteinander zu verkoppeln, in einem Unternehmen, das vielleicht zu einem sich entwickelnden nipponischen Stil führen könnte, der auf dem buddhistischen Rad basiert. Die Quadranten der Tabelle sind in der Reihenfolge angeordnet, in der die Stile in der Tabelle 1 erscheinen. Die Figuren mögen vielleicht ganz nützlich sein, an einige der oben erwähnten Punkte zu erinnern, die womöglich nicht so entwickelt wurden, wie sie es verdienten.[31]

Demnach wären der sachsonische und nipponische Stil faktenorientiert, was bedeuten würde, daß das Erziehungssystem sehr großen Wert auf die Anhäufung von Fakten legt. Entsprechend wären die deutschen Schulen mehr aufs Erlernen von Denkweisen ausgerichtet und die französischen Schulen auf die Beherrschung der französischen Sprache, wobei es darauf ankommt, sie nicht nur korrekt, sondern auch elegant zu sprechen und zu schreiben, indem man von den großen Meistern des gallischen Stils lernt.

Zweitens: der teutonische Stil ist der einzige, der ein klares Zentrum oder einen deutlichen Gipfel hat. Über den gallischen Stil läßt sich sagen, was manchmal über die gallische Form der Darstellung gesagt wird: *On ne sait pas où est le commencement et où est la fin.* Ich denke dabei nicht an den vulgären, simplistischen Typus der Darstellung, der oft als "logisch" oder "cartesianisch" bezeichnet wird, etwa: "Der menschliche Körper hat (a) Arme, (b) Beine; die Arme werden eingeteilt in (1) den rechten Arm, (2) den linken Arm" Diese Redeform möchte ich in ihrer Vulgarität eher als die administrative/bürokratische Redeform be-

---

[31] Ein anderer Zugang zu diesem Gebiet, der Gedankenorganisation, findet sich in H. Leisegang, *Denkformen (1951).* Er operiert mit vier Formen: Kreis, Kreis aus Kreisen, Pyramide und euklidische Geometrie – weitgehend basierend auf Denkern der westlichen Antike. S. Takdir Alisjahbana in *Values as integrating forces in personality, society and culture (1966)* formuliert Leisegangs Vorgehen wie folgt: "In Leisegangs Auffassung führt die *Denkform,* die der Wirklichkeit abgeschaut ist, unweigerlich zu einer Weltanschauung, da Dinge und Ereignisse in Übereinstimmung mit einer Denkform logisch miteinander verbunden sind, die anderen Denkformen nicht gesetzmäßig miteinander verbunden sein würden, ohne daß es zu einer leicht erkennbaren Unfolgerichtigkeit käme, die das logische Gewissen stören müßte." (p. 208). Das Wort "logisch" in dieser Passage ist jedoch vermutlich zu stark, wenn es sich auf die aristotelische Logik beziehen soll, während das Wort "Gewissen" schon angemessener ist. Die *Denkform* selbst konstituiert den Sinn dessen, was verbunden ist und wie es verbunden ist.

zeichnen, vielleicht als die Redeform der Intelligenzija, aber nicht als den Stil der Intellektuellen.[32]

Aber das bringt uns zu einem wichtigen Punkt des teutonischen Stils: das ungeheure intellektuelle Risiko, das man mit ihm eingeht, Es steht soviel auf dem Spiel! Sollte sich irgend etwas als ungültig erweisen, sollte eine These falsifiziert werden, sollte ein Satz, zu dem man wie auch immer gelangt sein mag, aus welchen Gründen auch immer sich als unhaltbar erweisen – so führt das in den anderen drei Stilen zu keinerlei größeren Katastrophen. Für den sachsonischen Intellektuellen wird dabei höchstens eine einzige Pyramide zerstört, und er kann sofort damit beginnen, aus den Trümmern eine weitere kleine Pyramide zu konstruieren. Der nipponische Intellektuelle hat, wenn überhaupt, ein äußerst flexibles Rad, das sich durch allerlei Fakten dreht. Der gallische Intellektuelle wird seine Schwierigkeiten gewöhnlich hinter einer weiteren eleganten Formulierung verbergen können, die vieldeutig genug und vielleicht etwas großspurig ist, ihm am Ende aber doch die Bescheinigung "votre presentation magistrale" einträgt. In einer solch glücklichen Lage ist der rein teutonische Intellektuelle nicht: Er trägt das Risiko, womöglich mit ansehen zu müssen, wie seine Pyramide in Stücke fällt. Deshalb ist es auch kein Wunder, daß er seine Arbeit mit einer gewissen inneren Nervosität in Angriff nimmt, die sich in Muskelverspannung ausdrückt und einem Gesicht, aus dem die letzte Spur von Humor und Distanz gewichen ist. Keine Anekdote, keine Analogie, keine Euphonie und kein spielerisches Jonglieren mit Bedeutungen nichts vermag das Desaster zu verschleiern, das eine teutonische Pyramide treffen kann; und stürzt sie ein, kann mit ihr der intellektuelle Einsatz eines ganzen Lebens verfallen.[33]

Zu diesem Unterschied zwischen dem teutonischen und dem gallischen Intellektuellen kommt noch ein abschließender Unterschied hinzu, der bisher nicht ausdrücklich erwähnt wurde: Ich behaupte, daß der teutonische Intellektuelle einfach *glaubt,* was er sagt – was seinem gallischen Gegenüber wohl niemals wirklich in den Sinn käme. Der teutonische Intellektuelle könnte sogar zu einem Punkt kommen, an dem er glaubt, daß seine Pyramide tatsächlich ein gutes Modell der empirischen Wirklichkeit sei, und entsprechend handelt: So mag er glauben, daß, wenn man nur die entscheidende Wahrheit des Systems verändere, die empiri-

---

[32] Zur Unterscheidung von Intellektuellen und Intelligenzija, siehe den Aufsatz "On the rise of intellectuals as a class" (Galtung, 1980b).

[33] Ich sehe diese Erklärung als eine grundlegende für die in Anmerkung 27 angeführten Punkte an. Insbesondere ist es eine Funktion der strengen Einteilung in Schulen, die Argumente, die von außen an die Schule herangetragen werden, für die eigene Schule irrelevant zu machen und damit das Risiko der Falsifizierung zu verringern.

schen Konsequenzen sich von selbst ergeben werden, auf die gleiche Weise, wie sich die logischen Konsequenzen aus seinen rigorosen logischen Deduktionen ergeben haben. Ich glaube, der gallische Intellektuelle würde eher dazu neigen, sein Modell als Metapher zu betrachten, die zwar etwas Licht auf die Wirklichkeit wirft, aber sonst nicht allzu ernstgenommen werden darf -, und nebenbei wird er sich dann in ziemlich sachsonische und sehr harte empirische Arbeit stürzen (was auch sein teutonischer Kollege tun wird, aber immer mit dem Hintergedanken, die Richtigkeit seiner Pyramide beweisen zu wollen). Und das ist das Ende der Geschichte: Der Teutonische wird vielleicht zum Extremisten werden, je nach Sachlage auf der Linken oder der Rechten, weil er seine Theorie ernst nimmt;[34] der gallische Intellektuelle wird wohl lieber ein gutes déjeuner vorziehen und, begleitet von funkelnder Konversation, ein herrliches französisches Menü genießen.

3. Vielfalt der intellektuellen Stile: Einige Bedingungen und Konsequenzen

Die meisten Leser werden in den oben erörterten Punkten einige Elemente wiedererkannt haben, und vielleicht haben sie bei einigen innerlich zustimmend mit dem Kopf genickt, oder sie haben, erschüttert von der Oberflächlichkeit und dem Mangel an Beweisen, einigen anderen Punkten aufs heftigste widersprochen. Deshalb sollte auch jeder mit Skepsis betrachten, was ich jetzt zu tun versuche: Ich möchte das ganze Bild plausibler machen, indem ich die vier Beschreibungen enger verwebe zu einem Netz aus Voraussetzungen und Konsequenzen – keinesfalls nun aber in einem klar umrissenen deduktiven Rahmen, sondern in einer Art Mischung aus sachsonischen, teutonischen, gallischen und nipponischen Annäherungen an das Phänomen, das ich zu erforschen suche.

Um an einem Punkt zu beginnen: Ich habe eine Anzahl kultureller und struktureller Phänomene erwähnt, die die oben genannten intellektuellen Stile bedingen, wenn auch nicht auf eindeutige Weise. Vielleicht sollte man sie noch einmal betrachten, um zu sehen, ob aus ihnen nicht noch einige Einsichten zu gewinnen sind.

Die intellektuelle Tätigkeit ist eine primär sprachliche Tätigkeit; sie wird in Worte gefaßt, ist in Sprache eingebettet. Zwischen natürlicher und künstlicher Spra-

---

[34] In *Deductive Thinking and Political Practice* (Galtung, 1979) wird das so ausgedrückt: -...es herrscht ein fundamentaler Isomorphismus zwischen Deduktion und Ursächlichkeit; Primärvariablen oder Faktoren sind auch Hauptursache ... die Pfeile der Folgerung werden zu Pfeilen der Kausalität. Damit dies funktioniere, muß die gesellschaftliche Wirklichkeit empirisch so stark gekoppelt sein wie ein deduktives System logisch verbunden ist." (p. 201).

che besteht ein Kontinuum – in dem die Mathematik vielleicht den äußersten Punkt auf der Seite der Kunstsprache einnimmt – mit verschiedenen Ebenen des Fachjargons, die eine Wissenschaftssprache irgendwo dazwischen ansiedeln: was sowohl ihre Unverständlichkeit für den Außenstehenden als auch ihre Eindeutigkeit für den Insider angeht. In einem anderen Zusammenhang habe ich versucht zu erforschen, auf welche Weise Sprachen Träger einer bestimmten sozialen Kosmologie sein können (siehe Galtung und Nishimura, 1981), und es besteht kaum Zweifel daran, daß die deutsche Sprache für den teutonischen intellektuellen Stil ebenso geeignet ist wie die Japanische Sprache für den nipponischen Stil. So hat ein deutscher Satz auf jeden Fall einen Anfang und ein Ende, er verläuft linear, in eine einzige Richtung; ein japanischer Satz kann auf viele Weisen gedreht und gewendet werden, ohne alle seine Bedeutungen preisgegeben zu haben, wenn sich auch jedes Mal neue Nuancen ergeben können. Vielleicht liegen Englisch und Französisch irgendwo dazwischen; aber sicherlich sind sie dem Deutschen näher, da sie innerhalb der indo-europäischen Sprachenfamilie eng verwandte Sprachen sind. Ich erwähne das nur, weil es einen Weg zur Untersuchung anderer intellektueller Stile aufzeigen könnte, indem man etwa den indischen Stil mit dem Hindu in Beziehung bringt, den arabischen Stil mit der arabischen und den chinesischen Stil mit der chinesischen Sprache – zumindest als Ausgangspunkt.

Aber dann könnte man sich auch noch auf eine andere Art und Weise dem Problem nähern: ausgehend von dem Unterschied zwischen *Elitesprache und Populärsprache*. Gibt es in der Sprache einen Klassenunterschied, der auch dem Klassenunterschied im intellektuellen Darstellungsstil entspricht? Vielleicht ja: Die Deutschen der Oberklasse sprechen ein viel strengeres und komplizierteres Deutsch, das sich in ihrem intellektuellen Stil spiegelt; Franzosen der Oberklasse sprechen ein viel kunstvolleres und eleganteres Französisch, das sich in ihrem intellektuellen Stil spiegelt; die Briten der Oberklasse sprechen korrekter (aber die englische Grammatik ist ja nicht so kompliziert; kompliziert ist hauptsächlich die Rechtschreibung), vor allem aber sprechen sie eine Sprache, die über ein reicheres Vokabular und feinere Nuancen verfügt und daher sehr viel fähiger ist, das Detail genau zu benennen; und die Japaner der Oberklassen sprechen ein noch viel mehrdeutigeres, komplizierteres und standesbewußteres Japanisch. Und das verweist auf einen Sachverhalt, der bis jetzt noch nicht ausreichend erwähnt wurde, auf den *Klassencharakter des intellektuellen Stils*. Die vielfältigen Unterschiede, auf die im vorangegangenen Abschnitt verwiesen wurde, mögen bei den intellektuellen Eliten oder denen, die als intellektuelle Eliten bezeichnet werden, durchaus existieren, und doch kann es eine Ähnlichkeit unter den Völkern geben. Aber selbst wenn das der Fall ist, darf man die Macht doch nicht unterschätzen, die die Eliten über die Menschen haben; man darf nicht vergessen, wie sie die Menschen dazu erziehen, den Stil zu bewundern, den sie selbst so gut beherrschen, und wie sehr die Leute dazu neigen, ihrem Beispiel zu folgen. Die vier Fragen, die am Ende des vorangegangenen Abschnitts stehen und einen Versuch darstellen, die Unterschiede schlagwortartig zu benennen, werden ja in den vier Kulturen nicht nur von den akademisch gebildeten Intellektuellen gestellt, sondern auch vom "Mann auf der Straße".[35]

Tiefer noch reicht aber der kulturell definierte Begriff der Wahrheit. Vielleicht ist dabei die wesentliche Unterscheidung, ob man in der Wahrheit etwas Feststehendes sieht, das zwar schwer zu erreichen, zu offenbaren oder zu enträtseln ist, oder aber etwas Flüchtiges, Fließendes, weil die Wirklichkeit selbst flüchtig und fließend ist. Dabei geht es nicht um die Frage *Substanzbegriff* oder *Funktionsbegriff,* der letztgenannte Wahrheitsbegriff würde selbst funktionale Invarianten leugnen, während der erste mit ihnen vereinbar ist. Offensichtlich passen deduktive Systeme – besonders, wenn die Pyramiden sehr groß, also schwer zu dekonstruieren sind auf Grund des intellektuellen Einsatzes, der in sie investiert wurde – besser zum Wahrheitsbegriff des ersten Typs, während dialektische Formen der Erkenntnis besser zum zweiten Typ passen. Die erste Form steckt die Wirklichkeit in eine Zwangsjacke, die zweite Form soll sich in dem Maße anpassen können, wie die Wirklichkeit sich formal und materiell verändert. Ist die erste Form zu starr, besteht doch immer die Gefahr, daß die zweite zu flexibel ist.

An diesem Punkt könnte man sich jedoch auch der Klassenanalyse, den mehr strukturellen Perspektiven zuwenden. In wessen Interesse liegt eine starre, beziehungsweise flexible Sicht der gesellschaftlichen Wirklichkeit? (Wir haben es hier ja mit den Sozialwissenschaften zu tun.) Die simplistische Antwort würde lauten: Ws sind die Herrschenden, die eine Wahrheit vorziehen werden, die beständig ist, da die bestehende soziale Wahrheit ihnen zusagt; die Beherrschten aber werden eine flexible Sicht bevorzugen, da nur diese ihnen Hoffnung auf die Zukunft geben kann. Wenn man diesen Gedankengang auf Länder anwendet, würde das zu der interessanten Hypothese führen, daß ihre begriffliche Vorstellung von der Wahrheit sich gleichzeitig mit ihrer Stellung in der Welt ändern müßte; so wie sich die Länder bewegen, von der Position des Überlegenen, der den Status quo bejaht, zur Position des Unterlegenen, der sich nach Veränderung sehnt, müßte auch der intellektuelle Stil Veränderungen unterworfen sein. Das wirft die Frage

---

[35] Ashis Nandy hat mich darauf hingewiesen, daß es fruchtbar sein könnte, zwischen den brahmanischen und sudraischen intellektuellen Stilen zu unterscheiden; der erste esoterischer, der zweite erdverbundener, was an die Unterscheidung in Anmerkung 17 erinnert. Jedoch sollte man die ungeheure Macht der Eliten im Gedächtnis behalten, in dem Sinne, daß "der herrschende intellektuelle Stil der intellektuelle Stil der herrschenden Klassen ist" (um Marx zu paraphrasieren).

auf: War die teutonische intellektuelle Kultur dialektischer, als Deutschland noch eine weitaus bescheidenere Rolle in der Welt spielte? – oder muß man so weit zurück in der Zeit gehen, daß die Frage sinnlos wird? Was ist mit Frankreich: War die französische intellektuelle Kultur deduktiver (in der Art, wie wir sie oben lächerlich machen wollten), als Frankreich noch mehr auf dem Höhepunkt seiner *gloire* stand? Was ist mit Japan? Werden die japanischen Intellektuellen, so wie die aufgehende Sonne immer weiter aufsteigt, mehr Sinn für imposante Theorien entwickeln, die eine gefällige Wirklichkeit einfrieren, und sich dann weniger für die flüchtigen Bilder einer fließenden Wirklichkeit interessieren? Werden die Briten, so wie es weiter mit ihnen bergab geht, die Welt dann dialektischer betrachten? Ich weiß die Antworten nicht, finde aber, es lohnt, die Frage zu stellen.

Im vorigen Abschnitt haben drei Variablen zur Charakterisierung von Gesellschaftsstrukturen eine große Rolle gespielt: Vertikalität/Horizontalität, Kollektivismus/Individualismus, Polarisierung/Integration. Demnach müßte eine wissenschaftliche Gemeinschaft, die vertikal, individualistisch und polarisiert ist, einen intellektuellen Stil wie den teutonischen hervorbringen; ist sie eher horizontal, aber individualistisch und polarisiert, müßte das Ergebnis eher dem gallischen intellektuellen Stil gleichen; ist sie horizontal, individualistisch, aber viel weniger polarisiert, müßte so etwas wie die sachsonische Kultur zu erwarten sein, mit der Betonung jener Aspekte intellektueller Tätigkeit, die eine geregelte, kooperative Diskussion unter Gleichen fördern. Und ist die Struktur schließlich vertikal, kollektivistisch und nicht-polarisiert wie die japanische, müßte man mit der Entstehung des nipponischen Stils rechnen: gebührender Respekt vor der Autorität, aber keine übergebührliche Betonung strittiger Themen, die durch scharf zugespitzte Theorien in den Diskurs eingeführt werden. Falls jedoch die intellektuelle Gemeinschaft vertikal, kollektivistisch und polarisiert ist, könnte ein dem teutonischen ähnlicher Stil entstehen: jede Schule produziert ihre eigene deduktive Pyramide, und der Schlüssel zu der Pyramide liegt allein beim Meister der Schule – vielleicht noch viel entschiedener als in Deutschland selbst. Andererseits aber ist es schon schwierig, die teutonische Kultur auf diesem Gebiet zu schlagen: schließlich ist es ein wichtiger Aspekt der teutonischen Kultur, daß ganze Schulen, ganze Lehren nach ihren teutonischen Gründern benannt sind, wie der Marxismus, der Freudianismus (man hätte vielleicht auch vom Hitlerismus reden können, aber das Wort hat sich nie durchgesetzt, da Hitler nie als Intellektueller galt!).

Damit bleiben uns doch noch drei weitere Kombinationsmöglichkeiten, die zu einigen Erkenntnissen führen könnten. Was also ist mit den beiden Formen, die – in ihrer polarisierten und ihrer nicht-polarisierten Variante Horizontalität und Kollektivismus in der wissenschaftlichen Gemeinschaft verbinden? In der nicht-polarisierten Form würde das eine Art äußerst horizontal strukturierter Wissenschaftskommune sein müssen, nicht bloß eine Gemeinschaft, die in der Wissenschaftsproduktion arbeitet. Um die horizontale Struktur zu bewahren, dürfte man es zu keiner Arbeitsteilung kommen lassen, bei der die einen weiter oben, die anderen weiter unten in den deduktiven Pyramiden arbeiteten; Theoriebildung in strenger Pyramidenform wäre dadurch ausgeschlossen, da sie früher oder später, wie es scheint, zu eben dieser Arbeitsteilung führen muß. Höchstwahrscheinlich würden die erarbeiteten Erkenntnisse eher in Begriffen der Thesenproduktion als in denen der Theoriebildung formuliert werden, also mehr in die Richtung der sachsonischen und nipponischen Verfahren zielen. Wären diese Gemeinschaften aber polarisiert, würden sie disparate Bilder produzieren, die nicht unbedingt antagonistisch zu sein brauchten, sondern – unterschiedliche kognitive Kulturen reflektierend – einfach füreinander irrelevant sein könnten. Intellektuelle Zen-Klöster in enger Nachbarschaft, aber mit einem niedrigen Grad von Interaktion?

Und dann gibt es noch die vertikale, individualistische und nicht-polarisierte Struktur: der teutonische Stil im Großformat, der die ganze Welt umfaßt! Interessanterweise ist gerade dieser Alptraum das, was der geheimen Methodologie der meisten Methodologie-Lehrbücher eingeschrieben steht: individuelle Brillanz in wildem Konkurrenzkampf, der letzten Endes zu einer *unified theory*[36] (Einheitstheorie) führt, die keiner Konkurrenz mehr ausgesetzt ist, da sie die ganze Welt umfaßt: *Universalismus!* Man könnte es so sagen: Der teutonische Stil ist erträglich, wenn er in einem pluralistischen Rahmen auftritt; ohne diesen Rahmen wird er unerträglich. Und dies führt zur Analyse einer Frage, die bereits angedeutet, aber noch nicht weiter verfolgt worden ist: In welcher Beziehung stehen diese verschiedenen Stile zum Verhältnis von Freiheit und Unterdrückung? Anders gesagt: Vor welchen Intellektuellen würden repressive Regime Angst haben? Hätten sie mehr Angst vor dem Thesensammler oder mehr Angst vor dem Theoretiker, vor demjenigen, der Daten sammelt ohne Theorie, oder vor demjenigen, der eine Theorie aufstellt ohne Daten? Eine Hypothese könnte lauten: Sie haben weder vor dem einen noch vor dem andern Angst. Derjenige, der nur Daten sammelt, ohne ihnen allzuviel Bedeutung beizumessen, wird so etwas wie ein Briefmarkensammler, der sich fleißig nur seiner Datensammlung widmet. Und derjenige, der Bedeutung sammelt, ohne sie auf konkrete Fakten zu beziehen, wird zu einem gleichermaßen unschuldigen harmlosen Gemüt werden. Wovor ein repressives Regime aber Angst haben würde, das wäre ein Mensch, der beides tut, der Daten

---

[36] Man fühlt sich an das Ziel des Wiener Kreises vor dem zweiten Weltkrieg erinnert, das sich in vielen Bemühungen um eine "unified science" (Einheitswissenschaft), geschrieben in der Sprache Rudolf Carnaps, ausdrückte, in der Spezialisten aus allen Wissenschaftsgebieten zusammengeführt würden (vgl. die *International encyclopedia of unified science).*

sammelt und ihnen im Licht einer Theorie eine Bedeutung, einen Sinn zu geben sucht; der Theorien aufstellt und versucht, sie anhand von Daten zu überprüfen.

Wenn diese Hypothese etwas für sich hat, so führt das zu zwei interessanten Schlußfolgerungen. Erstens: Die intellektuellen Kulturen, so wie sie in der vereinfachenden Beschreibung in Tabelle 1 definiert sind, weisen alle ein bedeutendes Ungleichgewicht auf; sie sind entweder thesen-aussagenorientiert oder theorieorientiert; in keiner herrscht ein wohlverteiltes Gleichgewicht der beiden Richtungen. Könnte das eine Folge des Umstandes sein, daß alle diese Kulturen das Ergebnis von verhältnismäßig repressiven Gesellschaften sind? Und könnte das wiederum die Folge des Umstandes sein, daß alle diese berühmten intellektuellen Stile das Produkt von Ländern mit imperialen Traditionen sind? – von Ländern, in denen Oberklassen (eine militärische und/oder grundbesitzende Aristokratie/Bürokratie) über den Intellektuellen stehen und nach innen und außen Herrschaft ausüben? Und zweitens, wenn das zutrifft, könnte es sein, daß kleinere Länder, weniger behindert durch imperiale Traditionen und innere Klassengegensätze, zumindest potentiell weniger repressiv sind und deshalb intellektuelle Stile entwickeln können, in denen ein ausgeglicheneres Verhältnis zwischen Thesenproduktion und Theoriebildung besteht und nicht versucht wird, die beiden voneinander zu trennen?

Dabei denke ich natürlich an die nordischen Länder, besonders an Norwegen, Schweden und Finnland. Es mag einem auffallen, wie sehr in der Forschung und der wissenschaftlichen Untersuchung allgemein hypothetisch-deduktive Stile vorherrschen, mit einer Art Gleichgewicht zwischen Induktion und Deduktion.[37] Daten inspirieren Theorie, die Theorie inspiriert die Sammlung weiterer Daten, die wiederum ein Mehr an Theorie inspirieren – dieser spiralförmige Prozeß wird dem Leser dargestellt, vor ihm entfaltet, so daß er ihn Schritt für Schritt selbst verfolgen, ihn kontrollieren und überprüfen kann. Ob nun als Voraussetzung oder Konsequenz - jedenfalls steht dieser Sachverhalt durchaus im Einklang mit dem relativ niedrigeren Stand der Repression in den Gesellschaften. Er steht im Kontrast zu den überaus massiv dokumentierten kritischen Analysen der US-Gesellschaft, die von den US-Sozialwissenschaftlern produziert werden[38] und

---

[37] Ein Hauptvertreter dieser Richtung in den nordischen Ländern ist Arne Naes gewesen, äußerst einflußreich durch seine avancierten Arbeiten zur Wissenschaftsphilosophie und Methodologie wie auch durch seine Lehrbücher für propädeutische Kurse in Philosophie. Sein Vorgehen ist von dem Bemühen geprägt, Induktion und Deduktion in einem spiralförmigen hypothetisch-deduktiven *Prozeß* auszubalancieren.

[38] Tatsächlich gleicht der Stil eines US-Sozialwissenschaftlers, der an einer kritischen Analyse arbeitet, weitgehend dem Stil eines Journalisten, oder, so gesehen, dem Stil, dessen sich die Leute ganz allgemein bedienen. So wurde auch gerade diese Arbeit angeregt durch eine Bemerkung einer

theoretisch ziemlich dürftig sind, und zu den kopflastigen Theorien, die von den Kritikern der deutschen und französischen Gesellschaft produziert werden und meistens ziemlich dürftig dokumentiert und belegt sind.

Es gibt allerdings im Rahmen des Erörterten noch eine andere Möglichkeit, um die relative Ausgeglichenheit des intellektuellen Stils bei den Nachfahren der Wikinger in Nordeuropa zu verstehen: Ich denke dabei an die Vorstellung vom *Strahlenschnittpunkt,* auf den im ersten Abschnitt angespielt wurde. Diese Länder haben unter dem sachsonischen und teutonischen Einfluß gestanden, und dies mag zu dem Respekt vor der sachsonischen Praxis des Datensammelns und der Dokumentierung und vor der teutonischen Spekulation und Theoriekonstruktion geführt haben; es hat jedenfalls zu dem Versuch geführt, beides in einer entwicklungsfähigen Methodologie zusammenzufügen. Vom gallischen Stil ist sehr wenig vorhanden: niemand könnte auch nur im entferntesten den nordischen Sozialwissenschaftlern eine Eleganz vorwerfen, die an die der brillantesten Franzosen heranreicht! Im Gegenteil, die nordischen Autoren schreiben eine lesbare, journalistische Prosa, und in diesem Genre könnten sie ihre französischen Kollegen möglicherweise leicht ausstechen. Immerhin erwarten die Franzosen ja auch gar nicht, von der Allgemeinheit verstanden zu werden; die nordischen Sozialwissenschaftler aber doch – oder zumindest hegen sie diese Hoffnung. Auch sind die nordischen Sozialwissenschaftler nicht so sehr an intellektueller Kommentierung interessiert: Was sie über solche Dinge lesen, wird im sprachlichen Diskurs gewöhnlich nicht erwähnt werden; es bleibt im Hintergrund, man behält es im Gedächtnis als etwas, an dem man sein eigenes Verfahren überprüft. Was man zu tun versucht ist: Daten und Theorien derart zusammenzufügen, daß sie sich zu einer achtbar geschmiedeten Kette von Worten verbinden.

Aber warum sollte das nicht auch in den Niederlanden der Fall sein? Hier wäre unser Argument, daß die Niederländer nicht nur dem sachsonischen und teutonischen Einfluß, sondern auch dem gallischen ausgesetzt sind: und im Kreuzfeuer dreier intellektueller Stile zu stehen, ist einfach zu viel. Bis sich ein polyglotter niederländischer Sozialwissenschaftler die Literatur aller drei Kulturen angeeignet hat (wobei nicht zu vergessen ist, daß die sachsonische die US- und UK-Varianten einschließt!), ist seine ursprüngliche Neigung – wie immer sie auch ausgesehen haben mag – vermutlich längst gründlich abgetötet worden. An die-

---

US-Hausfrau in den USA, die Kochrezepte sammelte: "Ich gehe morgen in die Bibliothek, um etwas Forschung nach einigen Kochrezepten zu betreiben." Eine deutsche oder französische Hausfrau würde für diese Art von Tätigkeit kaum einen solchen Ausdruck benutzt haben; in ihren Gesellschaften ist die Distanz zwischen dem Alltagsdenken und dem wissenschaftlichen Denken beträchtlich größer; die beiden sind sogar zusammenhanglos; es sind zwei getrennte Welten, in denen die Intellektuellen das Monopol auf intellektuelle Arbeit haben.

sem Punkt müßte man wohl entweder in einer der Kulturen Zuflucht suchen und sich einem Prozeß der Selbstkolonialisierung unterwerfen, oder aber zum Bibliographen werden, zum Meister der intellektuellen Kommentierung.[39] Es müßte fast ein Wunder sein, wenn unter solchen Umständen eine schöpferische Sozialwissenschaft gediehe.

Und diese allgemeine Hypothese würde natürlich gleichermaßen für die intellektuellen Kulturen der Peripherie gelten. Im Mittelpunkt ihres Interesses würde die talentvolle Nachahmung stehen: immer up *to date* sein, immer informiert sein über die neusten Ereignisse im Zentrum. Von Brüssel bis Genf und hinunter bis Rom, Madrid und Lissabon und quer über den Atlantik bis in viele der südamerikanischen Länder werden die Sozialwissenschaftler mit dem Kopf nach Paris gerichtet schlafen... Ihre Pilgerfahrt, ein- oder zweimal im Jahr, dient der Lebensnotwendigkeit, die Batterien wiederaufzuladen. Erkenntnisse von wirklicher Bedeutung lassen sich in keiner geringeren als der französischen Sprache ausdrükken; ein beifälliges Kopfnicken aus dem Zentrum ist das entscheidende Signal der Anerkennung, das es heimzubringen gilt. Die Beziehung zwischen Zentrum und Peripherie innerhalb einer intellektuellen Kultur wird somit zu einem Verhältnis wie dem zwischen einem leuchtenden Stern und den schwarzen Löchern, von denen die Astronomen sprechen: während der Stern nur strahlt und aussendet, empfängt das Loch nur und absorbiert. Ähnliches gibt es auch unter den Menschen: jene die nur aussenden und nie etwas empfangen, und jene, die nur empfangen und nie etwas aussenden. Das Gefälle Zentrum-Peripherie ist eine Institutionalisierung dieses Phänomens. Wie in linguistischen Systemen werden Veränderungen in intellektuellen Kulturen vermutlich im Zentrum oder in unmittelbarer Nähe des Zentrums stattfinden müssen, um sich in Wirklichkeit durchzusetzen. Finden sie an der Peripherie statt, gelten sie nicht als "Innovationen", sondern werden als "Fehler" abgetan, es sei denn, hinter ihnen steht außerordentliche Kraft, Initiative und ein starkes Charisma.

Für die Peripherie der Peripherie jedoch stellt sich die Lage nicht so düster dar. Ich habe das Gefühl, daß ich an den Peripherie-Universitäten der Peripherie-Länder einer intellektuellen Kultur oft mehr Kreativität beobachten konnte als den Provinzuniversitäten des Zentral-Landes selbst oder an den Universitäten der

---

[39] Siehe F. Bovenkerk, *Sociologie in Nederland deugt niet* (1981), eine Rezensiorn von Maurice Punch, "Dutch sociology and university reform" *(Sociale Welenschappen* 24, (1), 1981). Um den Versuch zu unternehmen, den" beklagenswerter Zustand der Dinge" zu erklären, zitiert er aus den Memoiren eines spanischen Diplomaten, des Herzogs de Buena, daß nämlich die Niederländer "das konservativste Volk auf der Welt seien", und daß sie "die Mentalität eines Buchhalters" zeigten. Vielleicht, aber ich versuche den Mangel an Originalität in der niederländischen Sozialwissenschaft auf eine andere Weise zu erklären.

Hauptstadt des Peripherie-Landes. Dafür gibt es einen einfachen Grund: Die beiden letzten Gruppen sind viel zu sehr damit beschäftigt, zu imitieren und *up to date* zu sein, als daß sie Zeit oder Interesse für irgend etwas anderes hätten; die Peripherie der Peripherie kann in andere Richtungen Ausschau halten und muß sich nicht gezwungen fühlen, eine Imitation zu imitieren. Dort kann man dem Muff und der Abgestumpftheit entfliehen, die die Dauerfolgen übertriebener Nachahmung sind, und zu einem wahrhaft kreativen Verhalten finden. Wenn solche intellektuellen Gemeinschaften sich im pluralistischen Geist gegenseitiger Toleranz und Koexistenz in horizontalen Systemen verbinden, könnte daraus vermutlich etwas sehr Kreatives entstehen. Es braucht nicht betont zu werden, daß dies vom Zentrum des Zentrums übelgenommen würde, das ja darauf aus ist, Proselyten zu machen und irrtümlich glaubt, daß die Peripherie der Peripherie fallen werde, sobald die Peripherie selbst erst erobert ist.

Abschließend sollte nur noch hinzugefügt werden, daß die letzte Generation dem Zentrum jener intellektuellen Stile, die sich auf die Thesenproduktion konzentrieren, ein ungeheuer wirkungsvolles Herrschaftsinstrument zur Verfügung gestellt hat: und das *ist eine äußerst industrialisierte intellektuelle Produktionsweise.*[40] Ich denke dabei an das massive Sammeln von Daten durch große und finanziell gut ausgestattete Teams und an die Verarbeitung und Analyse dieser Daten durch eindrucksvolle, aber auch teure Computer – mit all den dazugehörigen *"think tanks"*, Bibliotheken, Konferenzen und Sitzungen und dergleichen. Es gibt kaum einen Zweifel daran, daß diese Produktionsweise besonders gut mit dem sachsonischen Stil vereinbar ist; bis jetzt sind Computer noch nicht imstande gewesen, das zu reproduzieren, was ein guter teutonischer Intellektueller bei der Pyramidenkonstruktion zu leisten vermag, ganz zu schweigen davon, was ein guter gallischer Intellektueller bei seiner Tätigkeit auf der Grenzlinie zwischen Kunst und Wissenschaft leisten kann. Diese letzten beiden sind eher vereinbar mit einer "handwerklichen" intellektuellen Produktionsweise, bei der man seine Arbeit zu Hause im eigenen Wohnzimmer umgeben von Büchern tut. Der sachsonische intellektuelle Stil wird vorwiegend dort in Erscheinung treten, wo Computer vordringen; die Produktionsmittel bestimmen weitgehend die Produktionsweise. Sogar im Kernland Teutoniens und Galliens werden Computer ihren Platz finden und Myriaden von Daten hervorbringen, auf der Suche nach mehr Interpretation, als die Theorie-Klassen dieser Länder jemals produzieren könnten. In der Konsequenz werden daten-orientierte Subkulturen entstehen – möglicherweise von der Theoriebildung ebenso abgekoppelt wie die Theoretiker von der Thesenproduktion –, was dem intellektuellen Gesamtsystem einen etwas schizophrenen Charakter

---

[40] Siehe Anmerkung 2.

geben wird. Was dabei auf lange Sicht herauskommen wird, bleibt abzuwarten; aber es kann vielleicht ein sachsonisches trojanisches Pferd sein.

4. Schlußfolgerung: Bewegen wir uns auf einen intellektuellen Weltstil zu?

Das glaube ich nicht. Es gibt genügend kulturelle Vielfalt auf der Welt, die zum Teil von Sprachen verschiedenster Art getragen wird, und es gibt genügend Unterschiede in den strukturellen Positionen, sowohl in den Ländern selbst wie auch zwischen ihnen, die dafür sorgen, daß die Unterschiede der intellektuellen Stile erhalten bleiben – wenn an den Gedankengängen der vorangegangenen Abschnitte überhaupt etwas dran sein sollte. So wie Klassen und Länder auf- und absteigen, wird es auch mit ihren intellektuellen Stilen sein – und durch die Umstände bestimmt, werden sie einen Vorsprung haben oder im Rückstand liegen. Manches dabei wird die Folge der strukturellen Position sein, manches die Folge der kulturellen Veränderungen, die durch die neue objektive Position herbeigeführt werden. Das meiste aber die Folge der vereinten Wirkung beider. Deshalb wird auch das, was hier sachsonischer, teutonischer und gallischer Stil genannt wurde, nicht an bestimmte Gruppen in bestimmten Ländern gebunden sein; vielmehr läßt es sich als etwas betrachten, das in Bewegung ist und seine geographische und gesellschaftliche Position mit der Bewegung der Geschichte verändert; noch ein Grund mehr, diese Begriffe zu verwenden und nicht die Nationalbezeichnungen.

Es gibt allerdings zwei Phänomene, die einen trotzdem an eine Art intellektuellen Weltstils denken lassen könnten: die Kopplung des sachsonischen intellektuellen Stils an die industrielle Form intellektueller Produktion einerseits und andererseits die Art und Weise, in der der sachsonische Stil besonders den Bedürfnissen des Systems der Vereinten Nationen und des Systems der zwischenstaatlichen und nichtstaatlichen Organisationen und transnationalen Konzerne entspricht (siehe Rittberger und Galtung, 1981). Es ist leicht einzusehen, warum der sachsonische Stil, reich an Dokumentation und sehr arm an Theorie, reich an formaler Sprache und dürftig an Eleganz, die Sprache der Sekretariate der UN und der UN-Organisationen sein muß: Alle Mitglieder sind gleichberechtigt, es besteht das Bedürfnis, wenn schon nicht nach einem Konsens, so doch wenigstens nach einer Basis, auf der Gentlemen streiten können. Der sachsonische intellektuelle Stil liefert eine solche Basis. Gleichzeitig verstärkt er die Unterscheidung zwischen einerseits den Fachleuten des Sekretariats und den Außenberatern, die das Rohmaterial für die Debatte liefern – und den regierenden Körperschaften einschließlich der Generalversammlung andererseits, die mit diesen Materialien versehen auftreten, sich das heraussuchen, was sie brauchen, und es einfügen in ihre jeweiligen

Denksysteme mit den eingebauten Polarisierungen, die von den scharfen Gegensätzen des Weltsystems erzeugt werden. Obwohl sie sich wie teutonische und/oder gallische Intellektuelle verhalten mögen, geht es doch darum, daß die Organisationen als solche diese Verhaltensmuster nicht ins Sekretariat eingebaut sehen wollen – oder es scheint wenigstens so.

Aber das alles spielt sich auf der Oberfläche der Welt ab. Unter dieser Oberfläche werden die Stile weiterleben: Die Teutonen werden weiterhin irritiert sein, wenn die Gallier zu lyrisch werden, wenn sie zum Beispiel ein Wort durch ein anderes mit gleicher Bedeutung ersetzen, um stilistische Abwechslung oder eine klangliche Wirkung zu erzielen; und die Gallier werden weiterhin von der teutonischen Pedanterie gelangweilt sein. Beide aber werden sie nach Perspektiven und Formen der Erkenntnis greifen, die etwas Ordnung in die unordentliche sachsonische Landschaft störrischer Fakten bringen sollen; und die sachsonischen Vertreter werden weiterhin unruhig werden, wenn die Teutonen und Gallier ins weite All abheben und nur eine dünne Spur von Daten hinter sich lassen. Manche von ihnen werden von den andern lernen, was sie selbst nicht beherrschen, aber im Großen und Ganzen wird die Tugend des einen das Laster des anderen bleiben. Offensichtlich sind Kräfte am Werk, die stärker sind als die Lehrbücher der Methodologie mit ihren Ansprüchen auf universale Gültigkeit. Und das ist nur gut so: es wäre schrecklich, wenn alles, was der menschliche Intellekt unternimmt, von dem gleichen intellektuellen Stil geleitet werden sollte.

Literaturverzeichnis

Alatas, S. H.: *Intellectuals in developing societies.* London 1977.

Besabe, F. M .: *Japanese religious attitudes.* New York 1972.

Bovenkerk, F.: "Sociologie in Nederland deugt niet", *De Volkskrant* April 1981.

Kinnosuke, O.: "Arithmetic in a class society", in: Nakayama et al.: *Science and society in modern Japan.* Tokyo 1974.

Galtung J.: *Theory and methods in social research.* London and Unwin 1967.

– *Essays in peace research, vols. I-V.* Copenhagen 1975-1980.

– *Methodology and ideology.* Copenhagen 1978. Deutsche Ausgabe: Methodologie und Ideologie. Frankfurt/Main 1978.

– *Papers on methodology.* Copenhagen 1979. - chap. 5, pp. 136-160. "Socio-Cultural factors and development of sociology in Latin America". – chap. 8, pp. 194-209, "Deductive thinking and political practice: An essay on Teutonic intellectual style".

– *In defense of epistemological eclecticism.* Geneva 1980a.

– *On the rise of intellectuals as a class.* Geneva 1980b.

– *The true worlds.* New York 1980c.

– "Five cosmologies: An impressionistic introduction", *Alternatives* Fall 1981.

Galtung, J./Nishimura, F.: *Structure, culture and languages as carriers of cosmology: An essay comparing Indo-European Languages, Chinese and Japanese.* Geneva 1981.

Graciarena, J.: "La sociologia en America Latina. Algunas consideraciones, sobre la cooperación internacional y el desarrollo reciente de la investigacion sociologica en America Latina", *Revista Latinoamericana de Sociologia 1 (2),* 1965, pp. 231-242.

Leisegang, H.: *Denkformen.* Berlin (2nd. ed.) 1951.

Mushakoji, K.: *Scientific revolution and interparadigmatic dialogues.* Tokyo 1979, HSDRCPID-14/UNUP-75.

OECD: *Social sciences policy: Japan* (Report prepared by A. King, J. Morley and D. Seers.) Paris 1979.

Peyrefitte, A.: *Le mal français.* Paris 1976.

Rittberger, V./Galtung, J.: *Processes in the UN system: An issues paper.* Geneva, Institut Universitaire d'études et du développement (GPID Papers) 1981.

Takdir Alisjahbana, S.: *Values as integrating forces in personality, society and culture.* Kuala Lumpur 1966.

Weil, A.: "Sur l'étude algébrique de certains types de lois de mariage (système Murugin)", chap. xiv, pp. 279-285 in: C. Lévi-Strauss, *Les structures élémentaires de la patenté.* Paris, Presses Universitaires de France 1949.

Wittgenstein, L.: *Tractatus logico-philosophicus.* London, International Library of Psychology, Philosophy and Scientific Method (New ed. 1949, London, Routledge and Kegan Paul) 1921-1922.

Fälle und Übungen (8)

Kulturelle Stile

8.1

Galtung interpretiert die zur Charakterisierung des „nipponische Denkens" gewählte Kreisfigur vor dem Hintergrund von Buddhismus und Taoismus. Lassen sich in dieser Weise auch Beziehungen zwischen „gallischem" und „sachsonischem" intellektuellen Stil und den in diesen Kulturen dominierenden Religionen, Katholizismus einerseits und Protestantismus andererseits, formulieren?

8.2

Diskutieren Sie – ggf. unter Bezugnahme auf die Aufsätze von Burkat und Spitzer – die These, dass intellektuelle Stile immer auch kommunikative und dementsprechend kulturelle Stile sind.

8.3

Sofern es sich bei den von Galtung beschriebenen Stilen im weiteren Sinne um kommunikative bzw. kulturelle Stile handelt, müsste dies an beliebigen Kommunikationsprodukten nachweisbar sein. Versuchen Sie die skizzierten Merkmale des „teutonischen" und des „sachsonischen" Stils in einer Analyse der untenstehenden Auszüge aus einem deutschen und einem US-amerikanischen Geschäftsbericht von Ford sowie anhand von Umschlagseiten von Imagebroschüren deutscher und US-amerikanischer Universitäten herauszuarbeiten:

8.4

Untersuchen Sie auch am Beispiel des Vergleichs beliebiger anderer (nichtnormierter) Textsorten, inwieweit diese zumindest annähernd Bestätigungen für die von Galtung herausgefilterten Stilmerkmale ermöglichen. Es bieten sich Verkaufsprospekte oder Kataloge hierfür ebenso an wie die national unterschiedlichen Homepages internationaler Unternehmen (z.B. www.ford.com; www.ikea.com oder die unterschiedlichen Ländervarianten von Coca-Cola).

Service und Teileverkauf
Kundenbetreuung mit Konzept

Die Zufriedenheit ihrer Kunden konnte die Ford-Werke AG 1993 mit der konsequenten Realisierung umfassender Service-Strategien weiter steigern. Dabei bestimmten zwei herausragende Schwerpunkte das zurückliegende Geschäftsjahr im Bereich Service und Teileverkauf: Die Einführung des zukunftsweisenden Konzepts „Autohaus 2.000" und die Realisierung neuer Händlerstandards.

„Autohaus 2.000" – mit diesem Konzept bietet die Ford-Werke AG ihren Partnern umfangreiche Hilfestellung beim Neu- oder Umbau ihres Händlerbetriebes an. Optimale Gestaltung der Arbeitsabläufe, ein Höchstmaß an Kundenfreundlichkeit sowie umweltgerechte Bau- und Architekturmaßnahmen zählen ebenso zu den Bestandteilen des Konzepts wie ein unverwechselbares und eigenständiges Design. 1993 wurden bereits 95 Planungen für Um- oder Neubauten von Ford-Händlerbetrieben abgeschlossen. Die ersten Betriebe nach dem „Autohaus 2.000"-Konzept entstanden in Wernigerode, Mainz und Darmstadt.

Eine weitere wichtige Hilfestellung für die kontinuierliche Verbesserung von Qualität und Kundenfreundlichkeit ist die im letzten Jahr eingeführte telefonische „Hot-Line" zwischen der Ford-Werke AG und ihren Vertriebspartnern. Technische Anfragen werden über den „heißen Draht" schnell beantwortet. Darüber hinaus wurde die Anzahl der Außendienstmitarbeiter erhöht, die Händlerbetriebe vor Ort aktiv unterstützen und beraten.

Servicequalität, die Vertrauen schafft

Mehr als 400 Partner qualifizierten sich bis Ende 1993 zudem für die Ernennung zum Ford-Karosseriespezialbetrieb. Damit stehen den Kunden zur Behebung von Karosserieschäden, zur Umrüstung von Fahrzeugen und für hochwertige Lackierarbeiten anerkannte Fachwerkstätten zur Verfügung, die mit dem jeweils letzten Stand der Technik besonders eng vertraut sind. Insgesamt haben diese Maßnahmen zu einer deutlichen Verbesserung der technischen Betreuung durch die Ford-Händlerorganisation und zu hoher Kundenzufriedenheit mit der Ford-Servicequalität geführt.

Umsatzsteigerung
Teile und Zubehör 1993
(in Prozent)

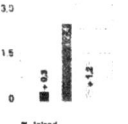

3,0

1,5

0

+ 0,3

+ 1,2

■ Inland
■ Export
Gesamt

Mustergültig:
Umweltschutz und
Kundenfreundlich-
keit stehen im
Mittelpunkt des
Konzepts „Auto-
haus 2000". Unter
diesem Namen bie-
tet Ford umfang-
reiche Hilfestellung
beim Neu- oder
Umbau von
Händlerbetrieben.

(D)

Usually, change happens because someone's imagination is put to practical use. The team at right, Robert Van Oel (far right), Denise Mitchell and Stuart Oke, was honored with a Henry Ford Technology Award last year. The three developed a new support apparatus for headlamps that allows much greater flexibility in vehicle design. It was used on the 1993 Ford Ranger and 1994 Ford Mustang and will be on future vehicles. Inset: Though small, the team's invention, shown next to a headlamp, has had a big impact on design.

The Ford-sponsored "Visiones del Pueblo: The Folk Art of Latin America" is the first major traveling exhibit of its kind and gives young artists like these a chance to show off their skills. In 1993, Ford was selected Corporation of the Year by both the United States Hispanic Chamber of Commerce and the Michigan Hispanic Chamber of Commerce.

Ford in 1993 began selling North American-built vehicles in China. There now are 10 independently franchised dealerships, including this one in Shanghai, where visitors take a close look at a Lincoln Town Car. Ford's North-American built exports to all markets totaled 71,000 in 1993, up 42 percent from 1992.

At the Auto Safety Center (above) in Dearborn, Mich., engineers direct a crash dummy headform at targets in a vehicle interior. An impactor at the end of a robotic arm fires the headform at speeds up to 15 mph to gather data. This test is aimed at increasing occupant safety.

All 1994 Ford Motor Company cars and light trucks, excluding daily rental fleet units, include free roadside assistance. Drivers can call a toll-free, nationwide hotline any time, any day. The program is sponsored by Ford Credit's Ford Auto Club and administered by The Associates, both units of Ford's Financial Services Group. Inset: Customer service representatives such as Rosa Gonzales will arrange roadside service or contact local police or public safety officials at the driver's request.

The Ford Aspire, with the Chattahoochee National Recreation Area, Tenn., as a backdrop. Aspire is the least expensive vehicle sold in North America with standard dual air bags.

Movie audiences worldwide saw Ford Explorers, alongside actors Richard Attenborough and Laura Dern, tangle with genetically engineered dinosaurs in "Jurassic Park," the highest-grossing movie ever.

(USA)

8.5

Die durch Galtungs Beitrag nicht unwesentlich geprägte kulturelle Stilforschung geht bei der Beschreibung von kultureller Spezifika zweifellos anders vor als z.B. die in dem Forschungsüberblick von Gudykunst/Ting-Toomey beschriebene Kulturdimensionen-Analyse Hofstedes. Worin bestehen die Vorteile eines solchen methodischen Vorgehens? Warum sind – schon per definitionem - Kommunikationsanalysen eher dazu geeignet, kulturelle Spezifika verständlich zu machen als (zugegebenermaßen sehr handhabbare) Kategorisierungen wie die von Hofstede?

Weiterführende Literatur: Kulturelle Stile

Ackermann, P.: „Japanische Kultur und japanischer Wirtschaftsstil." In: R. Klump (Hg.): *Wirtschaftsstruktur, Wirtschaftsstil und Wirtschaftsordnung: Methoden und Ergebnisse der Wirtschaftskulturforschung.* Marburg 1996, 141-160.

Ammon, G.: *Der französische Wirtschaftsstil.* München 1994.

Ammon, G.: „Der Wirtschaftsstil – ein Instrument zur Analyse fremder Volkswirtschaften, erläutert am Beispiel des französischen Wirtschaftsstils." In: Bolten/Schröter (Hg.): *Im Netzwerk interkulturellen Handelns.* Sternenfels 2001, 143-154.

Barmeyer, C. I.: *Interkulturelles Management und Lernstile. Studierende und Führungskräfte in Frankreich, Deutschland und Quebec.* Frankfurt/M. 2000.

Barmeyer, C. I.: „Kulturelle Lernstile. Erfahrungslernen und Bildungssysteme in Frankreich und Deutschland." In: Bolten/Schröter (Hg.): *Im Netzwerk interkulturellen Handelns.* Sternenfels 2001, 155-173.

Bolten, J.: „Kann man Kulturen beschreiben oder erklären, ohne Stereotypen zu verwenden? Einige programmatische Überlegungen zur kulturellen Stilforschung." In: Bolten/Schröter (Hg.): *Im Netzwerk interkulturellen Handelns.* Sternenfels 2001, 128-142.

Bolten, J.: „Kommunikativer Stil, kulturelles Gedächtnis und Kommunikationsmonopole." In: H.K.Geißner/A.F.Herbig/E.Wessela (Hg.): *Wirtschaftskommunikation in Europa.* Tostedt 1998, 113-132

Bolten, J./Dathe, M./Kirchmeyer, S. u.a.: „Interkulturalität, Interlingualität und Standardisierung bei der Öffentlichkeitsarbeit von Unternehmen. Gezeigt an amerikanischen, britischen, deutschen, französischen und russischen Geschäftsberichten." In: D.Baumann/H.Kalverkämper (Hg.): *Fachliche Textsorten.* Tübingen 1996, 389-425.

Clyne, M.: "Cultural differences in the organization of academic texts." In: *Journal of Pragmatics* 11 (1987), 211-247.

Duszak, A.: "Cross-cultural academic communication: a discourse-community view." In: Dies (Ed.): *Culture and Styles of Academic Discourse.* Berlin/ New York 1997.

Klump, Rainer (Hg.): *Wirtschaftskultur, Wirtschaftsstil und Wirtschaftsordnung.* Marburg 1996.

Münch, R.: „Code, Struktur und Handeln: Soziale Milieus der Wissensproduktion." In: Haferkamp, H. (Hg.): *Sozialstruktur und Kultur.* Frankfurt/Main 1990, S.54-94.

Oxford, L. R./Anderson, N. J.: "A Crosscultural View of Learning Style." In: *Language Teaching.* Jg. 28, Nr.10, 1995. 201-215.

Sternberg, R. J.: *Thinking Styles.* Cambridge 1997.

Ting-Toomey: "Intercultural conflict styles: A face-negotiation theory." In: Kim, Y.Y./Gudykunst, W.B. (Eds.): *Theories in intercultural communication.* Newbury Park, CA 1989.

III.

Interkulturelles Handeln

Interkulturalität[*]

Zur Konzeptualisierung eines Grundbegriffs interkultureller Kommunikation

Alois Wierlacher/Ursula Hudson-Wiedenmann

1. Ausgangspunkte[1]

Zu den Bestimmungsfaktoren interkultureller Kommunikation als Forschungsgegenstand und Praxis gehören weniger die Mythen der Fremde als die täglichen beruflichen Herausforderungen im Kontext globaler Internationalisierungszwänge. Was Internationalität konkret heißt oder heißen soll, wird jedoch vom Referenzrahmen der unterschiedlichen Konzeptualisierungsinteressen bestimmt. Im öffentlichen Zeitgespräch wird das Wort darum von manchen als Bezeichnung der Chance zur Überwindung partikularistischer Provinzialisierung, von anderen hingegen als Aufforderung zur Verfestigung des Prinzips der Besitzstandswahrung verstanden. Wieder andere Gruppen der Gesellschaft verwenden den Ausdruck als Bezeichnung eines Ressourcen bündelnden globalen Zusammenschlusses von Institutionen oder des Trends, dass Unternehmen aller Branchen und Größenklassen internationale Geschäftstätigkeiten aufnehmen. Es gibt auch die Einschätzung der Internationalisierung als überfälligem Prozess, der die Käseglocken der Kulturhoheit der Länder über den Hochschulen behutsam öffnet, den

---

* Beitrag entnommen aus: Wierlacher, A. (Hrsg.): Kulturthema Kommunikation. Möhnesee 2000, 219-232, Résidence-Verlag
[1] Der Beitrag führt Überlegungen zusammen, die wir in den vergangenen Jahren an verschiedenen Orten vorgelegt haben, vgl. vor allem Alois Wierlacher: Interkulturalität. Zur Konzeptualisierung eines Leitbegriffs interkultureller Literaturwissenschaft. In: Henk de Berg und Matthias Prangel (Hg.): Interpretation 2000: Positionen und Kontroversen. Festschrift zum 65. Geburtstag von Horst Steinmetz. Heidelberg 1999, S. 155-181; ders.: Internationalität und Interkulturalität. Der kulturelle Pluralismus als Herausforderung der Literaturwissenschaft. Zur Theorie interkultureller Germanistik. In: Lutz Danneberg und Friedrich Vollhardt in Zusammenarbeit mit Hartmut Böhme und Jörg Schönert (lig.): Wie international ist die Literaturwissenschaft? Methoden-und Theoriediskussion in den Literaturwissenschaften: Kulturelle Besonderheiten und interkultureller Austausch am Beispiel des Interpretationsproblems (1950-1990). Stuttgart/ Weimar 1996, S. 550-590; ders. / Ursula Wiedenmann: Blickwinkel der Interkulturalität. In: Alois Wierlacher/ Georg Stötzel (Hg.): Blickwinkel. Kulturelle Optik und interkulturelle Gegenstandskonstitution. München 1996, S. 23-64. – Zum genutzten Begriff der Kontextualisierung vgl, Reinhard Fiehler: Kommunikation, Information und Sprache. Alltagsweltliche und wissenschaftliche Konzeptualisierungen und der Kampf um die Begriffe. In: Rüdiger Weingarten (Hg.): Information ohne Kommunikation? Die Loslösung der Sprache vom Sprecher. Frankfurt 1990, S. 99-128.

Universitäten hilft, sich schrittweise aus der Vormundschaft der Politik zu befrei-
en und ihre Stellenplanungen wenigstens ansatzweise nicht mehr internen Parti-
kularinteressen zufälliger Fakultätsmehrheiten auszuliefern.

Geht man mit Hartmut Mehdorn von der Annahme aus, dass der Prozess der Internationalisierung erheblich mehr und anderes ist als Entprovinzialisierungen
von Wissenschaft und Wirtschaft oder der ökonomische Zwang zu einer bestimmten Betriebsgröße, dass er also nicht der Endpunkt, sondern erst der Anfang
einer Entwicklung ist, dann stehen wir, was die hier angesprochene Thematik an-
betrifft, erst am Beginn beispielloser Veränderungen – nicht zuletzt unserer Begriffe.

Diese Veränderung der Begriffe ist in den Kulturwissenschaften in vollem Gange;
mit vorangegangen ist seit Mitte der achtziger Jahre die Theoriebildung interkultureller Germanistik. Schon 1984, also lange vor dem gegenwärtigen cultural turn
der Humanwissenschaften[2], definierte sie sich als angewandte Kulturwissenschaft'. Mit ihr als Rahmendiszplin[3] löste die theoretische Begründung des Insti-
tuts für internationale Kommunikation und auswärtige Kulturarbeit (IIK Bayreuth) das Formativ *inter* aus seiner Bezeichnungsqualität bloßer Globalität, gab
ihm die ursprüngliche Wortbedeutung des *zwischen*, der Wechselseitigkeit und
des *zusammen* zurück und verband über die Kategorien des Wechselverhältnisses
und des Wechseltausches die Konzepte Internationalität und Interkulturalität miteinander; Internationalität und Interkulturalität wandeln sich in dieser Sicht zu re-
ziproken Korrelatbegriffen; international soll eine Wissenschaft also nicht mehr
bereits deshalb heißen, weil sie über den ganzen Erdball verbreitet ist[4], sondern
sofern sie sich dazu versteht, ihren spezifischen Gegenstand im kooperativen
'Wechseltausch' kulturdifferenter Perspektiven zu erforschen und zu vermitteln[5]
und auch in der Lage ist, über ihre eigene Kulturalität Auskunft zu geben.

---

[2] Vgl. Michael Lackner/Michael Werner: Der cultural turn in den Humanwissenschaften. Area Studies
im Auf- oder Abwind des Kulturalismus? Hg. vom Programmbeirat der Werner Reimers-Kon-
ferenzen. Bad Homburg 1999

[3] Vgl. hierzu insbesondere Eberhard Scheiffele: Affinität und Abhebung. Zum Problem der Voraussetzungen interkulturellen Verstehens. In: Alois Wierlacher (Hg.): Das Fremde und das Eigene. Prolegomena zu einer interkulturellen Germanistik. München [198514. unveränderte Auflage 2000, S. 29-
46.

[4] So dachte man vor zwanzig Jahren natürlich auch in der Germanistik, vgl. Richard Brinkmann et al.
(Hg): Germanistik international. Vorträge und Diskussionen auf dem internationalen Symposium
"Germanistik im Ausland" vom 23.bis 25. Mai 1977 in Tübingen. Tübingen 1978.

[5] Vgl. Alois Wierlacher/Hubert Eichheim (Hg.): Der Pluralismus kulturdifferenter Lektüren. Zur ersten Diskussionsrunde am Beispiel von Kellers "Pankraz, der Schmoller. In: Jahrbuch Deutsch als
Fremdsprache 18 (1992), S. 373-540.

Gestützt werden die genannten Veränderungen von der anthropologischen Erkenntnis der in der Kindheit erworbenen, sich im historischen Prozess nicht gänzlich wandelnden oder auflösenden kulturalen Dimension menschlicher Existenz[6], von der Entdeckung unserer Zugehörigkeit zu kollektiven und kulturellen Gedächtnissen[7] und von der Erkenntnis, dass viele derzeit übliche Begriffe auch der Textwissenschaft als spezifisch westliche Begriffe zu gelten haben, deren kulturelle Reichweite begrenzt ist[8]. Wir wissen heute, dass die Gegenstände kulturwissenschaftlicher Disziplinen nicht eo ipso gegeben sind, sondern durch Problemstellungen, Konzeptualisierungen und theoretische Annahmen konstituiert und in einem vorgegebenen Verstehensrahmen entwickelt werden; Theorie und Gegenstand einer Kulturwissenschaft sind sowohl ein Resultat individueller Auffassungen als auch das Produkt kultureller Kategorisierungen der Realität. Gibt es so viele Forschungsgegenstände wie Konzeptualisierungen[9], dann verbietet es sich von vornherein, unter interkultureller Kommunikation die Übermittlung einer Nachricht vom Sender zum Empfänger zu verstehen, weil das Gelingen dieser besonderen Form von Kommunikation augenscheinlich abhängig davon ist, dass die Partner dem Zeichen die gleiche Bedeutung zuordnen, also den gleichen Code benutzen; an dieser einfachen Voraussetzung fehlt es in der lebensweltlichen Praxis offensichtlich. Der Ausdruck *interkulturelle* Kommunikation ist darum auch nicht unproblematisch[10]; jede Konzeptgrenzen überschreitende Kommunikation lässt sich bei entsprechendem Kulturkonzept als *interkulturell* bezeichnen; der Begriff wäre also deshalb genauer als bisher zu festigen.

2. Der leitende Kulturbegriff

Die zeitgenössischen Wissenschaften setzen uns nicht mehr mit zeitlos gültigen Erklärungen, sondern mit Hypothesensystemen über das menschliche Leben ins

---

[6] Hermann Bausinger: Zur kulturalen Dimension von Identität. In: Zeitschrift für Volkskunde 73 (1977), S. 210-215.

[7] Maurice Halbwachs: Das kollektive Gedächtnis. Frankfurt 1985; Jan Assmann/Tonio Hölscher (Hg.): Kultur und Gedächtnis. Frankfurt 1988; Dietrich Krusche (Hg.): Gedächtnis – ein Begriffskomplex im Umbau. In: Jahrbuch Deutsch als Fremdsprache 17 (1991), S.121-274; Siegfried J.Schmidt (Hg.): Gedächtnis. Probleme und Perspektiven der interdisziplinären Gedächtnisforschung. Frankfurt 1991.

[8] Vgl. Wolfgang Ruttkowski: Der Geltungsbereich unserer literarischen Sachbegriffe. In: Christian Wagenknecht (lig.): Zur Terminologie der Literaturwissenschaft. Akten des IX. Germanistischen Symposiums der Deutschen Forschungsgemeinschaft Würzburg 1986. Stuttgart 1989, S.80-104.

[9]Vgl. Reinhard Fiehler: Kommunikation, Information und Sprache (Anm. 1), bes. S. 118.

[10]Vgl. hierzu Volker Hinnenkamp: Interaktionale Soziolinguistik und Interkulturelle Kommunikation. Tübingen 1989, insbes. S. 18-38.

Bild. Als solche Hypothesensysteme dürfen auch die verschiedenen lebensweltlichen Kulturen gelten. Eine von Deutschland ausgehende Theorie interkultureller Kommunikation wird darum gut daran tun, ungeachtet des in der deutschen Öffentlichkeit vom Spiegel bis zu den Rundfunkanstalten enggeführten Kulturverständnisses, ihren Kulturbegriff mit der interkulturellen Germanistik sehr viel offener, anschlussfähiger und auch vielseitiger zu fassen, also weder geisteswissenschaftlich noch einseitig mit der kognitiven Anthropologie als in sich konsistentes Orientierungsmuster noch im thomistischen Sinne als überzeitlich widerspruchsfreie, homogene und einsinnige Entitäten noch allein mit Clifford Geertz als arbiträre Symbol-und Interaktionszusammenhänge. Es gilt vielmehr[11], diese Perspektivierungen zusammenzuführen und Kultur' als sich wandelndes, auf Austausch angelegtes, politische und soziale Institutionen ebenso wie künstlerische Werke und lebensweltliches Alltagshandeln einschließendes, kohärentes, aber nicht widerspruchsfreies soziographisch gegliedertes Regel-, Hypothesen und Geltungssystem zu begreifen und als "eine Art der Lebensbewältigung" zu verstehen, "die sehr viel mit äußeren, mit ökonomischen und sozialen Bedingungen zu tun hat, die folglich auch nicht unveränderlich ist, sondern auf Veränderungen mit Veränderungen reagiert"[12], zu der das Ich in einem mehrdimensionalen, also auch widersprüchlichen Zugehörigkeitsverhältnis stehen kann[13].

‚Kultur' wird also nicht als das Produkt Weniger, sondern immer auch das Ergebnis gesellschaftlicher Akte eines jeden einzelnen von uns konzeptualisiert. Dieser Kulturbegriff enthält zweifellos ein normhaltiges Element, das auf Lebens-und Wissenschafts-und Ordnungsbegriffe verweist, die in der anthropologischen, ethischen und kulturtheoretischen These wurzeln, es gehöre zu den Aufgaben von Wissenschaften, mit ihren Mitteln auch dafür Sorge zu tragen, dass Menschen über die kulturellen Verhältnisse verfügen können, in denen sie leben und nicht nur von ihnen determiniert werden[14]. Doch geht dieses normhaltige Element in keinem regionalen Zentrismus auf. Der konturierte Kulturbegriff wird auch da-

---

[11]Vgl. Hermann Bausinger: Zur Problematik des Kulturbegriffs. In: Jahrbuch Deutsch als Fremdsprache 1, (1975), S. 7-16 und Alois Wierlacher: Die Gemütswidrigkeit der Kultur. In: Jahrbuch Deutsch als Fremdsprache 3 (1977), S. 116-136.

[12] Hermann Bausinger: Kulturelle Identität – Schlagwort und Wirklichkeit. In: Hermann Bausinger (Hg.): Ausländer-Inländer. Arbeitsmigration und kulturelle Identität. Tübingen 1986, S, 141-159

[13]Vgl. Hermann Bausinger: Zur kulturalen Dimension von Identität. In: Zeitschrift für Volkskunde 73 (1977), S. 210-215.

[14] Vgl. hierzu Paul Drechsel: Vorschläge zur Konstruktion einer "Kulturtheorie", und was man unter einer "Kulturinterpretation" verstehen könnte. in: Ethnologie als Sozialwissenschaft. Sonderheft der Kölner Zeitschrift für Soziologie und Sozialpsychologie. Opladen 1984, S. 46f.

durch vor der Gefahr des Zentrismus geschützt, dass er viele Anknüpfungsmöglichkeiten an die Anthropologie, die Verhaltenswissenschaften, die Kulturanalyse sowie an Kulturkonzepte anderer Kulturen eröffnet und somit Möglichkeiten anbietet, die kommunikationsrelevante Realisierung rechtlicher Gleichstellung von Menschen und der grundlegenden Aufgabenbestimmung aller Kulturwissenschaft, Freiheitsspielräume des Menschen bewusst zu machen, zu prüfen.

Diese Bestimmungsthese korrespondiert mit der historischen Erkenntnis, dass Kulturen als dynamische Wert-und Handlungssysteme auf Austausch angelegt sind, nicht auf Abgrenzung, dass es im Verkehr der Kulturen immer wieder zu Entlehnungen und Entleihungen, zu Annexionen und Abstoßungen, zu wechselseitigen Nachahmungen und Anpassungen kam und kommt, sich die Isolation einer Kultur von anderen Kulturen in der Geschichte nie hat durchhalten lassen. Die Theorie interkultureller und internationaler Kommunikation ist darum gut beraten, sehr darauf bedacht zu sein, ihren leitenden Kulturbegriff offen, also anschlussfähig an Konzepte anderer Länder und kulturelle Systeme zu halten und die kulturtheoretische Spannung von Partikularität und Universalität zu bewahren[15]. Da sich diese Spannung nur mit universell gültigen Kategorien erfassen lässt, setzt sie die Leistung der Kritik einschließlich einer universalistisch überprüfbaren Selbstkritik[16] immer schon voraus[17].

3. Zum Begriff des Blickwinkels

Das Offenhalten der Spannung zwischen den Konzepten ist in der globalisierten Welt von Wirtschaft und Wissenschaft auch deshalb ratsam geworden, weil infolge der revolutionären Medienkommunikation und der Internationalisierungs- und Migrationsprozesse mit dem Verhältnis von Eigenem um Fremdem auch unser Bedarf an kultureller Selbstvergewisserung neu zur Debatte steht. Diese Debatte hat nichts mit neokolonialer Selbstsucht des Westens zu tun: "Selbstsucht heißt nicht: so leben, wie man zu leben wünscht; sie heißt: von anderen verlangen, so zu leben, wie man zu leben wünscht [...]. Es ist nicht selbstsüchtig, auf

---

[15]Vgl. Norbert Mecklenburg: Über kulturelle und poetische Alterität. Kultur- und literaturtheoretische Grundprobleme einer interkulturellen Germanistik. In: Alois Wierlacher (Hg.): Perspektiven und Verfahren interkultureller Germanistik. München 1987, S. 563-584.

[16]Vgl. Wilhelm Vossenkuhl: Jenseits des Vertrauten und Fremden. In: Einheit uind Vielheit. XIV. Deutscher Kongreß für Philosophie, Gießen, 21.-26. September 1987. Hrsg. von Odo Marquard unter Mitwirkung von Peter Probst und Franz Josef Wetz. Hamburg 1990, S. 101-113.

[17] Vgl. Jürgen Bolten: Vergleich als Kritik. Zum Verstehensbegriff interkultureller Germanistik. In: Jahrbuch Deutsch als Fremdsprache 16 (1990), S. 76-89.

seine Art zu denken. Wer nicht auf seine Art denkt, denkt überhaupt nicht"[18]. Jede
Denkart hat unverwechselbar individuelle, aber auch kulturelle, also kollektive
Dimensionen.

Um diese Kulturalität unseres Selbstdenkens und dessen Blickrichtungen zu erfassen, benötigen wir einen Leitbegriff, der möglichst schon als Wort daran erinnert, dass Menschen Reiter und Tragende der Kulturen zugleich sind. Für diesen
Zweck erscheint der Ausdruck 'Blickwinkel' gut geeignet, er wurde darum bereits
in die Theoriebildung interkultureller Germanistik eingeführt[19]; ansonsten ist er,
so weit wir sehen, weder kulturwissenschaftlich noch kulturpolitisch fruchtbar
gemacht worden[20]. Auch in den Wirtschaftswissenschaften und der sozialwissenschaftlichen Kommunikationsforschung des vorliegenden Bandes findet er sich
kaum, allenfalls wird das Grundwort 'Blick' benutzt, etwa in 'Blickkontakt'[21].

Einführung und Festigung des Blickwinkel-Begriffs liegen nicht nur im Interesse
der Klärung und Ordnung unserer wissenschaftlichen Rede; der Ausdruck erscheint für unsere Zwecke vor allem deshalb gut geeignet, weil er eine geometri-
sche Grundbedeutung besitzt, die eo ipso deutlich macht, dass unsere konstituti-
ven Sehweisen, Rezeptionspositionen und Verstehensrahmen keine naturwüchsi-
gen Bedingungen wissenschaftlichen Handelns, sondern Funktionen unserer individuellen und kollektiven Einstellungen sind; der Ausdruck bringt als Kompositum von 'Blick' und 'Winkel' sehr viel deutlicher die Verknüpfung naturaler und
kulturaler Bedingungsfaktoren unserer Erkenntnis zur Anschauung als die anderen genannten Wörter und der viele verschiedene Vorstellungsinhalte umfassende
Perspektivbegriff. Der Ausdruck erinnert an die gerichtete Konstruktivität aller
Wahrnehmung, die auch der verwandte Begriff der 'Blickstellung' betont, der
mittlerweile in der Kommunikationsforschung eine Rolle spielt und die leibliche
face to face-Position betrifft, in der zwei oder mehrere Dialogpartner einander mit
ihren Kommunikationsorganen (insbesondere Mund, Ohren, Augen und Händen)
so zugewandt sind, dass in dieser Position mit kulturspezifischen Varianten ein

---

[18]Oscar Wilde: Der Sozialismus und die Seele des Menschen. Ein Essay. Übersetzt von Gustav Landauer und Hedwig Lachmann. Zürich 1970, s. 66; vgl. Rainer Kohlmayer: Ambiguität und Ideologie
als Probleme deutscher Wilde-Übersetzungen. Ein Beitrag zur interkulturellen Germanistik. In: Marin
Forstner/ Klaus von Schilling (Hg.): Interdisziplinarität. Deutsche Sprache und Literatur im Spannungsfeld der Kulturen. Bern u.a. 1991, S. 421-464.

[19]Vgl. Alois Wierlacher/Ursula Wiedenmann: Blickwinkel der Interkulturalität (Anm. 1), S. 23-64, die
folgenden Passagen sind diesem Text entnommen.

[20] Er findet sich auch nicht bei Wolfgang Langebucher et al. (Hg.): Kulturpolitisches Wörterbuch.
Stuttgart 1983.

[21]Vgl. Stefan Kammhuber: Kommunikationskompetenz als Schlüsselqualifikation für globales Management. In: A. Wierlacher (Hrsg.), Kulturthema Kommunikation. Möhnesee 2000, S. 137-148.

optimaler Sprachverkehr möglich ist[22]. In seiner Qualität als Raummetapher verweist der Ausdruck schließlich auf die in ihrem Umfang unbekannten Befangenheiten unserer persönlichen, leiblich vermittelten Beobachterperspektiven in spezifischen Kulturräumen, denen wir infolge unserer Sozialisation und Enkulturation hermeneutisch verpflichtet sind.

Semantisch gesehen entstammt das Wort 'Blickwinkel' wie andere Lexeme (etwa Gesichtpunkt, Sehepunkt, Perspektive, Blickstellung, Sehwinkel) dem Bereich der Optik und gehört zur metaphorischen Sprache wahrnehmungs-und verstehenstheoretischer Zusammenhänge; es wird häufig synonym mit den älteren Be- griffen 'Gesichtspunkt' und 'Perspektive'[23] verwendet, die ursprünglich aus der Optik stammen und von dort aus in die Diskurse von Malerei und Architektur übernommen wurden[24]. Der Aufbau der erkenntnistheoretischen Begriffsdimension des Ausdrucks erfolgte wahrscheinlich über die synonymen Begriffe 'Gesichts-' oder 'Augenpunkt' durch Gottfried Wilhelm Leibniz[25] und die Verwendung optischer Metaphern in Ausdrücken wie Sehweisen, point of view, Blickrichtungen und Blickfelder, die sich im achtzehnten Jahrhundert weit verbreitete. Bernhard Lindemann hat in seiner Theorie sprachlicher Perspektivierung die Perspektive als passpartout der verwirrenden Fülle ähnlicher Bezeichnungen resümiert: "point of view" (Lubbock), "angle of vision" (Booth), "Standpunkt", "Blickpunkt, "Erzählwinkel", "Erzählperspektive" (Stanzel), "Erzählerstandpunkt" (Weimann), focalisation" (Genette), "skaz" (Ejchenbaum), "vision" (Pouillon).[26]

Diese optische Metaphorik findet sich auch im Sprachgebrauch der Ethnologen, hier vor allem im Kontext des uns interessierenden Problemfeldes der kulturellen Standortgebundenheit und ihrer Prägung unserer Praxis des Wahrnehmens und Denkens. Auch und gerade die Ethnologie hat indessen die Frage nach kollektiven Blickwinkeln im Sinne Nietzsches auf die Frage der persönlich, historisch und kulturell vermittelten individuellen Beobachterperspektiven verkürzt, man

---

[22] Harald Weinrich: Textgrammatik der deutschen Sprache. Mannheim u.a. 1993, S. 18.

[23] Der große Duden. 10 Bde., hier Bd. 8: Sinn- und sachverwandte Wörter und Wendungen. Wörterbuch der treffenden Ausdrücke. Bearbeitet von Wolfgang Müller unter Mitwirkung der Dudenredaktion. Mannheim, Wien, Zürich 1972, S. 134, 290.

[24]Vgl. Etymologisches Wörterbuch des Deutschen. Erarbeitet von einem Autorenkollektiv des Zentralinstituts für Sprachwissenschaft unter der Leitung von Wolfgang Pfeifer. 3 Bde. Berlin (Ost) 1989, hier Bd. 1, S. 557.

[25]Vgl. Jacob und Wilhelm Grimm. Deutsches Wörterbuch. 16 Bde., hier Bd. 2, Leipzig 1860, Sp. 113-118.

[26] Bernhard Lindemann: Einige Fragen an eine Theorie der sprachlichen Perspektivierung. In: Peter Canisius (Hg.): Perspektivität in Sprache und Text. Bochum 1987, S. 1-51., hier S. 2.

vergleiche beispielsweise die Rede vom "Auge des Ethnographen"[27] oder vom "entzauberten Blick"[28]. Der geforderte Perspektivenwechsel, weg vom Beobachtungsstandpunkt westlicher Wissenschaft und hin zur Perspektive des 'teilnehmenden Mitvollzugs' war der – wenn auch von den Voraussetzungen her wohl falsche – Versuch, dem Dilemma des 'authentischen' Fremdverstehens zu entkommen[29]. Möglicherweise hätte man dieses Dilemma vermeiden können, wenn man die schon von Medicus aufgegriffene Frage nach der "Tragweite der verschiedenartigen wissenschaftlichen Wahrheiten" gestellt hätte. in den letzten Jahren des ausgehenden Jahrhunderts ist mit Überlegungen von Karl Heinz Kohl[30] und mit der Ethnosoziologie allerdings die Einsicht gewachsen, "daß jede Gesellschaft erst durch die soziale Verständigung der Handelnden kraft eines eigenen sozialen Vokabulars zustande kommt"[31].

Die neuere Forschung sieht im Perspektivismus Nietzsches eine affirmative Verpflichtung zur Bewahrung von Pluralität[32]. Umso erstaunlicher ist es, dass man in den vielen Konstitutionstheorien der Wirtschaftswissenschaften und vor allem der an Nietzsche anknüpfenden Philologien, gemessen an der Fülle wissenschaftlicher Erkenntnisse, kaum der alten Einsicht in unsere in ihrem Umfang unbekannte kulturelle Standortgebundenheit begegnet. Ungeachtet zahlreicher Einsprüche, zu denen man die Forschungen Ruttkowskis zählen darf[33], herrscht nach wie vor die Tendenz vor, Fachtheorien zu universalisieren, obwohl bereits Medicus die perspektivische Bildung aller Erkenntnis als anthropologische Grundkategorie verdeutlicht[34] und obwohl im interpretationstheoretischen Diskurs von Chladeni-

---

[27] Vgl. Michel Leiris: Das Auge des Ethnographen. Frankfurt/M. 1981.

[28] Vgl. Karl-Heinz Kohl: Entzauberter Blick. Das Bild vom Guten Wilden und die Erfahrung der Zivilisation. Frankfurt/M.1986.

[29] Vgl. Klaus-Peter Koepping. Authentizität als Selbstfindung durch den anderen: Ethnologie zwischen Engagement und Reflexion, zwischen Leben und Wissenschaft. In: Authentizität und Betrug in der Ehtnologie. Hrsg. von Hans Peter Duerr. Frankfurt/M. 1987, S. 7-37, S. 23f.; Justin Stagl: Eine Widerlegung des kulturellen Relativismus, In: Zwischen den Kulturen? Die Sozialwissenschaften vor dem Problem des Kulturvergleichs. Hrsg. von Joachim Matthes. Göttingen 1992, S. 145166

[30] Vgl. Karl-Heinz Kohl: Ethnologie – Die Wissenschaft vom kulturell Fremden. München 1993.

[31] Friedrich H. Tenbruck: Die Religion im Maelstrom der Reflexionen. In: Religion und Kultur. Hrsg. Von Jörg Bergmann, Alois Hahn und Thomas Luckmann. Opladen 1993, S. 31-67, hier S. 31.

[32] Vgl. Johann Nepomuk Hofmann: Wahrheit, Perspektive, Interpretation. Berlin/New York 1994, S. 54.

[33] Vgl. Wolfgang Ruttkowski: Der Geltungsbereich unserer literarischen Sachbegriffe In: Christian Wagenknecht (Hg,): Zur Terminologie der Literaturwissenschaft. Akten des IX. Germanistischen Symposiums der DFG. Stuttgart 1989, S. 80-104.

[34] Fritz Medicus: Die Wissenschaften als Probleme. In: Ders.: Vom Überzeitlichen in der Zeit. Beiträge zu humanistischer Besinnung. Zürich 1954, S. 252-268, hier, S. 261, 264; ders.: Von der Objektivi-

us über Helmuth Plessner bis zur Begründung interkultureller Germanistik die "Blickbedingtheit" der Wissenschaften[35] und mit ihr ihre kulturperspektivische Prägung betont wird. Selbst in Forschungsrichtungen wie der feministischen Literaturwissenschaft[36], die expressis verbis auf Untersuchungen bestimmter 'Blickwinkel' bedacht sind, ist vielfach meistens nur leerformelhaft, bestenfalls ideologisch besetzt, vom männlichem Blick" oder vom "anderen Blick der Frauen in die Geschichte"[37] die Rede, ohne auch nur vage zu bestimmen, was denn mit diesem Blick inhaltlich gemeint und worin der unterstellte Mehrwert zu erkennen sei.

Der Ausdruck 'Blick', der dem Kompositum 'Blickwinkel' zugrunde liegt, wird, so scheint es, inzwischen ähnlich inflationär genutzt wie das Wort 'interkulturell,[38] und bedarf ebenso wie dieses, soll es nicht im Sinne von Ingeborg Bachmanns zu den 'schlechten' Wörtern gezählt werden, dringender Festigung als wissenschaftlicher Terminus. Diese Festigung erscheint auch nötig, weil im Zeitalter der Internationalisierung postmoderne Gesellschaften weniger durch gemeinsame Überzeugungen als durch Metaphern und Konzepte zusammengehalten werden, also die gesellschaftlichen Phänomene zu einem guten Teil in und aus den sprachlichen und konzeptuellen Fassungen leben, die sie sich selber geben[39]. Nicht zuletzt darum macht die Aufgabenstellung Sinn, sich der Mühe zu unterziehen, die Semantik des Ausdrucks zu festigen, statt auf ihn einfach zu verzichten.

Kulturen stellen, so wird heute weithin angenommen, unterschiedliche Deutungs- und Handlungsmuster zur Verfügung, die als solche Gegenstand und Grundlage interkultureller Kommunikation sind. Eine der künftigen Aufgaben der Theorie und Analyse internationaler und interkultureller Kommunikation hieße folglich, Konturen dieser Muster zu erforschen und entsprechende kollektive Blickwinkel

---

tät der geschichtlichen Erkenntnis, In: Ders.: Vom Wahren, Guten und Schönen. Kulturanthropologische Abhandlungen. Zürich 1943, S. 30-61.

[35] Helmuth Plessner: Mit anderen Augen. In: Ders.: Gesammelte Schriften. Hrsg. von Günter Dux, Odo Marquard et al. Bd. VIII: Conditio humana. Frankfurt/M. 1983, S. 88-104, hier S. 91,

[36] Vgl. u.a. Sigrid Weigel: Geschlechterdifferenz und Literaturwissenschaft. In: Helmut Brackert/Jörn Stückrath (Hg.): Literaturwissenschaft. Ein Grundkurs. Reinbeck 1992, S. 677-689; Doris Wölke: Der männliche Blick in der Literaturwissenschaft. Rolle und Bedeutung der männlichen Perspektive für literaturwissenschaftliches Arbeiten. Essen 1990.

[37] Claudia Opitz: Der "Andere Blick" der Frauen in die Geschichte. Überlegungen zu Analyse- und Darstellungsmethoden feministischer Geschichtsforschung. In: Methoden der Frauenforschung. Symposion an der FU Berlin 1983. Hrsg. von der Zentraleinrichtung zur Förderung von Frauenstudien und Frauenforschung an der FIJ Berlin. Berlin 1984, S-76-93.

[38] Vgl. Dietmar Rösler: Drei Gefahren für die Sprachlehrforschung im Bereich Deutsch als Fremdsprache. In: Jahrbuch Deutsch als Fremdsprache 19 (1993), S. 77-99, bes. S. 91 ff.

[39] Vgl. Joachim Matthes (Hg.): Zwischen den Kulturen? Die Sozialwissenschaften vor dem Problem des Kulturvergleichs. Göttingen 1992

und ihre kulturelle Prägekraft zu erforschen sowie kulturspezifische 'Äquivalenzen' in anderen Kulturen und Wissenschaftssprachen vergleichend zu untersuchen. Die methodischen Schwierigkeiten solcher Arbeit sollen hier nicht bagatellisiert werden; die Reduktion der Komplexität der Kulturen, die als point of departure der Konstruktionsarbeit nötig ist, bleibt kompliziert genug. Wenn Politiker aber imstande sind, die kategoriale Basis ihrer Überlegungen 'Von Deutschland aus' plausibel zu machen[40], sollten auch Wirtschafts-und Kulturwissenschaftler in gemeinsamer Anstrengung in der Lage sein, die kulturhermeneutische Basis ihres Tuns zu verdeutlichen und zu festigen.

Hilfreich erscheint dabei die Theorie des Sehepunktes zu sein, die der europäische Historiker und Hermeneut Chladenius schon vor 200 Jahren vorgetragen hat. Diese Theorie ist eine wichtige Umschaltstelle der älteren point-de-vue-Vorstellungen, indem sie den Begriff des "Sehepuncktes" einbettet in hermeneutisches Denken. Die Essenz unseres Sehepunktes, betont Chladenius, bestehe nicht allein in der Beschaffenheit des Auges oder der anderen vier Sinne, sondern liege im Zustand des ganzen Menschen: "Der Sehepunckt ist der innerliche und äusserliche Zustand eines Zuschauers, in so ferne daraus ein gewisse und besondere Art, die vorkommenden Dinge anzuschauen und zu betrachten flüsset."[41]

Fasst man diesen Zustand als je individuellen Ausgangspunkt der beiden Geraden eines Blickwinkels auf, lässt sich dieser als komplexer, sich der Welt öffnender anthropologischen Zustand des Menschen begreifen, der nicht nur aus verschiedener Perspektive anders zusieht, sondern auch anderes sieht und also konstituiert: "Aus dem Begriff des Sehe-Punktes folget, daß Personen, die eine Sache aus verschiedenen Sehe-Punkten ansehen, auch verschiedene Vorstellungen von der Sache haben müssen [...]".[42]

Es wird empfohlen, diese Vorstellung vom Sehepunkt zur Grundlage des Blickwinkel-Konzepts in Theorie und Analyse interkultureller Kommunikation zu machen, also den komplexen Zustand des ganzen Menschen, zu dem seine Geschichte, seine Denkweisen und seine Sprache, sein Alltags- und Festwissen, sein kulturelles Gedächtnis[43], sein Fach- und Weltwissen und seine kulturelle Identität

---

[40] Vgl. Richard von Weizsäcker: Von Deutschland aus. Berlin 1985.

[41] Johann Martin Chladenius: Allgemeine Geschichtswissenschaft. Mit einer Einleitung von Christoph Friederich u. einem Vorwort von Reinhart Koselleck. Wien, Köln, Graz 1985 (Neudruck der Ausgabe Leipzig 1752), S. 100f.

[42] Johann Martin Chladenius: Einleitung zur richtigen Auslegung vernünftiger Reden und Schriften. Hrsg. von L. Geldsetzer. Düsseldorf 1969 (Neudruck der Ausgabe Leipzig 1742), S. 188f.

[43] Vgl. Maurice Halbwachs: Das kollektive Gedächtnis. Frankfurt a. M. 1985; Jan Assmann/Tonio Hölscher (Hg.): Kultur und Gedächtnis. Frankfurt a. m. 1988; Dietrich Krusche (Hg.); Gedächtnis – ein Begriffskomplex im Umbau, In: Jahrbuch Deutsch als Fremdsprache 17, 1991, S. 121-274; Sieg-

gehören, als "Blickwinkel" zu begreifen. Der Ausdruck kann als Bezeichnung des Neigungsverhältnisses zwischen Eigenem und Fremdem oder zwischen der individuellen und kollektiven Identität des Einzelnen aufgefasst werden und somit eine individuelle oder kulturelle Pluralität von Sichtweisen spiegeln. Indem wir die Zuordnung der beiden Seiten oder Graden auf diese Weise näher interpretieren, nicht nur Wirklichkeit konstituiert, sondern seinerseits ein Produkt der kulturellen und individuellen Kategorisierung der gesellschaftlichen Wirklichkeiten ist.

Kulturelle Unterschiede erweisen sich oft als spezifische Ausprägungen von 'near universals'[44]. Unseren Lebensarten und wissenschaftlichen Konzepte sind von der Geschichte unterschiedliche Sehepunkte eingeschrieben; diese Feststellung gilt auch für unsere Begriffe von 'Wissenschaft', 'Text' und 'Kultur'. Sie haben aus wissenschaftshistorischen Gründen durchaus als Begriffe zu gelten, deren kulturelle Reichweite begrenzt ist[45]. Doch das Beziehungsgeflecht vieler Kulturen hat heutzutage bereits einen so hohen, manchmal allerdings verdeckten Dichtegrad erreicht, dass jede Innensicht oft schon eine Vielzahl internalisierter Außensichten enthält[46]. Auch diese Inskriptionen gilt es aufzudecken, zu überprüfen, auf ihre Entstehung hin zu untersuchen und in ihrer Funktion als Konstituenten unserer Blickwinkel zu rekonstruieren, damit wir zu gemeinsamen Problemen vorstoßen können; die Probleme der kulturellen Besonderheit und Universalität sind ja keineswegs identisch, wie nicht nur die Politik, sondern auch die Anthropologie beispielsweise von Ernest Gellner gezeigt hat[47]. Es kommt mithin darauf an, vor der Bestimmung soziokultureller empirischer Blickwinkel die leitenden hermeneutischen Blickwinkel interkultureller Kommunikation zu festigen.

4. Blickwinkel der Interkulturalität

Wie die Begriffe Fremdheit, Höflichkeit und Toleranz, ist auch der Begriff der Interkulturalität ein Relationsbegriff. Interkulturalität setzt per definitionem Kultu-

---

fried J. Schmidt (Hg.): Gedächtnis. Probleme und Perspektiven der interdisziplinären Gedächtnisforschung. Frankfurt a. M. 1991.

[44] Vgl. Elmar Holenstein: Menschliches Selbstverständnis. Ichbewußtein. Intersubjektive Verantwortung. Interkulturelle Verständigung. Frankfurt 1985, S. 126.

[45] Vgl. Wolfgang Ruttkowski: Der Geltungsbereich unserer literarischen Sachbegriffe. In: Christian Wagenknecht (Hg.): Zur Terminologie der Literaturwissenschaft. Akten des IX. Germanistischen Symposiums der DFG. Stuttgart 1989, S.80-104.

[46] Vgl. Willy Michel: Die Außensicht der Innensicht. Zur Hermeneutik einer interkulturell ausgerichteten Germanistik. In: Jahrbuch Deutsch als Fremdsprache 17 (1991), S. 13-33.

[47] Vgl. Ernest Gellner: Relativism and the social sciences. Cambridge/New York 1987.

ralität und das Hören auf die reale Vielfalt der Stimmen voraus[48]. Nachdem kulturwissenschaftliche Xenologie dargelegt hat, dass sich alle Selbstaufklärung nur
als Selbstdistanzierung im Prozess selbstbewusster Kenntnisnahme des Anderen
begründen lässt[49], lässt sich Interkulturalität auch im Hinblick auf die Grundbedeutungen des Formativs *inter*[50] zunächst als reziproker Wechseltausch kulturdifferenter Perspektiven konturieren; zu erweitern ist diese erste Bestimmung des
Blickwinkels der Interkulturalität sogleich um die zweite Qualifizierung als Modus kooperativer Erkenntnisarbeit, die sich aus den weltweit wachsenden Interdependenzen ergibt.

Zu einer dritten Konzeptualisierung der Interkulturalität als des besonderen Blickwinkels interkultureller Kommunikation führt die folgende Überlegung. Wollen
Disziplinen oder andere Einrichtungen der Gesellschaft im Kontext ihrer Kooperation wirkliche kulturelle Wechselbeziehungen zu ihrer Sache machen, können
sie nicht nur auf Seiten einer Kultur verharren, sondern rücken immer auch zugleich in Positionen zwischen den Kulturen. Als Theorie, Kognition und Instituti-
on kann interkulturelle Kommunikation gleichfalls nicht mehr nur auf Seiten einer, etwa der eigenen Kultur und ihrer Interessen stehen, sondern sieht sie zugleich von außen und macht auf diese Weise eo ipso Abstände zur internationalen
Kommunikation sichtbar-es deutet sich an, warum so viele Joint Ventures scheitern, der ökonomische Zwang zum merger gibt seine kulturellen Grenzen zu erkennen. Denn gelingt ein Kommunikationsversuch über kulturelle Barrieren hinweg, wird eine partielle Gemeinschaft zwischen dem einen und dem anderen ge-
stiftet, die für beide eine erhebliche Veränderung ihrer selbst mit sich bringt und
sie zugleich in eine sie verändernde und zugleich verbindende hermeneutische Situation rückt. In dieser chancen- und bedrohungsreichen Zwischenposition und
deren Qualität als Spannweite und Zwischenraum erfassen wir die dritte Bestimmung des Begriffs der Interkulturalität. Sie ist die spezifische Handlungssituation,
die interkulturelle Kommunikation als Modus der Fremderfahrung immer auch zu
einem Abenteuer macht, dessen Ausgang ungewiss ist, aber doch die Chance eröffnet, im Gemeinschaftshandeln der Beteiligten und ihrem synergetischen Mitdenken kulturdifferenter Blickwinkel[51] ein kreatives Milieu zu stiften.

---

[48] Vgl. den Beitrag von Andrea Bogner: Stimmen hören. Das Phänomen der Stimme in der interkulturellen Kommunikation; im vorliegenden Band S. 209-217.

[49] Aleida und Jan Assmann: Kultur und Konflikt. Aspekte einer Theorie des unkommunikativen Handelns. In: Jan Assmann/Dietrich Harth (Hg.): Kultur und Konflikt. Frankfurt a. M. 1990, S. 39.

[50] Vgl. hierzu Alois Wierlacher: Interkulturelle Germanistik. In: ders. Hrsg., Kulturthema Kommunikation. Möhnesee 2000, S. 61-80.

[51] Vgl. L.Robert Kohls: Developing intercultural awareness. Washington 1981; Kenichi Mishima:
Fremdheitsphilosophie im Zeitalter der Internationalisierung. In: Alois Wierlacher (Hg.): Kulturthema

Dieses kreative Milieu der Interkulturalität verstellt nicht die Einsicht, dass alles Handeln letztlich beim Einzelnen zusammenläuft. Als kooperative Selbstaufklärung der Kommunizierenden konstituiert sich Interkulturalität[52], indem das dem einen Auffällige zu einer Quelle der Fragen des anderen wird. Gelingt diese kooperative Erkenntnisarbeit über kulturelle Asymmetrien, Grenzen und Barrieren hinweg, kommt Veränderung der Beteiligten auch als eine kommunikative Abstandsänderung zwischen ihnen zustande, die ihre "Distanzstandards"[53] einschließt und diese im neuen Bezugsrahmen der Konzeptualisierung partiell modifiziert. Dieser Konstitutionsvorgang prägt alle Aneignungsprozesse, die keine Annexionen, sondern gewaltfreie Kommunikations-und Lernprozesse sind. Diese Prozesse konstituieren ihrerseits eine besondere Verstehenssituation, mit deren Qualifizierung eine vierte Bestimmung des Begriffs der Interkulturalität möglich wird. Die betreffende Situation ist seit langem in der Austauschforschung und Theorie der interkulturellen Kommunikation als kulturelle 'Überschneidungssituation' bekannt. Diese Überschneidungssituation stiftet Interdependenzen zwischen den agierenden Identitäten als Alteritäten, insofern die Veränderung ihrer selbst eine partielle Gemeinschaft und Teilhabe an dieser Gemeinschaft stiftet. Diese Partialität und die aus ihr folgenden Veränderungen der Handelnden machen auch in der Sicht interkultureller Germanistik und der Soziologie des Kulturvergleichs[54] aus der kulturellen Überschneidungssituation eine kulturelle Zwischenposition[55]. Es war der Heidelberger Ethnologe Wilhelm Mühlmann, der 1956 in der kulturellen Zwischenposition den grundsätzlichen hermeneutischen Ort der Ethnologie bestimmte[56]; vier Jahre später hat sein Heidelberger Kollege Hans Georg Gadamer dieses "Zwischen" als "den wahren Ort der Hermeneutik"[57] qualifiziert. Es ist auch der wahre Ort der Interkulturalität. Inzwischen spricht man auch in der Wirtschaftswissenschaft von der Überschneidungssituation als

---

Fremdheit. Leitbegriffe und Problemfelder kulturwissenschaftlicher Fremdheitsforschung. Mit einer Forschungsbibliographie von Corinna Albrecht et al. München 1993, S. 115-127.

[52] Ram Adhar Mall: Interkulturalität und die Morphologie einer Weltkultur. In: Dialektik 2 (1993), S.49-58, hier S. 50.

[53] Alexander Thomas: Interpersonale Distanzregulation als Kulturstandard. In: Ders. (Hg.): Kulturstandards in der internationalen Begegnung. Saarbrücken/Fort Lauderdale 1991, S. 59.

[54] Vgl. Joachim Matthes (Hg.): Zwischen den Kulturen? (Anm. 39).

[55] Vgl. Alois Wierlacher: Interkulturalität. In. ders, (Hg.): Kulturwissenschaftliche Xenologie. in: Ders. (Hg.): Kulturthema Fremdheit (Anm. 51), S.53-62.

[56] Vgl. Wilhelm E. Mühlmann: Ethnologie als soziologische Theorie der interethnischen Systeme. In: Kölner Zeitschrift für Soziologie und Sozialpsychologie 8 (1956), S. 186-205.

[57] Hans Georg Gadamer: Wahrheit und Methode. Tübingen 1960, S.279.

einem 'Dazwischen'[58] , bewertet diese Auffassung als "einen wichtigen Wandel in
der interkulturellen Forschung" und verlangt: "Dieses 'Dazwischen' sollte der
Kern [...] interkultureller Forschung sein"[59].

Bolten, Mauritz u.a. haben dieses Zwischen mit Casmir[60] als third culture und als
Interkultur bezeichnet und jeweils im Sinne auch unserer Überlegungen eine Beziehungssituation gemeint, die in keiner der beiden Ausgangskulturen aufgeht.
Doch die beiden angeführten Ausdrücke führen in die Irre. Es geht ja weder um
eine intermittierende Qualität oder um transitorische Einstellungen in bestimmten
Situationen noch um die Auflösung oder Aufhebung der angestammten Lebens-
wirklichkeit durch eine dritte oder einen dritten Raum. Die kulturelle Zwischenposition lässt sich möglicherweise genauer erfassen, wenn man sie mit den Ger-
manisten Klaus Bohnen, Michael Böhler und Anton Madl mutatis mutandis als
Spannungsfeld[61], mit dem Philosophen Oskar Negt[62] und den Soziologen Andrea
Hettlage-Vargas und Robert Hettlage[63] als Zwischenwelt, mit dem Phänomenolo-
gen Bernhard Waldenfels als Zwischenreich des Dialogs[64] und mit dem Anthropologen Helmut Plessner grundsätzlich als Verstehenssituation auffasst, die ein
"Vertrautwerden in der Distanz" ermöglicht, das eine wechselseitige Erhellung
der Handlungspositionen erbringt, weil sie "das Andere als das Andere und

---

[58] Vgl. Jürgen Bolten: Grenzen der Internationalisierungfähigkeit. Interkulturelles Handeln aus interaktionstheoretischer Perspektive. In: Ders. (Hg.): Cross Culture - interkulturelles Handeln in der Wirtschaft. Sternenfels/Berlin, 2. Aufl. 1999, S 29.

[59] Vgl. Hartmut Mauritz: Interkulturelle Geschäftsbeziehungen. Eine interkulturelle Perspektive für das
Marketing. Mit einem Geleitwort von Prof. Dr. Heymo Böhler. Wiesbaden 1996, S. 85.

[60] Vgl. Fred L. Casmir: A multicultural perspective of human communication. In: Ders, (Hg.): Intercultural and international communication. Washington 1978, S. 241-257; ders.: Third-Culture-Building:
A Paradigm-Shift for International und Intercultural Communication. In: Communication Yearbook
16, S. 407-428.

[61] Vgl. Michael Böhler: Deutsche Literatur im kulturellen Spannungsfeld zwischen Eigenem und
Fremdem in der Schweiz. In: Alois Wierlacher (Hg.): Das Eigene und das Fremde. Prolegomena zu
einer interkulturellen Germanistik. München 1985, S 234261; Klaus Bohnen: Im Spannungsfeld von
Adaption und Angrenzung, aa0. S. 262-271; Anton Madl: Die ungarische Germanistik im Spannungsfeld von Motivationen und Gegenmotivationen, aa0. S. 272-284.

[62] Vgl. Oskar Negt: Germanistik in der Zwischenwelt der Kulturen. In: Deutschlandstudien international 2. Dokumentation des Symposiums "Interkulturelle Deutschstudien. Methoden, Möglichkeiten
und Modelle" in Takayama/Japan, Hrsg. von Kenichi Mishima und Hikaru Tsuji. München 1992,
S.23-34, hier S.29.

[63] Vgl. Andrea Hettlage-Vargas/Robert Hettlage: Kulturelle Zwischenwelten Fremdarbeiter – Eine Etnie? In: Schweizerische Zeitschrift für Soziologie 2 (1984), S. 357-404.

[64] Vgl. Bernhard Waldenfels: Das Zwischenreich des Dialogs. Sozialphilosophische Untersuchungen
im Anschluss an Edmund Husserl. Den Haag 1971.

Fremde zugleich sehen läßt"[65]. Auf der Bedeutungsebene der Interaktion und Interpretation lässt sie sich mit dem Soziologen Joachim Matthes als kooperative Selbstkonstitution begreifen, die nicht nur ein Gesicht-Wahren, sondern auch so etwas wie ein wechselseitiges Gesicht-Geben, also eine reziproke Selbständerung als Modus des Selbstgewinns bewirkt[66].

Wie eine Melodie mehr ist als die Summe der Töne, so konstituiert Interkulturalität mehr und anderes als die Addition von Perspektiven. Mit dieser These nähern wir uns der fünften hier explizierten Bedeutungskonstitution von Interkulturalität.

Alles Abstandnehmen des einen und des anderen von binärem Denken und selbstbezogenem Messen beginnt da, wo ein Drittes ins Spiel kommt. Wie das Fremde ein dreistelliger Begriff ist und das Fremdverstehen zureichend nicht nach dem Modell von ego und alter ego, also nicht unter Zugrundelegung einer einzigen Systemreferenz erklärt werden kann[67], wie Bedeutung nur als mindestens dreistelliger Begriff relativ zu Kommunikationsteilnehmern, Kommunikationssituationen und Zeitpunkten konzipiert werden kann, wie Partnerschaft überhaupt erst durch den Ausgriff auf ein Gemeinsames möglich wird und das Dritte, das mit jeder kulturellen Überschneidungssituation ins Leben gerufen wird, als angestrebter Mehrwert aller Kommunikation gelten darf, so wird erst durch das Hinzutreten eines Dritten auch die Gefahr aller Kommunikation verringert, dass das Ich ein alter ego zum abkünftigen Modus seiner selbst macht. Erst dieser Dritte "führt", folgen wir Levinas, "einen Widerspruch in das Sagen ein, dessen Bedeutung angesichts des Anderen bis dahin nur in eine einzige Richtung ging"[68].

Semantisiert man die Präposition *inter* in ihrer ursprünglichen Wortbedeutung als nicht manichäisches Mitdenken von Frageinteressen anderer, so wie Schleiermacher bereits herausgestellt hatte, dass zu jeder Subjektkonstitution das Mitgesetzt-

---

[65]Helmuth Plessner: Mit anderen Augen. In: Ders.: Gesammelte Schriften. Hrsg. von Günter Dux, Odo Marquard et al. Bd. VIII: Conditio humana. Frankfurt/M. 198,3, S. 88-104, hier S. 91.

[66] Joachim Matthes: "Das Gesicht wahren": eine kulturelle Regel im interkulturellen Vergleich. In: Universitas 46 (1991), S.429-439.

[67] Vgl. Horst Turk: Alienität und Alterität als Schlüsselbegriffe einer Kultursemantik. Zum Fremdheitsbegriff der Übersetzungsforschung. In: Alois Wierlacher (Hg.): Kulturthema Fremdheit (Anm. 55), S.173-197.

[68] Emmanuel Levinas: Jenseits des Seins oder anders als Sein geschieht [zuerst 1974]. Freiburg/München 1992, S. 343; vgl. Robert Bernasconi: Wer ist der Dritte? Überkreuzung von Ethik und Politik bei Levinas. In: Bernhard Waldenfels/Iris Därmann (Hg.): Der Anspruch des Anderen. Perspektiven phänomenologischer Ethik. München 1998, S. 87-110.

sein eines Anderen gehört[69] oder Helm Stierlin aus seiner Sicht von der Interdependenz des Tuns des Einen und des Tuns des Anderen spricht, dann lässt sich die partnerschaftliche Qualität der Zwischenwelt der Interkulturalität auch als globale Menschheitsgemeinschaft im Sinne Max Webers oder als "die Vielzahl der Dritten" im Sinne E. Levinas verstehen. So scheint auch Bernhard Waldenfels das Dritte, wenngleich erkenntnislogisch gewendet, zu definieren, wenn er schreibt: "Wir nehmen den Standpunkt des Dritten ein, wenn immer wir den Anderen bzw. eine fremde Kultur zu verstehen suchen, indem wir uns auf allgemeine Sinnstrukturen oder Sinnesregeln beziehen, und erst recht beziehen wir uns auf die Position des Dritten, wenn wir uns bei auftretendem Dissenz oder Konflikt mit Anderen zu verständigen suchen."[70]

Diese Position gefährdet weder die Grundlagen der kulturellen Lebensrealität noch setzt sie eine Hybridisierung aller Kulturen voraus; sie ist auch nicht identisch mit der Herstellung von Harmonie oder eines 'tertium comparationis', die oft "unvermittelt als Tertium des Vergleichs angenommen hat, was in theoriebildender Absicht an der einen, der eigenen Größe im Paar-Vergleich schon immer abgelesen worden ist"[71]. Sie hat auf der Ebene der Kommunikationstheorie auch nichts zu tun mit der theologischen Vorstellung der Trinität oder mit der wissenschaftstheoretischen These, dass zwei Subjekte einen dritten, 'neutralen' Standpunkt benötigten, um überhaupt ein wissenschaftliches Gespräch miteinander führen zu können; ein dritter Dialogpartner kommt als das gesuchte Dritte nicht infrage, weil die Beteiligung eines Dritten beim Gespräch keine Bedingung der Möglichkeit der Verständigung ist, wie ich mit Elmar Holenstein annehme[72], auch wenn die Gegenwart des Dritten im Sinne des Interessenausgleichs durch schiedsgerichtliche Mediation eine pragmatisch hilfreiche Möglichkeit eröffnet, sich selbst in ihrer Andersheit jenseits der Opposition zu erfahren und zwar auch als körperliche Existenz[73].

---

[69]Friedrich Schleiermacher: Der christliche Glaube. Hrsg. von M. Redeker. 7. Auflage, Band 1, Berlin 1969, S. 24.- Vgl. die Einleitung von Manfred Frank zu F.D.E. Schleiermacher: Hermeneutik und Kritik. Frankfurt a. M. 1977, S. 28.

[70]Bernhard Waldenfels: Heimwelt und Fremdwelt, In: Studium Generale (Hg.): Interkulturalität. Grundprobleme der Kulturbegegnung. Mainz 1999, S. 116.

[71]Joachim Matthes: The Operation Called 'Vergleichen'. In ders: (Hg.): Zwischen den Kulturen? (Anm.39), S. 16.

[72]Vgl. Holenstein: Menschliches Selbstverständnis (Anm. 44), S. 93.

[73] Vgl. Henning Eichberg: Der dialogische Körper: Über einen dritten Weg der körperanthropologischen Aufmerksamkeit In: Knut Dietrich/Henning Eichberg (Hg.): Körpersprache. Über Identität und Konflikt. Frankfurt 1993, S. 257-308.

Es geht vielmehr um die Frage, ob jede Kommunikation und mit ihr auch jedes Lernen am Eigenen und Fremden, wie Oskar Negt annimmt, ein Drittes schafft[74]. Diese Frage wird von einer Theorie internationaler und interkultureller Kommunikation durchaus verfehlt, die weniger auf das besondere Quale der gemeinsamen Beziehungssituation als auf die kulturellen Differenzen und die Fähigkeit achtet, 'to handle cross-cultural problems which result from these differences'[75]. Auch die Denkfigur des internationalen oder interkulturellen 'Austauschs' reicht darum für eine Theorie der Interkulturalität nicht aus, sondern bedarf der Erweiterung[76].

"Ein großes spitzes Dreieck in ungleiche Teile geteilt, mit der spitzesten, kleinsten Abteilung nach oben gewendet – ist das geistige Leben schematisch richtig dargestellt", hat Kandinsky in seinem bekannten Buch über das Geistige in der Kunst" geschrieben.[77] Auch die ersten Theoriebildungen interkultureller Germanistik bemühten das Denkmodell des Dreiecks[78]. Ein 1927 erschienener Aufsatz Kandinskys trägt dagegen den Titel *Und*; gefragt wird nach dem Wort, mit dem das 20. Jahrhundert im Vergleich zum 19. Jahrhundert gekennzeichnet werden könnte. Während das 19. Jahrhundert vom Entweder-Oder regiert wurde (Kierkegaard), sollte das 20. Jahrhundert auch im Sinne der Postmoderne der Arbeit am 'und' gelten, also dem Nebeneinander, der Vielheit, der Ungewissheit, der offengehaltenen Frage nach dem Zusammenhang.

Doch viele ängstigt diese Unverbindlichkeit des 'und'; die Ent-fremdung des Fremden und damit die Ent-Eignung des Eigenen, die das ‚und' freiwillig herstellt, wird als Bedrohung erlebt. Mit dem 'und' beginnt in der Tat nicht die Harmonie, aber es beginnt der kreative Abschied von der falschen kategorialen Aufteilung der Welt, die in machtpolitischer Konkretisation besonders krass der Ost-West-Konflikt zeigte. Es beginnt auch unsere Loslösung von der reduktiven, manichäisch dichotomischen Auslegung des Verhältnisses von Eigenem und Frem-

---

[74]Vgl. Oskar Negt, a.a.O., S. 32 f.

[75]Vgl. Annie Aarup Jensen: Defining Intercultural Competence for the Aduld Learner. In: Intercultural Competence, Band 2, S. 37. – Aus der Fülle solcher Zugriffe vgl. zum Beispiel Stephen Bochner (Hg.): Cultures in Contact. Studies in cross-cultural interaction. Oxford u.a. 1982.

[76]auch wenn sich ihr Verwendungsbogen von Alexander Thomas (Hg.): Interkultureller Austausch als interkulturelles Handeln. Saarbrücken/Fort Lauderdale 1985 bis zum 1996 erschienenen Band von Lutz Danneberg und Friedrich Vollhardt in Zusammenarbeit mit Hartmut Böhme und Jörg Schönert (Hg.): Wie international ist die Literaturwissenschaft? (Anm. 1) spannt. Zusammenarbeit mit Hartmut Böhme und Jörg Schönert (Hg.): Wie international ist die Literaturwissenschaft? (Ailli, spannt.)

[77] Vgl. Wassily Kandinsky: Über das Geistige in der Kunst. Mit einer Einführung von Max Bill. Bern 1952, 10. Auflage. o.O. S. 29.

[78] Vgl. Alois Wierlacher: Einleitung zu ders. (Hg.): Perspektiven und Verfahren (Anm. 15).

dem und zugleich von der postmodernen Verabsolutierung der Denkfigur der Differenz.

Für den Verfasser war die copula *und* immer das wichtigste Wort; es signalisierte in seiner Sicht etwas, in dem sich die beiden anderen wie in einem Dritten zusammenfanden. Er hat aber nie daran gedacht, dieses Dritte quantitativ, gewissermaßen als arithmetisches Mittel zwischen den Kulturen zu bestimmen. Schon früh wurde in der Theorie interkultureller Germanistik betont, dass "dialogisches Fremdverstehen, das von der Verschiedenheit, nicht von einer Gemeinsamkeit ausgeht, das nicht Konsens um jeden Preis, sondern Erweiterung der eigenen Sicht intendiert, bei ungeschwächt gleichzeitigem Bewußtsein des Eigenen und Fremden einen 'höheren Standpunkt' anpeilen (muß), eine gemeinsame Mitte[79], die jedoch nicht einfach als Mengendurchschnitt im Rahmen eines universalen Codes zu denken ist, deren Auffinden vielmehr auch von kontingenten Faktoren eine einmaligen interkulturellen Konfiguration abhängen kann, z.b. von gleichartigen Erfahrungen"[80].

Ulrich Beck hat die Konstitution von Zwischenpositionen und Zwischenräumen als die Erfindung des Politischen gekennzeichnet[81]. Ganz entsprechend erkennen wir im kulturenübergreifenden Herstellen von Zwischenpositionen zeitbewusster Partnerschaft den grundlegenden Blickwinkel der Interkulturalität. Erst dieser Blickwinkel konstituiert jene Bedingungen des Lebens, von der Edward W. Said unsere Zukunft abhängen sieht: "Überleben hängt mit den Verbindungen zwischen den Dingen zusammen"[82].

Als Ergebnis der hier entworfenen Konzeptualisierung der Interkulturalität lassen sich die Begriffe des interkulturellen Lernens und der interkulturellen Kompetenz, beide verstanden als Grundbegriffe interkultureller Kommunikation, präziser fassen. Interkulturelles Lernen findet dann statt, so möchten wir mit Mauritz formulieren, "wenn alle Beteiligten in der kulturellen Überscheidungssituation die Standards der jeweils anderen lernen, um daraus eine gemeinsame Orientierung zu schaffen"[83]; die Fähigkeit, eine solche neue Beziehungsordnung zwischen Menschen verschiedener Kulturen zu stiften, nennen wir 'interkulturelle Kompetenz'. Mit dem Wort 'Vermittlung' sollte künftig der Versuch bezeichnet werden,

---

[79] Eberhard Scheiffele: Affinität und Abhebung (Anm. 3), S. 38.

[80] Norbert Mecklenburg: Über kulturelle und poetische Alterität (Anm. 15), S.571

[81] Vgl. Ulrich Beck: Die Erfindung des Politischen. Frankfurt 1993.

[82] Vgl. Edward W. Said: Kultur und Imperialismus. Einbildungskraft und Politik im Zeitalter der Macht. Aus dem Amerikanischen von Hans-Horst Henschen. Frankfurt 1994.

[83] Hartmut Mauritz, a.a.0. S. 88.

eine tragfähige kulturelle Zwischenposition[84] als gemeinsame Orientierung im kulturellen Dialog von Wissenschaft und Unternehmenskooperation in ihren jeweiligen Handlungszusammenhängen und auch miteinander zu konstruieren. Statt einer im soziologischen Sinne vertikal gerichteten Lehre könnte 'Vermittlung' das Sichtreffen der am Lernprozess Beteiligten in jener offenen Mitte ins Wort fassen, die nicht als räumliche oder geographische Größe, sondern mit der Kognitionswissenschaft"[85] als mittlerer Weg der Erkenntnis zu begreifen wäre.

Diese Mitte lässt sich als interkulturelle Identität qualifizieren. Der Begriff meint weder die Sicherung des Status quo von Disziplinen oder Unternehmen noch die Einebnung ihrer kulturellen Verschiedenheiten; er verstellt auch nicht die Einsicht, dass alles Handeln beim Einzelnen zusammenlaufen muss, der für die Wahl des Referenzrahmens seiner Tätigkeit verantwortlich ist. Gemeint ist die föderalistische Einheit weltweiter Forschung zwischen und in Wechselbeziehung mit anderen im Horizont eines rechtlichen und kommunikativen Pluralismus[86].

Indem diese Einheit auf der Basis der Anerkennung der Gleichursprünglichkeit, aber nicht Gleichartigkeit kulturdifferenter Positionen und Auffassungen beruht, wird sie als Vollzug eben dieser Anerkennung praktisch. Diesen Vollzug hat Karl Jaspers einmal mit einem Begriff erläutert, der eine der unhintergehbaren Grundbedingungen und Grundbedeutungen der hier konzeptualisierten Interkulturalität ins Wort fasst: den "Vollzug der Anerkennung" definiert Jaspers als einen Akt der Toleranz[87]. So wird in der hier vorgetragenen Konzeptualisierung von Interkulturalität zugleich eine Bedingung erfolgreicher interkultureller Kommunikation erkennbar: die Neufassung unserer tradierten Toleranzbegriffe[88].

---

[84] Vgl. Vgl. Ilhi Synn: Das tragfähige Zwischen. Über den koreanischen Blickwinkel auf Deutsches im Zeitalter der Internationalisierung. In: Alois Wierlacher/Georg Stötzel (Hg.): Blickwinkel (Anm. 1), S. 101-114.

[85] Vgl. Francisco J. Varela/Evan Thompson/Eleanor Rosch: Der mittlere Weg der Erkenntnis. Die Beziehung von Ich und Welt in der Kognitionswissenschaft – der Brückenschlag zwischen wissenschaftlicher Theorie und menschlicher Erfahrung. Bern u.a. 1992.

[86] Vgl. L. Robert Kohls: Developing intercultural awareness. Washington 1981; Kenichi Mishima: Fremdheitsphilosophie im Zeitalter der Internationalisierung (Anm.51).

[87] Karl Jaspers: Philosophie [1931]. Zweite Auflage Berlin u. a. 1948, S. 671.

[88] Vgl. Alois Wierlacher: Die vernachlässigte Toleranz. In: ders.: (Hg.): Kulturthema Toleranz. Zur Grundlegung einer interdisziplinären und interkulturellen Toleranzforschung. München 1996, S. 11-27; ders. Aktive Toleranz, aaO. S. 51-82; ders.: Toleranzdiskurse in Deutschland, Prolegomena zu einer Geschichte des öffentlichen Toleranzgesprächs in der Bundesrepublik Deutschland (1949-1989), aaO. S. 515-564; vgl. auch das Toleranzkapitel im vorliegenden Band.

Literaturverzeichnis

Assmann, Aleida und Jan: "Kultur und Konflikt. Aspekte einer Theorie des unkommunikativen Handelns." In: Jan Assmann/Dietrich Harth (Hrsg.): *Kultur und Konflikt.* Frankfurt/Main 1990.

Assmann, Jan/ Tonio Hölscher (Hrsg.): *Kultur und Gedächtnis.* Frankfurt/Main 1988.

Bausinger, Hermann: "Kulturelle Identität – Schlagwort und Wirklichkeit." In: Hermann Bausinger (Hrsg.): *Ausländer-Inländer. Arbeitsmigration und kulturelle Identität.* Tübingen 1986, S, 141-159.

Bausinger, Hermann: "Zur kulturalen Dimension von Identität." In: *Zeitschrift für Volkskunde* 73 (1977), S. 210-215.

Bausinger, Hermann: "Zur Problematik des Kulturbegriffs." In: *Jahrbuch Deutsch als Fremdsprache 1*, (1975), S. 7-16.

Beck, Ulrich: *Die Erfindung des Politischen.* Frankfurt/Main 1993.

Bernasconi, Robert: "Wer ist der Dritte? Überkreuzung von Ethik und Politik bei Levinas." In: Bernhard Waldenfels/Iris Därmann (Hrsg.): *Der Anspruch des Anderen. Perspektiven phänomenologischer Ethik.* München 1998, S. 87-110.

Bochner, Stephen (Hrsg.): *Cultures in Contact. Studies in cross-cultural interaction.* Oxford u.a. 1982.

Bogner, Andrea: "Stimmen hören. Das Phänomen der Stimme in der interkulturellen Kommunikation." In: Wierlacher, Alois (Hrsg.): *Kulturthema Kommunikation. Konzepte, Inhalte, Funktionen.* Möhnesee 2000, S. 209-217.

Böhler, Michael: "Deutsche Literatur im kulturellen Spannungsfeld zwischen Eigenem und Fremdem in der Schweiz." In: Alois Wierlacher (Hrsg.): *Das Eigene und das Fremde. Prolegomena zu einer interkulturellen Germanistik.* München 1985, S 234-261.

Bohnen, Klaus: Im Spannungsfeld von Adaption und Angrenzung." In: Alois Wierlacher (Hrsg.): *Das Eigene und das Fremde. Prolegomena zu einer interkulturellen Germanistik.* München 1985, S. 262-271.

Bolten, Jürgen: "Grenzen der Internationalisierungfähigkeit. Interkulturelles Handeln aus interaktionstheoretischer Perspektive." In: Ders. (Hrsg.): *Cross Culture - interkulturelles Handeln in der Wirtschaft.* Sternenfels/Berlin, 2. Auflage 1999.

Bolten, Jürgen: "Vergleich als Kritik. Zum Verstehensbegriff interkultureller Germanistik." In: *Jahrbuch Deutsch als Fremdsprache* 16 (1990), S. 76-89.

Brinkmann, Richard et al. (Hrsg.): *Germanistik international. Vorträge und Diskussionen auf dem internationalen Symposion "Germanistik im Ausland" vom 23. Bis 25. Mai 1977 in Tübingen.* Tübingen 1978.

Casmir, Fred L.: "A multicultural perspective of human communication." In: Ders, (Hrsg.): *Intercultural and international communication.* Washington 1978, S. 241-257.

Casmir, Fred L.: "Third-Culture-Building: A Paradigm-Shift for International und Intercultural Communication." In: *Communication Yearbook* 16, S. 407-428.

Chladenius, Johann Martin: *Allgemeine Geschichtswissenschaft.* Mit einer Einleitung von Christoph Friederich u. einem Vorwort von Reinhart Koselleck. Wien, Köln, Graz 1985 (Neudruck der Ausgabe Leipzig 1752).

Chladenius, Johann Martin: *Einleitung zur richtigen Auslegung vernünftiger Reden und Schriften.* Hrsg. von L. Geldsetzer. Düsseldorf 1969 (Neudruck der Ausgabe Leipzig 1742).

Drechsel, Paul: "Vorschläge zur Konstruktion einer "Kulturtheorie", und was man unter einer "Kulturinterpretation" verstehen könnte." In: *Ethnologie als Sozialwissenschaft. Sonderheft der Kölner Zeitschrift für Soziologie und Sozialpsychologie.* Opladen 1984, S. 46f.

Duden: *Der große Duden.* 10 Bde., hier Bd. 8: Sinn-und sachverwandte Wörter und Wendungen. Wörterbuch der treffenden Ausdrücke. Bearbeitet von Wolfgang Müller unter Mitwirkung der Dudenredaktion. Mannheim, Wien, Zürich 1972, S. 134, 290.

Eichberg, Henning: "Der dialogische Körper: Über einen dritten Weg der körperanthropologischen Aufmerksamkeit." In: Knut Dietrich/Henning Eichberg (Hrsg.): *Körpersprache. Über Identität und Konflikt.* Frankfurt/Main 1993, S. 257-308.

Etymologisches Wörterbuch des Deutschen. Erarbeitet von einem Autorenkollektiv des Zentralinstituts für Sprachwissenschaft unter der Leitung von Wolf gang Pfeifer. 3 Bde. Berlin (Ost) 1989.

Fiehler, Reinhard: "Kommunikation, Information und Sprache. Alltagsweltliche und wissenschaftliche Konzeptualisierungen und der Kampf um die Begriffe." In. Rüdiger Weingarten (Hrsg.): *Information ohne Kommunikation? Die Loslösung der Sprache vom Sprecher*. Frankfurt/Main 1990, S. 99-128.

Frank, Manfred: Einleitung zu: F.D.E. Schleiermacher: *Hermeneutik und Kritik*. Frankfurt/Main 1977.

Gadamer, Hans Georg: *Wahrheit und Methode*. Tübingen 1960.

Gellner, Ernest: *Relativism and the social sciences*. Cambridge/New York 1987.

Grimm, Jacob und Wilhelm: D*eutsches Wörterbuch*. 16 Bde. Leipzig 1860.

Halbwachs, Maurice: *Das kollektive Gedächtnis*. Frankfurt/Main 1985.

Hettlage-Vargas, Andrea/Robert Hettlage: "Kulturelle Zwischenwelten Fremdarbeiter – Eine Etnie?" In: *Schweizerische Zeitschrift für Soziologie* 2 (1984), S. 357-404.

Hinnenkamp, Volker: *Interaktionale Soziolinguistik und Interkulturelle Kommunikation*. Tübingen 1989.

Hofmann Johann Nepomuk: *Wahrheit, Perspektive, Interpretation*. Berlin/New York 1994.

Holenstein, Elmar: *Menschliches Selbstverständnis. Ichbewußtein. Intersubjektive Verantwortung. Interkulturelle Verständigung*. Frankfurt/Main 1985.

Jaspers, Karl: *Philosophie* [1931]. Zweite Auflage Berlin u. a. 1948.

Kammhuber, Stefan: "Kommunikationskompetenz als Schlüsselqualifikation für globales Management." In: A. Wierlacher (Hrsg.), Kulturthema Kommunikation. Möhnesee 2000, S. 137-148.

Kandinsky, Wassily: *Über das Geistige in der Kunst*. Mit einer Einführung von Max Bill. Bern 1952, 10. Auflage.

Koepping, Klaus-Peter: "Authentizität als Selbstfindung durch den anderen: Ethnologie zwischen Engagement und Reflexion, zwischen Leben und Wissenschaft." In: *Authentizität und Betrug in der Ehtnologie*. Hrsg. von Hans Peter Duerr. Frankfurt/M. 1987, S. 7-37.

Kohl, Karl-Heinz: *Entzauberter Blick. Das Bild vom Guten Wilden und die Erfahrung der Zivilisation.* Frankfurt/Main 1986.

Kohl, Karl-Heinz: Ethnologie – Die Wissenschaft vom kulturell Fremden. München 1993.

Kohlmayer, Rainer: "Ambiguität und Ideologie als Probleme deutscher Willde-Übersetzungen. Ein Beitrag zur interkulturellen Germanistik." In: Marin Forstner/ Klaus von Schilling (Hrsg.): *Interdisziplinarität. Deutsche Sprache und Literatur im Spannungsfeld der Kulturen.* Bern u.a. 1991, S. 421-464.

Kohls, L. Robert: *Developing intercultural awareness.* Washington 1981.

Krusche, Dietrich (Hrsg.): Gedächtnis – ein Begriffskomplex im Umbau. In: *Jahrbuch Deutsch als Fremdsprache* 17 (1991), S. 121-274.

Lackner, Michael/Michael Werner: *Der cultural turn in den Humanwissen schaften. Area Studies im Auf- oder Abwind des Kulturalismus?* Hg. vom Programmbeirat der Wener-Reimers-Konferenzen. Bad Homburg 1999.

Langebucher, Wolfgang et al. (Hrsg.): *Kulturpolitisches Wörterbuch.* Stuttgart 1983.

Leiris, Michel: *Das Auge des Ethnographen.* Frankfurt/Main 1981.

Levinas, Emmanuel: *Jenseits des Seins oder anders als Sein geschieht* [zuerst 1974]. Freiburg/München 1992.

Lindemann, Bernhard: "Einige Fragen an eine Theorie der sprachlichen Perspektivierung." In: Peter Canisius (Hrsg.): *Perspektivität in Sprache und Text.* Bochum 1987, S. 1-51.

Madl; Anton: "Die ungarische Germanistik im Spannungsfeld von Motivationen und Gegenmotivationen." In: Alois Wierlacher (Hrsg.): *Das Eigene und das Fremde. Prolegomena zu einer interkulturellen Germanistik.* München 1985, S. 272-284.

Mall, Ram Adhar: "Interkulturalität und die Morphologie einer Weltkultur." In: *Dialektik* 2 (1993), S.49-58, hier S. 50.

Matthes, Joachim (Hrsg.): *Zwischen den Kulturen? Die Sozialwissenschaften vor dem Problem des Kulturvergleichs.* Göttingen 1992.

Matthes, Joachim: ""Das Gesicht wahren": eine kulturelle Regel im interkulturellen Vergleich." In: *Universitas* 46 (1991), S.429-439.

Matthes, Joachim: The Operation Called 'Vergleichen'. In: ders (Hrsg.): *Zwischen den Kulturen? Die Sozialwissenschaften vor dem Problem des Kulturvergleichs.* Göttingen 1992.

Mauritz, Hartmut: *Interkulturelle Geschäftsbeziehungen. Eine interkulturelle Perspektive für das Marketing.* Mit einem Geleitwort von Prof. Dr. Heymo Böhler. Wiesbaden 1996.

Mecklenburg, Norbert: "Über kulturelle und poetische Alterität. Kultur-und literaturtheoretische Grundprobleme einer interkulturellen Germanistik." In: Alois Wierlacher (Hrsg.): *Perspektiven und Verfahren interkultureller Germanistik.* München 1987, S. 563-584.

Medicus, Fritz: "Die Wissenschaften als Probleme." In: Ders.: *Vom Überzeitlichen in der Zeit. Beiträge zu humanistischer Besinnung.* Zürich 1954, S. 252-268.

Medicus, Fritz: "Von der Objektivität der geschichtlichen Erkenntnis." In: Ders.: *Vom Wahren, Guten und Schönen. Kulturanthropologische Abhandlungen.* Zürich 1943, S. 30-61.

Michel; Willy: "Die Außensicht der Innensicht. Zur Hermeneutik einer interkulturell ausgerichteten Germanistik." In: *Jahrbuch Deutsch als Fremdsprache* 17 (1991), S. 13-33.

Mishima, Kenichi: "Fremdheitsphilosophie im Zeitalter der Internationalisierung." In: Alois Wierlacher (Hrsg.): *Kulturthema Fremdheit. Leitbegriffe und Problemfelder kulturwissenschaftlicher Fremdheitsforschung.* Mit einer Forschungsbibliographie von Corinna Albrecht et al. München 1993, S. 115-127.

Mühlmann, Wilhelm E.: "Ethnologie als soziologische Theorie der interethnischen Systeme." In: *Kölner Zeitschrift für Soziologie und Sozialpsychologie* 8 (1956), S. 186-205.

Negt, Oskar: "Germanistik in der Zwischenwelt der Kulturen." In: *Deutschlandstudien international 2. Dokumentation des Symposiums "Interkulturelle Deutschstudien. Methoden, Möglichkeiten und Modelle" in Takayama/Japan,* Hrsg. von Kenichi Mishima und Hikaru Tsuji. München 1992, S.23-34.

Opitz, Claudia: "Der "Andere Blick" der Frauen in die Geschichte. Überlegungen zu Analyse-und Darstellungsmethoden feministischer Geschichtsforschung." In: *Methoden der Frauenforschung. Symposion an der FU Berlin 1983.* Hrsg. von der Zentraleinrichtung zur Förderung von Frauenstudien und Frauenforschung an der FU Berlin. Berlin 1984, S. 76-93.

Plessner, Helmuth: "Mit anderen Augen." In: Ders.: *Gesammelte Schriften.* Hrsg. von Günter Dux, Odo Marquard et al. Bd. VIII: Conditio humana. Frankfurt/M. 198,3 S. 88-104.

Plessner, Helmuth: Mit anderen Augen. In: Ders.: *Gesammelte Schriften.* Hrsg. von Günter Dux, Odo Marquard et al. Bd. VIII: Conditio humana. Frankfurt/M. 1983.

Rösler, Dietmar: "Drei Gefahren für die Sprachlehrforschung im Bereich Deutsch als Fremdsprache." In: *Jahrbuch Deutsch als Fremdsprache* 19 (1993), S. 77-99.

Ruttkowski, Wolfgang: "Der Geltungsbereich unserer literarischen Sachbegriffe." In: Christian Wagenknecht (Hrsg.): *Zur Terminologie der Literaturwissen schaft. Akten des IX. Germanistischen Symposions der Deutschen Forschungsgemeinschaft Würzburg 1986.* Stuttgart 1989, S. 80-104.

Ruttkowski, Wolfgang: "Der Geltungsbereich unserer literarischen Sachbegriffe" In: Christian Wagenknecht (Hrsg.): *Zur Terminologie der Literaturwissenschaft. Akten des IX. Germanistischen Symposiums der DFG.* Stuttgart 1989, S. 80-104.

Said, Edward W.: *Kultur und Imperialismus. Einbildungskraft und Politik im Zeitalter der Macht.* Aus dem Amerikanischen von Hans-Horst Henschen. Frankfurt/Main 1994.

Scheiffele, Eberhard: "Affinität und Abhebung. Zum Problem der Voraussetzungen interkulturellen Verstehens." In: Alois Wierlacher (Hrsg.): *Das Fremde und das Eigene. Prolegomena zu einer interkulturellen Germanistik.* München (4) 2000.

Schleiermacher, Friedrich: *Der christliche Glaube.* Hrsg. von M. Redeker. 7. Auflage, Band 1, Berlin 1969.

Schmidt, Siegfried J. (Hrsg.): *Gedächtnis. Probleme und Perspektiven der interdisziplinären Gedächtnisforschung.* Frankfurt/Main 1991.

Stagl, Justin: "Eine Wiederlegung des kulturellen Relativismus." In: *Zwischen den Kulturen? Die Sozialwissenschaften vor dem Problem des Kulturvergleichs.* Hrsg. von Joachirn Matthes. Göttingen 1992, S. 145-166.

Synn, Ilhi: "Das tragfähige Zwischen. Über den koreanischen Blickwinkel auf Deutsches im Zeitalter der Internationalisierung." In: Alois Wierlacher/Georg Stötzel (Hrsg.): *Blickwinkel. Kulturelle Optik und interkulturelle Gegenstandskonstitution.* München 1996, S. 101-114.

Tenbruck, Friedrich H.: "Die Religion im Maelstrom der Reflexionen." In: *Religion und Kultur*. Hrsg. Von Jörg Bergmann, Alois Hahn und Thomas Luckmann. Opladen 1993, S. 31-67.

Thomas, Alexander (Hrsg.): *Interkultureller Austausch als interkulturelles Handeln*. Saarbrücken/Fort Lauderdale 1985. Zusammenarbeit mit Hartmut Böhme und Jörg Schönert (Hg.): Wie international ist die Literaturwissenschaft? (Ailli,spannt.)

Thomas, Alexander: "Interpersonale Distanzregulation als Kulturstandard." In: Ders. (Hrsg.): *Kulturstandards in der internationalen Begegnung*. Saarbrücken/Fort Lauderdale 1991.

Turk, Horst: "Alienität und Alterität als Schlüsselbegriffe einer Kultursemantik. Zum Fremdheitsbegriff der Übersetzungsforschung." In: Alois Wierlacher (Hrsg.): Kulturthema Fremdheit, S.173-197.

Varela, Francisco J./Evan Thompson/Eleanor Rosch: *Der mittlere Weg der Erkenntnis. Die Beziehung von Ich und Welt in der Kognitionswissenschaft – der Brückenschlag zwischen wissenschaftlicher Theorie und menschlicher Erfahrung*. Bern u.a. 1992.

Vossenkuhl, Wilhelm: "Jenseits des Vertrauten und Fremden". In: Einheit und Vielheit. XIV. Deutscher Kongreß für Philosophie, Gießen, 21.-26. September 1987. Hrsg. von Odo Marquard unter Mitwirkung von Peter Probst und Franz Josef Wetz. Hamburg 1990, S. 101-113.

Waldenfels, Bernhard: "Heimwelt und Fremdwelt." In: Studium Generale (Hrsg.): *Interkulturalität. Grundprobleme der Kulturbegegnung*. Mainz 1999.

Waldenfels, Bernhard: Das Zwischenreich des Dialogs. Sozialphilosophische Untersuchungen im Anschluss an Edmund Husserl. Den Haag 1971.

Weigel, Sigrid: "Geschlechterdifferenz und Literaturwissenschaft." In: Helmut Brackert/Jörn Stückrath (Hrsg.): *Literaturwissenschaft. Ein Grundkurs*. Reinbeck 1992, S. 677-689.

Weinrich, Harald: *Textgrammatik der deutschen Sprache*. Mannheim u.a. 1993, S. 18.

Weizsäcker, Richard von: *Von Deutschland aus*. Berlin 1985.

Wierlacher, Alois (Hrsg.): *Kulturthema Toleranz. Zur Grundlegung einer interdisziplinären und interkulturellen Toleranzforschung*. München 1996.

Wierlacher, Alois/Hubert Eichheim (Hrsg.): "Der Pluralismus kulturdifferenter Lektüren. Zur ersten Diskussionsrunde am Beispiel von Kellers "Pankraz, der Schmoller"." In: *Jahrbuch Deutsch als Fremdsprache* 18 (1992), S. 373-540.

Wierlacher, Alois/Ursula Wiedemann: "Blickwinkel der Interkulturalität." In: Alois Wierlacher/Georg Stötzel (Hrsg.): *Blickwinkel. Kulturelle Optik und interkulturelle Gegenstandskonstitution.* München 1996, S. 23–46.

Wierlacher, Alois: "Die Gemütswidrigkeit der Kultur." In: *Jahrbuch Deutsch als Fremdsprache* 3 (1977), S. 116-136.

Wierlacher, Alois: "Die vernachlässigte Toleranz." In: ders.: (Hrsg.): *Kulturthema Toleranz. Zur Grundlegung einer interdisziplinären und interkulturellen Toleranzforschung.* München 1996, S. 11-27.

Wierlacher, Alois: "Interkulturalität. Zur Konzeptionalisierung eines Leitbegriffes interkultureller Literaturwissenschaft." In: Henk de Berg und Matthias Prangel (Hrsg.): Interpretation 2000: *Positionen und Kontroversen. Festschrift zum 65. Heburtstag von Horst Steinmetz.* Heidelberg 1999, S. 155 – 181.

Wierlacher, Alois: "Internationalität und Interkulturalität. Der kulturelle Pluralismus als Herausforderung der Literaturwissenschaft. Zur Theorie interkultureller Germanistik." In. Lutz Danneberg und Friedrich Vollhardt in Zusammenarbeit mit Hartmut Böhme und Jörg Schönert (Hrsg.): *Wie international ist die Literaturwissenschaft? Methoden- und Theoriediskussion in den Literaturwissenschaften: Kulturelle Besonderheiten und interkultureller Austausch am Beispiel des Interpretationsproblems (1950 – 1990).* Stuttgart/Weimar 1996, S. 550–590.

Wierlacher, Alois: Interkulturelle Germanistik. In: ders. (Hrsg.): *Kulturthema Kommunikation.* Möhnesee 2000, S. 61-80.

Wilde, Oscar: *Der Sozialismus und die Seele des Menschen. Ein Essay.* Übersetzt von Gustav Landauer und Hedwig Lachmann. Zürich 1970, S. 66.

Wölke, Doris: Der männliche Blick in der Literaturwissenschaft. Rolle und Bedeutung der männlichen Perspektive für literaturwissenschaftliches Arbeiten. Essen 1990.

Fälle und Übungen (9)

Interkulturalität

9.1

Wenn Interkulturalität als „kulturelle Wechselbeziehung" verstanden wird, bedeutet dies notwendigerweise, dass sie nur als Prozess, als „Ereignis" aufgefasst werden kann. Warum ist es vor diesem Hintergrund nicht korrekt, wenn (wie häufig zu lesen ist) von einer Methode des „interkulturellen Vergleichs" gesprochen wird?

9.2

Versuchen Sie, den Unterschied zwischen kulturvergleichenden und interkulturellen Forschungsansätzen anhand eines konkreten Beispiels aus dem Bereich internationaler Mergers & Acquisitions zu verdeutlichen. Was wäre z.b. in Hinblick auf die Daimler-Chrysler-Fusion Gegenstand einer kulturvergleichenden Untersuchung, und was müsste eine interkulturell orientierte Studie thematisieren? Welche Ergebnisse wären von den beiden Methoden jeweils zu erwarten?

9.3

GULDEN: Erste Goldmünze, die in Europa weite Verbreitung fand. Die Abkürzung fl geht auf Florenz zurück, wo die ersten Gulden 1252 geprägt wurden. In Deutschland waren Gulden ab dem 14. Jahrhundert im Süden und im Rheinland verbreitet. Sie hatten oft den Wert von 240 Pfennigen. In Deutschland wurden die Gulden 1876 außer Kurs gesetzt.

Wenn man der These folgt, „dass es im Verkehr der Kulturen immer wieder zu Entlehnungen und Entleihungen, zu Annexionen und Abstoßungen, zu wechselseitigen Nachahmungen und Anpassungen kam und kommt", lässt sich dann – wenngleich in zugespitzter Form – Kultur als Produkt von Interkulturalität definieren?

9.4

Fälschlicherweise wird häufig „Multikulturalität" synonym zu „Interkulturalität" verwendet. Zeichnen sich multikulturelle Gruppen oder Gesellschaften notwendigerweise durch Interkulturalität aus?

9.5

„Interkulturalität" und „Interkultur" sind im *Duden* bislang nicht als Worteinträge verzeichnet. Wie könnte man in knapper und präziser Form Erklärungen für die beiden Einträge formulieren?

Weiterführende Literatur: Interkulturalität

Adler, N.: (1997). International dimensions of organizational behavior. Cincinnati: South-Western College Publishing.

Bolten, J.: Grenzen der Internationalisierungsfähigkeit. Interkulturelles Handeln aus interaktionsstheoretischer Perspektive. In: Bolten, J. (Hg.): Cross Culture. Interkult. Handeln in der Wirtschaft. Sternenfels/ Berlin, 2. Auflage 1999

Bolten, J. (1993): Grenzziehungen als interaktionaler Prozeß. Zur Theorieund Vermittlung interaktiv-interkultureller Handlungskompetenz. In: Jahrbuch DaF 19 (1993), 255-276

Brislin, R.W.: Cross-Cultural Encounters. Face-to-Face Interaction. New York u.a. 1981

Chen, G.-M./Starosta, W. J. (1997): Foundations of Intercultural Communication

Einhoff, J. (1993): Interkulturelles Lernen und Systemtheorie - eine Standortbestimmung. In: Neusprachliche Mitteilungen 46(1993), H.1, S.6-13

Hüllen, W.: Interkulturelle Kommunikation - Was ist das eigentlich? In: Der fremdsprachliche Unterricht 26(1991), H.7, S.8-11

Knapp,K./Enninger,W./Knapp-Potthoff,A. (Hg.): Analyzing intercultural communication. Berlin 1987

Knapp,K./Knapp-Potthoff, A.: Interkulturelle Kommunikation. In: Zeitschr. f. Fremdsprachenforschg 1,1990, 62-93

Loenhoff, J.: Interkulturelle Verständigung. Opladen 1992.

Mall 2000 = Ram Adhar Mall: Interkulturelle Verständigung – Primat der Kommunikation vor dem Konsens? Erscheint in: EuS 11(2000)

Communicating across Cultural Barriers[*]

Nancy J. Adler

If we seek to understand a people, we have to try to put ourselves, as far as we can, in that particular historical and cultural background. . . It is not easy for a person of one country to enter into the background of another country. So there is great irritation, because one fact that seems obvious to us is not immediately accepted by the other party or does not seem obvious to him at all . . . But that extreme irritation will go when we think . . . that he is just differently conditioned and simply can't get out of that condition. One has to recognize that whatever the future may hold, countries and people differ . . . in their approach to life and their ways or living and thinking. In order to understand them, we have to understand their way of life and approach . If we wish to convince them, we have to use their language as far as we can, not language in the narrow sense of the word, but the language of the mind. That is one necessity. Something that goes even much further than that is not the appeal to logic and reason, but some kind of emotional awareness of other people.

Jawaharlal Nehru, Visit to America

All international business activity involves communication. Within the international and global business environment, activities such as exchanging information and ideas, decision making, negotiating, motivating, and leading are all based on the abililty of managers from one culture to communicate successfully with managers and employees from other cultures. Achieving effective communication is a challenge to managers worldwide even when the workforce is culturally homogeneous, but when one company includes a variety of languages and cultural backgrounds, effective two-way communication becomes even more difficult (16:1; 10:3-5, 121-128).

Cross-Cultural Communication

Communication is the exchange of meaning: it is my attempt to let you know what I mean. Communication includes any behavior that another human being perceives and interprets: it is your understanding of what I mean. Communication includes sending both verbal messages (words) and nonverbal messages (tone of

---

* Beitrag entnommen aus: Adler, N.: International Dimensions of Organizational Behavior. Boston (2) 1991, 63-91, PWS-Kent Publishing Company

voice, facial expression, behavior, and physical setting). It includes consciously sent messages as well as messages that the sender is totally unaware of sending. Whatever I say and do, I cannot not communicate. Communication therefore involves a complex, multilayered, dynamie process through which we exchange meaning.

Every communication has a message sender and a message receiver. As shown in Figure 1, the sent message is never identical to the received message. Why? Communication is indirect; it is a symbolic behavior. Ideas, feelings, and pieces of information cannot be communicated directly but must be externalized or symbolized before being communicated. *Encoding* describes the producing of a symbol message. *Decoding* describes the receiving of a message from a symbol. The message sender must encode his or her meaning into a form that the receiver will recognize – that is, into words and behavior. Receivers must then decode the words and behavior – the symbols – back into messages that have meaning for them.

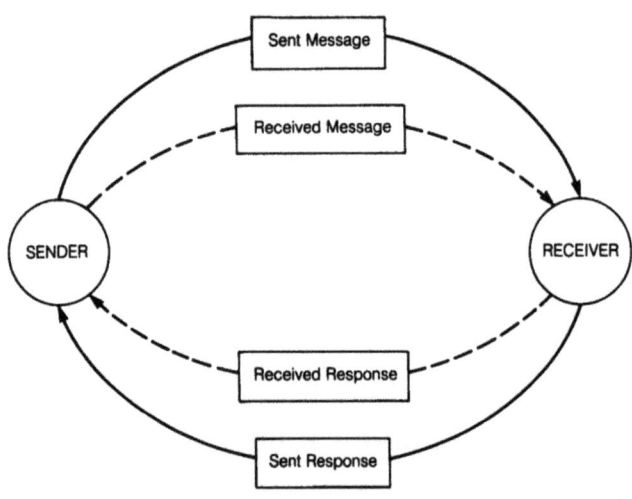

Figure 1 Communication Model

For example, because the Cantonese word for *eight* sounds like *faat*, which means prosperity, a Hong Kong textile manufacturer Mr. Lau Ting-pong paid $5 million in 1988 for car registration number 8. A year later, a European millionnaire paid $4.8 million at Hong Kong's Lunar New Year auction for vehicle registration number 7, a decision that mystified the Chinese, since the number 7 has little significance in the Chinese calculation of fortune (20).

Similarly, the prestigious members of Hong Kong's Legislative Council refrained from using numbers ending in 4 to identify their newly installed lockers. Some Chinese consider numbers ending with the digit 4 to be jinxed, because the sound of the Cantonese word *sei* is the same as *four* and *death. The* number 24, for instance, sounds like *yee sei,* or *death-prone* in Cantonese (9).

Translating meanings into words and behaviors – that is, into symbols – and back again into meanings is based on a person's cultural background and is not the same for each person. The greater the difference in background between senders and receivers, the greater the difference in meanings attached to particular words and behaviors. For example:

> A British boss asked a new, young American employee if he would like to have an early lunch at 11 A.M. each day. The employee answered, "Yeah, that would be great!" The boss, hearing the word *yeah* instead of the word *yes,* assumed that the employee was rude, ill-mannered, and disrespectful. The boss responded with a curt, "With that kind of attitude, you may as well forget about lunch!" The employee was bewildered. What had gone wrong? In the process of encoding agreement (the meaning) into *yeah (a* word symbol) and decoding the *yeah* spoken by a new employee to the boss (a word, behavior, and context symbol), the boss received an entirely different message than the employee had meant to send. Unfortunately, as is the case in most miscommunication, neither the sender nor the receiver was fully aware of what had gone wrong and why.

Cross-cultural communication occurs when a person from one culture sends a message to a person from another culture. Cross-cultural miscommunication occurs when the person from the second culture does not receive the sender's intended message. The greater the differences between the sender's and the receiver's cultures, the greater the chance for cross-cultural miscommunication. For example:

> A Japanese businessman wants to tell his Norwegian client that he is uninterested in a particular sale. To be polite, the Japanese says, "That will be very difficult." The Norwegian interprets the statement to mean that there are still unresolved problems, not that the deal is off. He responds by asking how his company can help solve the problems. The Japanese believing he has sent the message that there will be no sale, is mystified by the response.

Communication does not necessarily result in understanding. Cross-cultural communication continually involves misunderstanding caused by misperception, misinterpretation, and misevaluation. When the sender of a message comes from one culture and the receiver from another, the chances of accurately transmitting a message are low. Foreigners see, interpret, and evaluate things differently, and consequently act upon them differently. In approaching cross-cultural situations, one should therefore assume *difference until similarity is proven.* It is also important to recognize that all behavior makes sense through the eyes of the person behaving and that logic and rationale are culturally relative. In cross-cultural situations, labeling behavior as bizarre usually reflects culturally based misperception, misinterpretation, and misevaluation; rarely does it reflect intentional malice or pathologically motivated behavior.

Culturally "Bizarre" Behavior:

Only in the Eyes of the Beholder

While in Thailand a Canadian expatriate's car was hit by a Thai motorist who had crossed over the double line while passing another vehicle. After failing to establish that the fault lay with the Thai driver, the Canadian flagged down a policeman. After several minutes of seemingly futile discussion, the Canadian pointed out the double line in the middle of the road and asked the policeman directly, "What do these lines signify?" The policeman replied, "They indicate the center of the road and are there so I can establish just how far the accident is from that point." The Canadian was silent. It had never occurred to him that the double line might not mean "no passing allowed."

Unwritten rules reflect a culture's interpretation of its surroundings. A foreign columnist for the English-language *Bangkok Post* once proclaimed that the unwritten traffic rule in Thailand is: "When there are more than three cars in front of you at a stop sign or intersection, start your own line!" This contravenes the Western stay-in-line ethic, of course, but it effectively portrays, albeit in slightly exaggerated fashion, a fairly consistent form of behavior at intersections in Thailand. And it drives non-Thais crazy!(14)

Cross-Cultural Misperception

Do the French and the Chinese see the world in the same way? No. Do Venezue-lans and Ghanaians see the world in the same way? Again, no.

No two national groups *see* the world in exactly the same way. Perception is the process by which each individual selects, organizes, and evaluates stimuli from the external environment to provide meaningful experiences for himself or herself (2; 12; 16; 18). For example, when Mexican children simultaneously viewed tachistoscopic pictures of a fight and a baseball game, they only remembered see-ing the bullfight. Looking through the same tachistoscope, American children only remembered seeing the baseball game (3). Similarly, adult card players, when shown cards by researchers, failed to see black hearts and diamonds, or red clubs and spades.

Why didn't the children see both pictures? Why did the adults fail to see the un-expected playing card colors? The answer lies in the nature of perception. Percep-tual patterns are neither innate nor absolute. They are selective, learned, culturally determined, consistent, and inaccurate.

- Perception is *selective*. At any one time there are too many stimuli in the envi-ronment for us to observe. Therefore, we screen out most of what we see, hear, taste, and feel. We screen out the overload (5) and allow only selected information through our perceptual screen to our conscious mind.

- Perceptual patterns are *learned*. We are not born seeing the world in one par-ticular way. Our experience teaches us to perceive the world in certain ways.

- Perception *is culturally determined*. We learn to see the world in a certain way based on our cultural background.

- Perception tends to remain *constant*. Once we see something in a particular way, we continue to see it that way.

- *We therefore see things that do not exist, and do not see things that exist.* Our interests, values, and culture act as filters and lead us to tort, block, and even create what we choose to see and hear. We perceive what we expect to per-ceive. We perceive things according to we what have been trained to see, ac-cording to our cultural map.

For example, read the following sentence:

> *FINISHED FILES ARE THE RESULT OF YEARS*
> *OF SCIENTIFIC STUDY COMBINED WITH THE*
> *EXPERIENCE OF YEARS*

Now, quickly count the number of F's in the sentence. Most non-native English speakers see all six F's. Many native English speakers only see three F's, they do not see the F's in the word *of* because *of* is not an important word in understanding the sentence. We selectively see those words that are important according to our cultural conditioning (in this case, our linguistic conditioning). Once we see a phenomenon in a particular way, we usually continue to see it in that way. Once we stop seeing of's, we do not see them again (even when we look for them); we do not see things that do exist. One particularly astute manager at Canadian National railways makes daily use of perceptual filters to her firm's advantage. She gives reports written in English to bilingual Francophones to proofread and those written in French to bilingual Anglophones. She uses the fact that the English secretaries can "see" more errors – especially small typographical errors – in French and the French secretaries can "see" more errors in English.

The distorting impact of perceptual filters also causes us to see things that do not exist. This phenomenon was powerfully demonstrated a number of years ago in a training session for American executives. The executives were asked to study the picture shown in Figure 2 and then describe it to a colleague who had not seen the picture. The first colleague then attempted to describe it to a second colleague who had not seen the picture, and so on. Finally, the fifth colleague described his perception of the picture to the group of executives and compared it with the original picture. Among the numerous distortions, the executives consistently described the black and the white man as fighting; the knife as being in the hands of the black man; and the white man as wearing a business suit and the black man as wearing laborer's overalls. Clearly the (inaccurate) stereotypes of blacks (poorer, working class, and more likely to commit crimes) and of whites (richer, upper class, and less likely to be involved in violent crime) radically altered the executives' perceptions and totally changed the meaning of the picture (1). The executives' perceptual filters allowed them to see things that did not exist and to miss seeing things that did exist.

FIGURE 2 Impact of Perceptual Filters   SOURCE: Projected picture from experiment on accuracy of communication from the Anti-Defamation League of B'nai B'rith Rumor Clinic. As shown in Robert Bolton, People Skills (Englewood Cliffs, New Jersey: Prentice-Hall, Inc., 1979), p. 74. Copyright © 1979 by Simon & Schuster, Inc.

Cross-Cultural Misinterpretation

Interpretation occurs when an individual gives meaning to observations and their relationships; it is the process of making sense out of perceptions. Interpretation organizes our experience to guide our behavior. Based on our experience, we make assumptions about our perceptions so we will not have to rediscover meanings each time we encounter similar situations. For example, we make assumptions about how doors work, based on our experience of entering and leaving rooms; thus we do not have to relearn each time we have to open a door. Similarly, when we smell smoke, we generally assume there is a fire. We do not have to stop and wonder if the smoke indicates a fire or a flood. Our consistent patterns of interpretation help us to act appropriately and quickly within our day-to-day world.

Categories

Since we are constantly bombarded with more stimuli than we can absorb and more perceptions than we can keep distinct, we only perceive those images that may be meaningful. We group perceived images into familiar categories that help to simplify our environment, become the basis for our interpretations, and allow us to function in an otherwise overly complex world. For example, as a driver approaching an intersection, I may or may not notice the number of children in the back seat of the car next to me, but I will notice whether the traffic light is red or green (selective perception). If the light is red, I automatically place it in the category of all red traffic signals (categorization). This time, like prior times, I stop (behavior based on interpretation). Although people are capable of distinguishing thousands of different colors, I do not take the time to notice if the red light in Istanbul is brighter or duller than the one in Singapore or more orange or more purple than the one in Nairobi; I just stop. Categorization helps me to distinguish what is most important in my environment and to behave accordingly.

Categories of perceived images become ineffective when we place people and things in the wrong group. Cross-cultural miscategorization occurs when I use my home country categories to make sense out of foreign situations. For example, a Korean businessman entered a client's office in Stockholm and encountered a woman behind the desk. Assuming that she was a secretary, he announced that he wanted to see Mr. Silferbrand. The woman responded by saying that the secretary would be happy to help him. The Korean became confused. In assuming that most women are secretaries rather than managers, he had misinterpreted the situation and acted inappropriately. His category makes sense because most women in Korean offices are secretaries. But it proved counterproductive since this particular Swedish woman was not a secretary.

Stereotypes

Stereotyping involves a form of categorization that organizes our experience and guides our behavior toward ethnic and national groups. Stereotypes never describe individual behavior; rather, they describe the behavioral norm for members of a particular group. For example, the stereotypes of English and French businesspeople, as analyzed by Intercultural Management Associates in Paris, are described as follows:

We have found that to every set of negative stereotypes distinguishing the British and French there corresponds a particular values divergence that, when recognized, can prove an extraordinary resource. To illustrate: The French, in describing the British as "perfidious," "hypocritical," and "vague," are in fact describing the Englishman's typical lack of a general model or theory and his preference for a more pragmatic, evolutionary approach. This fact is hard for the Frenchman to believe, let alone accept as a viable alternative, until, working alongside one another, the Frenchman comes to see that there is usually no ulterior motive behind the Englishman's vagueness but rather a capacity to think aloud and adapt to circumstances. For his part, the Englishman comes to see that, far from being "distant," "superior," or "out of touch with reality," the Frenchman's concern for a general model or theory is what lends vision, focus, and cohesion to an enterprise or project, as well as leadership and much needed authority (7).

Stereotypes, like other forms of categories, can be helpful or harmful depending on how we use them. Effective stereotyping allows people to understand and act appropriately in new situations. A stereotype can be helpful when it is

– *Consciously held.* The person should be aware that he or she is describing a group norm rather than the characteristics of a specific individual.

– *Descriptive* rather than evaluative. The stereotype should describe what people from this group will probably be like and not evaluate those people as good or bad.

– *Accurate.* The stereotype should accurately describe the norm for the group to which the person belongs.

– *The first best guess* about a group prior to having direct information about the specific person or persons involved.

– *Modified,* based on further observation and experience with the actual people and situations.

A subconsciously held stereotype is difficult to modify or discard even after we collect real information about a person, because it is often thought to reflect reality. If a subconscious stereotype also inaccurately evaluates a person or situation, we are likely to maintain an inappropriate, ineffective, and frequently harmful guide to reality. For example, assume that I subconsciously hold the stereotype that Anglophone Quebecois refuse to learn French and that therefore they should have no rights within the province (an inaccurate, evaluative stereotype). I then meet a monolingual Anglophone and say, "See, I told you that Anglophones aren't willing to speak French! They don't deserve to have rights here." I next meet a bilingual Anglophone and conclude, "He must be American because Canadian Anglophones always refuse to learn French." Instead of questioning, modifying, or discarding my stereotype ("Some Anglophone Canadians speak

French"), I alter reality to fit the stereotype ("He must be American"). Stereotypes increase effectiveness only when used as a *first best guess* about a person or situation prior to having direct information. They never help when adhered to rigidly.

Indrei Ratiu (17), in his work with INSEAD (Institut Européen d'Administration des Affaires-European Institute of Business Administration) and London Business School, found that managers ranked "most internationally effective" by their colleagues altered their stereotypes to fit the actual people involved, whereas managers ranked "least internationally effective" continued to maintain their stereotypes even in the face of contradictory information. For example, internationally effective managers, prior to their first visit to Germany, might stereotype Germans as being extremely task oriented. Upon arriving and meeting a very friendly and lazy Herr Schmidt, they would alter their description to say that most Germans appear extremely task oriented, but Herr Schmidt seems friendly and lazy. Months later, the most internationally effective managers would only be able to say that some Germans appear very task oriented, while others seem quite relationship oriented (friendly); it all depends on the person and the situation. In this instance, the stereotype is used as a first best guess about the group's behavior prior to meeting any individuals from the group. As time goes on, it is modified or discarded entirely; information about each individual supersedes the group stereotype. By contrast, the least internationally effective managers maintain their stereotypes. They assume that the contradictory evidence in Herr Schmidt's case represents an exception, and they continue to believe that all Germans are highly task oriented. In drawing conclusions too quickly on the basis of insufficient information – premature closure (12) – their stereotypes become self-fulfilling (19).

Canadian psychologist Donald Taylor (4;5;21) found that most people maintain their stereotypes even in the face of contradictory evidence. Taylor asked English and French Canadians to listen to one of three tape recordings of a French Canadian describing himself. In the first version, the French Canadian used the Francophone stereotype and described himself as religious, proud, sensitive, and expressive. In the second version, he used neutral terms to describe himself. In the third version, he used terms to describe himself that contradicted the stereotype, such as not religious, humble, unexpressive, and conservative. After having listened to one of the three versions, the participants were asked to describe the Francophone on the tape (not Francophones in general). Surprisingly, people who listened to each of the three versions used the same stereotypic terms – religious, proud, sensitive, and expressive – even when the voice on the tape had conveyed the opposite information. People evidently maintain stereotypes even in the face of contradictory information.

To be effective, international managers must therefore be aware of cultural stereotypes and learn to set them aside when faced with contradictory evidence. They cannot *pretend* not to stereotype.

If stereotyping is so useful as an initial guide to reality, why do people malign it? Why do parents and teachers constantly admonish children not to stereotype? Why do sophisticated managers rarely admit to stereotyping, even though each of us stereotypes every day? The answer is that we have failed to accept stereotyping as a natural process and have consequently failed to learn to use it to our advantage. For years we have viewed stereotyping as a form of primitive thinking, as an unnecessary simplification of reality. We have also viewed stereotyping as immoral: stereotypes can be inappropriate judgments of individuals based on inaccurate descriptions of groups. It is true that labeling people from a certain ethnic group as "bad" is immoral, but grouping individuals into categories is neither good nor bad – it simply reduces a complex reality to manageable dimensions. Negative views of stereotyping simply cloud our ability to understand people's actual behavior and impair our awareness of our own stereotypes. *Everyone* stereotypes.

In conclusion, some people stereotype effectively and others do not. Stereotypes become counterproductive when we place people in the wrong groups, when we incorrectly describe the group norm, when we inappropriately evaluate the group or category, when we confuse the stereotype with the description of a particular individual, and when we fail to modify the stereotype based on our actual observations and experience.

Sources of Misinterpretation

Misinterpretation can be caused by inaccurate perceptions of a person or situation that arise when what actually exists is not seen. It can be caused by an inaccurate interpretation of what is seen; that is, by using *my* meanings to make sense out of *your* reality. An example of this type of misinterpretation (or misattribution) comes from an encounter with an Austrian businessman.

> I meet my Austrian client for the sixth time in as many months. He greets me as Herr Smith. Categorizing him as a businessman, I interpret his very formal behavior to mean that he does not like me or is uninterested in developing a closer relationship with me. (North American attribution: people who maintain formal behavior after the first few meetings do so because they dislike or distrust the associates so treated.) In fact, I have misinterpreted his behavior. I have used the norms for North American business behavior, which are more informal and demonstrative (I would say "Good morning, Fritz," not "Good morning, Herr Ranschburg"), to interpret the Austrian's more formal behavior ("Good morning, Herr Smith").

Culture strongly influences and in many cases determines, our interpretations. Both the categories and the meanings we attach to them are based on our cultural background. Sources of cross-cultural misinterpretation include subconscious cultural "blinders," a lack of cultural self-awareness, projected similarity, and parochialism.

Subconscious Cultural Blinders. Because most interpretation goes on at a subconscious level, we lack awareness of the assumptions we make and their cultural basis. Our home culture reality never forces us to examine our assumptions or the extent to which they are culturally based, because we share our cultural assumptions with most other citizens of our country. All we know is that things do not work as smoothly or logically when we work outside our own culture as when we work with people more similar to ourselves. For example:

> A Canadian conducting business in Kuwait is surprised when his meeting with a high ranking official is not held in a closed office and is constantly interrupted. Using the Canadian-based cultural assumptions that (a) important people have large private offices with secretaries to monitor the flow of people into the office, and (b) important business takes precedence over less important business and is therefore not interrupted, the Canadian interprets the Kuwaiti's open office and constant interruptions to mean that the official is neither as high ranking nor as interested in conducting the business at hand as he had previously thought. The Canadian's interpretation of the office environment leads him to lose interest in working with the Kuwaiti.

The problem is that the Canadian's interpretation derives from his own North American norms, not from Middle Eastern cultural norms. The Kuwaiti may well have been a high-ranking official who was very interested in doing business. The Canadian will never know.

Cases of subconscious cross-cultural misinterpretation occur frequently. For example a Soviet poet, after lecturing at American universities for two months, said, "Attempts to please an American audience are doomed in advance, because out of twenty listeners five may hold one point of view, seven another, and eight may have none at all" (10). The Soviet poet confused Americans' freedom of thought and speech with his ability to please them. He assumed that one can only please an audience if all members hold the same opinion. Another example of well-meant misinterpretation comes from the United States Office of Education's advice to teachers of newly arrived Vietnamese refugee students (22):

> Students' participation was discouraged in Vietnamese schools by liberal doses of corporal punishment, and students were conditioned to sit rigidly and speak out only when spoken to. This background ... makes speaking freely in class hard for a Vietnamese student. Therefore, don't mistake shyness for apathy.

Perhaps the extent to which this is a culturally based interpretation becomes clearer if we imagine the opposite advice the Vietnamese Ministry of Education might give to Vietnamese teachers receiving American children for the first time.

Students' proper respect for teachers was discouraged by a loose order and students were conditioned to chat all the time and to behave in other disorderly ways. This background makes proper and respectful behavior in class hard for an American student. Therefore, do not mistake rudeness for lack of reverence.

Lack of Cultural Self-Awareness. Although we think that the major obstacle in international business is in understanding the foreigner, the greater difficulty involves becoming aware of our own cultural conditioning. As anthropologist Edward Hall has explained, "What is known least well, and is therefore in the poorest position to be studied, is what is closest to oneself" (8:45). We are generally least aware of our own cultural characteristics and are quite surprised when we hear foreigners' descriptions of us. For example, many Americans are surprised to discover that they are seen by foreigners as hurried, overly law-abiding, very hard working, extremely explicit, and overly inquisitive (see the example that follows). Many American businesspeople were equally surprised by a *Newsweek* survey reporting the characteristics most and least frequently associated with Americans Table 3-1). Asking a foreign national to describe businesspeople from your country is a powerful way to see yourself as others see you.

France	Japan	West Germany	Great Britain	Brazil	Mexico
Characteristics Most Often Associated with Americans* by the Populations of					
Industrious	Nationalistic	Energetic	Friendly	Intelligent	Industrious
Energetic	Friendly	Inventive	Self-indulgent	Inventive	Intelligent
Inventive	Decisive	Friendly	Energetic	Energetic	Inventive
Decisive	Rude	Sophisticated	Industrious	Industrious	Decisive
Friendly	Self-indulgent	Intelligent	Nationalistic	Greedy	Greedy
Characteristics Least Often Associated with Americans* by the Same Populations					
Lazy	Industrious	Lazy	Lazy	Lazy	Lazy
Rude	Lazy	Sexy	Sophisticated	Self-indulgent	Honest
Honest	Honest	Greedy	Sexy	Sexy	Rude
Sophisticated	Sexy	Rude	Decisive	Sophisticated	Sexy

SOURCE: *Newsweek* (July 11, 1983), p. 50, copyright © 1981 by Newsweek, Inc. All rights reserved, reprinted by permission.
*From a list of fourteen characteristics.

Cross-Cultural Awareness

Americans as Others See Them

People from other countries are often puzzled and intrigued by the intricacies and enigmas of American culture. Below is a selection of actual observations by foreigners visiting the United States. As you read them, ask yourself in each case if the observer is accurate, and how you would explain the trait in question.

India "Americans seem to be in a perpetual hurry. Just watch the way they walk down the street. They never allow themselves the leisure to enjoy life; there are too many things to do."

Kenya "Americans appear to us rather distant. They are not really as close to other people – even fellow Americans – as Americans overseas tend to portray. It's almost as if an American says, 'I won't let you get too close to me.' It's like building a wall."

Turkey "Once we were out in a rural area in the middle of nowhere and saw an American come to a stop sign. Though he could see in both directions for miles and no traffic was coming, he still stopped!"

Colombia "The tendency in the United States to think that life is only work hits you in the face. Work seems to be the one type of motivation."

Indonesia "In the United States everything has to be talked about and analyzed. Even the littlest thing has to be 'Why, Why, Why?'. I get a headache from such persistent questions.

Ethiopia "The American is very explicit; he wants a 'yes' or 'no.' If someone tries to speak figuratively, the American is confused."

Iran "The first time . . . my [American] professor told me, I don't know the answer, I will have to look it up,' I was shocked. I asked myself, 'Why is he teaching me?' In my country a professor would give the wrong answer rather than admit ignorance."[1]

---

[1] John P. Feig and G. Blair, *There Is a Difference,* 2d ed . (Washington, D. C.: Meridian House International, 1980).

Another very revealing way to understand the norms and values of a culture involves listening to common sayings and proverbs. What does a society recommend, and what does it avoid? Following is a list of a number of the most common North American proverbs and the values each teaches.

North American Values: Proverbs

It is evidently much more potent in teaching practicality, for example, to say, "Don't cry over spilt milk" – than, "You'd better learn to be practical." North Americans have heard this axiom hundreds of times, and it has made its point. Listed below are North American proverbs on the left and the values they seem to be teaching on the right.[2]

Proverb	*Value*
Cleanliness is next to godliness.	*Cleanliness*
A penny saved is a penny earned.	*Thriftiness*
Time is money.	*Time Thriftiness*
Don't cry over spilt milk.	*Practicality*
Waste not; want not.	*Frugality*
Early to bed, early to rise, makes one healthy, wealthy and wise.	*Diligence; Work Ethic*
God helps those who help themselves.	*Initiative*
It's not whether you win or lose, but how you play the game.	*Good Sportsmanship*
A man's home is his castle.	*Privacy; Value of Personal Property*
No rest for the wicked.	*Guilt; Work Ethic*

---

[2] L. Robert Kohls, *Survival Kit for Overseas Living* (Yarmouth, ME: Intercultural Press, Inc., 1979), pp. 30-31.

You've made your bed, now sleep in it.	*Responsibility*
Don't count your chickens before they're hatched.	*Practicality*
A bird in the hand is worth two in the bush.	*Practicality*
The squeaky wheel gets the grease.	*Aggressiveness*
Might makes right.	*Superiority of Physical Power*
There's more than one way to skin a cat.	*Originality; Determination*
A stitch in time saves nine.	*- Timeliness of Action*
All that glitters is not gold.	*- Wariness*
Clothes make the man.	*- Concern of Physical Appearance*
If at first you don't succeed, try, try again.	*- Persistence; Work Ethic*
Take care of today, and tomorrow will take care of itself.	*- Preparation of Future*
Laugh, and the world laughs with you; weep, and you weep alone.	*- Pleasant Outward Appearance*

To the extent that we can begin to see ourselves clearly through the eyes of foreigners, we can begin to modify our behavior, emphasizing our most appropriate and effective characteristics and minimizing those least helpful. To the extent that we are culturally self-aware, we can begin to predict the effect our behavior will have on others.

Projected Similarity. Projected similarity refers to the assumption that people are more similar to you than they actually are, or that a situation is more similar to yours when in fact it is not. Projecting similarity reflects both a natural and a common process. American researchers Burger and Bass (6) worked with groups of managers from fourteen different countries. They asked each manager to describe the work and life goals of a colleague from another country. As shown in Figure 3, in every case the managers assumed that their foreign colleagues were more like themselves than they actually were. Projected similarity involves assuming, imagining, and actually perceiving similarity when differences exist. Projected similarity particularly handicaps people in cross-cultural situations. As a South African, I assume that my Greek colleague is more South African than he actually is. As an Egyptian, I assume that my Chilean colleague is more similar to me than she actually is. When I act based on this assumed similarity, I often find that I have acted inappropriately and thus ineffectively.

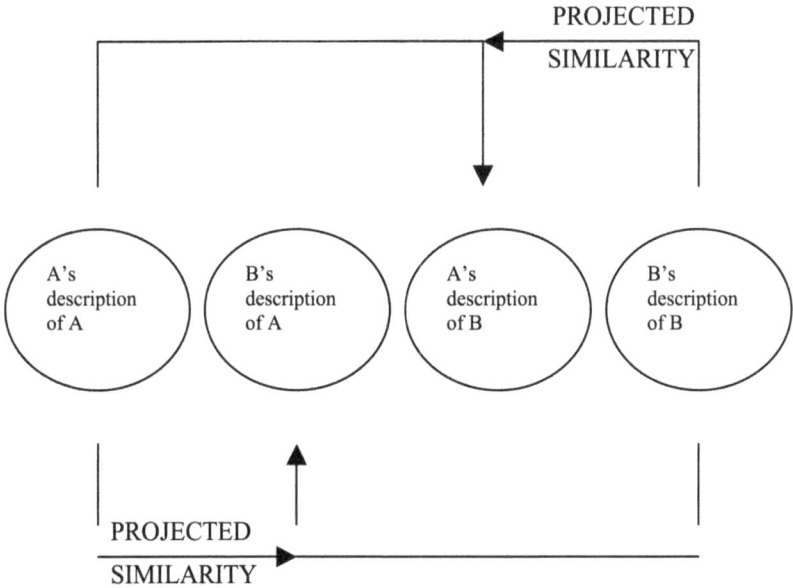

FIGURE 3 Projected Similarity

At the base of projected similarity is a subconscious parochialism. I assume that there is only one way to be: my way. I assume that there is only one way to see the world: my way. I therefore view other people in reference to me and to my way of viewing the world. People may fall into an illusion of understanding while being unaware of ... [their] misunderstandings. "I understand you perfectly but you don't understand me" is an expression typical of such a situation. Or all communicating parties may fall into a collective illusion of mutual understanding. In such a situation, each party may wonder later why other parties do not live up to the "agreement" they had reached (13:3).

Most international managers do not see themselves as parochial. They believe that as world travelers they are able to see the foreigner's point of view. This is not always true.

Example

When a Danish manager works with a Saudi and the Saudi states that the plant will be completed on time, "En shah allah" ("If God is willing"), the Dane rarely believes that God's will is really going to influence the construction progress. He continues to see the world from his parochial Danish perspective and assumes that "En shah allah" is just an excuse for not getting the work done, or is meaningless altogether.

Similarly, when Balinese workers' families refuse to use birth control methods, explaining that it will break the cycle of reincarnation, few Western managers really consider that there is a possibility that they too will be reborn a number of times. Instead, they assume that the Balinese do not understand or are afraid of Western medicine.

While it is important to understand and respect the foreigner's point of view, it is not necessary to accept or adopt it. A rigid adherence to our own belief system is a form of parochialism, and parochialism underlies projected similarity.

One of the best exercises for developing empathy and reducing parochialism and projected similarity is *role reversal.* Imagine that you are a foreign businessperson. Imagine the type of family you come from, the number of brothers and sisters you have, the social and economic conditions you grew up with, the type of education you received, the ways in which you chose your profession and position, the ways in which you were introduced to your spouse, your goals in working for your organization, and your life goals. Asking these questions forces you to see the other person as he or she really is, and not as a mere reflection of yourself. It forces you to see both the similarities and the differences, and not to imagine similarities when differences actually exist. Moreover, role reversal encourages highly task-oriented businesspeople, such as Americans, to see the foreigner as a whole person rather than someone with a position and a set of skills needed to accomplish a particular task.

Cross-Cultural Misevaluation

Even more than perception and interpretation, cultural conditioning strongly affects evaluation. Evaluation involves judging whether someone or something is good or bad. Cross-culturally, we use our own culture as a standard of measurement, judging that which is like our own culture as normal and good and that which is different as abnormal and bad. Our own culture becomes a *self-reference criterion:* since no other culture is identical to our own, we judge all other cultures as inferior. Evaluation rarely helps in trying to understand or communicate with people from another culture. The consequences of misevaluation are exemplified in the following:

> A Swiss executive waits more than an hour past the appointed time for his Latin colleague to arrive and sign a supply contract. In his impatience, he concludes that Latins must be lazy and totally unconcerned about business. He has misevaluated his colleague by negatively comparing him to his own cultural standards. Implicitly, he has labeled his own group's behavior as good (Swiss arrive on time and that is good) and the other group's behavior as bad (Latins do not arrive on time and that is bad).

Communicating: Getting their meaning, not just their words

Effective cross-cultural communication is possible, but international managers cannot approach it in the same way as do domestic managers. First, effective international managers "know that they don't know." They assume difference until similarity is proven rather than assuming similarity until difference is proven.

Second, in attempting to understand their foreign colleagues, effective international managers emphasize description, by observing what is actually said and done, rather than interpreting or evaluating it. Describing a situation is the most accurate way to gather information about it. Interpretation and evaluation, unlike description, are based more on the observer's culture and background than on the observed situation. To that extent, my interpretations and evaluations tell me more about myself than about the situation. Although managers, as decision makers, must evaluate people (e.g., performance appraisals) and situations (e.g., project assessments) in terms of organizational standards and objectives, effective international managers delay judgment until they have had sufficient time to observe and interpret the situation from the perspectives of all cultures involved.

Third, when attempting to understand or interpret a foreign situation, effective international managers try to see it through the eyes of their foreign colleagues. This role reversal limits the myopia of viewing situations strictly from one's own perspective.

Fourth, once effective international managers develop an explanation for a situation, they treat the explanation as a guess (as a hypothesis to be tested) and not as a certainty. They systematically check with other foreign and home country colleagues to make sure that their guesses – their interpretations – are plausible. This checking process allows them to converge meanings – to delay accepting their interpretations of the situation until they have confirmed them with others.

Understanding: Converging Meanings

There are many ways to increase the chances for accurately understanding foreigners. The excerpt that follows suggests what to do when business colleagues are not native speakers of your language. Each technique is based on presenting the message through multiple channels (for example, stating your position and showing a graph to summarize the same position), paraphrasing to check if the foreigner has understood your meaning (and not just your words), and converging meanings (always double-checking with a second person that you communicated what you intended).

What Do I Do If They Do Not Speak My Language?

VERBAL BEHAVIOR

* *Clear, slow speech.* Enunciate each word. Do not use colloquial expressions.
* *Repetition.* Repeat each important idea using different words to explain the same concept.
* *Simple sentences.* Avoid compound, long sentences.
* *Active verbs.* Avoid passive verbs.

NON-VERBAL BEHAVIOR

* *Visual restatements.* Use as many visual restatements as possible, such as pictures, graphs, tables, and slides.
* *Gestures.* Use more facial and hand gestures to emphasize the meaning of words.

---

* *Demonstration.* Act out as many themes as possible.
* *Pauses.* Pause more frequently.
* *Summaries.* Hand out written summaries of your verbal presentation.

ATTRIBUTION

* *Silence.* When there is a silence, wait. Do not jump in to fill the silence. The other person is probably just thinking more slowly in the non-native language or translating.
* *Intelligence.* Do not equate poor grammar and mispronunciation with lack of intelligence; it is usually a sign of second language use.
* *Differences.* If unsure, assume difference, not similarity.

COMPREHENSION

* *Understanding.* Do not just assume that they understand; assume that they do not understand.
* *Checking comprehension.* Have colleagues repeat their understanding of the material back to you. Do not simply ask if they understand or not. Let them explain what they understand to you.

DESIGN

* *Breaks.* Take more frequent breaks. Second language comprehension is exhausting.
* *Small modules.* Divide the material into smaller modules.
* *Longer time frame.* Allocate more time for each module than usual in a monolingual program.

MOTIVATION

* *Encouragement.* Verbally and nonverbally encourage and reinforce speaking by non-native language participants.
* *Drawing out.* Explicitly draw out marginal and passive participants.
* *Reinforcement.* Do not embarrass novice speakers.[3]

---

[3] Based on Nancy J. Adler and Moses N. Kiggundu, "Awareness at the Crossroad: Designing Translator-Based Training Programs," in D. Landis and R. Brislin, *Handbook of Intercultural Training: Issues in Training Methodology*, vol. *11* (New York: Pergamon Press, 1983), pp. 124-150.

Standing Back from Yourself

Perhaps the most difficult skill in cross-cultural communication involves standing back from yourself, or being aware that you do not know everything, that a situation may not make sense, that your guesses may be wrong, and that the ambiguity in the situation may continue. In this sense the ancient Roman dictum "knowledge is power" becomes true. In knowing yourself, you gain power over your perceptions and reactions; you can control your own behavior and your reactions to others' behavior. Cross-cultural awareness complements in-depth self-awareness. A lack of self-awareness negates the usefulness of cross-cultural awareness.

One of the most poignant examples of the powerful interplay between description, interpretation, evaluation, and empathy involves a Scottish businessman's relationship with a Japanese colleague. The following story recounts the Scottish businessman's experience.

Cross-Cultural Communication

Japanese Pickles and Mattresses, Incorporated

It was my first visit to Japan. As a gastronomic adventurer, and because I believe cuisine is one route which is freely available and highly effective as a first step towards a closer understanding of another country, I was disappointed on my first evening when the Japanese offered me a Western meal.

As tactfully as possible I suggested that some time during my stay I would like to try a Japanese menu, if that could be arranged without inconvenience. There was some small reluctance evident on the part of my hosts (due of course to their thought that I was being very polite asking for Japanese food which I didn't really like, so to be good hosts they had to politely find a way of not having me eat it!). But eventually, by an elegantly progressive route starting with Western food with a slightly Japanese bias through to genuine Japanese food, my hosts were convinced that I really wanted to eat Japanese style and was not "posing."

From then on they became progressively more enthusiastic in suggesting the more exotic Japanese dishes, and I guess I graduated when, after an excellent meal one night (apart from the Japanese pickles) on which I had lavished praise, they said, "Do you like Japanese pickles?" To this, without preamble, I said, "No!," to which reply, with great laughter all round, they responded, "Nor do we!"

During this gastronomic getting-together week, I had also been trying to persuade them that I really did wish to stay in traditional Japanese hotels rather than the very Westernized ones my hosts had selected because they thought I would prefer my "normal" lifestyle. (I should add that at this time traditional Japanese hotels were still available and often cheaper than, say, the Osaka Hilton.)

Anyway, after the pickles joke it was suddenly announced that Japanese hotels could be arranged. For the remaining two weeks of my stay, as I toured the major cities, on most occasions a traditional Japanese hotel was substituted for the Western one on my original schedule.

Many of you will know that a traditional Japanese room has no furniture except a low table and a flower arrangement. The "bed" is a mattress produced just before you retire from a concealed cupboard, accompanied by a cereal-packed pillow.

One memorable evening my host and I had finished our meal together in "my" room. I was expecting him to shortly make his "goodnight" and retire, as he had been doing all week, to his own room.

However, he stayed unusually long and was, to me, obviously in some sort of emotional crisis. Finally, he blurted out, with great embarrassment, "Can I sleep with you?!"

As they say in the novels, at this point I went very still! My mind was racing through all the sexual taboos and prejudices my own upbringing had instilled, and I can still very clearly recall how I analyzed: "I'm bigger than he is so I can fight him off, but then he's probably an expert in the martial arts, but on the other hand he's shown no signs of being gay up until now and he is my host and there is a lot of business at risk and there's no such thing as rape, et cetera. . . . !

It seemed a hundred years, though it was only a few seconds, before I said, feeling as if I was pulling the trigger in Russian roulette, "Yes, sure."

Who said that the Orientals are inscrutable? The look of relief that followed my reply was obvious. Then he looked worried and concerned again, and said, "Are you sure?"

I reassured him and he called in the maid, who fetched his mattress from his room and laid it on the floor alongside mine. We both went to bed and slept all night without any physical interaction.

Later I learned that for the traditional Japanese one of the greatest compliments you can be paid is for the host to ask, "Can I sleep with you?" This goes back to the ancient feudal times, when life was cheap, and what the invitation really said was, "I trust you with my life. I do not think that you will kill me while I sleep. You are my true friend."

To have said "No" to the invitation would have been an insult- "I don't trust you not to kill me while I sleep" – or, at the very least, my host would have been acutely embarrassed because he had taken the initiative. If I refused because I had failed to perceive the invitation as a compliment, he would have been out of countenance on two grounds: the insult to him in the traditional context and the embarrassment he would have caused me by "forcing" a negative, uncomprehending response from me.

As it turned out, the outcome was superb. He and I were now "blood brothers," as it were. His assessment of me as being "ready for Japanization" had been correct and his obligations under ancient Japanese custom had been fulfilled. I had totally misinterpreted his intentions through my own cultural conditioning. It was sheer luck, or luck plus a gut feeling that I'd gotten it wrong, that caused me to make the correct response to his extremely complimentary and committed invitation.[4]

Summary

Cross-cultural communication confronts us with limits to our perceptions, our interpretations, and our evaluations. Cross-cultural perspectives tend to render everything relative and slightly uncertain. Entering a foreign culture is tantamount to knowing the words without knowing the music, or knowing the music without knowing the beat. Our natural tendencies lead us back to our prior experience: our default option becomes the familiarity of our own culture, thus precluding our accurate understanding of others' cultures.

Strategies to overcome our natural parochial tendencies exist: with care, the default option can be avoided. We can learn to see, understand, and control our own cultural conditioning. In facing foreign cultures, we can emphasize description rather than interpretation or evaluation, and thus minimize self-fulfilling stereotypes and premature closure. We can recognize and use our stereotypes as guides rather than rejecting them as unsophisticated simplifications. Effective cross-cultural communication presupposes the interplay of alternative realities: it rejects the actual or potential domination of one reality over another.

---

[4] A Scottish executive participating in the 1979 Managerial Skills for International Business Program at INSEAD, in Fontainebleau, France.

Questions for Reflection

1. The most effective international managers use stereotypes. What are some of the ways that you can use stereotypes to your advantage when working with people from other countries?

2. Today many managers must work with people from other cultures, both at home and when traveling abroad. What are some of the ways that your organization could train people to communicate more effectively with foreigners?

3. What stereotypes do you have concerning lawyers? How about South Africans? If you had an appointment with a South African lawyer, what would you expect and how would you prepare for the meeting?

4. In seeking to understand the importance of nonverbal communication, we must start by examining ourselves. List four examples of nonverbal communication that you commonly use and what each means to you. Then indicate how each might be misinterpreted by someone from a foreign culture.

5. List four examples of nonverbal communication that are used by managers in other parts of the world but not in your country. Indicate how each might be misinterpreted by colleagues from your country.

References

Asch, S.: "Forming Impressions of Persons." In: *Journal of Abnormal and Social Psychology,* vol. 40,1946, pp. 258-290.

Bagby, J. W.: "Dominance in Binocular Rivalry in Mexico and the United States," in I. Al-Issa and W. Dennis, (eds.), *Cross-Cultural Studies of Behavior.* New York 1970, pp. 49-56. Originally in *Journal of Abnormal and Social Psychology,* vol. 54 (1957), pp. 331-334.

Berry, J.; Kalin, R.; and Taylor, D.: "Multiculturalism and Ethnic Attitudes in Canada." In: *Multiculturalism as State Policy* (Ottawa 1976).

Berry, J.; Kalin, R. and Taylor, D.: *Multceulturalism and Ethnic Attitudes in Canada.* Ottawa 1977.

Burger, P., and Bass, B. M.: *Assessment of Managers: An International Comparison.* New York 1979.

Gancel, C. and Ratiu, 1.: Internal document, Inter Cultural Management Associates. Paris, France 1984.

Hall, E. T.: *Beyond Culture.* Garden City, N.Y. 1976. Also see E. T. Hall's *The Silent Language.* Doubleday 1959 and Anchor Books, 1973 and *The Hidden Dimension* Doubleday 1966 and Anchor Books 1969.

Ho, A.: "Unlucky Numbers are Locked out of the Chamber." In: *South China Morning Post.* December 26, 1988, p. 1.

Kanungo, R, N.: *Biculturalism and Management.* Ontario 1980.

Korotich, V.: "Taming of a Desert of the Mind." In: *Atlas* June 1977.

Lau, J. B., and Jelinek, M.: "Perception and Management." In: *Behavior in Organizations: An Experiential Approach.* Homewood, Ill.: Richard D. Irwin, 1984, pp. 213-220.

Maruyama, M.: "Paradigms and Communication." In: *Technological Fore casting and Social Change,* vol. 6 (1974), pp. 3-32.

Miles, M.: *Adaptation to a Foreign Environment.* Ottawa, to be published.

Miller, J. G.: "Adjusting to Overloads of Information." In: The Association for Research in Nervous and Mental Disease, *Disorders of Communication,* vol. 42. Research Publications, A.R.N.M.D., 1964.

Prekel, T.: "Multi-Cultural Communication: A Challenge to Managers." Paper delivered at the International Convention of the American Business Communication Association, New York, November 21, 1983.

Ratui, I.: "Thinking Internationally: A Comparison of How International Executives Learn." In: *International Studies of Management and Organization, vol. XIII,* no. 1-2, Spring-Summer 1983 pp. 139-150. Reprinted by permission of publisher, M. E. Sharpe, Inc., Armonk, N.Y.

Singer, M.: "Culture: A Perceptual Approach." In: L. A. Samovar and R. E. Porter (eds.): *Intercultural Communication: A Reader* (Belmont, Calif. 1976, pp. 110-119.

Snyder, M.: "Self-Fulfilling Stereotypes." In: *Psychology Today* July 1982, pp. 60-68. *South China Morning Post,* "Mystery Man Gives a Fortune for Lucky '7'" (January 22, 1989), p. 3; and "Lucky '7' to Go on Sale" (January 4, 1989), p. 4.

Taylor, D.: "American Tradition," In R. C. Gardner and R. Kalin (eds.): *A Canadian Social Psychology of Ethnic Relations.* Toronto 1980. *U. S.* Office of Education. *On Teaching the Vietnamese.* Washington, D. C. 1976.

Fälle und Übungen (10)

Interkulturelles Interagieren

10.1 Sehen Sie einen Unterschied zwischen den Begriffen 'cross-cultural communication' und 'interkulturelle Kommunikation'?

10.2 Stellen Sie den Zusammenhang zwischen Sprache, Kommunikation und Kultur dar, wie Adler ihn beschreibt. Listen Sie mögliche Gründe für Missverständnisse in der interkulturellen Kommunikation auf.

10.3 Beschreiben Sie den Zusammenhang zwischen Sehen und Wahrnehmen. Ergänzen Sie die Darstellung Adlers nach Möglichkeit mit eigenen Beispielen. Was ist in diesem Zusammenhang kulturbedingt, was universal?

„Man merkt sich vor allem das, was einem seltsam/ungewohnt vorkommt." Ist dieser Gedanke mit den Ausführungen Adlers vereinbar?

10.4 Wie hängen Wahrnehmungskategorien mit Stereotypen zusammen? Nennen Sie Beispiele für die Nützlichkeit von Stereotypen und die Gefahren, die damit verbunden sind. Können Stereotypen wahre Aussagen sein?

10.5 Wie kommen die von Adler aufgezeigten Unterschiede in der Beschreibung und Bewertung der amerikanischen Kultur durch andere Kulturen zustande?

10.6 Fertigen Sie für Ihr Heimatland - analog zu Adlers Liste mit amerikanischen Sprichwörtern - eine Sammlung von wichtigen Sprichwörtern an und beschreiben Sie, welche Werte sich darin ausdrücken. Vergleichen Sie Ihre Ergebnisse mit denen von Landsleuten.

10.7 Diskutieren Sie die Verhaltensregeln, die Adler gegen Ende des Textes auflistet und zeigen Sie, welche Gefahren mit ihrer Einhaltung verbunden sind.

10.8 Adler beschreibt in ihrem Text, wie fremde Kulturen bewertet werden: "Cross-culturally, we use our own culture as a standard of measurement (...)." Damit stellt sich die Frage, welchen Anspruch auf Objektivität man überhaupt erheben kann, wenn man Einschätzungen über andere Kulturen abgibt. Darüber hinaus wird damit die Möglichkeit von Verständigung in interkultureller Kommunikation grundsätzlich in Frage gestellt: wenn man sich nicht in die Gedankenwelt eines Gesprächspartners aus einer anderen Kultur hineindenken kann, wird man auch nicht wirklich verstehen, was er sagt und denkt.

Unter der Überschrift "Wie ist interkulturelle Kritik möglich?" widmet Beck solchen Problemen ein Kapitel seines Buches "Was ist Globalisierung?" Beck stellt zunächst zwei divergierende Positionen dar: den Universalismus und den Kontextualismus/Relativismus. Vereinfacht gesagt geht ein kontextualistischer Standpunkt davon aus, dass Individuen und Kulturen nur aus ihrem eigenen Kontext heraus, also an ihren Werten und Idealen gemessen werden dürfen; ein Universalist dagegen hat universell gültige Maßstäbe.

a) Welche Konsequenzen ergeben sich nach Ihrer Meinung aus den beiden Positionen jeweils für die Möglichkeit von interkultureller Verständigung, für den Dialog zwischen verschiedenen Kulturen, für die Möglichkeit der Bewertung fremder Kulturen und für die Möglichkeit einer Einmischung in fremde Kulturen (zum Beispiel in Bezug auf die Respektierung von Menschenrechten in einem bestimmten Land).

b) In den beiden folgenden Zitaten werden (gegensätzliche) Antworten auf die angesprochenen Fragen angedeutet. Das erste Zitat repräsentiert die Position, die Beck in seinem Buch vertritt, im zweiten fasst ein Journalist die Meinung von Jean Baudrillard zusammen. Vergleichen Sie die beiden Zitate. Welchem würden Sie eher zustimmen?

„Kontextueller Universalismus geht von dem Gegensachverhalt aus, daß *Nicht*einmischung *un*möglich ist, denn genau dies meint: Wir leben im Zeitalter der Gleichartigkeit, in einer globalen Ära. Alle Versuche, sich herauszuhalten, in die Vorstellung getrennter Welten zu flüchten, sind grotesk, sind von unfreiwilliger Komik. Die Welt *ist* die Karikatur eines unwiderruflich miteinander aneinander vorbeiredenden (Nicht-)Gespräches. Dies mit einer wohlmeinenden Rhetorik des Voneinander-Lernens zu bemänteln ist wenig hilfreich, aber auch gar nicht nötig, wenn man auf die *kreative Kraft des Missverständnisses* baut.“

(Ulrich Beck: Was ist Globalisierung. Suhrkamp, Frankfurt/M. 1999: 144.)

„Was früher die Karavellen des Kolumbus waren, die unter der Flagge des christlich-rationalen Weltbilds segelten, das sei heute, unter dem Banner der Menschenrechte, der euro-amerikanische Supertanker, im Schlepptau Nato und Hollywood. Wie Piraten (...) fallen sie in das "Andere" ein und plündern den Schatz der alten Imaginationen und alten Weltbilder, gewissermaßen als Zurüstung für die eigene Unsterblichkeit.“

(T. Assheuer: "Piraten der neuen Welt". In: Die Zeit, Nr. 40, 27. 09. 2001, S. 39)

Weiterführende Literatur

Beck, Ulrich: Was ist Globalisierung? Frankfurt/M.: Suhrkamp 1997.

Bruhn, M.: Integrierte Unternehmenskommunikation. Stuttgart 1995.

Derieth, Anke: Unternehmenskommunikation. Opladen 1995.

Goodenough, Ward H.: Culture, Language and Society. Massachusetts: Reading 1971.

Knapp, K./Enninger, W./Knapp-Potthoff, A. (Hrsg.): Analyzing intercultural communication. Berlin 1987.

Maletzke, Gerhard: Interkulturelle Kommunikation. Zur Interaktion zwischen Menschen verschiedener Kulturen. Opladen: Westdeutscher Verlag 1996.

Maletzke, Gerhard: Kommunikationswissenschaft im Überblick. Opladen: Westdeutscher Verlag 1998.

Said, Edward W.: Kultur und Imperialismus. Einbildungskraft und Politik im Zeitalter der Macht. Frankfurt/M.: Suhrkamp 1994.

IV.

Interkulturelles Handeln
in der Wirtschaft

Internationale Werbung. Standardisierung in Grenzen[*]

Thomas Dmoch

Im Zentrum der Debatte um die Globalisierung des Marketing steht die Frage nach der Standardisierbarkeit der internationalen Werbung (vgl. Zentes 1992: 142 f.), obwohl die Werbung nur ein Instrument im Rahmen des sogenannten Marketingmix aus Produkt-, Preis-, Distributions- und Kommunikationspolitik ist (vgl. Nieschlag/Dichtl/Hörschgen 1991: 23 f.). Die Kommunikationspolitik eines Unternehmens umfaßt alle Maßnahmen, die darauf ausgerichtet sind, Informationen über das Angebot und das Marketing des Unternehmens zu vermitteln und die Empfänger im Dienste des Marketing zu beeinflussen (vgl. Kroeber-Riel 1991b: 164). Im Vergleich zur Werbung besteht bei anderen Kommunikationsmaßnahmen wie Öffentlichkeitsarbeit oder Verkaufsförderung kaum die Möglichkeit, standardisiert vorzugehen, weil sie stark auf den persönlichen zwischenmenschlichen Kontakt ausgerichtet sind (vgl. Bruhn 1992: 725 ff.).

Unter international standardisierter Werbung versteht man im allgemeinen einen formal und inhaltlich identischen Werbeauftritt in verschiedenen Ländern. Dabei handelt es sich oft um die Übertragung einer erfolgreichen nationalen Werbekampagne auf andere Länder (vgl. Bruhn 1992: 707 f.). Die Extremform der Standardisierung stellt eine Kampagne dar, die mit der in Inhalt und Gestaltung gleichen Werbebotschaft unter Nutzung gleicher Medien bei zeitgleichem Einsatz weltweit durchgeführt wird. Wenn die Werbeanzeige nicht in Bild, Grösse, Farbe, Layout, Headline (Überschrift) und Text variiert und auch keine Übersetzung vorliegt, so gilt sie als total standardisiert (vgl. Reiter/Santana 1992: 187).

In der Praxis geht es jedoch nicht um die Entscheidung zwischen den Extremen der totalen Standardisierung oder der totalen Differenzierung, sondern darum, unter welchen Rahmenbedingungen die Standardisierung bestimmter Merkmale internationaler Werbung sinnvoll ist. Grundsätzliche Merkmale sind die Kernbotschaft und ihre sprachliche und bildliche Umsetzung (vgl. Moriarty/Duncan 1991: 316 f.).

---

[*] Beitrag entnommen aus: Meckel, M., Kriener, M. (Hg.): Internationale Kommunikation. Opladen 1996, 179-199, Westdeutscher Verlag

Die Kernbotschaft kann in einer 'objektiven' Eigenschaft des umworbenen Produktes[1] liegen, wie zum Beispiel dem sparsamen Benzinverbrauch eines Autos, aber auch in einer 'subjektiven' Eigenschaft, zum Beispiel seinem Prestige. Die Kommunikation objektiver Produkteigenschaften bezeichnet man als informative Werbung, die subjektiver Eigenschaften als emotionale Werbung (vgl. Kroeber-Riel 1991c: 37 ff.). Im weiteren Sinn liegt eine internationale Standardisierung der Werbung bereits dann vor, wenn die Kernbotschaft in allen Zielländern identisch ist.

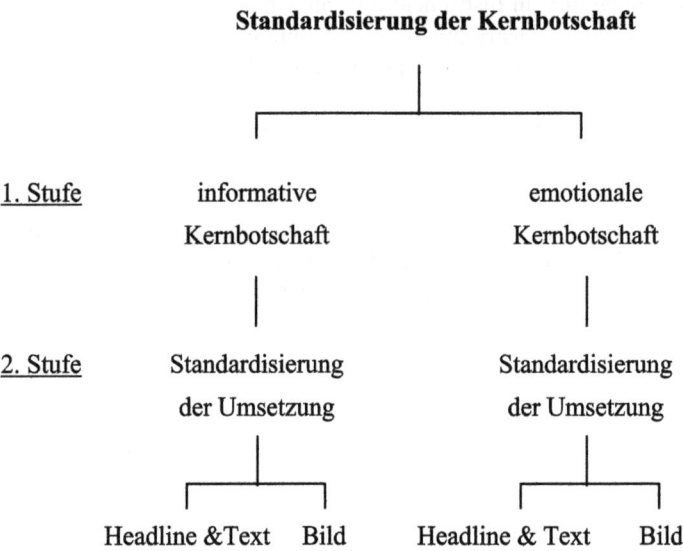

Standardisierung der Kernbotschaft

1. Stufe — informative Kernbotschaft — emotionale Kernbotschaft

2. Stufe — Standardisierung der Umsetzung — Standardisierung der Umsetzung

Headline &Text — Bild — Headline & Text — Bild

Abb.: Mehrstufige Standardisierung der Merkmale internationaler Werbung
Quelle: Nach Kroeber-Riel 1992a: 262

---

[1] 'Produkt' soll hier im weiteren Sinne verstanden werden. Gemeint sind stets Produkte und Dienstleistungen.

Hat man die Kernbotschaft standardisiert, ist in einem zweiten Schritt zu klären, ob auch ihre bildliche und sprachliche Umsetzung in einheitlicher Form erfolgen kann. Im engeren Sinn liegt standardisierte Werbung dann vor, wenn Bild und Text international übereinstimmen (vgl. Moriarty/Duncan 1991: 335).

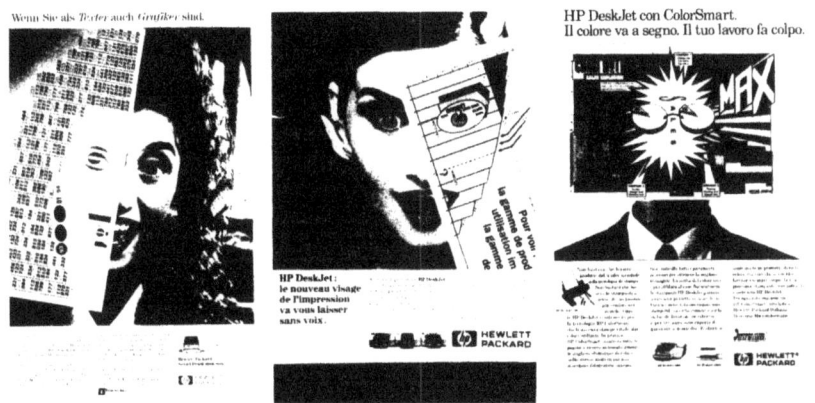

Abb.: Internationale Standardisierung einer informativen Kernbotschaft (Qualität) (Hewlett Packard)

Andere Beispiele für die weltweit standardisierte Umsetzung sind die internationalen Werbungen für Coca-Cola, Rolex, Benetton und Marlboro. Auf den Erfolg dieser Marken berufen sich auch die Verfechter der Standardisierung. Ihre These lautet, daß sich die Bedürfnisse der Menschen weltweit angleichen und die Konsumenten bereit seien, auf maßgeschneiderte Produkte zugunsten eines geringeren Preises zu verzichten. Diese Annäherung der nationalen Werbung führen die Befürworter der sogenannten Konvergenzthese auf eine globalisierte Medienkommunikation, den internationalen Reiseverkehr, die Angleichung der Bildungssysteme und auf internationale technische Standards zurück. Werbung, die auf universelle Bedürfnisse abgestellt ist, könne demgemäß standardisiert werden (vgl. Levitt 1983: 92 ff.).

Dagegen weisen die Zweifler an der Standardisierbarkeit auf die Unterschiede in Kultur, Geschmack, wirtschaftlichem Entwicklungsstand und Medienverfügbarkeit hin, angesichts derer internationale Werbekampagnen auf die jeweiligen Ländermärkte zugeschnitten sein müßten. Tatsächlich geht die Konvergenzthese nicht auf empirische Beobachtungen zurück und ist deshalb stark spekulativ. Es liegt im Dunkeln, welche Bedürfnisse universal und wie diese durch internationale Werbung anzusprechen sind (vgl. Boddewyn/Soehl/Picard 1987: 69 ff.; Douglas/Wind 1987: 21).

Formen international standardisierter Werbung

Die Standardisierung der internationalen Werbung kann in zwei Stoßrichtungen erfolgen - zum einen durch die Standardisierung des Werbeprogramms, zum anderen durch die Standardisierung der Werbeprozesse.

Die Programmstandardisierung der internationalen Werbung, auch inhaltliche Standardisierung genannt, erstreckt sich auf ihre identische Gestaltung in verschiedenen Ländern. Dagegen liegt die Prozeßstandardisierung in der Vereinheitlichung von Planung und Kontrolle der Werbemaßnahmen sowie des sie begleitenden Informationsaustausches und der Führung der beteiligten Mitarbeiter. Auf eine einfache Formel gebracht, ist die Programmstandardisierung auf den Markt gerichtet, während die Prozeßstandardisierung auf den Innenbereich des Unternehmens ausstrahlt. Die Programmstandardisierung setzt die Standardisierung der Prozesse voraus, umgekehrt gilt dies nicht (vgl. Kreutzer 1987: 168).

Das Ziel der Prozeßstandardisierung liegt in der Kostenreduktion durch Rationalisierung von Planung und Kontrolle der internationalen Werbung. Ihre Vorteile gelten als gesichert (vgl. Samiee/Roth 1992: 15). Zu ihren Maßnahmen zählen der weltweit standardisierte Ablauf bei der Werbeplanung, die Abstimmung der Entscheidungen zwischen dem Stammhaus und den Länderniederlassungen, der internationale Personaltransfer, die gemeinsame Werbebudgetierung, der zentrale Media-Einkauf und die Koordination der Marktforschung (vgl. Meffert/Landwehr/Glas/Waltermann 1986: 22 ff.).[2]

Die Programmstandardisierung der Werbung hat zwei Ziele. Sie richtet sich ebenso wie die Prozeßstandardisierung auf Kostensenkung und zweitens auf die Wirkungssteigerung. Das Ziel der Kostensenkung wird dadurch angestrebt, dass nur eine einzige Werbekampagne für alle Ländermärkte produziert wird (vgl. Moriarty/Duncan 1991: 314). Dabei verzichtet man bewußt darauf, bestimmte möglicherweise lukrative Marktsegmente durch differenzierte Werbung anzusprechen. Das Risiko liegt allerdings darin, daß die Kostensenkung durch Standardisierung den entgangenen Gewinn der differenzierten Marktansprache nicht aufwiegt. Das gilt insofern, als die Produktionskosten nur einen geringen Anteil an den Gesamt-

---

[2] Eine detaillierte Darstellung der Prozeßstandardisierung internationaler Werbung geben Mooij/Keagan 1991.

kosten für die Werbemittelproduktion ausmachen (vgl. Bruhn 1992: 709). Die Standardisierung lohnt daher eher bei der TV-Werbung als bei Anzeigen, weil ihre Produktionskosten besonders hoch sind (vgl. Moriarty/Duncan 1991: 319). Das zweite Ziel der Programmstandardisierung richtet sich auf die psychologischen Voraussetzungen für erfolgreiche Werbung. Die Standardisierung der Werbung soll ein weltweit einheitliches Image von Produkt und Unternehmen schaffen, weil der identische Auftritt dem Konsumenten das Lernen und Wiedererkennen der Werbebotschaft in anderen Ländern erleichtert. Die Standardisierung bündelt die Wirkung der Werbung auf den Konsumenten. Die Devise lautet hier: "Immer in dieselbe Kerbe schlagen" (Kroeber-Riel 1991c: 186 f.).

Mit dem Vorteil der Wirkungssteigerung geht allerdings die Gefahr eines weitreichenden Wirkungsverlustes einher, wenn sich die Werbekampagne als Mißerfolg erweist (vgl. Bruhn 1992: 708). Zuverlässige Erkenntnisse zur Vorteilhaftigkeit der Programmstandardisierung liegen nicht vor. Der Nachweis ihrer Überlegenheit gelingt deshalb nicht, weil der Begriff der Standardisierung oft nicht präzise definiert ist (vgl. Onkvisit/Shaw 1987: 51). Zudem belassen es viele Autoren bei einer groben Beschreibung der Einflußfaktoren der Standardisierung. Bei diesen Faktoren handelt es sich um Markt, Produkt, Umwelt und Organisation des Unternehmens. Gemeinsam machen sie die Rahmenbedingungen der Standardisierung aus (vgl. Jain 1989: 71 ff.). Man geht davon aus, daß internationale Werbung umso eher zu standardisieren ist, je ähnlicher diese Rahmenbedingungen sind bzw. je geringer die sogenannte kulturelle Distanz der Ländermärkte ist (vgl. Kroeber-Riel 1992a: 262).

Rahmenbedingungen der Standardisierung:

Internationale Marktbedingungen

Der Entwicklungsstand der von einem Unternehmen bearbeiteten Märkte hat großen Einfluß auf die Standardisierbarkeit der Werbung. Die Standardisierung gilt als umso eher möglich, je ähnlicher sich die verschiedenen Märkte in ihrer Entwicklung sind. Das Kennzeichen hochentwickelter Märkte ist ein Angebotsüberschuß an qualitativ ausgereiften Produkten bei hoher Vielfalt der Varianten. Beispiele sind die weitgehend gesättigten Märkte für Konsumgüter in den USA, Japan und den europäischen Ländern. Die starke Konkurrenz zwischen den zahlreichen Anbietern äußert sich in heftigen Preiskämpfen.

Die Marken vieler Hersteller weisen nur noch marginale Unterschiede auf. So etwa Waschmittel, das sich nur noch dadurch unterscheidet, daß es in verschiedener Konsistenz (als Pulver, als Konzentrat o. ä.) angeboten wird. Auch die Dienstleistungen, beispielsweise von Banken, Versicherungen und Fluggesellschaften, sind austauschbar (vgl. Kroeber-Riel 1991c: 20). Die Austauschbarkeit der Marken ist ein Phänomen auf den Märkten aller Industrienationen (vgl. Hildmann 1991: 226). Die hohe Marktsättigung hat eine tiefgreifende Änderung des Konsumentenverhaltens zur Folge. Angesichts fehlender objektiver Produktvorteile bei allgemein hohem Qualitätsstandard zeigen die Konsumenten kaum noch Markentreue. Zum Beispiel bleiben bei den meisten Lebensmitteln nur noch zehn Prozent der Käufer innerhalb eines Jahres bei einer Marke (vgl. Hildmann 1991: 227).

Der Werbung kommt angesichts der geringen Markentreue der Konsumenten die Aufgabe zu, Markenpräferenzen durch die Vermittlung besonderer Erlebniswerte zu schaffen. Solche Erlebniswerte verleihen dem Produkt einen emotionalen Zusatznutzen. Sie unterscheiden das Produkt von objektiv vergleichbaren Angeboten. An die Stelle fehlender objektiver Produktvorteile tritt die emotionale Produktdifferenzierung durch Werbung (vgl. Kroeber-Riel 1991c: 68 ff.).

Die Emotionalisierung der Werbung kommt der steigenden Genuß- und Erlebnisorientierung vieler Konsumenten entgegen. Da die grundlegenden Bedürfnisse in Industrienationen weitgehend befriedigt sind, werden 'höhere' Bedürfnisse wie Selbstverwirklichung und sensuelle Anregung wichtig. Der Konsum wird zu einer Möglichkeit emotionalen Erlebens. Konsumenten beurteilen Produkte zunehmend danach, inwieweit sie einen Beitrag zu ihrem Lebensstil liefern, während die hohe Produktqualität als selbstverständlich gilt (vgl. Kroeber-Riel 1992b: 119 ff.). Diese Entwicklung erschwert die Standardisierung von Werbung in Europa in zweierlei Hinsicht.

Zum ersten unterscheiden sich die Konsumenten verschiedener Länder darin, welche Erlebnisse sie den Produkten zuschreiben. So ergab eine Untersuchung des europäischen Kraftfahrzeugmarktes, daß die Konsumenten in Europa zwar gleiche Ansprüche an ein Automobil hinsichtlich objektiver Produkteigenschaften wie Funktionsdauer und Benzinverbrauch stellen, es aber durchaus große Unterschiede hinsichtlich emotionaler Eigenschaften wie Fahrspaß und Styling gibt (vgl. Meffert 1990: 32). Zum zweiten führt der Erlebnishunger der Verbraucher zu einem wechselhaften Konsumverhalten in Europa. Die Konsumenten zeigen zwar ein hohes Preisbewußtsein bei Gütern des täglichen Bedarfs, nutzen aber andererseits den so erlangten finanziellen Spielraum für den Erwerb von Produkten, die sie als Beitrag zu ihrem Lebensstil einschätzen. Produkte werden damit zu Medien der Selbstverwirklichung (vgl. Blickhäuser/Gries 1989: 6 f.).

Diese beiden Trends in Europa stellen die Marktforscher vor große Probleme. Die Verbraucher lassen sich wegen ihres wechselhaften Konsumverhaltens nicht mehr nach den herkömmlichen, soziodemographischen Kriterien wie Alter, Schulbildung und Einkommen in Marktsegmente aufteilen (vgl. Moriarty/Duncan 1991: 328). An soziodemographischen Kriterien gemessen zeichnet sich in den Industriestaaten tatsächlich eine hohe Ähnlichkeit der Konsumenten ab, die für die Konvergenzthese spricht (vgl. Malhotra et al. 1992: 94). Von einer Homogenität der Bedürfnisse kann jedoch nicht die Rede sein. Soziodemographische Segmentierungskriterien sind mittlerweile nur noch schlechte Indikatoren für die Bedürfnisse der Konsumenten. Die Kaufkraft sagt kaum mehr etwas über das tatsächliche Kaufverhalten aus. Dagegen werden psychische Merkmale der Konsumenten relevant, denn sie bestimmen das Kaufverhalten inzwischen stärker als monetäre Faktoren (vgl. Kroeber-Riel 1992b: 182 ff.). Will man also internationale Werbung gestalten, werden Informationen über die in den Zielländern dominierenden Erlebniswelten der Konsumenten benötigt. Sind diese sich ähnlich, ist eine inhaltliche Standardisierung der Werbung möglich.

Internationale Kommunikationsbedingungen: Informationsüberlastung der Konsumenten

Ein Kennzeichen gesättigter Märkte ist das kaum überschaubare Angebot zahlloser Produktvarianten. Beispielsweise hat während der achtziger Jahre die Zahl der beworbenen Marken um 70 Prozent zugenommen (vgl. Hildmann 1991: 225). Um den Konsumenten über die eigene Marke und ihre (vergleichsweise trivialen) Eigenschaften zu informieren, investieren die Unternehmen zunehmend in die Werbung, was gesamtwirtschaftlich gesehen zu einem kontinuierlichen Anstieg der Werbeausgaben führt. Jahr für Jahr werden die Konsumenten mit mehr Werbung konfrontiert und Experten rechnen damit, daß die Werbeausgaben auch in den kommenden Jahren kontinuierlich zunehmen werden (vgl. Diehl-Wobbe 1994: 34).

Die Folge des wachsenden Werbedrucks in den Medien ist ein Anstieg der Informationskonkurrenz. Seit Jahrzehnten wächst das Informationsangebot um ein Mehrfaches stärker als die Informationsnachfrage. Das hat zur Folge, daß die Konsumenten einen Großteil der wörtlichen Informationen nicht beachten. Das Überangebot an Informationen bezeichnet man als Informationsüberlastung. Das ist der Anteil der nicht beachteten Informationen an den insgesamt verfügbaren Informationen (vgl. Kroeber-Riel 1991c: 11).

Nach Untersuchungen aus den achtziger Jahren liegt die Informationsüberlastung auf dem Werbesektor in den USA bei mehr als 99 Prozent. Für Deutschland gilt trotz geringerer Werbeausgaben ein Wert von 98,1 Prozent. Das heißt, daß über

98 Prozent der Informationen unbeachtet 'auf dem Müll' landen. Basis der Berechnung sind die Leitmedien (Fernsehen, Radio, Tageszeitungen, Zeitschriften), die gemeinsam 90 Prozent des Informationsangebotes ausmachen. Angesichts der Zunahme an gedruckten und elektronischen Medien wird in den neunziger Jahren sogar noch eine Verdoppelung des Informationsangebotes erwartet (vgl. Kroeber-Riel 1991a: 15). Zwar liegen die Werbeausgaben pro Kopf in Frankreich, England, Italien und Spanien um 40 Prozent unter dem deutschen Niveau, doch wird auch in diesen Ländern ein Großteil der Werbung unbeachtet bleiben. Diese Informationsüberlastung verändert das Informationsverhalten der Menschen. Trotz ihres grundsätzlichen Interesses nehmen die Empfänger Informationen nur noch flüchtig und bruchstückhaft auf. Sie errichten Wahrnehmungsbarrieren, um sich gegen die Informationsflut abzuschotten. Das äußert sich im 'Zapping' während der Fernsehwerbung und in einer abnehmenden Betrachtungsdauer von Anzeigen. Die geringe innere Bereitschaft, sich gedanklich oder emotional mit einem Gegenstand oder einer Aktivität auseinanderzusetzen, nennt man 'low involvement' (vgl. Jeck-Schlottmann 1988: 33 f.). Auf gesättigten Märkten stellt das geringe Involvement der Konsumenten den Regelfall dar. Die Werbung erreicht diese Konsumenten nur noch, indem sie die Informationen sehr auffällig und bildhaft gestaltet, so daß sie schnell und leicht verarbeitet werden können (vgl. Kroeber-Riel 1993: 146 ff.).

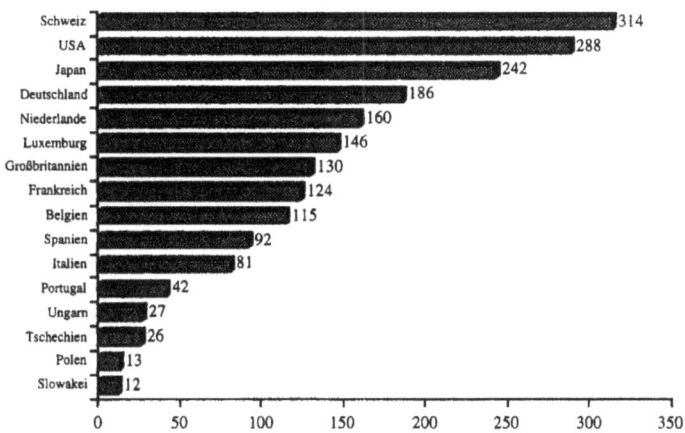

Abb.: Jährliche Werbeausgaben pro Kopf in den USA, Japan und Europa 1995 in ECU Quelle: Information et Publicité (IP)(Hrsg.)(1996):Status Report Werbung und Wirtschaft 1/1996

Unterschiede im nationalen Werbestil

Inhaltsanalysen von Werbung aus verschiedenen Ländern belegen, daß es Unterschiede im Werbestil gibt, die sich in bestimmten formalen und inhaltlichen Merkmalen äußern. Beispielsweise spielt Humor in der dänischen und britischen Werbung eine wichtige Rolle, nicht aber in Deutschland (vgl. Kroeber-Riel 1992a: 265). Zudem variiert die Art, wie Humor in der Werbung verschiedener Länder vermittelt wird (vgl. Alden/Hoyer/Lee 1993: 70 ff.).

Inhaltsanalysen der Bilder in amerikanischen, britischen und französischen Anzeigen ergaben, daß auch formale Gestaltungsmerkmale wie Bildgröße, Photographie oder Zeichnung sowie die Größe der Produktabbildung landestypischen Variationen unterliegen. Zudem unterscheiden sich die Appelle an Humor, Ästhetik und Status (vgl. Cutler/Jagalvi 1992: 75 f.). Beispielsweise wirkt deutsche Werbung im Vergleich zu dem eher sensualistischen Werbestil der Franzosen nüchtern und sachlich (vgl. Schroeder 1991: 99 f.). Andere Inhaltsanalysen von Fernseh- und Anzeigenwerbung aus verschiedenen Ländern bestätigen, daß der Informationsgehalt nationaler Werbung zwischen den Ländern stark variiert (vgl. Mueller 1991: 33 ff.; Zandpour/Chang/Catalano 1992: 30 ff.).

Zudem ist der Stil internationaler Werbung von der starken Informationskonkurrenz aller Anbieter geprägt. Werbung wird international zunehmend auffälliger gestaltet, um die Aufmerksamkeit der wenig involvierten Konsumenten zu erlangen (vgl. Domzal/Kernan 1994: 41).

Produktkategorie

Nach Ansicht mancher Autoren ist die Produktkategorie ein wichtiges Kriterium für die Standardisierbarkeit internationaler Werbung. Demnach sind Verbrauchsgüter wie Nahrungsmittel wegen nationaler Gewohnheiten und Vorlieben nicht standardisierbar, während Gebrauchsgüter, z. B. Fotokameras, Toaster oder Uhren, wegen ihrer hohen technischen Ähnlichkeit weitgehend einheitlich umworben werden können. Anders als bei Konsumgütern sei die internationale Werbung für Investitionsgüter wie Maschinen sogar völlig standardisierbar, weil beim industriellen Einkauf nur auf rationale Argumente geachtet werde (vgl. Moriarty/ Duncan 1991: 324 f.).

Diese Einschätzung ist jedoch fragwürdig, weil internationale Investitionsgüterwerbung ähnlichen Kommunikationsbedingungen unterliegt, wie die Werbung für Konsumgüter. Der stets hoch involvierte Manager ist wohl eher eine Fiktion. Involvement ist in erster Linie eine situative Größe und keine produktimmanente Eigenschaft (vgl. Jeck-Schlottmann 1988: 34). Angesichts von Zeitdruck und Informationsüberlastung nehmen auch Manager werbliche Informationen nur oberflächlich wahr. Allerdings können solche Informationen ihre Aufmerksamkeit wecken, die auffällig, unterhaltsam und emotional anregend gestaltet sind. Diese Technik bezeichnet man als Infotainment (vgl. dazu auch die Abb.: Internationale Standardisierung einer informativen Kernbotschaft).

Andere Klassifikationen in kulturfreie und kulturgebundene Güter zielen auf Preis, Innovationsgehalt oder Prestigeträchtigkeit des Produkts ab (vgl. Bruhn 1992: 711 f.). Letztlich haben sich derartige Klassifikationen wegen ihrer Widersprüchlichkeit nicht bewährt. Ob ein Produkt eine kulturgebundene Bedeutung hat, ergibt sich erst aus der Analyse der betreffenden Kulturen und kann nie a priori bestimmt werden (vgl. Kroeber-Riel 1992a: 262). Beispielsweise ist das Fahrrad in China ein alltägliches Fortbewegungsmittel. Dagegen wird es in Europa als Freizeit- und Sportgerät und damit erlebniszentriert beworben (vgl. Kulhavy 1989: 234). Diese Klassifikationen spiegeln lediglich die gängige Werbepraxis wider. Sie geben jedoch keine Hinweise, wie die internationale Werbung zu gestalten sei.

Umwelt des Unternehmens

Die Entscheidungen eines Marketingmanagers sind von den Grenzen der von der Umwelt des Unternehmens gesetzten Bedingungen abhängig. Im weiteren Sinne umfaßt die Unternehmensumwelt alle ökonomischen, physischen, politisch-rechtlichen, sozio-kulturellen und technologischen Beschränkungen. Diese Beschränkungen gelten für alle Unternehmen, die dieselben Ländermärkte bearbeiten (vgl. Nieschlag/ Dichtl/Hörschgen 1991: 612 ff.). Nationale Gesetze z. B. beschneiden die international standardisierte Werbung stark. An Stelle eines weltweit einheitlichen Werberechts existieren zahlreiche Einzelregelungen (vgl. Dibb/Simkin/Yuen 1994: 126 E). Sie betreffen vorwiegend bestimmte Produktarten wie Alkohol und Zigaretten und erstrecken sich auf irreführende und vergleichende Werbung, wobei die Reichweite dieser Bestimmungen von Land zu Land variiert. So verbannt das britische Recht den Marlboro-Cowboy aus der Zigarettenwerbung, weil er verbotenerweise Vorbildhaftigkeit und Mut suggeriert. In den französischen Leitmedien ist die Werbung für Zigaretten sogar völlig verboten. Weil zudem in Frankreich die Zulässigkeit internationaler Werbekampagnen der wenig durchsichtigen Einzelfallentscheidung eines zentralen Gremiums obliegen, ist die Planungssicherheit hier sehr gering (vgl. Hill/Shao 1994).

Derartige Bestimmungen haben in manchen Ländern protektionistische Züge. Beispielsweise verbieten Australien, Malaysia und der Sudan den Import von TV-Spots. In Australien mußten deshalb Unternehmen wie Adidas und Goodyear ihre zentral hergestellten Werbefilme neu produzieren (vgl. Mussey 1986: 7 ff.). In vielen Ländern ergänzen außerdem Vereinbarungen der freiwilligen Selbstkontrolle seitens der Werbewirtschaft die staatlichen Normen. Wenngleich langfristig in Europa aber eine Liberalisierung der Werbebeschränkungen abzusehen ist (vgl. Paefgen 1989: 258), kann zur Zeit von einer Harmonisierung des Werberechts noch nicht die Rede sein.

Ein Hemmschuh internationaler Werbung ist auch die geringe Vergleichbarkeit des Medienangebots. Der internationalen Media-Planung kommt die Aufgabe zu, das Media-Budget im Rahmen einer Werbekampagne nach räumlichen, sachlichen und zeitlichen Kriterien auf die einzelnen Werbeträger (Fernsehen, Radio, Zeitungen etc.) zu verteilen. Das Ziel ist dabei, die Werbewirkung zu maximieren, das heißt, die Werbeziele zu erreichen oder zu übertreffen (vgl. Zentes 1992: 291). Media-Planer überschauen die europäische Medienlandschaft jedoch derzeit kaum. Preise, Formate, Größen, Spotlängen und Buchungszeiträume unterscheiden sich von Land zu Land ebenso wie die Verkaufs- und Reservierungsgepflogenheiten. Wegen der geringen Koordination gilt dies auch für das wichtige Medium Satellitenfernsehen (vgl. Moriarty/Duncan 1991: 333).

Schwierigkeiten bereitet den Media-Planern auch das unterschiedliche Mediennutzungsverhalten der Konsumenten in Europa. Ob die Konsumenten Fernsehen oder Druckmedien als Informationsquelle bevorzugen, variiert mit ihrer Nationalität (vgl. Hensmann 1990: 59 f.). Deshalb gibt es kein europaweit nutzbares Basismedium und Euro-Kampagnen müssen mit unterschiedlichen Werbeträgern arbeiten, um die Konsumenten zu erreichen. Wie wirkungsvoll die Werbeträger in den verschiedenen Ländern sind, liegt dabei im Dunkeln, weil es an genauen Daten mangelt. Die vorhandenen Kennzahlen sind kaum vergleichbar, und weil es bislang keine internationalen Standards gibt, fehlen europaweite Media-Analysen (vgl. Dibb/Sinikin/Yuen 1994: 129, Wickmann 1990: 144).

Eher unwahrscheinlich ist auch, daß ausländische terrestrische Fernsehsender jemals in ähnlicher Form genutzt werden wie nationale Programmangebote. Daten über diese potentielle Wirkungserhöhung nationaler Werbeträger, dem sogenannten 'Media-Overspill', sind unvollständig (vgl. Bruhn 1992: 725).

Organisation des Unternehmens

Die Organisation des werbetreibenden Unternehmens und die Zusammenarbeit zwischen dem Stammhaus und den Niederlassungen sowie zwischen diesen Unternehmen und den Werbeagenturen bestimmt stark den Erfolg der Standardisierung (vgl. Banerjee 1994: 105 ff.). Ursprung vieler Konflikte ist die Entmachtung lokaler Manager, die oft mit der Prozeßstandardisierung einhergeht. Meist übernimmt ein Unternehmen die internationale Koordination der Werbeaktiväten aller Landesgesellschaften des Unternehmensverbundes nach einem 'Lead-Country-Konzept' (vgl. Ingelfinger 1992). Sein Erfolg hängt wesentlich von der Güte der Zusammenarbeit in multinationalen Unternehmen ab, denn häufig sabotieren die Manager nationaler Niederlassungen und Agenturen aus Voreingenommenheit die zentrale Werbeplanung des Lead-Country-Teams (vgl. Bruhn 1992: 728 ff.).

Auch die Programmstandardisierung der Werbung stößt oft auf Akzeptanzprobleme. Diese Konflikte kennzeichnet man auch als das 'Not-invented-here-Syndrom' (Moriarty/Duncan 1991: 334). Es führt zur Demotivation der Mitarbeiter und häufig auch zum Scheitern internationaler Kampagnen.

Gegenüber den Werbeagenturen ist die Standardisierung internationaler Kampagnen auch deshalb schwer durchzusetzen, weil ihre Manager unter dem Deckmantel kultureller Anpassung bemüht sind, sich die lukrativen Aufträge über Gestaltung und Produktion von Werbemitteln zu erhalten (vgl. Kroeber-Riel 1992a: 265).

Ziele internationaler Werbung

Drei grundlegende Beeinflussungsziele bestimmen die Werbung: Aktualisierung des Angebots, Auslösen von Emotionen, Vermittlung von Informationen über das Angebot (vgl. Kroeber-Riel 1991c: 32 ff.). Jede dieser psychologischen Zielgrö-ßen ist dazu geeignet, das Verhalten der Konsumenten am Markt zu beeinflussen. Jede entfaltet beim Konsumenten bestimmte Wirkungen. Die Aktualisierung des Angebots führt dazu, daß es als aktuelle Alternative für die Kaufentscheidung wahrgenommen wird. Emotionalisierung zielt darauf ab, daß das Angebot auf-grund der in der Werbung dargebotenen Reize die Gefühlswelt anspricht. Infor-mationen lösen eine rationale Beurteilung aus. Die Zweckmäßigkeit jedes der drei Werbeziele hängt von den Markt- und Kommunikationsbedingungen ab.

Auf gesättigten Märkten ist informative Werbung nicht mehr angebracht, weil es keine Bedürfnisse gibt, die durch das bestehende Angebot nicht gedeckt würden. Beispiele sind Produkte wie Mineralwasser und Unterhemden. Die Eigenschaften der angebotenen Produkte sind den Konsumenten bekannt, und sie unterscheiden sich kaum. Ihre Kommunikation wäre somit trivial (vgl. Kroeber-Riel 1991c: 40). Unter diesen Bedingungen kann sich eine Marke von konkurrierenden nur da-durch unterscheiden, daß sie Konsumerlebnisse bietet, die andere Marken nicht aufweisen. Dabei muß internationale Werbung allerdings in der Informationskon-kurrenz mit anderen Anbietern bestehen. Die Konkurrenz um die Aufmerksam-keit des wenig involvierten Konsumenten ist deshalb besonders ausgeprägt. Um Aufmerksamkeit für das eigene Angebot zu wecken, sind drei Techniken zweck-mäßig: der Einsatz von physisch intensiven Reizen (groß, laut, bunt) und von stark emotionalen sowie überraschenden Reizen. Sie dienen der Aktualisierung der Marke (vgl. Kroeber-Riel 1991a: 17).

Die auffällige Gestaltung ist notwendige Voraussetzung jeder Werbung. Auch emotionale und informative Botschaften müssen heute grundsätzlich eine starke Aktualisierungswirkung entfalten, um überhaupt wahrgenommen zu werden.

Reine Aktualisierungswerbung wie die von Benetton, zielt darauf ab, den Mar-kennamen auf spektakuläre Weise ins Gespräch zu bringen, ohne daß ganz be-stimmte emotionale Erlebnisse mit ihr verknüpft werden. Nur der Markenname soll sich dem Konsumenten durch ein 'Trommelfeuer' wechselnder, extrem auf-fälliger Motive einprägen. Dieses Vorgehen ist insofern zweckmäßig, als es bei sehr geringem Involvement ausreicht, wenn sich der Konsument in der Kaufsitua-tion an die Marke erinnert und sie als Kaufalternative in Betracht zieht (vgl. Kroeber-Riel 1991c: 40). Ist das Involvement nicht ganz so gering, ist die An-sprache von Gefühlsschemata sinnvoll. Sie haben den Vorteil, schnell und leicht verarbeitet zu werden (vgl. Kroeber-Riel 1993: 146 ff.). Dabei greift man auf be-

stimmte Motive zurück, die der Marke ein unverwechselbares Erlebnisprofil verleihen (vgl. Abb.: International total standardisierte Aktualitätswerbung).
Alle Werbeziele können taktisch oder strategisch (langfristig) verfolgt werden.
Taktische Ziele sind untergeordnete Ziele, die kurzfristig umgesetzt werden. Das
strategische Hauptziel internationaler Werbung liegt dagegen in der Positionierung des Angebots. Unter Positionierung versteht man alle Maßnahmen, die darauf abgestellt sind, das Angebot langfristig so in der Wahrnehmung der Konsumenten zu verankern, daß es sich von den Konkurrenzangeboten abhebt und diesen vorgezogen wird (vgl. Kroeber-Riel 1991c: 41 f.).

Während es bei der Positionierung durch Aktualität nur darum geht, in aller
Munde zu sein und die Konkurrenz in dieser Hinsicht zu überflügeln, ist es bei
der emotionalen Positionierung wichtig, durch bestimmte Motive ein unverwechselbares Erlebnisprofil aufzubauen. Dies gelingt nur, wenn die Werbung dieses
Erlebnis langfristig immer wieder durch ähnliche Motive thematisiert. Als Beispiel kann hier die international standardisierte Kampagne mit dem Marlboro-
Cowboy gelten (vgl. Kroeber-Riel 1991c: 68). Die informative Positionierung ist
wegen des hohen Wettbewerbs auf gesättigten Märkten kaum mehr sinnvoll. Die
Produktvorteile, über die informiert wird, verfallen schnell, weil Innovationen
von der Konkurrenz sofort kopiert werden. Sie erlauben somit keine langfristige
Abgrenzung von Konkurrenzangeboten. Die standardisierte Gestaltung emotionaler oder aktualisierender Werbung ist nur dann sinnvoll, wenn Kenntnisse über
das interkulturelle Verständnis der genutzten Appelle sowie ihrer sprachlichen
und bildlichen Umsetzung vorliegen. Ausdruck und Verständnis von Emotionen
unterliegen kulturgeprägten Gefühlsregeln (vgl. Vester 1991). Zu den Unterschieden liegen bislang allerdings nur bruchstückhafte Forschungsergebnisse vor.

Ergebnisse der Konsumentenforschung zur Standardisierbarkeit

Die internationale Konsumentenforschung beschäftigt sich mit den kulturellen
Eigenheiten von Konsumenten verschiedener Länder und deren Einfluß auf das
Kaufverhalten. Ihr Ziel ist, diese kulturellen Merkmale zu identifizieren, deren
Gültigkeitsbereich mehrere Kulturen oder Länder umfaßt und die zur länderübergreifenden Segmentierung von Konsumentengruppen geeignet sind (vgl. Holzmüller 1989: 1143 ff.). Konsumentenforscher gehen aber davon aus, daß bestimmte Verhaltensmerkmale und Persönlichkeitszüge die Konsumenten verschiedener Nationen so deutlich kennzeichnen, daß sie voneinander unterschieden
werden müssen (vgl. Clark 1990: 66).

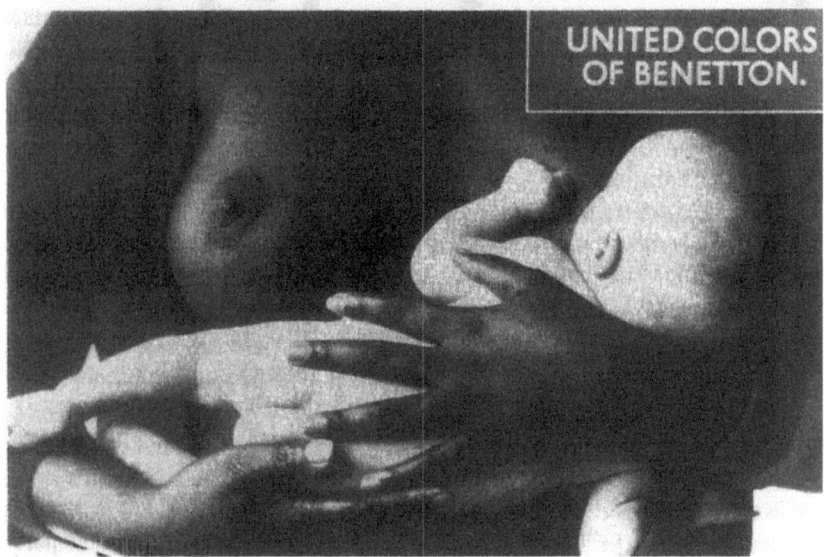

Abb.: International total standardisierte Aktualisierungswerbung (Benetton)

Die internationale Konsumentenforschung steckt allerdings noch in den Kinder-schuhen. Zahlreiche Untersuchungen sind auf der Stufe der explorativen, inter-kulturellen Forschung angesiedelt (vgl. Mendel 1991; Malhotra et al. 1992). und sind zumeist nicht theoriegeleitet (vgl. Samiee/Jeong 1994; Reuter 1991: 57).

Zudem ist die geringe Vergleichbarkeit der internationalen Untersuchungen für die weitere Forschung höchst problematisch, da die unterschiedlichen Erkenntnis-se kaum passende Wissensbausteine für ein gemeinsames Theoriekonzept erge-ben. Die geringe Vergleichbarkeit geht auf den Kardinalfehler vieler Forscher zu-rück, den Begriff 'Kultur' nicht durch präzise Indikatoren zu operationalisieren, z. B. durch Gesellschaftssystem, Erziehung, Werte, Sprache, geographische Lage. Statt dessen geht 'Kultur' nur als eine unspezifizierte Variable in die Untersu-chungen ein. Derart konzeptionslose 'Safari-Forschung' gestattet es nicht, Zu-sammenhänge zwischen bestimmten kulturellen Indikatoren und internationaler Werbung zu überprüfen (vgl. Holzmüller 1989: 1149 ff.). Gerade dies ist aber Voraussetzung für die Ableitung gesicherter Handlungsanweisungen für die prak-tische Werbegestaltung.

Die interkulturelle Forschung unterscheidet sich zudem in ihren Methoden (Mei-nungsumfragen unter Werbemanagern, Inhaltsanalysen von Werbung sowie Un-tersuchungen psychischer und sozialer Merkmale von Konsumenten in verschie-denen Ländern). Durch Experteninterviews mit Werbemanagern soll ermittelt werden, von welchen Merkmalen sie die Standardisierung internationaler Wer-bung abhängig machen. Als relevante Merkmale werden hier die Produktkatego-rie (vgl. Hite/Fraser 1988) oder das Ursprungsland (vgl. James/Hill 1993) ge-nannt. Die Methode der Inhaltsanalyse zielt darauf ab, diejenigen Merkmale von Werbung herauszufiltern, die erfolgsbestimmend sind. Sie besteht darin, aus vor-handenen Werbemitteln, insbesondere von Werbetexten, -bildern und -filmen, Schlußfolgerungen über Einstellungen und Meinungen der Kommunikatoren und ihrer Umwelt zu ziehen (vgl. Kroeber-Riel 1992b: 576 f. Inhaltsanalysen sind deshalb lediglich als Bestandsaufnahmen der unter den Kreativen verbreiteten Klischees zu werten (vgl. Kroeber-Riel 1992a: 265).

Sowohl Inhaltsanalysen als auch Managerbefragungen liefern keine Anweisungen für die Gestaltung erfolgreicher internationaler Werbung. Derartige Analysen un-ternehmensinterner Faktoren sagen nichts über die Reaktionen des Konsumenten aus (vgl. Onkvisit/Shaw 1987: 51). Die Frage muß deshalb eher lauten: Wie neh-men Konsumenten verschiedener Nationen Werbung wahr, und warum unter-scheiden sie sich darin? Dieser Frage widmen sich internationale Untersuchungen der Charakteristika von Konsumenten in verschiedenen Ländern. Das Interesse der Forscher gilt der Identifikation von Merkmalen, nach denen sich die Nachfra-ger international unterscheiden.

Eine wichtiges Merkmal sind die 'Werte' der Konsumenten. Werte entsprechen den Überzeugungen und Normen in einer Kultur, an denen Menschen ihr Verhalten ausrichten. Es sind Vorstellungen des Wünschenswerten, oft mit geringem Objektbezug (vgl. Kroeber-Riel 1992b: 580). Untersuchungen der Werthaltungen europäischer Konsumenten zeigen, daß es länderübergreifende Segmente gibt, die in ihrer Wertestruktur weitgehend homogen sind (vgl. Boote 1983: 23; Valette-Florence et al. 1991: 11). Der Ansatz, Werte als kulturelles Merkmal von Nationen heranzuziehen, hat sich insofern bewährt, als er zu theoretisch und empirisch übereinstimmenden Ergebnissen kommt (vgl. Clark 1990: 73).

Ein integrativer Ansatz zur Beschreibung einer Vielzahl von kulturellen Merkmalen der Konsumenten operiert mit dem Begriff 'Lebensstil'. Der Lebensstil kennzeichnet eine Kombination aus typischen Verhaltensweisen, Einstellungen und auch Werten, durch die das Verhalten einer Person oder Personengruppe ein spezifisches Profil erhält. Gemessen wird der Lebensstil durch die Befragung u. a. nach Konsum-, Freizeit-, Medienverhalten, beruflichen und sozialen Aktivitäten sowie Einstellungen und Werten zu Familie, Beruf, Politik (vgl. Kroeber-Riel 1992b: 579 ff.).

Die internationale Marktforschung hat in Europa länderübergreifende Segmente von Konsumenten ermittelt, die sich in ihrem Lebensstil stark ähneln (vgl. Cathelat 1993). Angesichts der Zersplitterung nationaler Märkte weisen erst diese länderübergreifenden Segmente die Größe auf, die eine Bearbeitung durch internationales Marketing lukrativ werden läßt. Charakteristikum der Segmente ist, daß ihre Mitglieder, obwohl sie aus unterschiedlichen Ländern stammen, untereinander in ihrem Lebensstil ähnlicher sind, als Konsumentengruppen eines Landes (vgl. Kreutzer 1991: 5 ff.). Beispielsweise sind französische Teenager ihren britischen Altersgenossen im Lebensstil ähnlicher als französischen Arbeitern. Man spricht von einer Fragmentierung nationaler Märkte bei gleichzeitiger internationaler Homogenisierung des Verhaltens (vgl. Meffert 1990: 25).

Eines der durch die Gesellschaft für Markt- und Konsumforschung (GfK) ermittelten europäischen Segmente wird als 'Environmentalists' bezeichnet. Dieses durch einen gemeinsamen Lebensstil gekennzeichnete Segment besteht aus Konsumenten, die intellektuelle Meinungsführer mit überdurchschnittlichem Einkommen sind. Sie sind liberal und tolerant, konzentrieren ihre Verbrauchsausgaben auf Freizeit, Reisen und Kultur. Environmentalists lieben "ausdrucksstarke Marken, die eine etwas narzißtische Ästhetik andeuten" (GfK 1994: 7) und sind zu Mehrausgaben für umweltverträgliche Produkte bereit. Sie machen 18 Prozent der deutschen Bevölkerung, aber nur 9 Prozent der Bevölkerung in Großbritannien aus. Wegen der hohen Unschärfe solcher Beschreibungen sind Lebensstilstudien nur dazu geeignet, die Lukrativität bestimmter Euro-Positionierungen einzuschätzen. Man geht davon aus, daß Lebensstilstudien Aussagen darüber zulassen, ob eine europaweite Standardisierung der Kernbotschaft überhaupt sinnvoll ist (vgl. Kroeber-Riel 1992a: 265). Beispielsweise sind Environmentalists für ökologisch positionierte Produkte empfänglich.

Aber Lebensstilstudien arbeiten mit hochaggregierten Daten (vgl. Reuter 1991: 49). Sie geben keine Hinweise darauf, durch welche Gestaltungsmerkmale die Verbrauchersegmente in der internationalen Werbung angesprochen werden sollen. In diesem Zusammenhang gilt das Interesse den Regeln, die die Wahrnehmung von Werbung seitens der Konsumenten verschiedener Nationen prägen. Statt aggregierter Größen und Oberflächenphänomene interessiert die psychologische Bedeutung von Werbung in verschiedenen Nationen.

Werbung gilt dann als verständlich, wenn Sender und Empfänger der Botschaft die gleiche Bedeutung beimessen (vgl. Friedmann/Zimmer 1988: 34). Die Bedeutung, die Konsumenten Produkten und Werbebotschaften beilegen, bewegt sich in einem Rahmen, der durch die Kultur abgesteckt wird. Kultur gilt als geteiltes System von Symbolen, mit deren Hilfe deren Angehörige die Bedeutung von Dingen untereinander bezeichnen können (vgl. Moriarty/Duncan 1991: 319). Eine Werbebotschaft, deren Bedeutung von den Konsumenten verschiedener Kulturen im beabsichtigten Sinn verstanden werden soll, muß berücksichtigen, welche Symbole die Adressaten kennen und wie sich dieses Wissen interkulturell unterscheidet, sonst entstehen Mißverständnisse. Nur eine mit den vorhandenen Vorstellungen der Konsumenten übereinstimmende Gestaltung der Werbebotschaft sichert dieses Verständnis (vgl. Werner 1993: 183 ff.).

Im Mittelpunkt des Interesses stehen dabei die bildlichen Vorstellungen der Konsumenten, weil das Bild in der Werbung die wesentliche Botschaft transportiert. Allerdings werden die Erlebnisse, die Bilder vermitteln, in den Zielländern unterschiedlich interpretiert (vgl. Weinberg 1992: 257). Es gibt eine kulturgeprägte Bildersprache, die ebenso der Übersetzung bedarf wie die gesprochene Sprache.

Ein neuer Ansatz, die Standardisierbarkeit von Werbung zu ermitteln, besteht in der Untersuchung der interkulturellen Bedeutungsähnlichkeit von Werbung. Die Bedeutung von Werbung liegt in den gedanklichen Assoziationen, die sie bei den Konsumenten auslöst. Assoziationsexperimente erfassen die Bedeutung über die Sprache. Man legt dem Konsumenten Stichworte wie 'frisch' oder 'traditionell' vor, die eine emotionale Werbebotschaft beinhalteten. Die von dem Konsumenten spontan geäußerten Assoziationen werden dann registriert. Von einem Bevölkerungssegment verbreitete Assoziationen nennt man Assoziationsnormen. Sie beschreiben die Häufigkeiten, mit der eine Gruppe von Konsumenten bestimmte Vorstellungen zu einem Stichwort assoziiert hat:

Deutsche				
Tracht 33	Tracht 38	Familie 22	Fest 16	Essen 16
Tanz 14	Kirche 22	Tracht 17	Weihnach- ten 14	Schaukel- stuhl 10
Kleidung 14	Fest 20	Haus 14	Kleidung 10	Landhaus 10
Fest 12	Familie 16	Gegend, ländliche 14	Groß- eltern 8	Joghurt 10
Kirche 12	England 11	Hochzeit 12	Tracht 6	Kirche 10
Weihnach- ten 9	Schweiz 11	Essen 11	Haus 6	Haus 10
Familie 9	Armee 9	Tanz 10	Kuchen 4	Groß- mutter 7
Hochzeit 8	Berge 9	Kirche 10	Familie 4	Sauna 7
Lederhose 5	Essen 9	Dorf 9	Mutter 4	Pullover 6
Großeltern 5	Anzug 9	Kleidung 7	Essen 2	Möbel 6

Abb.: Assoziationsnormen zum Schlüsselwort 'traditionell' (Zahl der Nennungen)[4]
Quelle: Kroeber-Riel 1992a: 263 ff.

Solche Assoziationsnormen geben Aufschluß über die kulturelle Bedeutung von Kernbotschaften sowie das kulturelle Verständnis ihrer sprachlichen und bildlichen Umsetzung in der Werbung. Assoziationsnormen erlauben es, hinter die

---

[3] Es handelt sich um deutschsprachige Schweizer.

[4] Ausgewiesen sind die Prozentsätze der 10 ranghöchsten bildlichen Assoziationen von 84 deutschen, 45 schweizer, 97 französischen, 50 italienischen und 36 finnischen Studenten. Die Daten aus Deutschland stammen von Müller (1995), die italienischen Assoziationen ermittelte Birle (1992: 137).

vordergründige Bedeutung von Worten und Bildern zu schauen und die mit ihnen verknüpfte Erlebniswelt zu ergründen. Der Vergleich von Assoziationsnormen läßt konkrete Bedeutungsähnlichkeiten und -unterschiede erkennen. Dies erlaubt schließlich, die kulturspezifischen Reaktionen auf sprachliche und bildliche Umsetzungen einer Werbebotschaft abzuschätzen (vgl. Kroeber-Riel 1992a: 263 ff.). Ähneln sich die Assoziationen interkulturell stark, so können bildliche Umsetzungen dieser Assoziationen in einer international standardisierten Werbung eingesetzt werden (vgl. Moriarty/Duncan 1991: 331).

Fazit und Ausblick

Zum heutigen Zeitpunkt sind nur bestimmte Merkmale internationaler Werbung standardisierbar, weil es bislang nur wenige Erkenntnisse über internationales Konsumentenverhalten gibt.

Die Annahme einer grundsätzlichen Homogenität des Konsumentenverhaltens ist weder theoretisch noch empirisch haltbar. Den Euro-Verbraucher gibt es eben nicht. Wohl aber existieren europaweit ähnliche Konsumentengruppen, die sich in bestimmten Merkmalen, wie zum Beispiel ihrem Lebensstil, ähneln.

Um auch die bildliche und sprachliche Umsetzung einer Kernbotschaft zu standardisieren, fehlen allerdings bislang Informationen über die kulturgeprägten Vorstellungen der Konsumenten. Aufschluß darüber verspricht die Untersuchung ihres Assoziationsverhaltens. Kenntnisse über die interkulturelle Bedeutungsähnlichkeit bestimmter Werbekonzepte sollten die kreative Gestaltung der bildlichen und sprachlichen Umsetzung standardisierter Werbung leiten. Nur so läßt sich das vergleichbar intendierte Verständnis werblicher Botschaften unter Konsumenten verschiedener Nationen sichern.

Weil bislang den Werbetreibenden noch keine repräsentativen Untersuchungen zum Assoziationsverhalten vorliegen, ist die einheitliche Gestaltung internationaler Werbung wenig zweckmäßig. Viele Anzeichen deuten auf kulturelle Unterschiede im Sprach- und Bildverständnis hin. Solange genaue Erkenntnisse fehlen, insbesondere über die von Werbebotschaften ausgelösten inneren Vorstellungen, ist die Standardisierung der Umsetzung riskant.

Jedoch sind die Praktiker der internationalen Werbung den Theoretikern bereits weit voraus. Trotz unzureichender Grundlagenkenntnisse entwickeln Agenturen europaweit standardisierte Werbung (vgl. Moriarty/Duncan 1991: 318). Die Standardisierung der Gestaltung erfolgt dabei meist ad hoc und beruht weniger auf systematischer Marktforschung als auf dem Kostendruck der werbetreibenden Unternehmen (vgl. Schalk 1990: 159). Wegen fehlender Kenntnisse ist die Prognose, wie diese Kampagnen in den verschiedenen Zielländern rezipiert werden, nicht möglich (vgl. Domzal/Kernan 1994: 45).

Aus dieser Unsicherheit heraus tendieren Werbepraktiker zu zwei Lösungen. Das ist zum einen die Entwicklung internationaler Dachkampagnen, die in Kernbotschaft und formalen Elementen (Farben, Formen, Layout) übereinstimmen. Bei Gestaltung der konkreten Inhalte von Bild und Text vertraut man jedoch auf die Kenntnisse nationaler Agenturen. Diese entwickeln Motive, die sie in ihrer Kultur als angemessen einschätzen. So vermeidet man, daß jedes noch so kleine standardisierte Gestaltungselement einen 'Kulturkampf' zwischen den Länderagenturen auslöst: das rote Kleid, die Frisur, die Schauspieler, die Art wie der Tisch gedeckt ist (vgl. Schalk 1990: 158). Derartige Dachkampagnen aktualisieren die Marke durch länderspezifische, aufmerksamkeitsstarke Werbeauftritte, sichern dabei jedoch international das Wiedererkennen der Marke durch einen grundsätzlich gleichartigen Gestaltungsrahmen (vgl. Dibb/Simkin/Yuen 1994: 129 f).

Die zweite Lösung besteht in der Gestaltung von Werbung, die auf vermeintlich kulturgeprägte Elemente verzichtet. Jedes Vorverständnis soll dadurch überflüssig werden (vgl. Domzal/Kernan 1994: 41). Extrem reduzierte Werbung führt allerdings oft zu einer Aussagenbanalisierung. Die sprachliche und bildliche Umsetzung bewegt sich dann auf dem kleinsten gemeinsamen Nenner. Ob eine derart karge Gestaltung zu einem ähnlichen Verständnis in den verschiedenen Zielländern dieser Werbung führt, ist Spekulation, Angesichts der Lücke in der Forschung zur psychologischen Bedeutung emotionaler Werbebotschaften, stellt die Aktualisierungswerbung die bislang einzige probate Lösung bei der Standardisierung internationaler Werbung dar.

Neue Untersuchungen zur emotionalen Bedeutung von Werbebotschaften versprechen jedoch, dieses Vorgehen abzusichern. Es gibt emotionale Appelle, die länderübergreifend eine hohe Bedeutungsähnlichkeit aufweisen (vgl. Dmoch 1995). Der Rückgriff auf solche Appelle sichert das Verständnis der standardisierten Umsetzung von emotionalen Werbebotschaften in den Zielländern. Den Kreativen erlauben solche Kenntnisse zudem ein gewagteres Vorgehen bei der Gestaltung international standardisierter Werbung.

Literaturverzeichnis

Alden;D./Hoyer, W.D./Lee, C.: „Identifying global and culturespecific dimensions of humor in adversiting: a multinational analysis." In: *Journal of Marketing* 1/1993, S. 64 –75.

Banerjee, A.: „Transnational advertising development and management: An account planning approach and a process framework." In: *International Journal of Adversiting* 22/1994, S. 95-124.

Blickhäuser, J./Gries, T.: „Individualisierung des Konsums und Polarisierung von Märkten als Herausforderung für das Konsumgüter-Marketing." In: *Marketing* 1/1989, S. 5-10.

Boote, A. S.: „Psychographic segmentation in Europe. A case for standardized international advertising." In: *Journal of Advertising Research* 6/1983, S. 19-25.

Bruhn, M.: „Werbung und Kommunikation für internationale Märkte." In: Brij Nino Kumar/Helmut Hausmann (Hrsg.): *Handbuch der internationalen Unternehmenstätigkeit*. München 1992.

Cathelat, B.: *Socio-styles. The new lifestyles classification system for identifying and targeting consumers and markets*. London 1993.

Clark, T.: „International marketing and national character. A review and proposal for an integrative theory." In: *Journal of Marketing* 4/1990, S. 66-79.

Cutler, J.D./Javalgi, R.G.: „A cross-cultural analysis of the visual components of print adeverting: The United States and the European Community." In: *Journal of Advertising Research* 1/1992, S. 71-80.

Dibb, S./Simkin, L./Yuen, R.: „Pan-European advertising. Think Europe – act local." In: *International Journal of advertising* 1/1994, S. 125-136.

Diehl-Wobbe, E.: „Der große Aufschwung." In: *Horizont. Zeitung für Marketing, Werbung und Medien*. 51-52/1994, S. 34.

Dmoch, T.: *Die interkulturelle Bedeutungsähnlichkeit emotionaler Konsumerlebnisse als Grundlage der Standardisierung internationaler Werbung*. Wirtschaftswissenschaftliche Dissertation an der Universität des Saarlandes. Saarbrücken 1995.

Domzal, T./Kernan, J.B.: „Creative features of globally-understood advertisements." In: *Journal of current issues and research in advertising* 1/1994, S. 29-47.

Douglas, S.P./Wind, Y.: „The myth of globalization." In: *Columbia Journal of World Business* 4/1987. S. 9-29.

Freidmann, R./Zimmer, M.R.: „The role of psychological meaning in advertising." In: *Journal of Advertising* 1/1988, S. 31-40.

Hensmann, J.: „Kommunikationspolitik im europäischen Binnenmarkt." In: Manfred Bruhn/Friedrich Wehrle (Hrsg.): *Europa 92. Chancen und Risiken für das Marketing.* Münster 1990, S. 55-63.

Hildmann, A.: „Die Flut steigt." In: *Absatzwirtschaft* Sondernummer 1991, S. 225-227.

Hite, R.E./Fraser, C.: „International advertising of multinational corporations." In: *Journal of Advertising Research* 4/1988, S. 9-17.

Jeck-Schlottmann, G.: „Anzeigenbetrachtung bei geringem Involvement." In: *Marketing* 1/1988, S. 33-43.

Kreutzer, R.: „Prozessstandardisierung im Rahmen eines Global Marketing." In: *Marketing* 3/1987, S. 167-176. 1987.

Kreutzer, R.: „Länderübergreifende Segmentierungskonzepte – Antwort auf die Globalisierung der Märkte." In: *Jahrbuch der Absatz- und Verbrauchsforschung* 1/1991, S. 4-27.

Kroeber-Riel, W.: „Kommunikationspolitik. Forschungsgegenstand und Forschungsperspektive." In: *Marketing* 1991.

Kulhavy, E.: *Internationales Marketing.* Linz 1989.

Levitt, T.: „The globalization of markets". In: *Harvard Business Review* 3/1983, S. 93-102.

Malhorta, N.K./Baalbaki, I.B./Agarwal, J./Mcintyre, J.R.: „EC. Ine market or many? Asessing the degree of homogenity within the European Community." In: *Journal of Euro-Marketing* 1/1992. S. 69-97.

Meffert, H./Landwehr, R./Gass, C./Waltermann, B.: *Globale oder nationale Marktkommunikation? Eine empirische Studie weltweit tätiger Werbeagenturen.* Münster 1986.

Moriarty, S.E./Duncan, T.R.: *Global advertising: Issues and practice of international, multinational and global advertising.* Michigan, 1991, S. 313-341.

Mueller, B.: „An analysis of information content in standardized vs. Specialized international advertisements." In: *Journal of International Business Studies* 1/1991, S. 23-39.

Mussey, D.: „Y & R wirbt weltweit für Adidas." In: *ZV + ZV* 48/1986, S. 7-9.

Nieschlag, R./Dichtl, E./Hörschgen, H.: *Marketing.* Berlin 1991.

Onkvisit, S./Shaw, J.J.: „Standarized international advertising: A review and critical evaluation of the theoretical and empirical evidence." In: *Columbia Journal of World Business* 3/1987, S. 43-55, 1991.

Reiter, G./Santana, J.: „Anzeigenwerbung im europäischen Binnenmarkt. Standardisierung oder Individualisierung?" In: *Marktforschung & Management* (4-1992), S. 186-192.

Reuter, U.: „Auf der Suche nach einem Common Ground im neuen Europa. Neue Approaches der interkulturellen qualitativen Forschung." In: ESOMAR (ed.): *The 44th ESOMAR marketing research congress. Marketing in a new Europe.* Lusembourg 1991, S. 47-86.

Samiee, S./Jeong, I.: „Cross-cultural research in adertising. An assessment of methodologics." In: *Journal of the Academy of Marketing Science* 3/1994, S. 205-217.

Samiee, S./Roth, K.: „The influence of global marketing standardization on performance." In: *Journal of Marketing* 2/1992. S. 1-17.

Schalk, W.: „Europa 92 – Perspektiven im Werbemarkt." In: Heribert Meffert/Manfred Krichgeorg (Hrsg.): *Marktorientierte Unternehmensführung im Europäischen Binnenmarkt.* Stuttgart 1990, S. 149-161.

Schroeder, M.: „France – Allemagne: la publicité. L'existence de deux ligiques de communication." In: *Recherche et Application en Marketing* 3/1991, S. 97-109.

Valette-Florence, P./Grunert, S.C./Grunert, K./Beatty, S.: „Une comparaison fraco-allemande de l'adhésion aux vlaeus personelles." In: *Researche et Application en Marketing* 3/1991, S. 5-20.

Vester, H.-G.: *Emotion, Gesellschaft und Kultur. Grundzüge einer soziologischen Theorie der Emotionen.* Opladen 1991.

Weinberg, P.: „Euro-Brands. Erlebnisstrategien auf europäischen Konsumgütermärkten." In: *Marketing* 4/1992, S. 257-260.

Werner, U.: „Möglichkeiten der Anwendung semiotischer Erkenntnisse im multikulturellen Marketing." In: *Marketing* 3/1993, S. 181-196.

Wickmann, R.: „Europa 92 – Pespektiven des Medienmarktes." In: Heribert Meffert/Manfred Kirchgeorg (Hrsg.): *Marktorientierte Unternehmensführung im europäischen Binnenmarkt.* S. 135-148, 1990.

Zandpour, F./Chang, C./Catalano, J.: „Stories, symbols and straight talk: A comperative analysis of French, Taiwanese, and U.S.TV-commercials." In: *Journal of Advertising Research* 1/1992. S. 25-38.

Zentes, J.: Grundbegriffe des Marketing. Stuttgart, 1992.

Fälle und Übungen (11)

Kultur und Werbung

11.1

Fassen Sie die jeweiligen Vor- und Nachteile (a) eines international standardisierten und (b) eines regional differenzierten Marketingkonzepts anhand folgender Faktoren zusammen: Marktdurchdringung; Kosten, Flexibilität und Schnelligkeit.

11.2

Erläutern Sie die von Dmoch dargestellten Unterschiede bzw. Zusammenhänge zwischen Prozess- und Programmstandardisierung.

11.3

Inwieweit kann internationale Werbung von der kulturellen Stilforschung profitieren? Lassen sich die bei Galtung beschriebenen Stilmerkmale im Werbestil identifizieren? Analysieren Sie in diesem Zusammenhang die nachstehenden Innenraumaufnahmen aus dem deutschen, britischen und französischen Verkaufsprospekt des Ford Mondeo:

Deutschland

Großbritannien

Frankreich

11.4

Wie beurteilen Sie die weitere Entwicklung der Standardisierung im internationalen Marketing angesichts der Möglichkeiten des Internet?

11.5

Diskutieren Sie die bei Dmoch dargestellten Assoziationsexperimente unter Bezugnahme auf die bei Spitzer dargestellten Schema- und Netzwerktheorien. Warum wird es auch künftig bei der Betrachtung von Werbung kaum über Kulturen hinweg identische Assoziationen geben?

11.6

Dmoch nennt neben internationalen Dachkampagnen als weitere Lösung für die internationale Marketingpraxis den Verzicht „auf vermeintlich kulturgeprägte Elemente". Wie müsste eine solche Strategie konkret aussehen? Gibt es „Elemente" in der Werbung, die nicht kulturgeprägt sind?

11.7.

Häufig wird von „interkultureller Werbung" gesprochen. Welche Voraussetzungen müssten erfüllt sein, um diese Bezeichnung rechtmäßig zu verwenden? Worin bestünde der Unterschied zu „internationaler" Werbung?

Weiterführende Literatur: Interkulturelles Marketing

Allison, R.: Cross-Cultural Factors in Global Advertising. In: J.Bolten (Hg.), Cross Culture – Interkulturelles Handeln in der Wirtschaft (2) 1999, 99-110

Berndt, R.: Das Management der Internationalen Kommunikation. In : Handbuch Marketing-Kommunikation. Hrsg. v. Ralph Berndt, Arnold Hermanns. Wiesbaden 1993, 769-808.

Bungarten, T. (Hg.): Interkulturelle Marketingkommunikation. Tostedt 1994

Kerutzer, R.: Global Marketing - Konzeption eines Länderübergreifenden Marketing. Wiesbaden 1989

Mennicken, C.: Interkulturelles Marketing : Wirkungszusammenhänge zwischen Kultur, Konsumverhalten und Marketing. Wiesbaden 2000.

Mauritz, H.: Interkulturelle Geschäftsbeziehungen. Eine interkulturelle Perspektive für das Marketing. Wiesbaden 1996

Meffert, H., Althans, J.: Internationales Marketing, Stuttgart u.a. 1982

Müller, Wendelin G.: Interkulturelle Werbung. Heidelberg 1997

Simmet-Blomberg, H.: Interkulturelle Marktforschung im europäischen Transformationsprozeß. Stuttgart 1998

Usunier, Claude: Interkulturelles Marketing. Wiesbaden 1995.

Interkulturelle Unternehmensführung[*]

Klaus Macharzina

Die zunehmende Internationalisierung der Unternehmen und die Verschärfung des Wettbewerbs haben die Aufmerksamkeit auf die Bedingungen *erfolgreicher* Unternehmensführung in *unterschiedlichen* Regionen, insbesondere der Triade, mit Blick auf deren mögliche Übertragbarkeit und Nutzung von Transfervorteilen gelenkt (Macharzina/Oesterle/Wolf 1998; Macharzina/Wolf 1999). Das verstärkte Interesse ist aber auch in der Notwendigkeit begründet, sich in fremden Kulturkreisen an andere Konzeptionen, Stile und Techniken der Unternehmensführung anpassen zu müssen als im heimischen Bereich. So hat sich seit Beginn der siebziger Jahre, bedingt durch den japanischen Erfolg auf den internationalen Märkten, das Interesse verstärkt auf die japanische Konzeption der Unternehmensführung gerichtet; im westlichen Einzugsbereich wurden hingegen angesichts des Rückgangs der wirtschaftlichen Erfolge in den USA immer wieder Stimmen nach einer Überprüfung insbesondere der amerikanischen Unternehmensführung laut. Eine ähnliche Bewegung zeichnete sich, allerdings in weit weniger spektakulärer Form, in der Bundesrepublik ab; dort wurde im Bemühen um Produktivitätsverbesserung die Untersuchung der japanischen, auf größtmögliche Konsenserzielung ausgerichteten Unternehmensführung, aber auch spezieller Techniken wie Kanban und Qualitätszirkel, auf einen möglichen Einsatz in deutschen Unternehmen verfolgt. Die globalen Antipoden blieben jedoch – trotz einer zunehmenden Auseinandersetzung mit europäischen Unternehmensführungsstilen (Macharzina/Wolf/Oesterle 1994) – die Unternehmensführung nach dem amerikanischen (A) und dem japanischen Modell (J).

Die dabei diskutierte Kernfrage dreht sich um die Möglichkeit und Nützlichkeit der wechselseitigen Übertragung der Modelle, wobei in der jüngeren Vergangenheit im Gegensatz zur amerikanischen Herausforderung der sechziger Jahre weniger der Transfer des Modells A als vielmehr derjenige des Modells J diskutiert wurde. Der sich mittlerweile abzeichnende wissenschaftliche Konsens scheint allerdings nur eine begrenzte Möglichkeit der Übertragung von Unternehmensführungskonzeptionen, -stilen und -techniken in andere Kulturkreise zu sehen. Diese Erkenntnis hat insbesondere Ouchi dazu veranlaßt, unter Berücksichtigung der Begrenzungen mit einer von ihm als interkulturell einsetzbar bezeichneten Konzeption Z ("Theory Z") den vermeintlichen Schlußpunkt unter diese Debatte zu

---

[*] Beitrag entnommen aus: Macharzina, K.: Unternehmensführung. Wiesbaden 1993, 735-767, Gabler Verlag

setzen. Es gelang ihm jedoch nicht, das Spiel zu beenden, denn die nächste Runde ist mit "Beyond Theory Z" (Negandhi/Welge 1984), "Lean Management" (Womack/Jones/Roos 1990), "K-Type Management" (Lee/Yoo 1987) und Korean Management (Chang 1983; Whang 1981) sowie Arabian Management (Ajami/Khambata 1986) längst eingeläutet und die Diskussion damit wieder offen. Bleibt abzuwarten, was das Modell C – Management in China – in Zukunft bringen wird.

Modell A: USA

In den vergangenen Dekaden sind im US-amerikanischen Einzugsbereich wiederholt Unternehmensführungsmodelle entwickelt worden, welche für die dortige Form des Managements typisch sind. Unter diesen ragen das Spitzenleistungs- sowie das Re-engineering-Modell heraus, die in einem zeitlichen Abstand von etwa zehn Jahren entworfen worden sind.

Spitzenleistungen – Modell A/Version 1

Die amerikanischen Unternehmensberater *Peters und Waterman* haben zu Beginn der achtziger Jahre versucht, *Gründe für einen langanhaltenden Unternehmenserfolg* empirisch zu ermitteln (Peters/Waterman 1982). Dazu sollten die Führungspraktiken erfolgreicher amerikanischer und deutscher Unternehmen erforscht werden. Wegen des geringen Interesses auf Seiten deutscher Unternehmen musste die Studie allerdings auf erfolgreiche amerikanische Unternehmen beschränkt werden. Daher kann der aus der Untersuchung hervorgegangene All Time Management-Bestseller to Date "In Search of Excellence" als ein *Spiegelbild erfolgreicher amerikanischer Unternehmensführung* gelten, was häufig übersehen bzw. mit der japanischen verwechselt wird. Als exzellent wurden dabei nur solche Unternehmen eingestuft, die

– sich durch eine anhaltende Innovationskraft und eine große Beweglichkeit bei Marktveränderungen auszeichneten und

– in den zwanzig Jahren zwischen 1961 und 1980 bei mindestens vier von sechs die finanzielle Unternehmenssituation charakterisierenden Kriterien wie Gewinn oder ROI die gesetzten Anforderungen erfüllten (Peters/Waterman 1982, 19 ff).

Diesen Anforderungen genügten 43 amerikanische Unternehmen, zu denen damals – heute sähe es etwas anders aus – IBM, Hewlett Packard, 3 M, Texas Instruments, Digital Equipment, Wang Labs, Procter & Gamble, Johnson & Johnson sowie Kodak gehörten. Nicht in die Kategorie der erfolgreichen Unternehmen eingeordnet werden konnten 19 Unternehmen, unter ihnen General Motors sowie Exxon, die die Rangliste der Fortune 500 seit langem anführen. In der Kenntnis einer anderen Studie von Pascale und Athos kommen Peters und Waterman in weitgehender Übereinstimmung mit diesen zu dem Ergebnis, daß die erfolgreichen amerikanischen Unternehmen in ihrer Führung sogenannten "weichen" Gestaltungsfaktoren im Gegensatz zu den "harten" herkömmlichen betriebswirtschaftlichen Gestaltungsfaktoren einen höheren Stellenwert beimessen, als es die erfolglosen tun. Peters und Waterman ergänzen diesen Befund weiter dahingehend, daß sie *insgesamt acht Merkmale* herausarbeiten, in denen sich die erfolgreichen Unternehmen von *den weniger erfolgreichen unterscheiden*. Auf diese führen sie dann auch den unterschiedlichen Erfolg zurück.

Merkmale des Modells

(1) Aktionsorientierung

Erfolgreiche amerikanische Unternehmen zeichnen sich durch eine rasche Umsetzung von Neuerungen und Veränderungen aus. Eine wichtige Rolle nimmt hierbei ihr umfassendes Kommunikationssystem ein. Den erfolgreichen Unternehmen gelingt die rasche Umsetzung von Innovationen und Veränderungen, da sie neuartige Aufgaben in aktionsorientierte Teile zerlegen, die von Teams bewältigt werden (Peters/Waterman 1982, 119 ff.).

(2) Kundenorientierung

Die erfolgreichen amerikanischen Unternehmen haben das Bestreben, ihren Kunden Produkte guter Qualität anzubieten. Zur Kundenorientierung gehört für sie insbesondere ein gut ausgebautes Servicenetz. Durch den permanenten Kundenkontakt sehen sie sich in der Lage, auf deren Wünsche individuell einzugehen. Ihre Handlungsmaxime lautet "Man muß nur zuhören; der Kunde sagt, was er will" (Peters/ Waterman 1982, 156 ff.).

(3) Kleine autonome Einheiten mit Entscheidungsfreiheit fördern eine unternehmerische Einstellung der Mitarbeiter

Die erfolgreichen amerikanischen Unternehmen haben ihre Gesamtaufgabe auf kleine und operative Leistungseinheiten aufgeteilt. Ihre Leistungserstellungsprozesse sind daher überschaubar, was wiederum das unternehmerische Denken beim einzelnen Mitarbeiter fördert. Die erhöhte Reife der Mitarbeiter erlaubt es ihrerseits, nachgelagerten Einheiten ein vergleichsweise hohes Maß an Entscheidungsfreiheit zu übertragen. Die Einheiten stehen in einem Wettbewerbsverhältnis zueinander, was ihre Innovationsfähigkeit fördert. Hierdurch kann es zwar vorkommen, daß ein Problem mehrfach bearbeitet wird. Dabei wird aber betont, daß die Mehrfachbearbeitung von Problemen neben ihren Nachteilen insbesondere die Innovationskraft der Unternehmen fördert (Peters/Waterman 1982, *200 ff.*).

(4) Die Leistungsfähigkeit des Unternehmens beruht auf der Leistungsfähigkeit der Mitarbeiter

Im Top-Management erfolgreicher amerikanischer Unternehmen dominiert die Einstellung, daß die Mitarbeiter das wertvollste Kapital des Unternehmens sind, das es zu respektieren gilt. Dieses Vertrauensverhältnis bildet die Grundlage der Mitarbeiterführung. Insbesondere an der Verbesserung von Arbeitsabläufen und Produkten werden die Mitarbeiter beteiligt (Peters/Waterman 1982, *235 ff.*).

(5) Aktivitäten des Unternehmens in Übereinstimmung mit dessen Wertesystem

Die Mitarbeiter erfolgreicher amerikanischer Unternehmen haben ein klares Wertesystem, das von dem Top-Management behutsam gepflegt wird und das die Grundlage für die Formulierung der Unternehmensstrategien bildet. In den Wertesystemen der erfolgreichen Unternehmen dominieren qualitative Dimensionen wie Kundenzufriedenheit oder Fairness. Wichtige Segmente dieses Wertesystems sind ein gesundes Maß an Selbstvertrauen im Hinblick auf die eigene Leistungsfähigkeit, das Bewusstsein um die Wichtigkeit aller Mitarbeiter, das Vertrauen auf die Vorteile informeller Kommunikationsstrukturen, aber auch der Glaube an die hohe Bedeutung von Wachstum und Gewinn (Peters/Waterman 1982, 279 ff.).

(6) Aktivitäten in Bereichen, in denen Know-how vorhanden ist

Die erfolgreichen amerikanischen Unternehmen bewegen sich auf Geschäftsfeldern, auf denen das eigene Know-how voll und ganz zum Tragen kommt. Erfolgreiche Unternehmen haben demnach eine klare Geschäftsfelddomäne bzw. ein Kerngeschäft. Die Handlungsmaxime, die Aktivitäten an den eigenen Stärken auszurichten, bestimmt die Produkt-Markt-Strategie und insbesondere die Akquisitionsstrategie (Peters/Waterman 1982, 292 ff.).

(7) Einfache Organisationsstruktur, kleine Stäbe

Die erfolgreichen amerikanischen Unternehmen haben eine vom Grundaufbau her einfache, vergleichsweise flache Organisationsstruktur, vorzugsweise in eindimensionaler produktorientierter oder funktionaler Form. Darüber hinaus besitzt die Organisationsstruktur erfolgreicher Unternehmen ein hohes Maß an Flexibilität, wobei flexibilitätshemmende bürokratische Tendenzen bereits im Ansatz bekämpft werden. Erfolgreiche Unternehmen haben das formelle Berichtswesen auf das Notwendigste beschränkt; sämtliche Managementsysteme sind klar und einfach aufgebaut. Eine wesentliche Informationsfunktion übernimmt das informelle Kommunikationssystem des Unternehmens. Für die Zukunft wird eine Hybridform aus den traditionellen Strukturformen empfohlen (Peters/Waterman 1982, 306 ff.).

(8) Führung zugleich locker und fest

Als zusammenfassende "Klammer" erfolgreicher amerikanischer Unternehmen gilt, daß sie eine weitgehend zentrale Führung mit einem Maximum an individuellem Freiraum für die Mitarbeiter in Einklang zu bringen versuchen. Dies wird insbesondere durch einen weitgehenden Wertekonsens zwischen den Mitarbeitern möglich. Daher werden auch auf den unteren Hierarchieebenen große Autonomiebereiche eingeräumt (Peters/Waterman 1982, 318 ff.).

Im Ergebnis liegt nach den Befunden der Schlüssel zum Erfolg (amerikanischer Unternehmen) in einer *radikalen Dezentralisierung, die durch eine weitestgehende Delegation von Entscheidungsaufgaben an die untereinander im Wettbewerb stehenden, überschaubaren Leistungseinheiten des Unternehmens zum Ausdruck kommt* (Frese 1985, 604; Krüger 1989).

Kritik des Modells

Die Aussagen von Peters und Waterman sind von betriebswirtschaftlichen Fachvertretern, aber auch von Top-Managern recht unterschiedlich beurteilt worden. Zunächst seien aus der Vielzahl der kritischen Einwände die wichtigsten herausgegriffen (vgl. auch Frese 1985, 605 f.; Sparberg 1985 606 ff.; Wächter 1985, 609 ff.):

– *Die Untersuchung hat methodische Schwächen.* Zwar wurden mit zwölf der Unternehmen, die das Prädikat "Exzellenz" knapp verfehlt hatten, Interviews durchgeführt; diese Kontrollgruppe ist jedoch viel zu klein und unterscheidet sich zu wenig im Hinblick auf ihre Effizienz von den erfolgreichen Unternehmen.

– *Viele Aussagen sind vage und oberflächlich,* journalistisch überhöht und apodiktisch.

– Zwar werden tiefgreifende Veränderungen, die heute die Unternehmen und Gesellschaft kennzeichnen, thematisiert; sie werden jedoch *nicht im Hinblick auf die dahinter stehenden Sinnfragen von Individuen und Existenzbedingungen von Großunternehmen* (beispielsweise Stellung von Ökonomie und Ökologie) aufgearbeitet.

– Durch die simplifizierende Verdichtung der differenzierten Befunde und die unbotmäßige Verallgemeinerung in acht Prinzipien erfolgreicher Unternehmensführung bleibt für *die notwendige kontextabhängige Relativierung der* Unternehmensführung *so gut wie kein Raum.*

Andererseits ist jedoch darauf hinzuweisen, daß gerade der apodiktische Charakter der handfesten und zahlenmäßig überschaubaren Aussagen ein wichtiger Faktor sein dürfte, der Peters und Waterman einen außergewöhnlichen Markterfolg bescherte. Viele Praktiker dürsten nach solchen und verabscheuen wissenschaftlich aufbereitete Veröffentlichungen. Zum Erfolg beigetragen haben dürfte aber auch, daß die Befunde vielen Lesern ebenso plausibel erscheinen, wie sie mit ihren Grundwerten in Harmonie stehen.

Von Praktikern wie Wissenschaftlern werden jedoch auch positive Bewertungen geäußert, wonach

– *Forschungsdefizite der Fachwissenschaften,* insbesondere die Grenzen eines kritischrationalen Wissenschaftsprogramms, *aufgezeigt* würden (Wächter 1985, 608),

– ferner wirtschaftliche Akteure durch die Darlegung in sich schlüssiger und erfolgreich *erprobter Elemente* unternehmerischen Handelns *inspiriert* würden (Sparberg 1985, 607).

Der Nutzen des Modells dürfte demnach insbesondere darin zu suchen sein, daß *Praxis wie Wissenschaft mit provozierenden Thesen konfrontiert werden, die zu weiteren Überlegungen Anlass bieten.* Weniger ist hingegen zu erwarten, daß sich durch die hemdsärmeligen Ratschläge Spitzenleistungen hochkomplexer Unternehmen sicherstellen lassen.

Re-engineering – Modell A/Version 2

"Sie haben die Wahl: Entweder entschließen Sie sich zu betrieblichem Re-engineering oder Sie können Ihr Unternehmen abmelden". Mit dieser Feststellung leiten die US-amerikanischen Unternehmensberater Morris und Brandon ihre mittlerweile zum Standardwerk des Re-engineering herangereifte Monographie ([Re-engineering] 15) ein. Wie Hammer und Champy (Hammer 1990, 104 ff.; Hammer/Champy 1993), die als die eigentlichen Urheber des (Business Process) Re-engineering-Konzepts gelten, sind sie der Auffassung, daß Unternehmen eine Radikalkur durchmachen müssen, um langfristig erfolgreich zu sein. Im Mittelpunkt des inhaltlich noch nicht einheitlich spezifizierten (Talwar 1993, 22) Re-engineering steht die *grundlegende Neugestaltung sämtlicher im Unternehmen ablaufenden Prozesse,* mit der die Kostensituation und die Handlungsgeschwindigkeit des Unternehmens drastisch verbessert werden soll, um hierdurch letztendlich den Anteilseigner- und Kundennutzen zu steigern (Stewart 1993, 34; Osterloh/Frost

1998). Re-engineering wird von seinen Urhebern nicht nur als eine graduelle Veränderung bestehender Strukturen und Prozesse, sondern als eine Art "Paradigmenwechsel" verstanden, bei dem sämtliche überkommenen Regeln und die ihnen zugrundeliegenden Annahmen wirtschaftlichen Handelns über Bord geworfen bzw. modifiziert werden (Hammer 1990, 104 f.). Die Radikalität und Fundamentalität der geforderten Veränderungen zeigt sich daran, daß im Zuge des Re-engineering-Prozesses zunächst einmal gefragt wird, in welchen Geschäftsfeldern und auf welche Weise das Unternehmen seine Wertschöpfung zukünftig betreiben soll. Der Kern jeglicher unternehmerischer Betätigung wird also berührt. Im Merkmal des radikalen Turnarounds offenbart sich auch der *typisch amerikanische Charakter des Re-engineering,* das für Eigenschaften wie Behutsamkeit, sukzessive Implementation oder Konsensbildung keinen Platz bietet. Statt dessen werden harte Erfolgsfaktoren und insbesondere die Struktur- und Systemdimension in den Vordergrund gestellt (Reiß 1994, 10).

Trotz seiner Neuartigkeit ist das Re-engineering Teil einer ganzen Familie betriebswirtschaftlicher Transformationskonzepte, zu der auch noch das Re-newing, das Re-locating, das Re-vitalizing sowie das Re-framing gehört (Servatius 1994, 4 1). Während sich das *Re-newing* auf die Analyse von Kernkompetenzen und die Erweiterung oder Reduzierung von Geschäftsfeldern konzentriert, beinhaltet das *Re-locating* die Veränderung der Standortstruktur und der Produktionsprozesse. Das *Re-vitalizing* zielt auf die strategiekonforme Weiterentwicklung der Fähigkeiten der Arbeitnehmer, während im Zuge von *Re-framing-Prozessen* die mentalen Konzepte der Arbeitnehmer verändert werden. Wie bei den Management-by-Konzepten, wo mit dem Management-by-Objectives der umfassendste Ansatz gegeben ist, stellt auch das Re-engineering das weitreichendste Konzept seiner Modellgruppe dar.

Neben einer geschickten Vermarktungsstrategie und der für Krisenmanagmentkonzepte günstigen gesamtwirtschaftlichen Situation dürfte insb. das Ausmaß der dem Re-engineering zugeschriebenen Einsparungs- bzw. Gewinnsteigerungspotentiale zum geradezu kometenhaften Aufstieg dieses vermeintlich revolutionären Managementmodells beigetragen haben. Vor allem die populärwissenschaftliche Presse sowie Unternehmensberater schrecken dabei nicht zurück, 40 Prozent Umsatzsteigerung, 20 Prozent Produktivitätserhöhung, 40 Prozent Lagerbestandsverringerung, 50 Prozent Lieferfristverkürzung, 30 Prozent Personalkosteneinsparung, die Erschließung neuer Märkte in Osteuropa sowie eine Senkung der Fehlzeiten der Mitarbeiter um zwei bis vier Prozent als unmittelbare Konsequenzen des Re-engineering zu prognostizieren (Strittmatter 1994, 95). Die Tatsache, daß sich zwischenzeitlich schon zahlreiche renommierte Unternehmen wie ABB, BMW, Hewlett Packard, Freudenberg, Webasto, Birkel, Sonnen Bassermann, BASF oder Bosch Siemens Hausgeräte eine derartige "Fitnesskur" verordnet haben, belegt, daß die Versprechungen nicht ohne Wirkung geblieben sind.

Merkmale des Modells

Die Modellbildung des Re-engineering-Konzepts findet in der für den US-amerikanischen Wirtschaftsliberalismus typischen Überlegung ihren Ausgangspunkt, wonach ökonomische Aktivitäten vorrangig der *Steigerung des Anteilseignernutzens (Shareholder Values)* zu dienen haben, der wiederum nur auf dem Wege *starker Kundenorientierung* erreichbar ist. Alle anderen Zielkategorien wie Mitarbeiterzufriedenheit, ethische Verantwortlichkeit oder Umweltschutz sind dabei der Anteilseignerwohlfahrt unterzuordnen. Der Shareholder Value und die ihm vorgelagerte Kundenzufriedenheit bilden somit die Bezugspunkte, an denen die im Rahmen des Re-engineering-Prozesses entwickelten grundlegenden Neuerungen zu beurteilen sind. Eine graduelle Veränderung der im Unternehmen bestehenden Strukturen und Abläufe wird als wenig erfolgversprechend verworfen, da sie eine Rückkehr zu überkommenen Handlungsmustern ermöglicht oder sogar begünstigt. Des weiteren ist für das Re-engineering typisch, daß in axiomatischer und nicht weiter hinterfragter Weise einige Gestaltungsprinzipien deklariert werden, die dazu in der Lage sein sollen, die Erreichung der beiden übergeordneten Ziele zu gewährleisten (Hammer/Champy 1993, 70 ff; Morris/Brandon 1993, 45 ff.; Talwar 1993, 22 ff.; Hall/Rosenthal/Wade 1993, 119 ff.; Reiß 1994, 11 ff.; Servatius 1994, 39 ff.; Wildemann 1993). *Sieben Gestaltungsprinzipien* stehen im Vordergrund.

– Die im Unternehmen bestehenden *Strukturen und Abläufe* müssen während des Reengineering-Prozesses *grundlegend hinterfragt* und gemessen am Kriterium ihres Kundennutzens bzw. "strategischen Wertes" umgestaltet werden. Dabei muß jeder Aktivitätsbereich, insbesondere auch die Breite und Tiefe des Leistungsprogramms sowie die Struktur der Zielmärkte des Unternehmens inhaltlich angezweifelt werden. Aktivitäten, die keinen Kundennutzen oder strategischen Wert stiften, sind im Rahmen eines konsequenten Outsourcing zu eliminieren. Bei der Neugestaltung der Aktivitäten ist darauf zu achten, daß diese aufeinander abgestimmt sind und einen direkten Bezug zu den Kernkompetenzen des Unternehmens aufweisen.

– Die Prozesse des Unternehmens sind derart neu zu gestalten, daß Qualität, Service und Produktivität drastisch gesteigert, Durchlaufzeiten und Lieferzeiten hingegen erheblich verkürzt werden. Die Neugestaltung muß von der Idee geleitet werden, dass Zeit der wichtigste Wettbewerbsfaktor überhaupt ist. In fast allen Branchen sind nämlich diejenigen Unternehmen am erfolgreichsten, welche Innovationen am schnellsten umsetzen. Extrembeispiele bestehen in der Pharmaindustrie, wo Unternehmen, die Produktneuerungen zwölf Monate früher als Konkurrenten auf den Markt bringen, täglich eine Million DM (0,51 Mio. Euro) Grenzgewinn erzielen (Maier [Revolution] 49). Derartige Zeitvorteile lassen sich jedoch nur dadurch erreichen, daß Re-engineering als ein fortwährender Lernprozeß aufgefaßt wird, bei dem die während des Prozesses selbst gemachten Erfahrungen berücksichtigt werden.

- Das Ausmaß der im Unternehmen bestehenden Arbeitsteilung muß drastisch gesenkt werden. James Champy plädiert in diesem Zusammenhang für eine besonders revolutionäre Form der Umschichtung und schlägt vor, alte Strukturen "zeitgleich und vernetzt zu sprengen" (Carl-Sime 1994, 86) – was immer das auch konkret heißen soll. Bei der nachfolgenden Neubildung von Einheiten ist dann dergestalt vorzugehen, daß nicht Funktionen, sondern Prozesse den Bezugspunkt der organisatorischen Gestaltung bilden (Dangel 1994, 31). Alle kritischen Prozesse sind entlang der Wertschöpfungskette auszurichten, wobei sich eine an Produktgruppen-, Kunden- oder Marktsegmenten orientierte organisatorische Gestaltung anbietet. Aufzulösen sind insbesondere künstliche, oft aufgrund historischer Ereignisse entstandene hochdifferenzierte Abteilungsstrukturen, wie sie in vielen Unternehmen beispielsweise in der Form einer Trennung von Werkzeugmacherei und Meßgerätebau einerseits und Produktion andererseits bestehen. Auch die Trennung zwischen Produktionstätigkeit einerseits und Qualitätskontrolle sowie Wartung und Instandhaltung andererseits ist inhaltlich oft nicht begründbar und somit aufzugeben.

- Die innovativen und auf den gesamten Wertschöpfungsprozeß bezogenen Problemlösungen sind im Rahmen von Team- und Gruppenarbeit zu entwickeln. Die auch als "Höchstleistungsteams" bezeichneten und zwischen fünf und vierzig Mitglieder umfassenden Arbeitsgruppen sind für die effektive Neugestaltung eines (Teil-)Prozesses verantwortlich und haben dementsprechend weitreichende Entscheidungsautonomie. Durch die Gruppenarbeit sollen die nach außen und innen gerichteten Kommunikationswege verkürzt und die Lerngeschwindigkeit erhöht werden. Entsprechend der starken Outputorientierung des Re-engineering werden die Arbeitsgruppen und ihre Mitglieder zumindest teilweise auf der Basis des Gruppenerfolgs vergütet, wobei messbare Leistungsgrößen die Berechnungsgrundlage bilden.

- Bei der Neugestaltung des Unternehmens sind die besten Mitarbeiter in den Mittelpunkt zu stellen. Sie vereinen nämlich in sich das erforderliche Erfahrungswissen sowie die zum radikalen Turnaround notwendigen kreativen Potentiale. Die als Träger des Re-engineering in Betracht kommenden Personen sind vom Top-Management im Rahmen zahlreicher Einzelgespräche sowie eines fortwährenden "Walking around" ausfindig zu machen. Im Rahmen eines derartigen intensiven Kontakts zwischen Top-Management und Mitarbeitern ist es ersteren möglich, die Mitarbeiter von der Sinnhaftigkeit der bevorstehenden radikalen Neugestaltung zu überzeugen und eventuell bestehende Zukunftsängste – sofern überhaupt gewollt – auszuräumen (Friedrich 1994, 376 ff.). Um das im Unternehmen vorhandene Wissens- und Kreativitätspotential zu nutzen, sollten sämtliche von den Mitarbeitern entwickelten kreativen Umstrukturierungsvorschläge aufgegriffen und zum Gegenstand von Team-Diskussionen gemacht werden. Auch setzt die effiziente Nutzung der Mitarbeiterpotentiale ein neues Führungsverständnis voraus, das eine stärkere Dezentralisation von Entscheidungen fördert.

- Im Re-engineering-Prozeß muß der Informations- und Kommunikationstechnologie eine völlig neuartige Rolle zugewiesen werden (Teng/Grover/Fiedler 1994, 95 ff.). In vielen Fällen ist nämlich eine Neugestaltung der Geschäftsprozesse erst durch den gezielten Einsatz der Informations- und Kommunikationstechnologie möglich. Diese sorgt dafür, daß Informationen gleichzeitig dezentral vor Ort und zentral in einer koordinierenden Querschnittfunktion verfügbar sind (Venkatraman 1991, 122 ff.). Während traditionell organisierte Unternehmen die Informations- und Kommunikationstechnologie üblicherweise als Hilfsmittel zur Implementierung von zuvor strukturierten Prozessen begreifen, obliegt der Informations- und Kommunikationstechnologie beim Re-engineering die zusätzliche Aufgabe, die Prozessgestaltung zu unterstützen. In der Gestaltungsphase können allgemeine Modellierungstools wie Petri-Netz-Editoren sowie spezielle Geschäftsprozessplanungswerkzeuge zum Einsatz gelangen (Schwarzer 1994, 32). Um die der Informations- und Kommunikationstechnologie inhärenten Potentiale bestmöglich nutzen zu können, empfiehlt sich eine simultane Entwicklung von Prozessorganisation und Informationsinfrastruktur.

- Die *Initiative für die radikale Neugestaltung muss vom Top-Management ausgehen* (Hall/Rosenthal/Wade 1993,123 f). Ihm obliegt die Aufgabe, die Aggressivität der Mitarbeiter zu steigern und ihr Handeln auf die übergeordneten Turnaround-Ziele auszurichten. Fallstudienanalysen lassen diesbezüglich erkennen, daß jene Re-engineering-Projekte am erfolgreichsten verlaufen, bei denen das Top-Management die Überformung bestehender Strukturen nicht als einmaligen Akt, sondern als immer wiederkehrende Aufgabe betrachtet. Auch wirkt es sich günstig aus, wenn sich die Top-Manager persönlich an der Suche nach kreativen Lösungen beteiligen (Hall/Rosenthal/Wade 1993, 124). Des weiteren wird Top-Managern empfohlen, bei den Mitarbeitern einen permanenten Leidensdruck zu erzeugen, um so deren Lernfähigkeit und -willigkeit zu erhalten oder zu steigern. Ähnliche Effekte dürften zu erwarten sein, wenn

Top-Manager versuchen, zwischen den Teams oder Arbeitsgruppen eine Konkurrenzsituation aufzubauen und so einen internen Markt für Verbesserungen zu schaffen. Mitarbeiter, welche sich im "Innenverhältnis" an Marktstrukturen und -gesetze gewöhnt haben, werden auch den unternehmensexternen Geschäftspartnern gegenüber unternehmerisch auftreten (Reiß 1994, 12).

Im Schrifttum besteht weitgehend Einigkeit darüber, daß sich die von Reengineering-Prozessen erhofften Effekte nur einstellen werden, wenn die Fitnesskur nicht als einmaliger Akt, sondern als beständig einzusetzendes Medium der Verbesserung verstanden wird. Uneinigkeit besteht jedoch im Hinblick auf die Radikalität der anzustrebenden Lösungen; während US-amerikanische Unternehmensberater mehrheitlich für einen entwurzelnden Bruch mit der "Vorwelt" plädieren, dominieren hierzulande insofern moderatere Töne, als empfohlen wird, daß "das harte Vorgehen eine Balance des Lernens mit dem Fortschritt zulassen müsse" (Maier 1993, 50). Die zwischen diesen Auffassungen bestehende Kluft ist für den Stand der Diskussion um das Re-engineering typisch. Insbesondere mangelt es noch an Konzepten, welche die drei Parameter des Wandels, nämlich Breite, Tiefe und Geschwindigkeit, miteinander in Einklang bringen oder zu einem Optimum führen könnten. Einig ist man sich lediglich darin, daß es bislang keine Standardlösungen gibt und jedes Unternehmen einer individuellen Form der Neugestaltung bedarf.

Kritik des Modells

Im Rahmen einer kritischen Beurteilung des Re-engineering ist zunächst einmal positiv hervorzuheben, daß das Konzept mit der Prozessorientierung einen neuartigen Organisationsansatz aufgreift, welcher die Mängel straffer und zeitstabiler Strukturregelungen überwinden hilft. Auch muss das ausgeprägte Qualitätsdenken als ein lobenswertes Merkmal des Re-engineering bezeichnet werden. Diesen Vorzügen stehen jedoch verschiedene Nachteile gegenüber, welche den Anwendungsnutzen bisher verfügbarer Re-engineering-Entwürfe einschränken.

Bei der Analyse von Nachteilen ist zwischen den bei der Anwendung teilweise auftretenden Problemen und grundsätzlichen Modellmängeln zu unterscheiden. In die Klasse der bei Re-engineering-Projekten beobachteten *Probleme* sind die in der Praxis teilweise bestehende Neigung, die verfügbare Energie in Nebenkriegsschauplätzen zu vergeuden, das Reorganisationsprogramm an ungeeigneten bzw. an solchen Geschäftsprozessen ansetzen zu lassen, bei denen es nicht möglich ist, schnell Kundenmehrwert zu schaffen, die Neugestaltung ziellos, ohne klare strategische Zielsetzung zu realisieren, den Umbau des Umbauens willen vorzunehmen, bei der Durchführung des Re-engineering die Potentiale der Mitarbeiter zu missachten, Re-engineering nicht bis zum Ende konsequent durchzuziehen, sich zu sehr auf die technische Seite des Prozesses zu konzentrieren, psychische Effekte ungenügend zu analysieren sowie der Boykott von Managern der mittleren Ebene einzureihen. Da diese Probleme durchweg konkrete Anwendungserfahrungen betreffen und durch klar lokalisierbare Ursachen bedingt sind, können sie durch ein gezieltes Management des Re-engineering überwunden werden.

Kategorischer und letztendlich auch schwerwiegender Natur sind hingegen die *grundsätzlichen Mängel* des Re-engineering-Konzepts. Hierunter fällt das vorgenannte Defizit, wonach es den sich zum Re-engineering bekennenden Praktikern und Unternehmensberatern bislang noch nicht gelungen ist, das Ausmaß anzustrebender Veränderungen hinreichend exakt zu umreißen. Im Regelfall sind die Abhandlungen auf die Beschreibung der anzupackenden Gestaltungsebenen beschränkt, ohne daß die Intensität erforderlicher Umwälzungen spezifiziert wird. Auch ist manchen Re-engineering-Konzepten eine Strategielosigkeit vorzuwerfen, da neben dem allgemeinen Postulat anzustrebender Anteilseigner- und Kundennutzenmehrung bislang nur wenige weitere Handlungsmaxime vermittelt werden (Talwar 1993, 39 L). Überdies birgt das Re-engineering Risiken eines Neo-Taylorismus in sich, die dann hoch sind, wenn eine "Überdosierung von Prozessregelungen die Kräfte der Selbstorganisation behindert" (Reiß 1994, 15). Des weiteren muss man sich fragen, ob die propagierten revolutionären Umwälzungen nicht dazu beitragen, die Wert- und Moralvorstellungen sowie Denkstrukturen und Interpretationsmuster der Mitarbeiter in unbeabsichtigter Weise zu entwurzeln. Im Zuge des im Konzept vorgesehenen radikalen Turnaround könnte manches von dem zerstört werden, was über Jahre hinweg durch eine gezielte "Kulturpflege" aufgebaut wurde. Schließlich erweist sich das Re-engineering als ein Sammelbecken mehrheitlich zuvor schon bekannter Gestaltungsvorschläge, wie die Prozessanalyse und die Wertsteigerungsmessung belegen (Talwar 1993, 22; Strassmann 1993, 33). Auch erinnert die Idee des totalen Neuanfangs sehr stark an das, was bereits Anfang der 70er Jahre im Rahmen der ZBB-Technik als "Grüne-Wiese-Konzept" diskutiert wurde. Aufgrund der begrenzten Innovativität des Modellentwurfs und der geringen Bekanntheit eintretender Wirkungseffekte gehen einige Kritiker sogar so weit, Re-engineering als *"hocus-pocus" des Managements* abzuqualifizieren (Strassmann 1994, 35 ff.).

Modell J: Japan

Die Konzeption des 7-S-Managements wurde von Pascale und Athos in Zusammenarbeit mit der Unternehmensberatungsfirma McKinsey & Co. entwickelt. Ausgangspunkt der Analyse ist die Erkenntnis, daß die *Produktivität japanischer Unternehmen gegenüber der amerikanischen Konkurrenz merklich angestiegen* ist, daß aber die Erfolge japanischer Unternehmen weniger auf einzelne Techniken wie beispielsweise dem Kanban- und Qualitätszirkelkonzept beruhen, sondern im wesentlichen *auf die besonderen Fähigkeiten und Kenntnisse japanischer Top-Manager zurückzuführen* seien, *deren Handeln sich von der in westlichen Unternehmen praktizierten Führungsform markant unterscheidet* (Pascale/Athos 1981, 21). Amerikanischen Top-Managern wird hingegen eine begrenzte Sichtweise vorgeworfen (Pascale/Athos 1981, 21), die eine mangelnde Anpassungsfähigkeit an veränderte Umweltbedingungen bedinge. Daher wird eine *Abkehr vom amerikanischen Führungsideal* gefordert, das durch Härte, Individualität und Dominanz gekennzeichnet ist. Ähnlich der Theorie Z wird eine *Orientierung an der japanischen Art der Unternehmensführung vorgeschlagen.* Eine totale "Japanisierung" in Form eines blinden Transfers japanischer Werte zur Überwindung amerikanischer Führungsdefizite wird allerdings abgelehnt (Pascale/Athos 1981, 21 und 27; Steger 1993).

Im Gegensatz zur Theorie Z wird hier die Art japanischer Unternehmensführung anhand eines *Einzelfalles,* nämlich des Elektrokonzerns Matsushita, aufgezeigt, dessen Führungskonzeption unbewiesen als beispielhaft für die japanische Führung von Großunternehmen bezeichnet wird. Die Besonderheiten der Konzeption werden über einen *Vergleich auf sieben Ebenen* – den sieben S – als wesentliche Unterscheidungsmerkmale eines erfolgreichen japanischen Unternehmens (Matsushita) mit einem typischen, aber etwas weniger erfolgreichen amerikanischen Unternehmen, nämlich ITT, herausgearbeitet (Pascale/Athos 1981, 80 ff.).

7-S-Management – Modell J/Version 1

Merkmale des Modells

Praxisbeispiel: Matsushita K. K. vs. ITT Corp.

Die Grundmerkmale der Konzeption fußen auf den 7-S-Variablen.

(1) *Strategy*/Strategie

Die Strategie bezieht sich auf die Aktionsplanung eines Unternehmens, nach der die Allokation der knappen Ressourcen erfolgt, um angestrebte künftige Zustände zu erreichen.

(2) *Structure*/Struktur

Die Variable Struktur erläutert die Art und Weise, wie ein Unternehmen organisiert ist. Kriterien zur Beschreibung sind zum Beispiel der Grad der Funktionalisierung und das Ausmaß der Dezentralisation.

(3) *Systems*/Systeme

Mit dieser Dimension werden die vom Top-Management angewandten Systeme und Techniken erfaßt. Sie regeln zum Beispiel die Art des Informationsflusses im Unternehmen, die Form des Berichtswesens und den Einsatz von Planungs- und Kontrollverfahren zur Steuerung der Prozesse.

Bei diesen drei Variablen finden sich offenbar kaum Unterschiede in der Ausprägung zwischen dem japanischen und der amerikanischen Beispielunternehmen. Sie werden als *harte Elemente* bezeichnet, da es sich hierbei um strukturell-technokratische Führungsmechanismen handelt und das Top-Management einen hohen Einfluss auf die Ausprägung dieser Variablen ausüben kann. Die folgenden vier Variablen werden hingegen als *weiche Elemente* angesprochen, da es sich bei ihnen um verhaltensorientierte Faktoren mit einer subtileren Wirkungsweise handelt, die nicht so leicht "gemanaged" werden können. *Bei dem amerikanischen Unternehmen standen die harten Elemente im Mittelpunkt des Unternehmensführungskonzepts, während das japanische Modell sich daneben in besonderem Maße auf die weichen Faktoren stützte,* nämlich

(4) *Staff*/Personal

Diese Variable beschreibt die demographischen Charakteristiken der Mitarbeiter eines Unternehmens (zum Beispiel Ingenieurtypen, Verkäufertypen, MBAs oder Aufteilung hinsichtlich der Altersstruktur).

Bei *Matsushita* (Umsatz 1998/99: 63,7 Milliarden US-Dollar (57,3 Milliarden Euro); Mitarbeiter 1999/99: 282 000) wird der Erfolg des Unternehmens vorwiegend durch die Anstrengungen der Mitarbeiter erklärt. In der Personalentwicklung des Unternehmens hat der Leistungsgedanke oberste Priorität; er wird nur in den seltensten Fällen dem Senioritätsprinzip untergeordnet. Dies äußert sich unter anderem in der intensiv durchgeführten Aus- und Weiterbildung der Mitarbeiter. Ein Schwerpunkt der Personalpolitik ist der permanente Arbeitsplatzwechsel zwischen den einzelnen Unternehmensbereichen (Pascale/Athos 1981, 52 ff.).

Hingegen wird die langfristige Personalentwicklung und Integration von Mitarbeitern bei der ITT(Umsatz 1998:4,5 Milliarden US-Dollar (4 Milliarden Euro); Mitarbeiter 1998: 33 000) durch kurzfristig veranlaßte Einstellungen solcher Mitarbeiter ersetzt, deren Kenntnisse zu einem bestimmten Zeitpunkt benötigt werden. Mitarbeiter werden als zu verschleißende Produktionsfaktoren erachtet.

(5) *Skills*/Fertigkeiten und Fähigkeiten

Skills beschreiben sowohl die besonderen Fertigkeiten und Fähigkeiten der einzelnen Mitarbeiter als auch des Unternehmens an sich. Die Fähigkeiten und Fertigkeiten der Mitarbeiter und des Unternehmens ergeben sich als Nebenprodukte aus der Art und Weise, wie die Teile der Organisation zusammenarbeiten. Bei *Matsushita* werden menschliche Kriterien mit harten Fakten verbunden, um hieraus die notwendige Anpassungsfähigkeit und Vitalität bei Umweltentwicklungen abzuleiten. Die Mitarbeiter sind Generalisten und Spezialisten zugleich (Pascale/Athos 1981, 57).

Da im *westlichen Beispielunternehmen hingegen* ein hohes Maß an Arbeitsteilung besteht, sind auch die Qualifizierungsprogramme hauptsächlich auf eine Verbesserung des Wissens auf einem vergleichsweise schmalen Fachgebiet ausgerichtet. Aus diesem Grund ist die Mehrzahl der Mitarbeiter als Spezialisten und nicht als Generalisten anzusprechen.

(6) *Style*/Führungsstil

Unter der Variable Führungsstil werden Verhaltensmuster und Verhaltensweisen der Top-Manager zur Erreichung der Unternehmensziele sowie der kulturelle Stil des Gesamtunternehmens zusammengefasst.

Der Führungsstil des Hauses *Matsushita* wurde deutlich von der Person des Firmengründers Konosuke Matsushita geprägt, wobei der persönliche Einfluss des Firmenchefs auf die Unternehmensführung insbesondere in wirtschaftlichen Krisensituationen stark intensiviert wurde. Auch der heutige Chef Yoichi Morishita übt eine ähnliche Funktion aus. Der persönliche Kontakt zu den Leitern der Divisions ist dabei ein wichtiges Führungsinstrument. Besonderes Merkmal des Führungsstils aller Hierarchieebenen ist die Offenlegung und Diskussion bestehender Konflikte. Ein weiteres Merkmal des bei Matsushita praktizierten Führungsstils besteht in einer bewussten Integration gegensätzlicher Elemente wie zentraler und dezentraler Entscheidungsfindung. Insgesamt vermittelt er den Eindruck einer Grundhaltung der situativen Anpassung an gegebene Problemstellungen (Pascale/Athos 1981, 46 ff.).

Hingegen läßt sich der Führungsstil der ITT durch die Attribute "Aufmerksamkeit", "Pragmatik", "Besessenheit", "Pflichtgefühl" oder "Dominanz" beschreiben, aus denen die Konzeption der Führung über "harte Fakten" deutlich wird. Er wurde weitgehend durch den ehemaligen Firmenchef der ITT, Harold Geneen, geprägt.

(7) *Superordinate* Goals/Unternehmensphilosophie

Die Superordinate Goals enthalten die wichtigsten geistigen Überzeugungen und die gemeinsamen Grundwerte der Unternehmensangehörigen. Sie beziehen sich auf den übergeordneten Zweck der Tätigkeit des Unternehmens und seiner Mitglieder.

Die Unternehmensführungskonzeption Matsushitas beruht auf einer Unternehmensphilosophie, in der die gegenseitige Abhängigkeit, aber auch die Verantwortung des Unternehmens für die Gesellschaft betont werden. Durch die

Formulierung der Wertvorstellungen soll auch die Identifikation der Mitarbeiter mit dem Unternehmen erhöht werden. Neuen Mitarbeitern werden diese Werte des Unternehmens systematisch mittels Firmenlied und -uniform eingeschärft. Aus dieser Philosophie werden die konkreten Zielvorgaben abgeleitet. Ein Abweichen einzelner Mitarbeiter von der Unternehmensphilosophie kann unter Umständen deren Entlassung zur Folge haben (Pascale/Athos 1981, 51 ff.).

Die Führung des amerikanischen Unternehmens ITT wird hingegen als weit weniger auf übergeordnete Werte hin ausgerichtet dargestellt.

Die japanischen Ausprägungen der sieben Variablenbereiche sind in Abb. 14-1 zusammengefasst. Nach Pascale und Athos ist *jeder Variablenbereich, insbesondere aber deren gegenseitige Abstimmung aufeinander und das Unternehmen insgesamt, als bedeutend für den langfristigen Unternehmenserfolg anzusehen* (Pascale/Athos [Art] 202, 206). Die Lösung von Unternehmensführungsproblemen und die Sicherung des Unternehmenserfolgs werden daher nicht in der Einführung einer Vielzahl neuer Verfahren gesehen, sondern im *Erreichen eines solchen Fit zwischen sämtlichen Elementen der 7-S-Konzeption. Diese Abstimmung der Variablenbereiche scheint in japanischen und einigen erfolgreichen amerikanischen Unternehmen besonders gut gelungen.* Der Erfolg jener Unternehmen, die den sogenannten "weichen" Elementen eine ähnliche Bedeutung beimessen wie den "harten" Elementen, zeigt, daß die von der Mehrzahl der amerikanischen Unternehmen bisher unterschätzten Elemente einer weitaus größeren Berücksichtigung bedürfen, als dies in der Vergangenheit der Fall war.

Kritik des Modells

Zunächst ist positiv zu werten, daß die Begriffsexplikationen des 7-S-Rahmens transparenter und für die Überprüfung der Hypothesen besser geeignet erscheinen als andere Ansätze, insbesondere der unten diskutierten Theorie Z. Darüber hinaus weist das Modell einen weiteren, viel gewichtigeren Vorzug gegenüber dem nachfolgend behandelten Konzept Ouchis auf, da in der 7-S-Konzeption keine enge Betrachtung mitarbeiterbezogener Aspekte, sondern eine *umfassendere Analyse der Unternehmensführung* unter Einbeziehung von Strategie-, Struktur- und Systemvariablen erfolgt. Der Konzeption muss allerdings angelastet werden, daß der ihr zugrundeliegende *Erfolgsbegriff nicht genau präzisiert* wird. Dieser wird lediglich vage durch eine Anzahl von Variablen wie Steigerung des Bruttosozialprodukts, Eroberung großer Marktanteile oder wachsende Produktivität umschrieben. Daneben bleiben *wesentliche Einflussfaktoren* wie Unterschiede in der historischen Entwicklung oder die von Kulturkreis zu Kulturkreis differierende Macht der am Unternehmen beteiligten Interessengruppen *ausgeblendet.* Überdies ist eine Verallgemeinerung der Aussagen wegen des Fallstudiencharakters

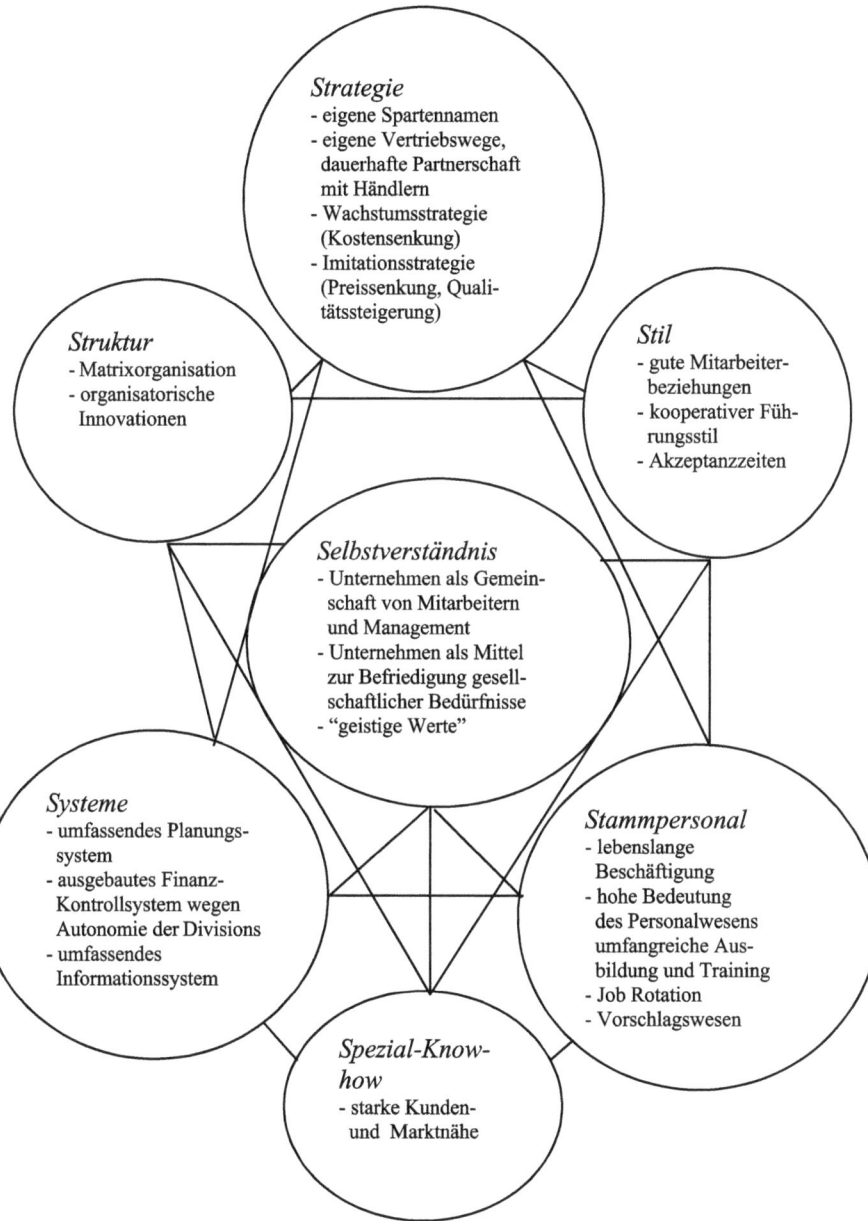

Strategie
- eigene Spartennamen
- eigene Vertriebswege, dauerhafte Partnerschaft mit Händlern
- Wachstumsstrategie (Kostensenkung)
- Imitationsstrategie (Preissenkung, Qualitätssteigerung)

Struktur
- Matrixorganisation
- organisatorische Innovationen

Stil
- gute Mitarbeiterbeziehungen
- kooperativer Führungsstil
- Akzeptanzzeiten

Selbstverständnis
- Unternehmen als Gemeinschaft von Mitarbeitern und Management
- Unternehmen als Mittel zur Befriedigung gesellschaftlicher Bedürfnisse
- "geistige Werte"

Systeme
- umfassendes Planungssystem
- ausgebautes Finanz-Kontrollsystem wegen Autonomie der Divisions
- umfassendes Informationssystem

Stammpersonal
- lebenslange Beschäftigung
- hohe Bedeutung des Personalwesens umfangreiche Ausbildung und Training
- Job Rotation
- Vorschlagswesen

Spezial-Know-how
- starke Kunden- und Marktnähe

-S-Management (Matsushita)

nicht möglich. Dieser Mangel kann auch dadurch nicht überwunden werden, daß in die Erstellung der Konzeption eine nicht repräsentative empirische Vorstudie über mehrere Unternehmen einging. Ebensowenig ist letztendlich die postulierte *Kausalität zwischen den "weichen" Faktoren und dem Unternehmenserfolg belegt.* So wäre durchaus denkbar, daß sich der unterschiedliche Erfolg der beiden analysierten Unternehmen durch andere, im Modell nicht berücksichtigte Variablen begründen läßt. Schließlich bleibt unbefriedigend, daß das *7-S-Konzept nur einen Bezugsrahmen und kein inhaltlich konkretisiertes und abgestimmtes Unternehmensführungsmodell darstellt.*

Kaizen – Modell J/Version 2

Merkmale des Modells

Kaizen wird von Masaaki Imai als wichtigstes japanisches Management-Konzept gewertet. Seit der Veröffentlichung seines gleichnamigen Werkes im Jahre 1986 wurde seinen Empfehlungen in vielen Unternehmen weltweit große Aufmerksamkeit zuteil, auch wenn die ursprüngliche Begrifflichkeit des Kaizen in der Mehrzahl der Implementierungen eines solchen Systems eine firmenspezifische Umbenennung oder eine Integration in andere Management-Konzepte wie beispielsweise Total Quality Management (TQM) oder Kontinuierlicher Verbesserungsprozeß (KVP) erfahren hat (Schwager 1997; Töpfer 1995). Die methodischen Wurzeln der Kaizen-Bewegung finden sich allerdings nicht allein in Japan, sondern sind auch auf die – aufgrund der damaligen Qualitätsprobleme der japanischen Industrie erbetene – Beratertätigkeit des Amerikaners W. E. Deming in Japan Anfang der fünfziger Jahre zurückzuführen.

Der Begriff Kaizen weist mit seinen beiden Elementen KAI (Ändern) und ZEN (Güte) und der direkten Übersetzung im Sinne von "Verbesserung" auf die Kernaussage des Konzeptes hin. Im Mittelpunkt steht die kontinuierliche und inkrementelle Verbesserung aller Wertschöpfungsaktivitäten unter Einbeziehung aller Mitarbeiter (Imai 1992). Die konkrete inhaltliche Auseinandersetzung mit der Kaizen-Strategie ist mit der Erkenntnis verbunden, daß sich dahinter weniger ein festgelegtes Set verschiedener qualitätsorientierter Teilkonzepte verbirgt als vielmehr die Etablierung einer Unternehmenskultur (Volk 1993), in der das Vorhandensein von Problemen eingestanden werden darf und zugleich die Lösung dieser Problemstellungen mit vereinten Kräften angegangen wird. Diese Vorgehensweise wird auf ein ganzes Bündel von Zielvorstellungen und Maßnahmen hin formuliert, in deren Mittelpunkt die konsequente Ausrichtung auf die Kunden, die Verbesserung von Qualität und Produktionsplanung, allgemeine Kostensenkung, Steigerung der Produktivität sowie die abteilungsübergreifende Zusammenarbeit und eine prozeßorientierte Perspektive des Unternehmens stehen.

Aus dem Verständnis von Kaizen als philosphisch-ideologischer Überbau folgt, daß viele für Japan typische Managementkonzepte und -praktiken wie TQC, die Gruppenarbeit, das Vorschlagswesen oder die Qualitätszirkel als Bestandteile des Kaizen zu verstehen sind (Imai 1992, 24). Qualitätssicherungs- und Qualitätskontrollaktivitäten werden darin als Werkzeuge angesehen (Imai 1992, 34 f.). Innerhalb des TQM stellt die Bildung von Qualitätszirkeln die organistorische Basis zur Qualitätsverbesserung dar. In Japan werden die Aktivitäten der Qualitätszirkel insbesondere unter dem Aspekt der Weiterbildung der Mitarbeiter gesehen und können in erster Linie als Orte des Lernens verstanden werden. Verschiedene Autoren verweisen im Gegenzug darauf, daß hierzulande Qualitätszirkel primär als ergebnisorientierte Problemlösungsgruppen gesehen werden (Malorny 1996, 139 ff.).

Die Verbreitung und Ausgestaltung des Vorschlagswesens in japanischen Unternehmen ist ein weiterer beispielhafter Beleg für die Umsetzung des Kaizen-Gedankens. Zum einen werden in Japan im Vergleich zu anderen führenden Industrienationen wie den USA und Deutschland Vorschlagssysteme von weitaus mehr Unternehmen praktiziert. Zum anderen gehen in Japan pro Mitarbeiter über ein Jahr verteilt eine Vielzahl von Verbesserungsvorschlägen ein, wohingegen in westlichen Unternehmen eine deutliche Zurückhaltung zu vermerken ist und im Durchschnitt nur zehn bis 15 Prozent der Belegschaft einen Vorschlag unterbreiten. Auch die länderspezifischen Umsetzungsquoten der eingegangenen Vorschläge weisen deutliche Unterschiede auf und erreichen in Japan eine Größenordnung von knapp 90 Prozent; der durchschnittliche Anteil verwirklichter Vorschläge erreicht in westlichen Unternehmen nur 30 bis 40 Prozent. Am deutlichsten tritt der verschiedenartige Charakter des Vorschlagswesens bei der Höhe des im Durchschnitt erreichten Einsparungseffektes je umgesetztem Vorschlag hervor, der laut Untersuchungen im Vergleich mit Japan in den USA um den Faktor 55 und in Deutschland um den Faktor 18 höher ausfällt. Es ist jedoch zu berücksichtigen, daß die Vielzahl der Vorschläge in japanischen Unternehmen mit einer Prämie im Gegenwert von DM 5,00 (2,55 Euro) honoriert werden (Malorny 1996). Das japanische Vorschlagssystem ist demzufolge vorrangig ein Instrument, mit dem die Mitarbeiter unabhängig vom jeweiligen Wert des Vorschlags zur Beteiligung an den Verbesserungsaktivitäten motiviert werden sollen (Steinbeck 1994). Nicht nur dieses Beispiel zeigt, daß es sich bei Kaizen um ein mitarbeiterorientiertes Konzept handelt, das im Bewußtsein aller Mitarbeiter zu verankern ist (Jung 1993, 360). Im Kaizen-Konzept werden dafür allen Mitarbeitern vom Manager bis zum Arbeiter bestimmte Aufgaben innerhalb der Verbesserungsaktivitäten übertragen. In diesem gelebten und systematisch genutzten Wir-Gefühl sehen viele Autoren die eigentliche Erfolgsgrundlage des Konzepts (Volk 1993; Jung 1993).

Kaizen erhebt den Anspruch eines Management-Modells, das im Erkennen der Notwendigkeit einer nie endenden Verbesserung in der japanischen Mentalität verwurzelt ist und das Bemühen der Mitarbeiter an sich anerkennt (Imai 1992, 24). Es steht nach Imai damit im Gegensatz zu der für die westliche Welt typischen ergebnisorientierten Haltung, die sich überwiegend am Leistungsergebnis der Mitarbeiter orientiert. In der Gegenüberstellung sieht Imai die charakteristischen Merkmale des Kaizen-Konzeptes als langfristig andauernde Erhaltungs- und Verbesserungsmaßnahmen, die sich auf den jeweiligen Stand der Technik stützen und diesen in kleinen Schritten von Fehlern und Ineffizienzen befreien.

Kritik des Modells

Zu einer stichhaltigen Kritik am Modell "Kaizen" fehlt es an inhaltlichen Angriffspunkten, denn gegen das Bestreben, etwas in Zukunft immer ein bisschen besser machen zu wollen als bisher, ist in keinerlei Hinsicht etwas einzuwenden. Dennoch ist es fraglich, ob Kaizen tatsächlich der Anspruch eines eigenen Management-Konzepts zugesprochen werden kann; es beinhaltet nämlich gegenüber TQM kaum neuartige Aussagen, die über den reinen Verbesserungsgedanken hinausgingen.

Modell Z

Im vorliegenden Abschnitt werden mit der von William Ouchi entwickelten Theorie Z sowie dem Lean-Management-Konzept zwei Unternehmensführungsmodelle diskutiert, die mit Blick auf das japanische Management erarbeitet wurden. Es handelt sich dabei um Modellkonzeptionen, in denen ausdrücklich davon ausgegangen wird, daß die *Gestaltungsempfehlungen unabhängig vom kulturellen Umfeld, in dem Unternehmen operieren,* eingesetzt werden können und Erfolg stiften.

Modell Z/Version 1

Die sogenannte Theorie Z von Ouchi stellt eine *normative Theorie* dar mit dem Anspruch aufzuzeigen, wie Mitarbeiter zur Produktivitätssteigerung motiviert werden sollen (Sullivan 1983, 132). Ausgangspunkt ist die Annahme, daß die japanische Form der Unternehmensführung in dieser Hinsicht erfolgreicher ist als die amerikanische (Ouchi 1981, 4). Da für Ouchi eine *hohe Produktivität in erster Linie das Ergebnis einer ausgeprägten Mitarbeiterorientierung* ist, gelangt er zu der Einsicht, daß in der *informalen, prozeßorientierten und nicht in der formalen Organisationsform* letztendlich der Schlüssel zum Unternehmenserfolg liegen müsse. Deshalb beschreibt er zunächst typische Ausprägungsformen der informalen Organisation, wie sie in japanischen und in amerikanischen Unternehmen angetroffen werden (Ouchi 1981,17 ff.). Die Darstellung der beiden Organisationsformen – der Organisationsbegriff wird von Ouchi im erweiterten, über das strukturelle Verständnis hinausgehenden Sinn verwendet – erfolgt auch hier anhand von *sieben* – allerdings anderen – grundlegenden *Merkmalen*.

Merkmale der Organisationsform vom Typ J

(1) Beschäftigungssystem

In einem beträchtlichen Teil der japanischen Unternehmen ist das Prinzip einer lebenslangen Beschäftigung realisiert. Es wird als das wichtigste Element der japanischen Unternehmensführung angesehen. Dieses Prinzip gestattet eine flexible Anpassung des Arbeitsgebiets an veränderte Marktsituationen; es ist gekoppelt mit einer teilweise erfolgsabhängigen Entlohnung, so daß das wirtschaftliche Risiko partiell auf die Mitarbeiter verlagert ist, was die Arbeitsmotivation erhöht.

(2) Leistungsbewertung und berufliche Entwicklung

Die berufliche Entwicklung in den japanischen Unternehmen ist auf Stetigkeit ausgerichtet. Berufliche Veränderungen im Sinne einer finanziell oder sozial höherwertigen Position ergeben sich ebenso wie eine Leistungsbeurteilung erst nach mehrjähriger Unternehmenszugehörigkeit der Mitarbeiter.

(3) Aus- und Weiterbildung

Im japanischen Unternehmen sollen die Mitarbeiter einen hohen Wissensstand über die unternehmensinternen Abläufe und damit Einsatzflexibilität durch einen ständigen Wechsel der Aufgaben und der Bereiche innerhalb des Unternehmens gewinnen (lebenslange Job Rotation). Die Laufbahnplanung im japanischen Unternehmen ist somit unternehmensorientiert und nicht berufsfeldspezifiziert.

(4) Steuerungsmechanismen

Die in japanischen Unternehmen eingesetzten Steuerungsmechanismen sind derart subtil sowie implizit angelegt und damit internalisiert, daß sie für außenstehende Beobachter oftmals nicht erkennbar sind. *Zentrales Steuerungs- und Kontrollinstrument bildet der breite Konsens über Wertvorstellungen, Unternehmensziele und basale Vorgehensweisen zur Zielerreichung.* Somit kann auf eine personenorientierte Grundlage der Koordination zurückgegriffen werden, welche die Entscheidungsfindung erleichtert.

(5) Entscheidungsfindung

Bei wichtigen Entscheidungen sind in japanischen Unternehmen all jene Personen am Entscheidungsprozeß beteiligt, die vom Ergebnis der Entscheidung betroffen sind. Bekanntheit hat der zur Entscheidungsfindung eingesetzte *Ringi-Prozeß* erlangt, durch den über ein Bottom-up/Top-down-Umlaufverfahren der Entscheidungsunterlagen (Ringi-Akte) für wichtige, auch strategische Entscheidungen ein Konsens aller Führungsebenen hergestellt werden soll.

(6) Verantwortlichkeit

Die Delegation der Verantwortung erfolgt in Japan nicht an Einzelpersonen, die eine oder wenige Aufgaben wahrnehmen, sondern an Gruppen, welche die Verantwortung für den ihnen übertragenen Aufgabenbereich gemeinsam tragen.

(7) Beziehungssystem der Unternehmensangehörigen

In weit stärkerem Maße als in westlichen Unternehmen ist in Japan der Übergang zwischen Beruf und Unternehmen einerseits sowie Privatsphäre und Familie andererseits fließend. Die Mitarbeiter eines Unternehmens sind durch Beruf *und* Freizeitaktivitäten in das Unternehmen integriert. Dadurch werden gegenseitiges Vertrauen, Identität der Ziele und Offenheit der Mitarbeiter gefördert.

Merkmale der Organisationsform vom Typ A

Über den zweiten modellhaften Extremtyp – die Organisationsform vom Typ A – sollen *Merkmale vieler amerikanischer Unternehmen* dargestellt werden. Diese Einschätzungen (Ouchi 1981, 57 ff.) sind in zusammengefaßt. Als Ergebnis der Konfrontation der beiden Extremtypen von Organisationen wird im Hinblick auf die damit verbundene Produktivitätsentwicklung ein *grundlegender Wandel der amerikanischen,* ja der westlichen *Unternehmensführung* gefordert. Da die prinzipiell als Idealtypus angesehene Organisationsform vom Typ J, durch kulturelle und traditionelle Besonderheiten bedingt, nicht übertragbar ist, wird in der Organisationsform vom Typ Z *ein dritter Weg propagiert.* Dieser Konzepttyp wird als universell – also nicht nur auf bestimmte Länder und Kulturbereiche anwendbar (Sullivan 1983,132) – gesehen, da er die Vorteile der beiden Modelle A und J vereine.

Merkmale der Organisationsform vom Typ Z

Zentraler Einflußfaktor zur Erzielung einer höheren Produktivität ist die Motivation der Mitarbeiter. Die explizite formale Kontrolle, wie sie in hierarchisch strukturierten Unternehmen durch das Top Management erfolgt, wird als für die Motivation der Mitarbeiter ungeeignet angesehen. Statt dessen wird in der Z-Organisation eine *Selbstkontrolle der Mitarbeiter* angestrebt, die eine Steigerung des Pflichtgefühls, der Loyalität und der Motivation zur Folge haben soll. Den Königsweg der Verhaltensbeeinflussung in der Z-Organisation bildet die Veränderung der Unternehmenskultur im Hinblick auf die verhaltenssteuernden sozialen Mechanismen (Ouchi 1981, 71 ff.). Aus den prinzipiellen Alternativen an *Ko-*

ordinationsformen Bürokratie, Markt und Clan wird für den letzteren plädiert, da offenbar weder Systeme der hierarchischen Kontrolle noch des Marktpreises als Koordinationsmechanismus dazu geeignet sind, die durch die Z-Organisation angestrebte Homogenität, Stabilität und Kollektivität von Basiswerten zu bewirken. *Der Clan bildet ja auch den Keim der japanischen Unternehmensphilosophie. Clans sind auf Vertrauen beruhende Vereinigungen von Personen, welche mit ökonomischen oder außerökonomischen (soziale Gruppe) Aufgaben beschäftigt sind, wobei sich die Personen durch vielschichtige Verbindungen einander zugehörig fühlen* (Ouchi 1981, 83).

Kriterium	Ausprägung
Beschäftigungssystem	kurze Verweildauer der Arbeitnehmer am Arbeitsplatz und im Unternehmen, welche vor allem durch Resignation begründet ist
Lebensbewertung und berufliche Entwicklung	schnelle Aneignung von Führungstechniken durch intensive Förderung junger Führungskräfte; diese versagen jedoch oft aufgrund mangelnder Erfahrung im Umgang mit Mitarbeitern
Aus- und Weiterbildung	Ausbildung sowie Karriereplanung sind auf ein hohes Maß an Arbeitsteilung zugeschnitten; vielfach Monotonie am Arbeitsplatz, da Job Rotation unüblich
Steuerungsmechanismen	formal festgelegtes, explizites Kontroll- und Steuerungssystem, Befehl und Gehorsam sind vielfach als Interaktionsmuster zwischen Vorgesetzten und Mitarbeitern anzutreffen
Entscheidungsfindung	Dominanz von Individualentscheidungen; vielfach unzureichende Abstimmung der Entscheidungen
Verantwortlichkeit	Einzelpersonen tragen Verantwortung für die von ihnen getroffenen Entscheidungen
Beziehungssystem der Unternehmensangehörigen	Unternehmensmitglieder haben unterschiedliche Fähigkeiten, Talente und Werte; sie sind einander fremd; kein Wertekonsens

Merkmale amerikanischer Unternehmen

Da im Clan für die Mitglieder das Gefühl, kontrolliert zu werden entfällt, erfreuen sie sich eines vergleichsweise großen Autonomiegrads. Obwohl ein zentrales Element der neuen Z-Kultur, nämlich das Anreizsystem (Incentives), in seiner Wirkungsweise mit demjenigen des Modells J identisch ist, will der Schöpfer des Z-Modells dieses *keinesfalls als eine Kopie der japanischen Unternehmensführung* verstanden wissen (Ouchi 1981, 71 ff.; 119 ff.):

(1) Beschäftigungssystem

Amerikanische Unternehmen, welche die Z-Organisation bereits realisiert haben, tendieren zu einer Langzeitbeschäftigung ihrer Mitarbeiter. In vielen ist sogar eine formal nicht festgelegte Beschäftigung auf Lebenszeit, vergleichbar dem Modell J, festzustellen. Drohende Entlassungen in Krisenzeiten können durch eine gleichmäßige Verteilung der Belastungen zwischen den Interessengruppen (zum Beispiel Dividendenkürzungen für Aktionäre oder kürzere Wochenarbeitszeit der Mitarbeiter) vermieden werden.

(2) Leistungsbewertung und berufliche Entwicklung

Berufliche Förderung und Aufstieg im Z-Modell lassen sich nach der Zeitdauer zwischen der Langzeitorientierung im Organisationsmodell J und der kurzfristigen Orientierung im Modell A einordnen. Zwischen den Unternehmensbereichen sollte zur Vermeidung eines Konkurrenzdenkens die berufliche Förderung langsam und gleichmäßig für alle Mitarbeiter erfolgen. Um auch bei jungen aufstrebenden Mitarbeitern Zustimmung zu dieser Vorgehensweise zu finden, wird ein System nichtmonetärer Anreize, wie die unterstützende, instruierende und damit Sicherheit bietende Beteiligung von Vorgesetzten an Projekten, vorgeschlagen. Die Ermittlung der Leistungsträger einer Gruppe wird durch langfristig erkennbare Ergebnisse möglich, so daß eine periodenorientierte Leistungsbewertung im herkömmlichen Sinn überflüssig wird.

(3) Aus- und Weiterbildung

Ein kontinuierlicher Aufstieg in der Unternehmenshierarchie ohne Wechsel des Aufgabenfelds führt bei den Mitarbeitern zu Desinteresse und mangelndem Engagement. Daher ist im Gegensatz zum Organisationsmodell A die Realisierung eines Systems anzustreben, welches für die Mitarbeiter nach mehreren Jahren einen Wechsel des Tätigkeitsfelds vorsieht und eine breitere Ausbildung ermöglicht; gleichwohl wird wegen der bisherigen Spezialisierung und des gelernten Ressortdenkens der Mitarbeiter zunächst mit Widerständen bei den Mitarbeitern gerechnet.

(4) Steuerungsmechanismen

Auch hier wird ein Kompromiss zwischen den beiden Extremtypen empfohlen, in den sowohl Bestandteile des Typs A wie formal festgelegte, explizite Kontrollsysteme, moderne Informationssysteme, Kostenrechnungsverfahren, als auch solche

des Typs J wie informale Kontrollmechanismen, informale Kommunikationsstrukturen, nichthierarchische Kontrollmechanismen der Selbststeuerung eingehen. Der Schwerpunkt sollte aber beim Einsatz informaler Steuerungsinstrumente
liegen.

(5) Entscheidungsfindung

Der Prozess der Entscheidungsfindung wird als partizipativ und demokratisch bezeichnet. Er beruht wie im japanischen Vorbild auf dem Konsens der von der
Entscheidung betroffenen Mitarbeiter.

(6) Verantwortlichkeit

Im Gegensatz zur japanischen Unternehmensführung liegt die Verantwortung für
die Entscheidungen nicht bei der Gruppe als Einheit; vielmehr verteilt sie sich auf
die Gruppenmitglieder gemäß der ihnen zugewiesenen Teilaufgaben. Über diese
duale Struktur soll dem Selbstbewusstsein der westlichen, dem A-Typ entstam-
menden Mitarbeiter Rechnung getragen werden. Voraussetzung dieser Konstruktion aus kollektiver Entscheidungsfindung und individueller Verantwortlichkeit
ist allerdings ein gegenseitiges Vertrauensverhältnis der Gruppenmitglieder.

(7) Beziehungssystem der Unternehmensangehörigen

Ein wesentliches durch die Z-Organisation angestrebtes Ziel ist die Schaffung
und Pflege zwischenmenschlicher Beziehungen zwischen den Organisationsmit-
gliedern.

Diese Beziehungen beruhen auf einer Atmosphäre der Gleichberechtigung und
gegenseitigen Anerkennung; unabhängig davon, welche Aufgaben und Positionen
die Personen innerhalb des Unternehmens wahrnehmen. So sollen die Entfrem-
dung der Unternehmensangehörigen sowie autoritäre Verhaltensweisen der Manager im besonderen vermieden werden.

Kritik des Modells Z

Die *Beurteilung der Aussagen der Theorie Z fällt in der Literatur sehr unterschiedlich* aus. So findet sich einerseits uneingeschränkte Zustimmung, in welcher der Beispielcharakter dieser Aussagen auch für die deutsche Unternehmensführung hervorgehoben wird (Rüssmann 1981, 38). Andererseits stößt das Konzept auch auf krasse Ablehnung, in der die Theorie Z lediglich auf ein zugkräfti-
ges Schlagwort reduziert (Dederra 1982, 382), als bloßer Unfug qualifiziert oder
als eine "gefährliche" Lehre (Bruce-Briggs 1982, 184) bezeichnet wird.

Unter den mannigfältigen Argumenten gegen die Theorie Z seien ebenfalls nur
die wichtigsten herausgegriffen, welche den Aussagewert der Theorie eingeschränkt sehen.

- Danach bleibt *unspezifiziert, welcher Managementbegriff* zugrunde liegt. Offenbar sieht der Autor den Kern der Unternehmensführung, ähnlich dem Konzept des Harzburger Führungsmodells oder der MbO-Konzeption, auf die *Personalführung* konzentriert.

- Daher bleiben *alle anderen Einflußfaktoren erfolgreicher Unternehmensführung,* insbesondere die Wirkung extremer Rahmenbedingungen und die daraus resultierende Notwendigkeit zu kontextorientierter Strategie- und Strukturgestaltung, *ausgeblendet.*

- Die *Zielgrößen des Z-Modells* – *Erfolg,* Effizienz, Effektivität oder Produktivität *bleiben unspezifiziert.* Vermutlich sollen dabei auch nicht-finanzielle Größen einbezogen sein.

- Die *Wahrnehmungen über japanische Unternehmensführungsgepflogenheiten bleiben unbelegt.* So besteht angesichts mittlerweile bekannter Beispiele der Abweichung vom Prinzip der lebenslangen Beschäftigung ebenso wie von der partizipativen Entscheidungsfindung ein berechtigter Zweifel am Japantypischen des Modells; insbesondere auch dann, wenn man berücksichtigt, daß bspw. den Mitarbeitern japanischer Automobilunternehmen zugemutet wird, zwar sichere Fahrzeuge für die Auslandsmärkte, aber weniger solide konstruierte Varianten (kein Seitenaufprallschutz) für den Heimatmarkt und somit für sich selbst zu produzieren.

- Als Fundamentalkritik muß sich das Modell gefallen lassen, *daß die Kausalität zwischen den als kritisch erachteten Prinzipien des Personalmanagements und den Zielvariablen nicht als gesichert gelten kann.* Die Studie Ouchis reiht sich damit unter jene Publikationen ein, die den Erfolg eines zugrunde gelegten Unternehmensführungskonzepts ohne nähere Prüfung postulieren.

- Die *Methode der Implementierung* der Theorie Z in westliche Kulturkreise ist vom Autor offenbar selbst *noch nicht richtig durchdacht.* Vielmehr bescheidet er sich mit einer äußerst vagen Beschreibung des Transferprozesses unter Verweis auf dessen Langzeitcharakter.

Insgesamt gesehen ist die Theorie Z *widersprüchlich* und reicht, was den empirischen Gehalt angeht, zur Rechtfertigung der Übertragung sowie zur Bestätigung der angestrebten Erfolge nicht aus.

In beiden Untersuchungen, sowohl in der Theorie Z als auch im 7-S-Konzept, wird eine über den Transfer von Unternehmensführungs-Know-how hinausgehende Forderung gestellt, nämlich die Veränderung der amerikanischen, die westliche Hemisphäre vertretenden Kultur. Die Grenze zwischen der in beiden Untersuchungen strikt abgelehnten "Japanisierung" und der Übertragung von Unternehmensführungs-Know-how wird dadurch fließend. So *sollten beide Untersuchungen lediglich in dem Lichte bewertet werden, daß sie Wege aufzeigen, die zu*

*einem besseren Verständnis der japanischen Art der Unternehmensführung bei-
tragen können.* Die Schlußfolgerung von Einzelfällen auf eine Gesamtheit "japanisches Managements" *bedarf hingegen schärferer Theoriebildung* und der Stüt-
zung auf empirisch repräsentative Befunde.

Lean Management – Modell Z/Version 2

Merkmale des Modells

Seit einigen Jahren wird in Wissenschaft und Praxis sehr intensiv das Konzept der
Lean Production bzw. des Lean Managements diskutiert und publiziert, wobei einige der Diskussionsteilnehmer und Autoren sogar davon ausgehen, daß es sich
hierbei um ein Unternehmensführungskonzept handelt, das für die Industrie die
revolutionärste Veränderung seit der Fließbandeinführung durch Henry Ford
darstellt (Fieten [Schlagwort] 16). Ebenso wird die Auffassung vertreten, daß das
Lean Management zumindest mittelfristig zu einer Ablösung der speziell in Europa und den USA lange Tradition aufweisenden Massenproduktion beitragen
wird (Fieten [Schlagwort] 16), wobei jedoch die letztgenannte Auffassung insofern fragwürdig erscheint, als die großzahlige Fertigung von typisierten Produkten aufgrund der unverkennbaren Globalisierungstendenzen wohl kaum an Bedeutung verlieren dürfte. Ungeachtet derartiger Einschätzungen über die Tragweite des Lean Managements ist jedoch darauf hinzuweisen, daß mit diesem Ansatz
ein Führungskonzept gegeben ist, das im Rahmen des im Jahre 1985 angelaufe-
nen *MIT International Motor Vehicle Programs* systematisch erarbeitet wurde,
und nicht – wie leider auch in der Literatur häufig fälschlicherweise behauptet –
ein japanisches Management-System ist. In diesem vor allem von der US-
amerikanischen Automobilindustrie geförderten Forschungsprogramm wurde ein
Vergleich zwischen japanischen, US-amerikanischen und europäischen Automobilunternehmen vorgenommen, wobei das vorrangige Untersuchungsinteresse den
produktionsnahen Wertschöpfungsprozessen galt (Krafcik 1988, 42; Womack/
Jones/Roos 1990). Demgemäß wurde in einem ersten Schritt der Ist-Zustand der
in die Untersuchung eingeschlossenen 38 japanischen und westlichen Unternehmen aufgenommen und darauf aufbauend wurden Gestaltungsempfehlungen entwickelt, die eine Erhöhung der Produktivität und der Qualität bei gleichbleiben-
den oder sinkenden Kosten sicherstellen sollen (Freiling 1992, 6). Dabei wird davon ausgegangen, daß die Gestaltungsvorschläge des Lean Managements nicht
nur in japanischen, sondern auch in westlichen Unternehmen eingesetzt werden
können. Beim Lean Management handelt es sich somit vom Anspruch her um ein
*aus Elementen des japanischen Fertigungsmanagements abgeleitetes "kulturneu-
trales" Unternehmensführungskonzept.* Es darf nicht übersehen werden, daß der
Begriff "Lean Management" in den USA entwickelt wurde und auch heute noch
zahlreichen japanischen Führungskräften fremd ist, obwohl er die Führungsprak-

tiken ihrer Unternehmen beschreiben soll. Dies hat zu der Kuriosität geführt, daß japanische Führungskräfte nun das japanische Management anhand USamerikanischer Quellen studieren, ähnlich wie das bei deutschen Betriebswirten in den siebziger Jahren mit dem Re-Import von Max Webers Bürokratiemodell anhand der USamerikanischen Organisationsliteratur der Fall war.*

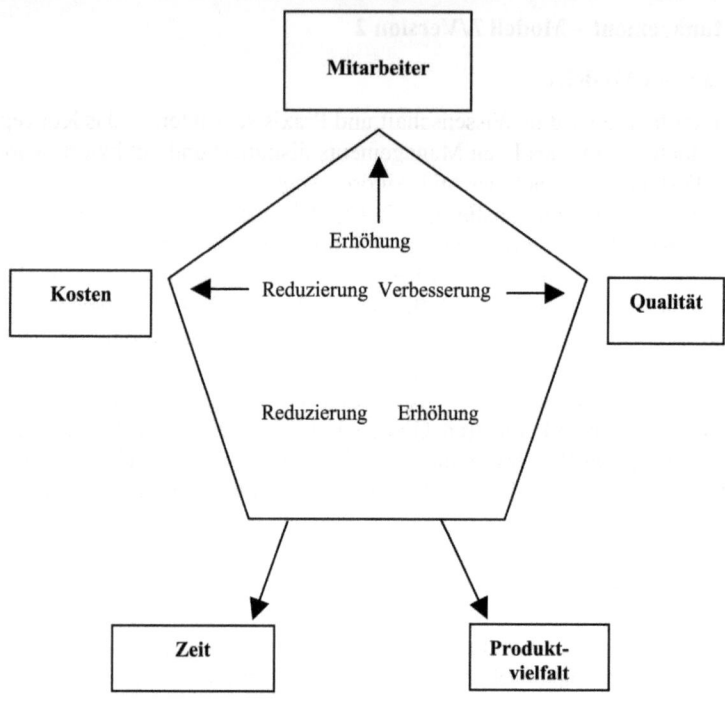

Ziele des Lean Managements

Der in der MIT-Studie vorgenommene Vergleich der Wertschöpfungsaktivitäten der japanischen, US-amerikanischen und europäischen Automobilunternehmen führte zu einem für *die westlichen Unternehmen verheerenden Gesamtergebnis,* wobei an dieser Stelle nur die wichtigsten der vielfältigen Einzelbefunde wiedergegeben werden können. Besonders gravierend ist der Befund, daß Toyota jährlich vier Millionen Kraftfahrzeuge mit ca. 37 000 Arbeitnehmern fertigt, während General Motors für die Herstellung der doppelten Stückzahl ungefähr 750000 Arbeitnehmer einsetzt. Der Vergleich dieser Zahlen wäre bei äquivalenten Faktorkosten aus der Sicht von General Motors nur dann akzeptabel, wenn das amerikanische Unternehmen im Vergleich zum japanischen eine zehn Mal größere Fertigungstiefe aufweisen würde, was jedoch bei weitem nicht der Fall ist. Aus deutscher Sicht alarmierend ist der Befund, daß die europäischen Automobilunternehmen noch schlechter als die US-amerikanischen abschneiden, wobei die Fertigungszeit pro Fahrzeug derzeit in den USA 21, in Europa 36 und in Japan 16 Stunden beträgt (o. V. 1991, 17).

Krafcik, einer der führenden Köpfe des MIT-Forschungsprogramms, hat die in der MITStudie analysierten Unternehmen im Spannungsfeld von Produktivität und Qualität miteinander verglichen und dabei die Matrix entwickelt (Krafcik 1988, 47). Diese läßt erkennen, daß die japanischen Unternehmen und insbesondere deren in Japan operierende Werke durchweg eine hohe Produktivität und eine hohe Produktqualität aufweisen. Ferner zeigt sich, daß bei den europäischen Automobilherstellern im großen und ganzen zwar die Qualität befriedigt, daß ihre Produktivität jedoch sehr stark zu wünschen übrig läßt. Schließlich wird ersichtlich, daß in der Gruppe der europäischen Automobilhersteller insbesondere die französischen und die italienischen Firmen große Qualitäts- und Produktivitätsprobleme aufweisen. Als westliches Unternehmen mit der größten Lean-Management-Erfahrung wird die in den USA ansässige New United Motor Manufacturing Inc. (NUMMI) angesehen, bei der es sich freilich um ein Joint Venture zwischen Toyota und General Motors handelt (Krafcik 1989, 28).

Aufgrund der Überlegenheit der japanischen Automobilhersteller wurde in dem *MIT Forschungsprogramm der Frage nachgegangen, ob sich die japanischen und westlichen Unternehmen signifikant bezüglich ihrer Wertschöpfungsprozesse voneinander unterscheiden. Insgesamt gesehen wurde dabei offensichtlich, daß die Stufen der Wertschöpfungskette der japanischen Unternehmen einen höheren Integrationsgrad aufweisen, also besser aufeinander abgestimmt sind als diejenigen der westlichen Unternehmen und, was besonders wichtig ist, daß die Fertigungstiefe der japanischen Unternehmen wesentlich geringer ist als diejenige ihrer westlichen Konkurrenten.

---

* Beim ersten Weltkongress der International Federation of Scholarly Associations of Management (IFSAM), der 1992 in Tokyo stattfand, waren die japanischen Professoren, aber auch die japanischen Manager eifrig darum bemüht herauszufinden, was es denn mit dem ("amerikanischen") Lean-Management-System auf sich habe.

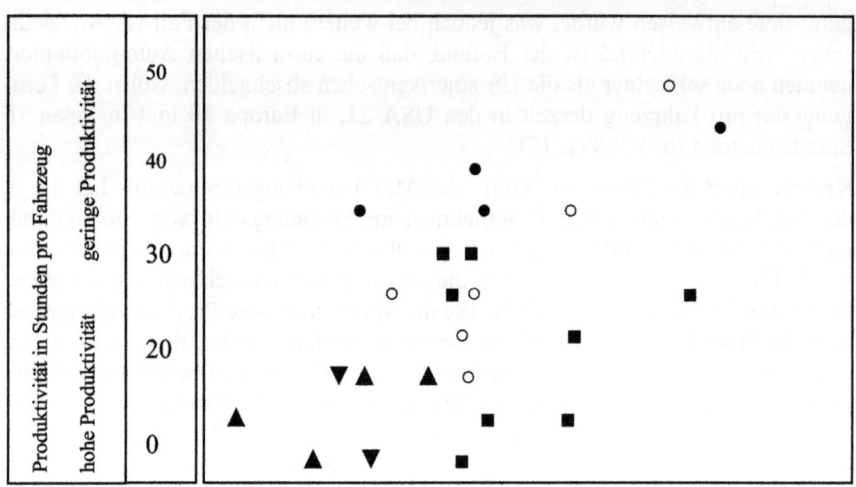

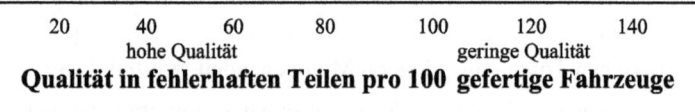

Qualität in fehlerhaften Teilen pro 100 gefertige Fahrzeuge

▲ In Japan befindliche
Werke japanischer
Unternehmen

▼ In Nordamerika befindl.
Werke japanischer
Unternehmen

● In Europa befindl
Werke europäischer
Unternehmen

■ In Nordamerika befindl.
Werke US-amerikani-
scher Unternehmen

○ In Japan bzw. Europa
befindliche Werke US-
amerikan. Unternehmen

Da das letztgenannte Merkmal von den MIT-Forschem als besonders bedeutsam angesehen wurde, wurde es auch zur Charakterisierung des gesamten Konzepts der schlanken, abgemagerten Produktion herangezogen. Diese Begrifflichkeit wird in der vorliegenden Schrift allerdings zu "Lean Management" ausgeweitet, da sich die im Konzept vorgesehene Neugestaltung der Wertschöpfungsprozesse nicht immer auf den Produktionsbereich beschränkt, sondern auf sämtliche Wertschöpfungsstufen von der Neuproduktidee bis zum Kundendienst bezieht. Die MIT-Forscher gehen davon aus, daß westliche Unternehmen, welche nach den Handlungsmaximen des Lean Management verfahren, sowohl die Produktivität als auch die Qualität steigern können. Wenn im nachfolgenden auf die einzelnen Bausteine des Konzepts eingegangen wird, so ist bereits vorab darauf hinzuweisen, daß mit *Lean Management kein völlig neuartiges Konzept* (zur "Neuartigkeit" des Lean-Management-Konzepts vgl. auch Runkle 1991, 68) *gegeben ist, sondern daß vielmehr ein eklektisches Zusammenfügen (zum Teil schon lange) bestehender Konzepte* wie Gruppenarbeit, Just-in-time-Produktion, kundenorientierte Fertigung, Buy-statt-Make, Gemeinkostenmanagement oder dem Aufbau interner und externer Netzwerke vorgenommen wird. Dabei steht die Verbesserung bzw. Perfektionierung bestehender Wertschöpfungsaktivitäten im Mittelpunkt des Lean-Management-Ansatzes.

(1)   starke Kundenorientierung

(2)   Abbau der Arbeitsteilung

(3)   Optimierung der Fertigungstiefe

(4)   Just-in-time-Belieferung

(5)   Aufbau zeitstabiler Beziehungen zu einer überschaubaren Anzahl an Lieferanten (Lean Supplying)

(6)   Downsizing der Gemeinkostenbereiche

Neben diesen zentralen Bausteinen des Lean Managements werden in verschiedenen Publikationen noch weitere leannessunterstützende Elemente wie Total Quality Management, eine am Werkstückfluß orientierte Fabrikorganisation, eine umfassende Information aller Beteiligten oder eine ergebnisorientierte Entlohnung von Arbeitnehmern und Führungskräften (Kendrick 1988, 18 f., Schlote/Kowalewsky 1991, 56) gefordert.

Kritik des Modells

Angesichts der Erfolge der japanischen Unternehmen auf dem Weltmarkt scheint die Überlegenheit des Lean-Management-Konzepts auf der Hand zu liegen. Gleichwohl erscheint eine inhaltliche Prüfung des Konzepts notwendig, da bis heute noch nicht abschließend geklärt ist, ob die japanischen Unternehmen erfolgreich sind, weil sie Lean Management praktizieren oder ob nicht vielleicht andere, im Lean-Management-Konzept unberücksichtigte Faktoren erfolgsstiftend wirken, Bei der Beurteilung des Anwendungsnutzens geht es nicht nur darum, das auf den ersten Blick schlüssige und plausible Konzept auf etwaige Unstimmigkeiten hin zu untersuchen; zu hinterfragen ist auch, ob das Lean-Management-Konzept auch für westliche Unternehmen Erfolg verspricht.

Der zentrale Nachteil dürfte dabei vor allem in der bereits erwähnten höheren Anfälligkeit der Lean Production durch Beseitigung von Puffern und Zwischenlagern liegen. Darüber hinaus ist darauf hinzuweisen, daß Lean Management, wie es in Japan praktiziert wird, mit einer gnadenlosen Leistungsüberwachung und einem daraus resultierenden scharfen Arbeitstempo einhergeht. Insofern bleibt zu hinterfragen, ob der Erfolg der japanischen Unternehmen auf den konzeptionellen Mehrwert des Lean Managements oder auf einem rücksichtslosen Raubbau der Arbeitskraft japanischer Arbeitnehmer beruht. So wird bspw. ergonomischen Aspekten in japanischen Unternehmen bislang nur wenig Bedeutung zugemessen. Was das Verhältnis von Anspruch und Wirklichkeit angeht, bleibt ferner zu bedenken, daß gerade die japanischen Autornobilunternehmen durch eine unterdurchschnittliche Ausstattungsvielfalt – die Mehrzahl der japanischen Automobile werden beispielsweise in nur wenigen Farbvariationen geliefert – auffallen und somit unter der Ambition, ein breitgefächertes Leistungsprogramm anzubieten, zurückbleiben.

Was die in westlichen Industriegesellschaften vorliegenden unternehmensexternen Anwendungshemmnisse und Rahmenbedingungen des Lean Managements angeht, so muß vor allem auf das von Japan stark abweichende rechtliche und ökonomische Umfeld verwiesen werden. So ist es ein Faktum und kein Zeichen von Arroganz und Überheblichkeit, wenn an dieser Stelle hervorgehoben wird, daß die arbeitsrechtlichen und tarifpolitischen Arbeitnehmerschutzrechte in der Bundesrepublik Deutschland ein Entwicklungsniveau erreicht haben, von denen gerade das japanische Rechtssystem noch sehr weit entfernt ist. Ferner ist zu hinterfragen, ob gerade in der Bundesrepublik eine sehr starke finanzielle Verflechtung von Unternehmen unterschiedlicher Branchen, wie sie in Japan üblich ist und zur Stärkung der wirtschaftlichen Schlagkraft der beteiligten Unternehmen genutzt wird, angesichts der gegebenen ordnungspolitischen Rahmenbedingungen möglich oder überhaupt wünschenswert ist.

Unternehmensintern erfordert die Umsetzung des Lean-Management-Konzepts vor allem die Bereitschaft des mittleren Managements zur Delegation von Entscheidungskompetenzen. Aus langjährigen Anwendungserfahrungen der sechziger und siebziger Jahre mit ähnlichen Konzepten wie Management-by-Objectives ist jedoch bekannt, daß es zahlreichen Führungskräften nicht gerade leicht fällt, in der idealtypisch skizzierten und vom Lean-Management-Konzept geforderten

Form umzudenken. Das Lean-Management-Konzept wird langfristig nämlich nur dann Erfolg stiften, wenn die Unternehmen und die in ihnen arbeitenden Menschen bereit sind, Lean Management nicht nur als eine neue Form der Fabrikorganisation, sondern als neues Unternehmensführungskonzept mit einer Vielzahl von ihren Arbeitsbereich betreffende Veränderungen zu begreifen. Andernfalls dürfte das Konzept kaum eine größere Bedeutung besitzen, als die sozialpsychologisch fundierten Ansätze der Arbeitsorganisation zu Beginn der frühen siebziger Jahre.

Modell K: Korea

Die rasche Aufwärtsentwicklung der Volkswirtschaft der Republik Korea (Südkorea) und die positive Akzeptanz koreanischer Erzeugnisse auf den Weltmärkten haben dazu geführt, daß das Führungsverhalten koreanischer Unternehmen Interesse zu finden beginnt, wobei insbesondere der Vergleich zum japanischen im Vordergrund steht (Lee/Yoo 1987; Park 1983; Lie 1990,113 ff.). Dabei wird die *koreanische Unternehmensführung nicht ausdrücklich als kopierfähiger Idealtyp der Unternehmensführung verstanden* (Lee/Yoo 1987, 74 f.).

Merkmale des Modells

Das Modell K läßt sich durch *neun Faktoren* charakterisieren (Lee/Yoo 1987, 74 ff.):

(1) Bereits im ersten Faktor zeigt sich eine Besonderheit des koreanischen Managements. Es kann als *"Management-by-Family"* bezeichnet werden, da die überwältigende Zahl der Unternehmen auch nach dem Ausscheiden der Gründergeneration und in dieser Phase befinden sich momentan viele koreanische Unternehmen – als Personengesellschaften von den Nachfahren weitergeführt werden. Damit bleiben die Hierarchiestrukturen und die Loyalität der Familie für das Unternehmen erhalten. Da die meisten Unternehmensangehörigen aus der gleichen Ortschaft stammen oder sogar dieselbe Schule besucht haben, liegt auch in Korea die Clan-Konzeption zugrunde.

(2) Die koreanische Unternehmensführung zeichnet sich jedoch durch ein *hohes Maß an Entscheidungszentralisation* aus. Ansätze einer gemeinsamen Entscheidungsfindung, wie sie aus Japan bekannt sind, fehlen. Aufgrund der konfuzianischen Arbeitsethik, in der die Bevormundung und Unterwerfung, aber auch die Loyalität gegenüber Älteren eine wichtige Rolle spielen, akzeptieren die Mitarbeiter weitgehend die Entscheidungen vorgelagerter Hierarchieebenen.

(3) Auch das Prinzip der *lebenslangen Beschäftigung* findet sich in zahlreichen koreanischen Unternehmen. Dieses wird in Korea dergestalt gehandhabt, daß die Mitarbeiter einerseits zwar eine weitgehende Beschäftigungsgarantie besitzen, daß qualifizierte Mitarbeiter andererseits freiwillig das Unternehmen wechseln, um eine bessere Position zu erreichen. Damit ist die *Mobilität der Koreaner im Vergleich zu Japan hoch* (vgl. auch Lie [Management] 116).

(4) Die koreanische Unternehmensführung ist auf die *strenge, selbstlose Arbeitshaltung der Mitarbeiter* aufgebaut. Auch darin kommt das konfuzianische Erbe und die damit verbundene Tradition voll zum Tragen, in der Fleiß, Bildung und Loyalität zentrale Ideale darstellen und die bis heute in vielerlei Hinsicht das Leben in der koreanischen Gesellschaft steuern.

(5) Der *Personalführungsstil* der koreanischen Unternehmensführung kann als *autoritärpatriarchalisch* beschrieben werden. Das Unternehmen wird als Ausweitung der Familie gesehen, was zur Verlängerung der dort geltenden Prinzipien führt. Eine enge Bindung zwischen Vorgesetzten und Mitarbeitern, wie sie im japanischen Modell gleichsam einer Vater-Sohn-Beziehung vorliegt, ist in den koreanischen Unternehmen eigenartigerweise kaum gegeben und weibliche Führungskräfte sind praktisch überhaupt nicht anzutreffen.

(6) Die Säulen des koreanischen Entgeltsystems sind eine *Kombination von Leistungsbeurteilung und Senioritätsprinzip*. Damit kommt der Leistungsorientierung in koreanischen Entgeltsystemen ein vergleichsweise höherer Stellenwert zu als in den traditionellen japanischen Modellen. In diese Richtung weisen auch empirische Untersuchungen, nach denen Ausbildungsniveau und Leistungsergebnisse die zentralen Grundlagen der koreanischen Entgeltfindung darstellen (Lie 1990, 116).

(7) Konflikte zwischen Gruppen werden in Korea rigoros durch *bürokratische Kontrollmechanismen der Führungsspitze* in Schach gehalten. Dazu bestehen dezidierte Verhaltensregeln.

(8) Das hohe Maß an Entscheidungszentralisation sowie die Vielzahl formaler Regeln und Verfahren lassen erkennen, daß die koreanischen *Unternehmen von der organisatorischen Grundstruktur her mechanistisch-bürokratisch* angelegt sind. Gleichwohl ist die Aufgabenspezialisierung und Arbeitsteilung geringer ausgeprägt als im bürokratischen Extremmodell.

(9) Die *Zusammenarbeit der Unternehmen mit der koreanischen Regierung* ist der in Japan üblichen sehr ähnlich. Das Beziehungsverhältnis besteht darin, daß die Regierung politische Leitlinien entwirft, an die sich die Unternehmen halten, wofür sie verschiedene Vergünstigungen erhalten und unter dem Schutz der Regierung stehen. Eine Zentralverwaltungswirtschaft besteht deshalb jedoch nicht.

Damit wird offensichtlich, daß die Besonderheiten der koreanischen Unternehmensführung vor allem im Bereich der Personalführung liegen. In der Übersicht (Shin 1985, 331 ff.; Yoo/Lee1987, 107) sind weitere Spezifika des Managements koreanischer Unternehmen im Vergleich zu amerikanischen und japanischen Unternehmen herausgestellt. Trotz dieser Unterschiede ist davon auszugehen, daß im nächsten Jahrzehnt vor allem die koreanische und die japanische Unternehmensführung konvergieren werden (Lie 1990, 117, Capoglu/Geyikdagi 1991, 93).

Kriterium	Korea	USA	Japan
Angestellten-gruppen	Führungskräfte, Basisbelegschaft, befristete Angestellte	Basisbelegschaft, viele befristete Arbeitsverträge	Führungskräfte, Basisbelegschaft, kaum befristete Angestellte
Einstellungs-kriterium	Dokumentenanalysen, schriftliche Einstellungstests (vor allem Sprachen)	Dokumentenanalysen, Einstellungsinterviews	vor allem Einstellungsinterviews
Bevorzugter Bewerberkreis	sowohl College Recruitment als auch Bewerber mit Berufserfahrung	Bewerber mit Berufserfahrung werden bevorzugt	sowohl College Recruitment aks azcg Bewerber mit Berufserfahrung
Arbeitseinsatz	neu eingestellte Spitzenkräfte werden nach einer kurzen Einarbeitungszeit in Schlüsselpositionen eingesetzt	rein bedarfsorientierter Arbeitseinsatz	neu eingestellte Mitarbeiter werden zunächst sowohl im Innen- als auch im Außendienst eingesetzt
Job Rotation	ad-hoc-Durchführung	geringe Bedeutung, da Spezialistentum	regelmäßig, um Generalisten zu entwickeln
Leitstungs-beurteilung	unregelmäßig, vergangenheitsbezogen	regelmäßig, gegenwarts-bezogen	laufende potentialbezogene Beurteilung
Beförderung	nach Dienstalter, Beziehungen sehr wichtig	leistungsorientiert	Kombination aus Leistung und Dienstalter
Entlohnungs-grundlagen	Bildungsniveau und Dienstalter	Bildungsniveau und Leistung	Bildungsniveau, Dienstalter und Leistung
Anreizsysteme	regelmäßig Gratifikationen (an Feiertagen)	auf Leistung basierend	auf Leistungs basierend
Sozialleistungen	nein	ja	ja
Aus- und Weiterbildung	einheitliche Verfahren für alle Mitarbeitergruppen (In-the-job-Training und Verträge), teilweise keine bildungsbedarfsorientierte Anwendung	Einsatz des Training on-the-Job zur technischen und kaufmännischen Wieterbildung; Rückgriff auf universitäre Bildungseinrichtungen	On-the-Job-Training, insbesondere Job Rotation, informelle Lerngruppen
Kriterien bei Personalabbau	weniger wichtige Mitarbeiter zuerst	vorrangig Zeitangestellte aus weniger wichtigen Abteilungen	ausschließlich auf Zeitangestellte konzentriert

Pensionierung, Ruhestandsregelung	55. Lebensjahr (keine flexible Altersgrenze), Pauschale, von Arbeitnehmern angesparte Altersrente	keine Altersgrenze	zwischen 55. und 60. Lebensjahr /flexible Gestaltung möglich)
Arbeitsbeziehungen	harmonieorientiert, keine Streiks, Gewerkschaften sind unbedeutend	vertragsorientiert, Streiks werden als letztes Druckmittel eingesetzt	Wa-Prinzip (Harmonie und Einheit als höchste Ziele) dominiert, vereinzelt Streiks
Stellenbeschreibungen	in systematischer Form kaum vorhanden	detaillierte Stellenbeschreibungen sind weit verbreitet	Beschreibung lediglich auf Gruppenebene
Struktur	Funktionalstruktur; einzelner Mitarbeiter hat hohe Bedeutung	objektorientierte Strukturen	Kombination aus verrichtungs- und objektorientierten Strukturen
Entscheidungsstil	Top-down	Top-down	Gegenstromverfahren

Management in Korea, Amerika und Japan

Kritik des Modells

Bei der Beurteilung des K-Modells muß zunächst darauf verwiesen werden, daß dort *keinerlei Maßgrößen der Unternehmensführungseffizienz* sichtbar werden, an denen die gegenwärtige und zukünftige Zweckmäßigkeit des Modells und dessen Wirkungszusammenhang mit dem koreanischen wirtschaftlichen Aufstieg überprüft werden könnten. Genauso gut kann die Entwicklung der koreanischen Volkswirtschaft mit dem günstigen Lohnniveau, den dort üblichen langen Wochenarbeitszeiten, einer radikalen Ausbeutung und Unterdrückung der Arbeitnehmer, wie sie aus Korea berichtet werden (Baldus [Schwellenland] 212, oder durch die Unterstützung überbetrieblicher Einrichtungen wie den General Trading Companies (GTC) oder der koreanischen Regierung erklärt werden.

Der primäre Nutzen des K-Typ-Managements kann demnach nur darin liegen, daß eine in der Geschichte des Landes begründete, in sich *mehr oder weniger geschlossene Momentaufnahme des Führungsverhaltens in fremden Kulturen* entwickelt wird. Da dieses Gegenwartsszenario ein Dokument subjektiver Eindrücke seiner Verfasser darstellt, bedarf es allerdings der intersubjektiven Überprüfung. Erste empirische Arbeiten scheinen allerdings zu belegen, daß das Modell K sowohl im Hinblick auf seine Grundannahmen der traditionellen Familien- und Autoritätsbindung sowie im Hinblick auf die Aspekte des autoritären und patriarchalischen Führungsstils zutrifft (Park [Führungsverhalten] 89, 145, 153).

Was eine *Übertragbarkeit* des koreanischen Führungsverhaltens in westliche Kulturkreise angeht, wäre allerdings, abgesehen davon, ob diese sich überhaupt empfehlen würde, *aus vielerlei Gründen Vorsicht geboten*. In weitaus stärkerem Maß als bei der japanischen Unternehmensführung ist das Modell K von der dienenden Grundhaltung des Konfuzianismus durchdrungen. Partizipative Elemente, wie sie vom 7-S-Management oder der Theory J bekannt sind, finden sich im koreanischen Modell so gut wie nicht. Die unterwürfige Grundhaltung der Koreaner ist jedoch nicht nur das Ergebnis einer religiösen weltanschaulichen Lehre, sondern auch deren Verstärkung und Stabilisierung während der 600jährigen Monarchie ebenso wie während der japanischen Kolonialherrschaft, wo stets hierarchisch-autoritäre Machtstrukturen vorlagen (Machetzki/Pohl 1988, 13f.).

In diesem autoritären Charakter des Modells K dürfte, wenn dieses überhaupt angestrebt werden würde, *das eigentliche Hindernis für einen möglichen Transfer auf westliche Kulturkreise liegen.* Eine Angleichung zwischen diesen Systemtypen käme zunächst höchstens bei westlich-koreanisch-gemischten Managementteams, beispielsweise in Joint Ventures, in Betracht. Die Wertekategorien der westlichen Industriegesellschaften dürften mit koreanischen Unternehmensführungsprinzipien ebenso unverträglich sein, wie die rechtlichen Rahmenbedingungen die Adaption des Modells ausschließen. Neben diesem Bündel kultureller Hemmnisse dürften zudem die unterschiedlichen Eigentums- und Leitungsstrukturen westlicher Unternehmen im Vergleich zu den im Modell zugrundegelegten Verhältnissen einer Übertragung entgegenstehen.

Modell C: China

Erst allmählich beginnen die westlichen Unternehmen die *wachsende Bedeutung Chinas als Wirtschaftsmacht und als Zielmarkt* der eigenen Erzeugnisse zu erkennen. Dies verwundert insofern, als allein in der Volksrepublik China mehr als ein Siebtel der Erdbevölkerung lebt und die taiwanesischen Unternehmen sich mit wachsendem Erfolg auf technologisch anspruchsvollen Märkten wie dem EDV-Markt behaupten. Als unbefriedigend muß insbesondere der Stand des Wissens über die in China vorherrschenden Unternehmens- bzw. Betriebsführungskonzepte sowie -methoden bezeichnet werden (Frese/Laßmann 1987). Dies dürfte vor allem daran liegen, daß in westlichen Ländern fälschlicherweise eine Auffassung dominiert, nach der mit Chinesen, Japanern oder Koreanern sehr ähnliche Völker gegeben sind, die sich auch hinsichtlich ihrer Managementpraktiken kaum voneinander unterscheiden. In gleicher Weise dürfte aber auch die Fremdheit und Verschlossenheit der chinesischen Kultur zum geringen Kenntnisstand über das chinesische Management beigetragen haben. Schließlich darf auch nicht übersehen werden, daß es eine durchgängige Form der chinesischen Unternehmensführung nicht gibt (Epner 1991, 24 ff.). Die führungsbezogene Vielfalt Chinas hat eine Forschergruppe um Adler erfahren, die bei ihrer Befragung von 103 Führungskräften aus der Volksrepublik China zu keinem einheitlichen Ergebnis kommen konnte. Die Einstellungen und Verhaltensweisen der chinesischen Führungskräfte scheinen breit zu streuen; wobei insbesondere deren Alter einen stark verhaltenswirksamen Einfluß ausüben dürfte (Adler/Campbell/Laurent 1989, 61 ff.). Aufgrund dieser Einschränkung sollen nachfolgend nur wenige Merkmale des chinesischen Managements dargelegt werden, die als vergleichsweise gesichert und verallgemeinerungsfähig angesehen werden können, wobei die *Volksrepublik China im Mittelpunkt der Analyse* steht. Wie auch beim koreanisch oder arabisch geprägten Modell geht es dabei weniger darum, einen Idealtyp des Managements zu beschreiben. Im Vordergrund steht vielmehr der Versuch, bei westlichen Managern Verständnis für ungewohnte Handlungsmuster zu wecken.

Bei der Erörterung des chinesischen Managements sind die politischen und kulturellen Rahmenbedingungen des Reichs der Mitte zu berücksichtigen. Insbesondere darf nicht übersehen werden, daß China seit 1949 sozialistisch und zentralverwaltungswirtschaftlich regiert und die überwiegende Mehrzahl der Betriebe durch die Entscheidungen von Regierung und anderen öffentlichen Institutionen gesteuert wird. Diesbezüglich scheint sich derzeit jedoch ein Wandel hin zu einer Lokkerung der staatlichen Restriktionen abzuzeichnen (Zhuang/Whitehill 1989, 58 ff.), der von weitreichenden wirtschaftlichen Reformen ("tizhi-gaige") begleitet wird (Herrmann-Pillath 1989, 1 f.). Unter Berücksichtigung dieser Entwicklungen läßt sich das dominierende Muster der chinesischen Unternehmensführung durch *sechs Merkmale* kennzeichnen:

(1) Ziele und Strategien

Ziele und Strategien werden in China – entsprechend der zentralverwaltungswirtschaftlichen Staatsdoktrin – außerhalb des Betriebes festgelegt. Diese Feststellung entspricht den Ergebnissen empirischer Untersuchungen, wonach in China sowohl Top- und Middle-Manager als auch Meister und Nicht-Führungskräfte einen geringeren Einfluss auf unternehmenspolitische Entscheidungen ausüben als Vergleichspersonen in japanischen und europäischen Unternehmen (Laaksonen 1988, 298). Für die chinesischen Manager ist daher mit der Erfüllung der Planziele die oberste Handlungsmaxime gegeben. In China herrscht also die Orientierung zur Zielerreichung und Planerfüllung statt zur erfolgreichen Betätigung auf dem Markt vor (Weihrich 1990, 3). Dabei stehen quantitativ-mengenorientierte Produktions- und Leistungsziele im Vordergrund, während Sozialziele von nur geringer Bedeutung sind (Hoffmann 1980, 96). Allerdings hat sich in den letzten Jahren insofern ein Wandel vollzogen, als die Manager chinesischer Betriebe zunehmend für die in ihrem Bereich erzielten Gewinne und Verluste verantwortlich gemacht werden (Warner 1986, 353).

(2) *Struktur*

Auch die Organisationsstruktur der chinesischen Betriebe ist von dem hohen Grad an Einmischung seitens der staatlichen Institutionen geprägt. Mehrheitlich wird die Basisstruktur durch eine von Parteiangehörigen besetzte Sekundärstruktur überlagert, wie es auch in anderen Ländern des ehemaligen Ostblocks in der Form der sogenannten "Seilschaften" üblich war. Dabei sind es die Instanzen der politisch verpflichteten Sekundärstruktur, die wichtige Entscheidungen treffen.

(3) *Führungsstil, Entscheidungsprozeßstruktur und Anreizsysteme*

Der in chinesischen Betrieben übliche Führungsstil weicht von dem japanischen in gravierender Weise ab. Zwar sind auch in China zahlreiche Personen an der Vorbereitung von Entscheidungen beteiligt, doch werden wichtige Entscheidungen durch Mitglieder der Führungsspitze getroffen (Weihrich 1990, 3; Laaksonen 1988, 311). Demzufolge zeichnen sich die chinesischen Betriebe auch durch schwerfällige bürokratische Entscheidungsprozesse aus, bei denen die entscheidungsrelevanten Informationen von den nachgelagerten Einheiten gesammelt und über mehrere Hierarchieebenen hinweg an die letztlich entscheidende Instanz weitergereicht werden. Die Dominanz des Bürokratiemodells (Warner 1986, 365) läßt sich zurückverfolgen bis in die gesellschaftlichen Strukturen zur Zeit der frühen Dynastien, in denen es keine starke Mittelschicht gab, deren Angehörige als Repräsentanten eines öffentlichen politischen Willens hätten zur Verfügung stehen können (Sandner 1989, 44). Der bürokratische Aufbau der chinesischen Betriebe findet auch im Anreizsystem seine Entsprechung. Es dominieren nämlich Formen der Leistungsentlohnung, die am quantitativen Output und nicht an kreativen Beiträgen des Individuums orientiert sind.

(4) *Verhandlungsführung*

Verhandlungen unter und mit chinesischen Geschäftspartnern erweisen sich üblicherweise als langwierig und mühsam. Bei größeren Projekten ziehen sie sich oft über mehrere Wochen, Monate oder sogar Jahre hin. Besonders langandauernde Verhandlungsprozesse finden sich dabei vor allem in der Volksrepublik China, wo das Wirtschaftssystem nur ein geringes Maß an Entscheidungsdezentralisation gestattet. Dort ist es üblich, daß die Verhandlungspartner mehrfach bei den nächsthöheren Instanzen rückfragen müssen. Auch ist es nicht außergewöhnlich, daß die Verhandlungsparteien durch eine große Anzahl von Personen vertreten werden. Dabei beschränkt sich die Aufgabe der Mehrzahl der Delegationsmitglieder auf eine ungemein detaillierte Protokollierung des Gesprächsverlaufs. Chinesen halten ein vergleichsweise starres Verhandlungsritual insofern ein, als sie zunächst über technische Aspekte des Verhandlungsgegenstands und erst danach über dessen inhaltlich-ökonomische Dimensionen verhandeln (Jin-sheng [Geschäfte] 188 f.). Häufig wird die personelle Zusammensetzung der Verhandlungsparteien zwischen den Verhandlungsrunden stark verändert, wobei in Extremfällen sogar von einem Tag auf den andern mit einer völlig neuen Besetzung angetreten wird (Sandner 1989, 14; Shenkar 1990, 88).

(5) Personalmanagement

Im Bereich des Personalmanagements tritt der Einfluss der konfuzianischen Lehre besonders deutlich zutage. Diese macht auch die nahezu feudal anmutende Einstellung der Arbeitnehmer zu ihrem Betrieb und Arbeitsverhältnis erklärbar (Holton 1990, 125). So stellen auch heute noch Bescheidenheit und Selbstbeherrschung die zentralen Wertekategorien der chinesischen Arbeitnehmer dar. Wie in Japan ist es auch in China üblich, daß die Arbeitnehmer nach der Schule in einen bestimmten Betrieb eintreten und dort bis zu ihrer Pensionierung tätig sind (Weihrich 1990, 3). Daneben wird die Handhabung des Personalmanagements aber auch durch den geringen Bildungsstand der Bevölkerung geprägt, der auch heute noch die Knappheit an Führungskräften mit Hochschulausbildung begründet (Holton 1990, 123). So dürften wohl die Bescheidenheit wie auch das geringe Bildungsniveau der chinesischen Arbeitnehmer dazu beigetragen haben, daß das Personalmanagement chinesischer Betriebe instrumentell nur schwach abgestützt ist. Dabei dominiert eine personalverwaltende Grundhaltung; modernes, viele Teilsanktionen beinhaltendes Personalmanagement findet sich hingegen kaum. Bis Ende der siebziger Jahre war den Betrieben nicht einmal das Recht zur selbständigen Einstellung und Entlassung von Arbeitnehmern zugestanden worden (Hau-Siu Chow/Shenkar 1990, 41). Daher verwundert es nicht, daß chinesische Personalmanager den größten Teil ihrer Arbeitszeit mit nicht-personalbezogenen Handlungen verbringen (Hau-Siu Chow/Shenkar 1990, 42).

(6) Unternehmenskultur

Im Unterschied zu Japan wird in China der dem öffentlichen Leben ("kung") zugeordnete Arbeitsbereich von dem Privatbereich ("szu") strikt getrennt. Diese Trennung repräsentiert dabei einen tiefgreifenden psychologischen Konflikt zwischen den privaten Interessen des Individuums und den öffentlichen Bedürfnissen seiner Bezugsgruppe (Sandner [Untersuchung] 43 f.). Dementsprechend lassen sich auch in den chinesischen Betrieben keine homogenen Wertemuster, wie sie vor allem von den Arbeitnehmern japanischer Unternehmen her bekannt sind, nachweisen. Anders als beim dort bekannten Clan der Arbeitsgruppe bildet in China die Familie den Kern der Bezugsorientierung. Entgegen ihrer Intention dürfte auch die Kulturrevolution mit ihrer öffentlichen Anprangerung und Denunziation intellektueller Gesellschaftsmitglieder dazu beigetragen haben, daß sich ein Großteil der Arbeitnehmer in den Privatbereich zurückgezogen hat und der Betriebsgemeinschaft wenig Interesse entgegenbringt.

Modell I: Arabische Länder

Angesichts der neuerdings beobachtbaren, beachtenswerten Wiederbelebung und Ausbreitung des Islams muß auch der in den arabischen Ländern praktizierte Unternehmensführungsstil interessieren. Gleichwohl belegen neuere Studien (Ajami/Khambata 1986; Cunningham 1989), daß der arabischen Unternehmensführung ein hohes Maß an Ineffektivität, Starrheit und Korruption sowie Unfähigkeit und Unwilligkeit zu Delegation und Partizipation (Cunningham [Management] 1 ff.) bescheinigt werden muß. Trotz der Vielfalt der Befunde lassen sich anhand des zuvor verwendeten Bezugsrahmens einige erste Spezifika der arabischen Unternehmensführung zusammenfassen, welche *sehr stark vom religiösen Einfluss des Islam geprägt* (Ajami/Khambata 1986) als Modell 1 bezeichnet werden sollen:

(1) Strategie

Will man die Strategieformulierung arabischer Unternehmen verstehen, so muss man den kulturellen Hintergrund der arabischen Welt berücksichtigen:

- in der arabischen Welt herrscht auch heute noch ein stark fatalistisches Weltbild vor, nach dem die Zukunft als weitgehend unvorhersehbar angenommen wird;

- die Kapitaleigner der Unternehmen verfolgen und kontrollieren die Entscheidungen des Top-Managements mit ungewöhnlicher Strenge;

- der Regierungseinfluss auf unternehmerische Entscheidungen ist in der arabischen Welt besonders stark.

Deshalb verwundert es nicht, daß die Strategien vieler arabischer Unternehmen *kaum zukunftsorientierte Züge* aufweisen, sondern auf eine Bewahrung des Status quo ausgerichtet sind.

(2) Struktur

In zahlreichen arabischen Unternehmen besteht auch heute noch eine strenge hierarchische Struktur. Die Beharrungskraft bürokratischer Organisationsformen läßt sich dadurch erklären, daß arabische Manager die Entscheidungsfindung als ihre exklusive Aufgabe ansehen, welche von den nachgelagerten Einheiten zu befolgen und auszuführen ist. In der arabischen Unternehmensführung dominiert daher auch heute noch ein ausgeprägtes Top-Down-Bewußtsein. Dadurch eventuell verursachte Motivationsprobleme sind aufgrund der konservativen Werthaltungen der Araber kaum zu befürchten.

(3) Systeme

Die ausgeprägte Top-to-Down-Haltung arabischer Unternehmen resultiert aus dem Selbstverständnis arabischer Manager, das insbesondere daher rührt, daß arabische Unternehmen den modernen, von professionellen Managern eigenverantwortlich und treuhänderisch geführten Unternehmen nur selten entsprechen. Vielmehr dominieren jene Fälle, in denen das Top-Management von den Kapitaleignern klare Zielvorgaben erhält. Das Top-Management konkretisiert diese Vorgaben und gibt sie an die niedrigeren Hierarchieebenen weiter. Dabei dominiert bis heute in den arabischen Unternehmen die mündliche Form der Informationsübertragung. Da schriftliche Dokumente weitgehend fehlen, ist der Informationsverfälschung Tür und Tor geöffnet.

(4) Personal

Die Personalpolitik arabischer Unternehmen weist teilweise Parallelen zu derjenigen japanischer Unternehmen auf. Bei der Einstellung von Mitarbeitern spielen in der islamischen Welt vor allem die Persönlichkeit des Bewerbers und insbesondere der Ruf seiner Familie eine herausragende Rolle. Auch bei der Gehaltsfindung und der Laufbahnplanung werden persönliche Faktoren wie die Loyalität des Mitarbeiters und wiederum der Ruf seiner Familie, welche lediglich subjektiv beurteilt werden können, nach wie vor höher bewertet als die faktisch erbrachte Leistung. Von daher erklärt sich, daß Mitarbeiter, welche eine gleichwertige Arbeit verrichten, zum Teil deutliche Gehaltsunterschiede aufweisen. Auch in den arabischen Ländern ist die Beschäftigungsdauer der Mitarbeiter vergleichsweise hoch, was auf deren hohe Treue gegenüber ihrem Unternehmen zurückzuführen sein dürfte.

(5) Fertigkeiten und Fähigkeitn

In durchaus vergleichbarer Weise zu den japanischen verdanken die erfolgreichen arabischen Unternehmen ihre Wettbewerbsvorteile der Loyalität ihrer Mitarbeiter, obwohl sich, wie gezeigt, eine kollektive Entscheidungsfindung in den arabischen Unternehmen kaum findet. Der religiöse Hintergrund trägt dazu bei, daß die vom Top-Management gesetzten Verhältnisse von den Arbeitnehmern akzeptiert werden. Neben ihrer Loyalität weisen auch die arabischen Arbeitnehmer – wie die japanischen und koreanischen – ein besonderes Geschick beim Kopieren erfolgreicher Verfahren, Techniken und Produkte auf.

(6) Führungsstil und Führungsverhalten

In der arabischen Welt werden Führungsaufgaben nicht nur von unternehmensinternen, sondern auch von -externen Personen wahrgenommen. So werden vielfach auch Inhaber öffentlicher Ämter wie Bürgermeister oder ähnliche Amtsträ-

ger als Integrationspersonen eingeschaltet, wenn es darum geht, Interessenkon-
flikte zwischen dem Unternehmen und einzelnen Individuen beizulegen. Für den
Außenstehenden scheinen die Führungskräfte der arabischen Welt einen unge-
wöhnlich langen Arbeitstag zu haben, der bis spät in die Nacht hineinreicht. Dieser Eindruck bedeutet jedoch nicht, daß sie die ganze Zeit für ihr Unternehmen
aktiv sind. Da persönliche und familiäre Angelegenheiten vielfach wichtiger als
geschäftliche Probleme eingestuft werden, werden diese während der Arbeitszeit
erledigt.

(7) Unternehmensphilosophie

Da in arabischen Ländern die Familie und weniger das arbeitgebende Unternehmen im Vordergrund der Interessen der Mitarbeiter steht, herrscht in arabischen
Unternehmen nicht das clanartige Gruppendenken, wie es von japanischen Unternehmen bekannt ist. Ein Sich-Einordnen und Sich-Aufgeben in einer Gruppe bis
hin zu völliger Anonymität ist den arabischen Arbeitnehmern weitgehend fremd.
Daher findet auch die überaus rasche Entwicklung einzelner erdölproduzierender
Unternehmen bislang keine Entsprechung in einer homogenen Unternehmenskultur.

Ansätze und Probleme bei der Erforschung interkultureller Unternehmensführungsphänomene

Wie im nationalen bildet auch im interkulturellen Kontext die Auswahl eines dem
jeweiligen Untersuchungsanliegen entsprechenden Ansatzes eine Basisentschei-
dung, durch welche die Art des konzeptionellen Zugangs und damit letztendlich
all das vorselektiert wird, was im Untersuchungsprozess gesehen werden kann
oder auch nicht. Eine Analyse der verfügbaren Untersuchungen der interkulturellen Managementforschung lässt einen Dissens der Fachvertreter bei der Wahl einer adäquaten Forschungskonzeption erkennen. Insbesondere weichen die vorliegenden theoretischen und empirischen Arbeiten hinsichtlich des thematisierten
Kulturaspekts und der Grundannahmen, aber auch in der Art und Weise, wie mit
Unterschieden und Gemeinsamkeiten umgegangen wird, stark voneinander ab.
Vier Gruppen von Arbeiten und damit auch Ansätzen lassen sich ausmachen.

Am häufigsten anzutreffen sind Arbeiten mit einer *engmaschigen ("parochialen")* Ausrichtung, bei denen die Angehörigen eines bestimmten Landes ausschließlich über dessen eigene kulturelle Spezifika berichten. Dieses Vorgehen
findet sich vor allem bei US-amerikanischen Fachvertretern und ist nicht zuletzt
im großen Volumen des US-Markts, aber auch in den oft geringen Fremdspra-
chenkenntnissen amerikanischer Wissenschaftler, in Eigenschaften des US-

amerikanischen Veröffentlichungssystems sowie in strukturellen Merkmalen der dortigen wissenschaftlichen Dachverbände begründet. Auf die Gegebenheiten anderer Kulturkreise wird nicht eingegangen; implizit wird statt dessen eine universelle, zumindest jedoch eine auf die industrialisierten Länder bezogene Übertragbarkeit der ermittelten Sachverhalte unterstellt. Auch zeichnen sich die diesem Ansatz zuordenbaren Arbeiten dadurch aus, daß von einer Zeitstabilität kultureller Wertvorstellungen ausgegangen wird. Angesichts der Ergebnisse der zahlreichen in Entwicklungs- und entwickelten Ländern durchgeführten empirischen Untersuchungen müssen beide Annahmen jedoch als verkürzend bezeichnet werden. Wenn der "parochiale" Ansatz dennoch vorherrscht, dann dürfte dies neben den vorgenannten Faktoren mit dem Bemühen nach Komplexitätsbegrenzung, aber auch damit zu erklären sein, daß sämtliche Beteiligte – sowohl die Manager als auch die Wissenschaftler – selbst Angehörige einer bestimmten Kultur sind.

Die dem *ethnozentrischen* Ansatz zuordenbaren Arbeiten stehen in der Häufigkeitsrangfolge auf Platz zwei; sie sind dadurch gekennzeichnet, daß das im Hinblick auf den heimischen Kulturkreis entwickelte und dort auch angewandte Forschungsdesign nachträglich auch noch in anderen Kulturkreisen zur Anwendung gebracht wird. Die zentrale Frage lautet: Kann das im Heimatland nützliche theoretische Erklärungsmodell auch die kulturellen Eigenschaften fremder Regionen verstehen helfen? Dem "parochialen" Vorgehen ist der ethnozentrische Ansatz dahingehend überlegen, daß die Universalität des zu testenden Modells in Frage gestellt wird; nachteilig dürfte sich jedoch auswirken, dass im Prozess der Erkenntnisgewinnung letztendlich doch die heimischen Bedingungen favorisiert werden. Auch ist zu bemängeln, daß eine Bestätigung des Modells in einem zweiten Kulturkreis häufig bereits als Beleg für dessen Universalität gewertet wird.

Bei *polyzentrischen* Arbeiten werden die in einem bestimmten Land üblichen Gepflogenheiten oder Handhabungsformen aus dessen spezifischen kulturellen Bedingungen heraus erklärt. Abweichend von den vorgenannten Ausrichtungen wird kulturelle Gleichartigkeit weder angenommen noch gesucht; das Bemühen ist sogar daraufhin ausgerichtet, kulturelle Einzigartigkeiten aufzudecken. Polyzentrische Puristen lehnen die interkulturelle Vergleichsforschung strikt ab, da die einzelnen Kulturen als so weit voneinander abweichend angesehen werden, daß eine Gegenüberstellung ohnehin als nur bruchstückhaft und wenig repräsentativ erachtet wird. Als typische Erscheinungsformen der induktiv angelegten polyzentrischen Forschungsrichtung sind Länderberichte anzusprechen, die vielfach in Kooperation mit Wissenschaftlern des Ziellandes erstellt werden. Nachteile des polyzentrischen Ansatzes bestehen darin, daß oft ein eklektisches, willkürlichen Auswahlkriterien folgendes Aneinanderreihen einzelner Sachverhalte stattfindet.

Demgegenüber zielen die der Richtung des *komparativen* Ansatzes zuordenbaren Arbeiten von Anbeginn daraufhin ab, Gleichartigkeiten oder Unterschiede zwischen zwei oder mehr Kulturkreisen herauszuarbeiten. Hier geht es um die Frage, in welcher Hinsicht sich Kultur A von Kultur B unterscheidet und wo sie sich gleichen. Den vorgenannten Forschungsrichtungen ist die komparative aufgrund ihrer kulturellen Unvoreingenommenheit voraus; die Existenz einer dominanten oder sogar überlegenen Kultur wird grundsätzlich bestritten. Daher dürfte es diese Ausrichtung sein, die noch am ehesten in der Lage ist, Erkenntnisse darüber zu gewinnen, welche Aspekte der Management- und insbesondere Organisationslehre nun wirklich universal anwendbar sind. Kulturorientierte Forschungsarbeiten, welche den Ansprüchen des komparativen Ansatzes genügen, sind bislang allerdings in der Minderzahl.

Die vier vorgenannten Ansätze werden gelegentlich noch um den *geozentrischen* und den *synergistischen* ergänzt (vgl. Kumar 1988, 391), wobei insbesondere im Hinblick auf den geozentrischen Ansatz zu fragen ist, ob es sich wirklich um eine eigenständige Theoriekonzeption der interkulturellen Managementforschung handelt. Dessen Besonderheiten liegen nämlich darin, daß vorrangig nach interkulturellen Ähnlichkeiten und weniger nach Unterschieden gesucht wird, was einer Variante des komparativen Ansatzes nahekommt. Ein eigenständigeres Profil ist dagegen dem synergistischen Ansatz zu eigen, da hier die bestehenden Kulturunterschiede als Potentiale zur Herausbildung neuer Formen des Managements angenommen und dementsprechend die Interaktionen von Menschen unterschiedlicher Kulturzugehörigkeit thematisiert werden.

Aber auch in methodischer Hinsicht unterscheiden sich die vorliegenden Untersuchungen beträchtlich, wobei hier ebenfalls häufig ein zu unbefriedigenden Ergebnissen führender Weg eingeschlagen wird. Die Erfahrung zeigt, daß methodische Defizite mit Mängeln bei der Bestimmung eines geeigneten Ansatzes verbunden sind. Danach scheint sich die defizitäre Lage allmählich zu bessern, wenngleich die fünf Krisenherde der Kulturforschung noch nicht überwunden sind. So leiden zahlreiche kulturorientierte Forschungsarbeiten an einer zu starken methodischen Vereinfachung, wobei sich die Schlichtheit sowohl auf den "One-Shot-Querschnittcharakter", auf die willkürliche Wahl des Untersuchungszeitpunkts, auf den Verzicht einer interdisziplinären Zusammenarbeit, aber auch auf die Negation der in verschiedenen Kulturen ungleichen funktionalen Zusammenhänge im Untersuchungsplan bezieht. Aufgrund der Auftretenshäufigkeit dieser Mängel kann man unschwer in die Klage "Schrebergartenmentalität" (v. Keller [Management] 606) einstimmen. Daneben werden in zahlreichen kulturorientierten Untersuchungen die mit der Stichprobenbildung verbundenen Probleme relativ leichtfertig gehandhabt. So wird die Auswahl der einbezogenen Kulturkreise vielfach von situativen Umständen oder Gelegenheiten des Forschers ("Safari-Forschung"), nicht jedoch von inhaltlich relevanten Kriterien abhängig gemacht. Auch muss die Zweckmäßigkeit der mehrheitlich bevorzugten Zwei-Länder-Vergleiche kritisch hinterfragt werden, da in diesem Falle die Wirkungen von

Einflußgrößen, die in beiden Teilsamples gleichermaßen vorhanden sind oder nicht, verdeckt bleiben müssen. Viel zu selten wird auch die Frage der Stichprobenrepräsentativität und diejenige der gegenseitigen Unabhängigkeit der Teil- das heißt Länderstichproben aufgeworfen. Im Mittelpunkt der instrumentellen Probleme kulturorientierter Forschung dürften hingegen mangelnde Sprachkenntnisse stehen, zumal sich soziale Phänomene nicht in sämtlichen Sprachen gleichermaßen differenziert ausdrücken lassen. Die hiervon ausgehenden Unsicherheiten lassen sich dadurch eindämmen, daß parallel zueinander mehrere Erhebungsmethoden eingesetzt werden. Ebenso ist kritisch zu prüfen, ob die herausgearbeiteten Variablen und die verwendeten Skalen in sämtlichen erforschten Kulturkreisen gleichartig interpretiert werden. Nicht selten wird nämlich unberechtigterweise von einer semantischen und funktionalen Äquivalenz des Erhebungsinstrumentariums ausgegangen, die in der Realität nicht gegeben ist. Auch sind Ergebnisverfälschungen zu erwarten, wenn bei der Datenerhebung keine äquivalenten Methoden angewandt werden. Das Streben nach gleichartigen Datenerhebungsbedingungen setzt jedoch nicht unbedingt eine Vollstandardisierung der Erhebungsmethodik voraus. Eine solche kann sich dort nachteilig auswirken, wo die Befragten der einzelnen Kulturkreise ein unterschiedliches Maß an Zurückhaltung gegenüber empirischen Testverfahren auszeichnet. Überdies dürfte auch zu Ergebnisverzerrungen beitragen, wenn – wie beispielsweise im Falle der bekannten Studie von Haire, Ghiselli und Porter 1966, 185 ff. – den Interviewpartnern sehr breit ansetzende Fragen vorgelegt werden. Auch muss die Datenerhebung dann als invalide bezeichnet werden, wenn zwischen den Erhebungen in den einzelnen Kulturkreisen zu viel Zeit verstreicht. Die Datenauswertung wird vielfach von Vergleichsproblemen beherrscht, die bei der Gegenüberstellung quantitativer und qualitativer Untersuchungsergebnisse auftreten. Des weiteren muß die Vorherrschaft bivariater Auswertungsstrategien, die keinerlei Anhaltspunkte über den relativen Erklärungsbeitrag einzelner Wirkfaktoren vermitteln können, als Mangel praktizierter Kulturforschung bezeichnet werden.

Schließlich krankt die auf Länderebene ansetzende kulturorientierte Managementforschung daran, daß nur wenige verfügbare Untersuchungen (zum Überblick vgl. v. Keller 1982, 647 ff.; Ronen 1986, 157 ff.) an die Konzeptionen und Befunde von Vorgängerstudien anbinden und ein nach gleichen oder zumindest ähnlichen Gesichtspunkten gestaltetes Untersuchungssystem zur Anwendung bringen. Statt dessen werden vielerorts neuartige Fragen gestellt und Methodiken erprobt, die mit der "wissenschaftlichen Vorwelt" wenig oder sogar überhaupt nichts zu tun haben. Erschwerend kommt noch hinzu, daß immer wieder neue Kombinationen von Ländern oder Kulturkreisen untersucht werden; auch dann, wenn der bereits bearbeitete Kulturkreis noch **nicht** hinreichend erforscht worden ist. Da Befundbestätigungen und -widerlegungen somit kaum möglich sind, kann es nicht verwundern, daß in der kulturorientierten Managementforschung bislang nur spärliche Erkenntnisse vorliegen. Zusammenfassend muss die Vielzahl konzeptioneller und methodischer Unzulänglichkeiten als Indiz dafür angesehen werden, daß die kulturorientierte Managementforschung sich noch in einem äußerst "juvenilen" Zustand befindet.

Kontrollfragen und Aufgaben

1. Erläutern Sie das Forschungsdesign und die Ergebnisse der Studie, welche zum Bestseller "In Search of Excellence" geführt hat.

2. Welche Kritikpunkte sind am Modell A zu üben?

3. Zeigen Sie anhand einer Beschreibung des 7-S-Modells Unterschiede zwischen US-amerikanischer und japanischer Unternehmensführung auf und beurteilen Sie die Aussagekraft des von Pascale und Athos vorgelegten Modells.

4. Vergleichen Sie zwei deutsche Großunternehmen anhand des 7-S-Rahmens.

5. Worin unterscheiden sich die von Ouchi unterschiedenen Organisationsstrukturen vom Typ A und Typ J? Inwiefern weicht der Typ Z vom Typ J ab? Beurteilen Sie Ouchis Theoriesystem.

6. Stellen Sie die zentralen Aussagen der MIT-Studie über die westliche und japanische Automobilindustrie dar.

7. Zeigen Sie die Bausteine des Lean Managements auf.

8. Beurteilen Sie die Elemente des Lean Managements hinsichtlich ihres Neuigkeitsgrads.

9. Welche Nachteile bzw. Gefahren sind mit dem Lean Management verbunden?

10. Skizzieren Sie das Modell der koreanischen Unternehmensführung.

11. Inwiefern weicht die koreanische sowie die chinesische Unternehmensführung von der japanischen ab?

12. Können die koreanische und die deutsche Art der Unternehmensführung einander angeglichen bzw. angenähert werden? Begründen Sie Ihre Aussage.

13. Vergleichen Sie die Kernaussagen des Modells I mit denjenigen des Modells J.

14. "In Deutschland herrscht gegenüber Japan absolute Arroganz, Ignoranz und tiefste Provinzialität." (Folker Streib, Präsident der Deutschen IHK in Tokyo, 1993). Kommentieren Sie diese Feststellung anhand der Aussagen in diesem Kapitel. Was würden Sie deutschen Unternehmen angesichts der Formel der Japaner empfehlen, die da heißt: "Mitwissen, mitdenken, mitverantworten, mitentscheiden lassen!"

15. Welche Zielsetzungen werden beim Re-engineering-Modell in den Mittelpunkt der Betrachtung gestellt?

16. Erläutern Sie die Merkmale des Re-engineering-Modells.

17. Welche Probleme und Mängel schränken den Anwendungsnutzen des Re-engineering-Modells ein?

18. Welche konzeptionellen Ansätze finden sich in der interkulturellen Managementforschung?

19. Zeigen Sie Probleme auf, welche den Aussagewert der interkulturellen Managementforschung einschränken.

Literaturhinweise

Adler, N. J./Campbell, N./Laurent, A.: "In Search of Appropriate Methodology From Outside the People's Republic of China Looking In." In: *Journal of International Business Studies* 20. Jg., Heft 1, 1989, S. 61-74.

Ajami, R./Khambata, D.: *Middle Eastern and Japanese Mangement Decisions.* Arbeitspapier, Ohio State University 1986.

Alioth, A./Frei, F.: "Sozio-technische Systeme: Prinzipien und Vorgehensweisen." In: *Organisationsentwicklung* 8. Jg. Heft 4, 1990, S. 28-39.

Baldus, R. D.: "Süd-Korea als Schwellenland." In: *Internationales Asienforum* 12. Jg., Heft 2/3, 1981, S. 205-222.

Bruce-Briggs, B.: "Falsche Propheten." In: *Manager Magazin,* 12. Jg., Heft 10, 1982, S. 184-188.

Bühner, R.: "Arbeits-Organisation und Personal bei Just-in-Time." In: *Der Betriebswirt,* 31. Jg., Heft 5, 1991, S. 13-18.

Capoglu, G./Geyikdagi, Y. M.: "Is Korean Management Just Like Japanese Management? – A Comment." In: *Management International Review,* 31. Jg., Heft 1, 1991, S. 92-93.

Carl-Sime, C.: "Quantensprünge sind angesagt." In: *Top Business,* o. Jg., Heft 11, 1994, S. 86-89.

Chang, C. S.: *Comparative Analysis of Management Systems – Korea, Japan, and the United States.* Working Paper, Korea-U.S. Management Symposium, April 1983.

Cunningham, R. B.: *Arab Management.* Arbeitspapier, University of Tennessee 1989.

Dangel, J.W.: "Business Process Reengineering – Radikale Umgestaltung von Geschäftsprozessen." In: *Management-Zeitschrift io,* 63. Jg., Heft 5, 1994, S. 31-33.

Dederra, E.: "Theorie Z" – Schlusspunkt oder Ausflucht?" In: *Fortschrittliche Betriebsführung/Industrial Engineering,* 31. Jg., Heft 5, 1982, S. 37-383.

Doe, P.: "Productivity – Compare Your Company to the Japanese." In: *Electronic Business,* 14. Jg., Heft 12, 1988, S. 72-73.

Epner, P.: "Managing Chinese Employees." In: *China-Business Review,* 18. Jg., Heft 4, 1991, S. 24-30.

Fieten, R.: "Schlagwort oder neue Konzeption?" In: *Beschaffung aktuell*, o. Jg., Heft 9, 1991, S. 16-17.

Freiling, J.: *Zulieferer am Scheideweg – Das Strategische Zuliefer.Marketing vor dem Hintergrund des Verdrängungswettbewerbs.* Arbeitsbericht Nr. 51, Ruhr-Universität Bochum 1992.

Friedrich, A.: "Flache Hierarchien – Was geschieht mit den Führungskräften?" In: *Personal*, 46. Jg., Heft 8, 1994, S. 376-378.

Frese, E.: "Exzellente Unternehmungen – konfuse Theorien." In: Die Betriebswirtschaft, 45. Jg., Heft 5, 1985, S. 604-606.

Garding, C.: "Autozulieferer – Angst im Nacken." In: *Wirtschaftswoche*, 45. Jg., Heft 36, 1991, S. 138-140.

Gotschall, D./Hirn, W.: "Schlanke Linie." In: *Manager Magazin*, 22. Jg. Heft 4, 1992, S. 203-221.

Grant, R. M./Krishnen, R./Shani, A. B./Baer, R.: "Appropriate Manufacturing Technology – A Strategie Approach." In: *Sloan Management Review*, 33. Jg., Heft 1, 1991, S. 43-54.

Hall, G., Rosenthal, J., Wade, J.: "How to Make Reengineering Really Work." In: *Harvard Business Review*, 71. Jg., Heft 6, 1993, S. 119-131.

Hammer, M.: "Reengineering Work – Don't Automate, Obliterate." In: *Harvard Business Review*, 68 Jg., Heft 4, 1990, S. 104-112.

Hammer, M./Champy, J.: *Reengineering the Corporation.* London 1993.

Hau-Siu Chow, I./Shenkar, O.: "HR Practices in the People's Republic of China." In: *Personnel*, 66. Jg., Heft 12, 1990, S. 41-47.

Herrmann-Pillath, C.: *Perestrojka und tizhi-gaige – Komparative Betrachtungen zur "radikalen Umgestaltung" der wirtschaftlichen Lankung der UdSSR und in der VR China.* Teil I, Köln 1989.

Hoffmann, F.: "Unternehmenskultur in Amerika und Deutschland." In: *Harvardmanager,* 9. Jg., Heft 4, 1987, S. 91-97.

Holton, R. H.: "Human Resource Management Practice in China – A Future Perspektive." In: *Management International Review*, 30. Jg., 1990, Special Issue, S. 121-136.

Imai, M.: *Kaizen – Der Schlüssel zum Erfolg der Japaner im Wettbewerb.* München, 1992.

Jaques, E.: *The Changing Culture of a Factory.* London 1951.

Jin-Sheng, L.: *Geschäfte in China.* Hambug 1989.

Jones, D. T.: "Surely There Is a Better Way of Selling Cars." In: *Marketing & Research Today,* 19. Jg., Heft 2, 1991, S. 87-92.

Jung, H.F.: "Kaizen – Ein Konzept des mitarbeiterorientierten Managements." In: *Personal,* 45. Jg., 8/1993, S. 359-363.

Karmarkar, U.: "Just-in-Time – Kanban oder was?" In: *Harvardmanager,* 12. Jg., Heft 3, 1990, S. 84-91.

Kendrick, J. J.: "Productivity Pays at Nucor." In: *Quality,* 27. Jg., Heft 2, 1988, S. 18-20.

Krafcik, J. F.: "A new Diet for U.S. Manufacturing." In: *Technology Review,* 92. Jg., Heft 1, 1989, S. 28-36.

Krafcik, J. F.: "Triumpf of the Lean Production System." In: *Sloan Management Review,* 30. Jg., Heft 1, 1988, S. 41-52.

Krüger, W.: "Hier irrten Peters und Watermann." In: *Harvard Manager,* 11. Jg., Heft 1, 1989, S. 13 – 22.

Laaksonen, O.: *Management in Chine.* Berlin – New York 1988.

Lee, S. M./Yoo, S.: "The K-Type Management." In: *Mangement International Review,* 27. Jg., Heft 4, 1987, S. 68-77.

Lie, J.: "Is Korean Management Just Like Japanese Management?" In: *Management International Review,* 30. Jg., Heft 2, 1990, S. 113-118.

Macharzina, K./Wolf, J.: "Die Bank als multikulturelle Arena." In: Siebertz, P. v. Stein, J.H. (Hrsg.): *Handbuch Banken und Personal.* Frankfurt/Main, 1999, S. 797 – 817.

Macharzing, K./Oesterle, M.-J., Wolf, J.: *Strenghts and Weakness of European Management Styles – An International Comparison.* Positionspapier für den ersten Workshop der Roland Berger & Partner Stiftung für Europäische Unternehmensführung. Stuttgart 1994.

Macharzina, K./Oesterle, M.-J., Wolf, J.: "Europäische Managementstile – Eine kulturorientierte Analyse." In: Berger, R., Steger, U.: *Auf dem Weg zur Europäischen Unternehmensführung,* 1998, S. 137-164.

Maier, F.: "Reengineering – Revolution der Prozesse." In: *Top-Business,* o. Jg., Heft 12, 1993, S. 46-54.

Machetzki, R./Pohl, M.: *Korea.* Stuttgart-Wien 1988.

Malorny, C.: *TQM umsetzen – Der Weg zur Business Excellence.* Stuttgart 1996.

Morris, D., Brandon, J.: *Re-engineering Your Business.* New York et. al 1993.

Negandhi, A. R./Welge, M. K.: *Beyond Theory Z – Global Rationalisation Strategies of American, German and Japanese Multinational Companies.* Greenwich 1984.

O'Conner, M. J.: "Lean Retaling." In: *Supermarket Business*, 46. Jg., Heft 10, 1991, S. 29-93.

Osterloh,, M., Frost, J.: *Prozessmanagement als Kernkompetenz.* 2. Aufl., Wiesbaden, 1998.

o. V.: "Vertrauen und gerechtes Teilen." In: *Beschaffung aktuell*, o. Jg., Heft 10, 1991, S. 16-18.

Ouchi, W. G.: *Theory-Z – How American Business Can Meet the Japanese Chalenge.* Reading 1981.

Park, T. H.: *Führungsverhalten in unterschiedlichen Kulturen.* Diss. Mannheim 1983.

Pascale, R. T./Athos, A. G.: *The Art of Japanese Management.* New York 1981.

Peters, T. J./Waterman, R. U.: *In Search of Excellence.* New York et. al. 1982.

Reiss, M.: "Reengineering – Radikale Revolution oder realistische Reform." In: Horváth, P. (Hrsg.): *Kunden und Prozesse im Fokus – Controlling und Re-engineering.* Stuttgart, 1994, S. 9 – 26.

Rüssmann, K.-H.: "Konsens statt Konflikt." In: *Manager Magazin*, 11. Jg., Heft 8, 1981, S. 36-41.

Runkle, D. L.: "Taught in America." In: *Sloan Management Review*, 33. Jg., Heft 1, 1991, S. 67-72.

Sandner, R.: *Untersuchung zur Wirkung handlungssteuernder Kulturstandards in der Interaktion zwischen Deutschen und Chinesen.* Regensburg 1989.

Sayles, L. R.: "Managerial Productivity – What Is Fat and What Is Lean?" In: *Interfaces*, 15. Jg., Heft 3, 1985, S. 54-59.

Schlote, S./Kowalewsky, R.: "Flexible Fabrik – Mit japanischen Produktionsmethoden hoffen Deutschlands Autobauer zur fernöstlichen Konkurrenz aufschließen zu können." In: *Wirtschaftswoche*, 45. Jg., Heft 38, 1991, S. 52-64.

Schwager, M.: *KaiZen – Der sanfte Weg des Reengineering.* Freiburg-Berlin-München, 1997.

Schwarzer, B.: "Die Rolle der Information und des Informationsmanagements in Business Process Re-engineering-Projekten." In: *Information Management*, 9. Jg., Heft 1, 1994, S. 30-35.

Servatius, H.-G.: *Reengineering-Programme umsetzen – Von erstarrten Strukturen zu fließenden Prozessen.* Stuttgart, 1994.

Shenkar, O.: "International Joint Ventures'Problems in China – Risks and Remedies." In: *Long Range Planning,* 23. Jg., Heft 3, 1990, S. 82-90.

Shin, Y.: *Structures and Problems of Korean Enterprises.* Seoul 1985.

Sparberg, L. F.: "Exzellente Unternehmen – Praxiserfahrungen." In: *Die Betriebswirtschaft,* 45. Jg., Heft 5, 1985, S. 606-608.

Steger, U.: (Hrsg.): *Industriepolitik – Eine Antwort auf die japanische Herausforderung?* Frankfurt/Main 1993.

Steinbeck, H.-H.: (Hrsg.): *CIO-Kaizen-KVP – Die kontinuierliche Verbesserung von Produkt und Prozeß.* Landsberg/Lech 1994.

Stewart, T. A.: "Re-engineering – The Hot New Managing Tool." In: *Fortune,* 128. Jg., Heft 4, 1993, S. 32 – 37.

Strassmann, P.A.: "Re-engineering – An emetic in a perfume bottle?" In: *Computerworld,* 27. Jg., Heft 33, 1993, S. 33.

Strassmann, P.A.: "The Hocus-pocus of Reengineering." In: *Across the Board,* 31. Jg., Heft 6, 1994, S. 35-38.

Strittmatter, F.J.: "Ich habe meine Firma auf den Kopf gestellt". In: *Impulse,* o. Jg., Heft 6, 1994, S. 94-105

Sullivan, J.J.: "A Critique of Theory Z." In: *Academy of Management Review,* 8. Jg., Heft 1, 1983, S. 132-142.

Talwar, R.: "Business Re-engineering – A Strategy-driven Approach." In: *Long Range Planning,* 26. Jg., Heft 6, 1993, S. 22-40.

Teng, J.T.C., Grover, V., Fiedler, K.D.: "Re-designing Business Processes Using Information Technology." In: *Long Range Planning,* 27. Jg., Heft 1, 1994, S. 95-106.

Töpfer, A.: *Total Quality Management – Anforderungen und Umsetzung im Unternehmen,* 4. Aufl. Berlin 1995.

Tomasko, R. M.: "Running Lean, Staying Lean." In: *Management Review,* o. Jg., Heft 11, 1987, S. 32-38.

Trist, E.: "Sozio-technische Systeme – Ursprünge und Konzepte." In: *Organisationsentwicklung.* 8. Jg., Heft 4, 1990, S. 10-26.

Venkatraman, N.: "IT-Induced Business Reconfiguration." In: Scott Morton, M.S. (Hrsg.), *The Corporation of the 1990s.* New York – Oxford 1991, S. 122-158.

Volk, H.: "Kaizen – nicht Wunder oder Geheimwaffe, nur viel Gemeinsamkeit." In: *Management Zeitschrift io*, 62. Jg., Heft 2, 1993, S. 78-79.

Wächter, H.: "Zur Kritik an Peters und Waterman. " In: *Die Betriebswirtschaft*, 45. Jg., Heft 5, 1985, S. 608-609.

Warner, M.: "Managing Human Resources in China – An Empirical Study." In: *Organization Studies*, 7. Jg., Heft 4, 1986, S. 353-366.

Weihrich, H.: "Management Practices in the United States, Japan, and the People's Republic of China. " In: *Industrial Management*, 32. Jg., Heft 2, 1990, S. 3-7.

Whang, I.-J.: *Management of Rural Change in Korea.* Seoul 1981.

Wildemann, H.: "Einführungsstrategien für eine Just-in-Time-Produktion und -Logistik. " In: *Zeitschrift für Betriebswirtschaft*, 61. Jg., Heft 2, 1991, S. 149-169.

Wildemann, H.: *Fertigungsstrategien – Reorganisationskonzepte für eine schlanke Produktion und Zulieferung.* München, 1993.

Womack, J. P./Jones, D. T./Roos, D.: The Machine that Changed the World. New York et al. 1990.

Yoo, S./Lee, S. M.: "Management Style and Practice of Korean Chaebols. " In: California Management Review, 24. Jg., Heft 4, 1987, S. 95-110.

Zhuang, S. C./Whitehill, A. M.: "Will China Adopt Western Management Practices?" In: *Business Horizons*, 32. Jg., Heft 2, 1989, S. 58-64.

Fälle und Übungen (12):

Kulturspezifik von Fertigungsverfahren

12.1

Klären Sie unter Bezugnahme auf den Text von Macharzina, weshalb die Fertigungsmerkmale in japanischen und amerikanischen Automobilwerken Anfang der achtziger Jahre in der nachfolgend angegebenen Weise unterschiedlich ausfielen. Welche kulturspezifischen Aspekte Konzepte erweisen sich hierbei jeweils als einflussgebend?

Merkmale	Japanische Werke in Japan	Amerikanische Werke in den USA
Produktivität (Produktionsstunden/ Fahrzeug)	16,8	25,1
Lagerbestand (Tage für 8 ausgewählte Teile)	0,2	2,9
Anteil Teamarbeiter (in % der Belegschaft)	69,3	17,3
Job Rotation (0= keine; 4= häufig)	3,0	0,9
Ausbildungsdauer neuer Mitarbeiter in der Produktion (Std.)	380,3	46,6
Qualität (Montagefehler/ 100 Fahrzeuge)	60,0	82,3

(nach: Gerd Zülch (Hg.), Vereinfachen und verkleinern: die neuen Strategien in der Produktion. Stgt. 1994)

12.2

Setzen sie sich kritisch mit Ouchis These auseinander, das „Modell Z" sei universell und damit kulturunabhängig anwendbar.

12.3

Ouchis „Theory Z" stellt eine Synthese aus den Modellen A (US-Organisationskultur) und J (Japanische Organisationskultur) dar. Aus der Sicht eines interaktionistischen Verständnisses von Interkulturalität stellt eine solche Synthese allenfalls ein Kunstprodukt, nicht aber eine durch Synergie charakterisierte „Interkultur" dar. Erklären Sie warum. Argumentationshilfen bietet u.a. auch der Beitrag von Wierlacher/Hudson-Wiedemann in diesem Band.

12.4

Wie die nachstehende Grafik veranschaulicht, waren die Produktionsregimes von Volkswagen und Toyota in den achtziger Jahren in nahezu jeder Hinsicht gegensätzlich.

Erläutern Sie zunächst mögliche Ursachen dieser Differenzen. Sofern seinerzeit ein *merger* zwischen den beiden Unternehmen zur Diskussion gestanden hätte: Welche Lösung hätten sie hinsichtlich der Gestaltung der Produktionsorganisation vorgeschlagen?

Profilmerkmal	*niedrig*	*mittel*	*hoch*
Fertigungstiefe			
Automatisierungsgrad			
Just-in-time			
Job-Rotation			
Fixierung von Leistungsnormen			
Horizontale Aufgabenteilung			
Autonomie der Interessenvertretung			
Ausbildungszeit neuer Mitarbeiter			
Teamarbeit			
Spezialisierung der Mitarbeiter			
Konsensentscheidungen			

Toyota: ──────────

Volkswagen: ·······································

12.5

Aufgrund einer Reihe schlechter Erfahrungen bei dem Versuch, in internationalen Kooperationen Organisationsprinzipien, Führungsstile oder Unternehmensgrundsätze zu synthetisieren, tendiert man heute eher dazu, die jeweilige (unternehmens-)kulturelle Identität der Partner so weit wie möglich zu wahren. Diskutieren sie die Vor- und Nachteile, die hiermit verbunden sind.

Weiterführende Literatur

Bolten, J.: Können internationale Mergers eine eigene Identität ausbilden? Schriftenreihe des IIK Bayreuth 7/2000

Hasenstab, M.: Interkulturelles Management. Sternenfels/Berlin 1999

Höhne, S/ Nekula, M (Hg.): Sprache, Wirtschaft, Kultur. Deutsche und Tschechen in Interaktion. München 1997

Joynt, P./ Warner, M. (Hg.): Managing across Cultures. London/ Boston 1996

Meckl, R.: Der Mergers & Acquisitions-Prozeß. In: J. Bolten/D. Schröter (Hg.): Im Netzwerk der Kulturen. Sternenfels/ Berlin 2001, 14-32

Mönikheim, S.: Die Entwicklung des interkulturellen Managements am Beispiel der Dasa. In: C. Barmeyer/J. Bolten (Hg.), Interkulturelle Personalorganisation. Sternenfels 1998, 107-122

Ouchi, W.G.: Theory Z - How American Business can meet the Japanese Challenge. Reading 1981

Sell, A.: Internationale Unternehmenskooperationen. München, Wien 1994.

Stüdlein, Y.: Management von Kulturunterschieden: Phasenkonzept für internationale strategische Allianzen. Wiesbaden 1997

Thomas, A.: Psychologische Bedingungen und Wirkungen internationalen Managements – analysiert am Beispiel deutsch-chinesischer Zusammenarbeit. In: Johann Engelhard (Hrsg.), Interkulturelles Management. Wiesbaden 1997, 111-134.

Interkulturelles Coaching, Mediation, Training und Consulting als Aufgaben des Personalmanagements internationaler Unternehmen*

Jürgen Bolten

Einleitung: Interkulturelle Personalentwicklung – ein hoffähig gewordener Aufgabenbereich der Personalorganisation internationaler Unternehmen

Interkulturelle Fragestellungen werden in der internationalen Managementforschung bereits seit den späten achtziger Jahren intensiver diskutiert. Ursprünglich entstanden aus Fragestellungen der kulturvergleichenden Managementforschung, thematisieren sie nicht nur die Kulturspezifik von Führungs-, Denk- und Lernstilen. Über die – letztlich immer auch statische- Kontrastierung dieser Spezifika hinaus, geht es der interkulturellen Management – oder Wirtschaftskommunikationsforschung vielmehr um den Prozess, um die Dynamik interkulturellen Handelns selbst.

Und da es in nahezu keinem Fall so ist, dass sich kulturspezifisches Handeln in der Weise realisieren würde, wie es in intrakulturellen Interaktionszusammenhängen der Fall wäre. Erwartungen an das Verhalten des fremdkulturellen Partners, Vorurteile, Selbst-, Fremd- und Metabilddynamiken oder auch Erfahrungen, die man in interkulturellen Situationen bereits gesammelt hat, lassen den interkulturellen Prozess zu einem nur sehr schwer kalkulierbaren und z.B. in Hinblick auf die Dominanz bestimmter kultureller Handlungsweisen weitgehend unvorhersagbaren Ereignis werden.

Diese Unvorhersagbarkeit, vor allem aber die Tatsache, dass die Mitglieder einer solchen „Interkultur" im Unterschied zu eigenkulturellen Kontexten eben nicht gemeinsame Werthaltungen, Wissensvorräte, Denkhaltungen oder auch Problemlösungsstrategien mitbringen, bedingt, dass häufiger als in eigenkulturellen Situationen verdeckte Missverständnisse stattfinden, Entscheidungen unklar weil unverstanden bleiben oder sich Konflikte in dem Sinne als asymmetrische ereignen, dass einigen Teammitgliedern überhaupt nicht bewusst ist, einen Konflikt verursacht zu haben oder sich in einer Konfliktsituation zu befinden.

---

* Beitrag entnommen aus: Clermont, A. u.a. (Hg.): Strategisches Personalmanagement in Globalen Unternehmen. München 2001, 909-926, Verlag Vahlen

Derartige Probleme führen in internationalen Teams immer wieder zu erheblichen Reibungsverlusten, die oft ein Scheitern der Teamarbeit und letztlich auch den Abbruch internationaler Unternehmenskontakte nach sich ziehen.

Vor diesem Hintergrund haben z.b. international arbeitende deutsche Unternehmen bereits in den achtziger Jahren – wenngleich zögerlich – begonnen, interkulturelle Trainings anzubieten.

Der Erfolg war gemessen an der Resonanz der Teilnehmer eher gering, weil entweder Trainings angeboten wurden, die suggerierten, Kulturmerkmale per Indexwert bestimmen und auf diese Weise eine Kultur verstehen zu können (Hofstede 1980) oder die mittels exotischer Sensibilisierungsübungen zwar ein Gefühl von Fremdheit zu vermitteln in der Lage waren, die aber gerade aufgrund ihrer überzogenen Fiktionalität von Managern kaum ernstgenommen wurden. Zumal beide Trainingsformen dazu tendierten, Stereotype eher auf- als abzubauen, waren sie schnell (und sind es immer noch) mit den Ruf des Unprofessionellen und Unseriösen belastet.

Diese Bedenken wurden von der interkulturellen Kommunikationsforschung in der zweiten Hälfte der neunziger Jahre aufgegriffen. Seitdem zeichnen sich folgende neue Tendenzen ab: Trainings off-the-job werden aus inhaltlichen und zeitlichen Gründen immer häufiger durch Trainings-on-the-job oder zumindest durch realitätsnahe interkulturelle Planspiele ergänzt bzw. ersetzt, die methodisch einen Übergang zu team- oder individuenspezifischen Coachings ermöglichen.

Die Qualität interkultureller Personalentwicklungsmaßnahmen insgesamt hat sich in den vergangenen Jahren erheblich verbessert, so dass man heute nicht nur um den prinzipiellen Bedarf an interkultureller Weiterbildung weiß, sondern bei der Suche nach effizienten Maßnahmen auch leichter fündig wird als dies noch Mitte der neunziger Jahre der Fall gewesen ist. Nach wie vor ist allerdings das Berufsbild des interkulturellen Trainers und Consultants noch sehr wenig profiliert. Entsprechende Ausbildungsgänge werden insbesondere im Rahmen von Magister und Diplomstudiengängen erst an wenigen Universitäten wie z.B. in Jena, Chemnitz, München, Saarbrücken und Passau angeboten.

Was unterscheidet interkulturelles Training, Consulting, Coaching und Mediation voneinander?

In den beiden letzten Jahren ist neben dem interkulturellen Trainer und Consultant allerdings auch zunehmend vom interkulturellen „Mediator" und „Coach" die Rede. Dies hat wesentlich mit der in den vergangenen Jahren zu beobachtenden Entwicklung von Trainings off-the-job zu Trainings on-the-job zu tun. Die Gründe des Wandels hängen mit der größeren Effizienz und Praxisnähe bzw. mit dem integrativeren holistischeren Ansatz der trainings-on-the-job zusammen. Dies ist in der neueren Literatur zur interkulturellen Wirtschaftskommunikationsforschung verschiedentlich beschrieben worden (Stüdlein 1997, Bolten 1998).

Interkulturelles Training und interkulturelles Consulting sind bislang freilich in erster Linie als Maßnahmen off-the-job charakterisiert, so dass vor dem Hintergrund des beschriebenen Wandels deutlich wird, weshalb das Interesse gegenwärtig weniger auf Entwicklungen des Trainings/Consultings als vielmehr des Coachings und der Mediation gerichtet ist.

Maßnahmen off-the-job	Maßnahmen on-the-job
interkulturelle Trainings	*interkulturelle Mediation*
(als konventionelle kognitive und sensitive Trainings);	(Mittlertätigkeit bei offenen und verdeckten Konflikten in multikulturellen Teams)
interkulturelle Planspiele	
(Berufsfeldbezogene Planspiele, in denen interkulturelle on-the-job-Situationen simuliert werden)	
interkulturelles Consulting	*interkulturelles Coaching*
(interkulturelle Beratung des Personalmanagements bei Fragen der Besetzung internationaler Teams sowie bei Entsendungs- und Reintegrationsprozessen)	Betreuung und Supervision multikultureller Teams mit dem Ziel, eigenes kulturspezifisches Handeln bewußt zu machen, zu thematisieren und Synergiepotentiale als Zielvorgaben zu formulieren

Abb. 1: Trainer, Consultant, Mediator und Coach im Fadenkreuz von
on-the-job- und off-the-job-Tätigkeit

Freilich ist diese Schwerpunktverschiebung nicht in der Weise aufzufassen, dass eine Ablösung interkulturellen Trainings und Consultings durch interkulturelles Coaching und Mediation bevorstünde oder anzuraten sei.

So wie interkulturelles Consulting als konzeptioneller Faktor bei Fragen der Organisation und Akquisition internationaler Teams nach wie vor einen äußerst bedeutsamen Stellenwert besitzen wird, so soll auch keineswegs die Notwendigkeit interkultureller Trainings off-the-job in Frage gestellt werden. Vor Entsendungen oder als Personalentwicklungsmaßnahmen im Gefolge interkultureller Assessment-Center werden derartige Trainings in all ihren Variationen auch künftig Berechtigung besitzen und von international agierenden Unternehmen zweifellos auch durchgeführt werden. Zu den Problemstellen derartiger Trainingsmaßnahmen zählt allerdings bekanntlich, dass die Zeitbudgets der Unternehmen in der Regel nur für sehr schmale Trainingsmaßnahmen ausreichen. Und in einem Zwei- oder Drei-Tages-Seminar wird man weder eine Kultur in ihrer Komplexität erfassen, noch wird man – beispielsweise im Rahmen interkultureller Sensibilisierung – auf die spezifischen Eigenarten interkulturellen Handelns hinreichend vorbereitet werden können.

offeneKonflikte	**Mediator** als Konfliktmanager; kann *Trainings* empfehlen	*Methoden u.a.:* Konflikt thematisieren und mit den Beteiligten erläutern: ggf. Videoanalyse; ggf. kulturelle Ursachen thematisieren und verständlich machen
latente/ unbewusste Missverständnisse	**Coach** als Metakommunikator, Supervisor, Moderator und bei Konflikten als Mediator; kann *Trainings* empfehlen	*Methoden u.a.:* Interaktionsbegleitung, Kommunikationsanalyse, Interaktionsbeschreibung (Video), Analyse durch Team, ggf. Thematisierung und Erläuterung der Mißverständnisse
Synergienfindung	**Coach** als Moderator und Fachexperte. Er setzt ggf. die Vorschläge eines *Consultants* mit dem Team in die Rraxis um	*Methoden u.a.:* individuelle Stärke-/ Schwächenanalyse in be zug auf interkulturelle Handlungskompetenz; mit den Team mitgliedern Zielvereinbarungen für künftige Interaktionen (Synergiepotentiale) benennen

Abb. 2: Positionierung des interkulturellen Mediators/Coachs
in on-the-job-Kontexten

In diesem Sinne sind on-the-job-Maßnahmen wie das Coaching nicht als Ersatz, sondern als Ergänzung und damit als Mehrwert zu verstehen.

Die on-the-job/off-the-job-Differenzierung mag des weiteren eine Abgrenzbarkeit von Berufsbildern suggerieren, die in dieser Form zwar denkbar, aber keineswegs wünschenswert ist. Auch wenn mit zunehmender Inanspruchnahme von Dienstleistungen aus dem Bereich der interkulturellen Personalentwicklung eine Arbeitsteilung z.b. in Trainer auf der einen und Coaches auf der anderen Seite wahrscheinlich sein wird, sollte sich interkulturelle Personalentwicklungskompetenz in der Fähigkeit dokumentieren, alle der genannten Bereiche vertreten zu können.

Abbildung 2 veranschaulicht einerseits die Positionierung von interkulturellem Mediator und Coach innerhalb des on-the-job-Spektrums, zeigt aber gleichzeitig auch die Anschlussstellen zu Training und Consulting: Gemeinsam ist allen interkulturellen Personalentwicklungsmaßnahmen – ob off-the-job oder on-the-job – dass im Mittelpunkt ihrer Bestrebungen die Entwicklung bzw. Optimierung interkultureller Kompetenz steht.

Da interkulturelle Kompetenz als dementsprechend gemeinsamer Gegenstandsbereich der beschriebenen interkulturellen Personalentwicklungsmaßnahmen fungiert, erscheint es sinnvoll, diesbezüglich den *state of the art* kurz zu charakterisieren. Hierauf aufbauend wird es dann möglich sein, aktuelle Methoden und Inhalte von interkulturellem Training, Consulting, Coaching und Mediation zu beschreiben und in Hinblick auf ihren möglichen Beitrag zur Verbesserung interkultureller Kompetenz zu überprüfen.

Interkulturelle Kompetenz

Unbeschadet sehr unterschiedlicher inhaltlicher Detailbestimmungen des Begriffs „Interkulturelle Kompetenz" (vgl. den Forschungsbericht von Dinges/Baldwin 1996) hat sich in den vergangenen Jahren die von Gertsen (1990) vorgeschlagene übergreifende Differenzierung in affektive, kognitive und verhaltensbezogene Dimensionen interkultureller Kompetenz weitgehend durchgesetzt. Eine der ausführlichsten Zuordnungen von Teilkompetenzen zu diesen Dimensionen hat Stüdlein (1997, 154ff) vorgenommen, wobei sie allerdings sehr ausdrücklich sowohl auf die Vagheit der Forschungsresultate hinweist als auch darauf, dass nicht alle der genannten Merkmale in allen Situationen und unabhängig von den spezifischen interkulturellen Kontexten erfolgreich sind. Erweitert um weitere als wesentlich einzustufende Teilaspekte wie Rollendistanz und Metakommunikationsfähigkeit in der Fremdsprache (u.a. Bolten 2000a) ergibt sich folgende Strukturierung interkultureller Kompetenz:

Affektive Dimension	Kognitive Dimension	Verhaltensbez. Dimension
• Ambiguitätstoleranz • Frustrationstoleranz • Fähigkeit zur Stress-bewältigung und Komplexitätsreduktion • Selbstvertrauen • Flexibilität • Empathie, Rollendistanz • Vorurteilsfreiheit, Offenheit, Toleranz • Geringer Ethnozentrismus • Akzeptanz/ Respekt gegenüber anderen Kulturen • Interkulturelle Lernbereitschaft	• Verständnis des Kulturphänomens in bezug auf Wahrnehmung, Denken, Einstellungen sowie Verhaltens- und Handlungsweisen • Verständnis fremdkultureller Handlungszusammenhänge • Verständnis eigenkultureller Handlungszusammenhänge • Verständnis der Kulturunterschiede der Interaktionspartner • Verständnis der Besonderheiten interkultureller Kommunikationsprozesse • Metakommunikationsfähigkeit	• Kommunikationswille und – bereitschaft i.S. der initiierenden Praxis der Teilmerkmale der affektiven Dimension • Kommunikationsfähigkeit • Soziale Kompetenz (Beziehungen und Vertrauen zu fremdkulturellen Interaktionspartnern aufbauen können)

Abb. 3: Neuere Einteilung interkultureller Kompetenz in „Dimensionen"

Im Gegensatz zu älteren Konzeptionen interkultureller Kompetenz werden heute vor allem zwei Aspekte in grundlegend anderer Weise perspektiviert: Innerhalb der *kognitiven Dimension* ist eine einseitige Gewichtung fremdkulturellen Wissens abgelöst worden durch ein gleichwertiges Verhältnis des Wissens um eigen-, fremd- und interkulturelle Prozesse. Zweifellos sind solche Beschreibungen interkultureller Kompetenz sehr komplex, und es stellt sich die berechtigte Frage, inwieweit Teilkompetenzen insbesondere der affektiven Dimension tatsächlich spezifisch für interkulturelles Handeln sind. So zählen Frustrationstoleranz, Flexibilität oder Selbstvertrauen fraglos zu grundlegenden Kompetenzen eines erfolgreichen Führungsverhaltens schlechthin. Es ist daher kaum haltbar, diesbezüglich von eigenständigen Merkmalen interkultureller Kompetenz zu sprechen.

Hier zeigt sich, dass es methodisch keineswegs unproblematisch ist, interkulturelle Kompetenz insgesamt als eigenständigen Bereich einer allgemeinen Handlungskompetenz zu verstehen. Sinnvoller wäre es wahrscheinlich, von einer übergreifenden internationalen Handlungskompetenz zu sprechen, die sich aus den interdependenten Bereichen der individuellen, sozialen, fachlichen und strategischen Kompetenz konstituiert und interkulturelle Kompetenz dabei gleichsam als Bezugsrahmen oder als Folie versteht. Es geht also nicht generell beispielsweise um „Empathie" wie sie auch in jedem intrakulturellen Handlungskontext notwendig ist, sondern darum, Einfühlungsvermögen in Hinblick auf Kontexte zu zeigen, die sich der Erklärbarkeit z.b. aus der eigenen Sozialisation heraus entziehen.

Eine solche Integration interkultureller Kompetenz in den Bereich internationalen Management-Handelns insgesamt – nicht als eigenständige Kompetenz, sondern als Bezugsgröße – lässt sich graphisch wie in Abb. 4 darstellen:

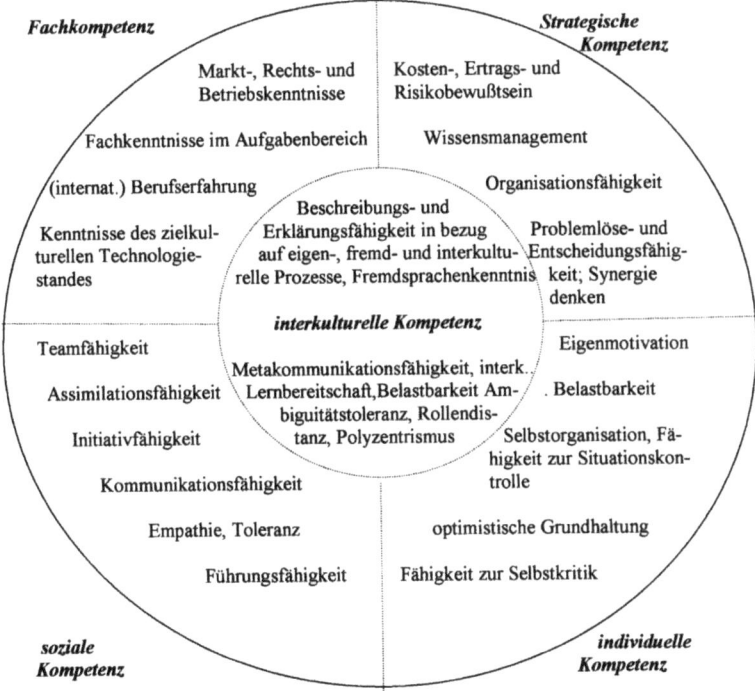

Abb. 4: Komponenten internationaler Management-Kompetenz

Wie die vier Kompetenzfelder des äußeren Bereiches untereinander interdependent sind, so gilt gleiches jeweils in bezug auf den Bereich interkulturellen Handelns.

So realisiert sich beispielsweise das Problemlöseverhalten als Teil der strategischen Kompetenz immer in Wechselwirkung sowohl mit fachlichen, individuellen und sozialen als auch interkulturellen Teilkompetenzen und umgekehrt. In diesem Sinn kann das Zusammenspiel der äußeren vier Kompetenzfelder als *intra*kulturelle, dasjenige aller fünf Felder als internationale/*inter*kulturelle Management-Kompetenz bezeichnet werden.

Die Bedeutung der Interdependenz der Einzelkompetenzen für den Handlungserfolg wird deutlich, wenn man die Gründe für das Scheitern von Auslandsentsendungen näher analysiert (Kiechl/ Kopper 1992, 112f, Warthun 1997, 116f, Stüdlein 1997, 91ff, Stahl 1998). Hier zeigt sich, dass gerade die am häufigsten genannten Misserfolgsursachen wie etwa mangelnde Anpassung an die neue Umwelt, unrealistische Erwartungshaltungen, familiäre/persönliche Probleme, Führungsschwäche oder unzureichende Einlösung der Stammhausinteressen nicht auf Defizite in einem einzigen der genannten Kompetenzbereiche zurückgeführt werden können. So setzt Teamfähigkeit in einer fremdkulturellen Umwelt das gelungene *Zusammenspiel* von fachlicher, strategischer, interkultureller individueller und sozialer Kompetenz beispielsweise in dem Sinne voraus, dass jemand in der Lage sein muss, fachlich fundierte Entscheidungsprozesse kommunikativ so zu steuern, dass innerhalb eines internationalen Teams eine größtmögliche kognitive und emotionale Akzeptanz entsteht. Fremdsprachenkenntnisse, Führungsfähigkeit, Empathie oder fremdkulturelles Wissen sind hierfür u.a. Voraussetzung, führen aber – für sich genommen – noch nicht zum Erfolg.

In einer Art Umkehrschluss gilt für die konzeptionelle Seite interkultureller Personalentwicklungsmaßnahmen, dass sie der Komplexität ihrer Aufgabe dann nicht gerecht wird, wenn sie nicht in der Lage ist, (a) affektive, kognitive und verhaltensbezogene Aspekte interkultureller Kompetenz miteinander zu verknüpfen und sie (b) in einen Handlungszusammenhang zu integrieren, der das Zusammenspiel mit den anderen genannten Teilbereichen internationaler Kompetenz einschließt (vgl. Kiechl 1997).

Da sich die beschriebene Komplexität auf interkulturelle *Prozesse* on-the-job bezieht, ist sie selbst in permanenter Veränderung begriffen. Damit wird deutlich, dass interkulturelles Training und Consulting eher punktuell arbeiten, um derartige Prozessverläufe *vorzubereiten*, um Teams für den interkulturellen Berufsalltag zu wappnen, während Mediation und Coaching unmittelbar *in diese Dynamik eingreifen.*

Wie letzteres methodisch zu leisten ist, ist bislang wenig diskutiert, wohingegen interkulturelles Consulting und Training unter methodisch-inhaltlichen Gesichtspunkten relativ umfassend beschrieben sind.

Dementsprechend sind die nachstehenden Methoden- und Aufgabenbeschreibungen zu interkulturellem Training und Consulting auch eher auf eine Zusammenfassung aktueller Forschungsergebnisse bezogen, während die Aspekte interkultureller Mediation und interkulturellen Consultings überwiegend allenfalls heuristisch im Sinne einer Ideenfindung und eines methodischen Versuchs behandelt werden können.

Inhalte und Methoden interkulturellen Trainings, Consultings, Coachings und interkultureller Mediation

a. Interkulturelle Trainings

Auch wenn in der interkulturellen Trainingsforschung und -praxis zunehmend ein Methodenmix propagiert wird, ist die Trainingsstrukturierung durchweg immer noch der isolierten Förderung von ziel- oder interkulturellen Einzelkompetenzen verpflichtet. In Anlehnung an die von Gudykunst/Guzley/Hammer (1996) vorgeschlagene Typologisierung interkultureller Trainings lassen sich gegenwärtig vier Trainingstypen unterscheiden[1]:

Kulturübergreifend-informatorische Trainings werden in Unternehmen relativ selten angeboten und sind eher dem Kanon einer Universitätsausbildung zuzurechnen. Als Beispiele zu nennen sind u.a. Seminare zur Theorie interkultureller Kommunikation, zur Kulturanthropologie und zur kulturvergleichenden Psychologie sowie umfangreichere Fallstudienbearbeitungen.

Kulturspezifisch-informatorische Trainings sind kognitiv orientiert und werden im Rahmen von Personalentwicklungsmaßnahmen in Deutschland zur Zeit am häufigsten durchgeführt. Sie bauen auf Studien der kulturvergleichenden Managementforschung auf und umfassen Informationen zum Zielland insbesondere in bezug auf Führungsstilmerkmale und alltagskulturelle Handlungskonventionen.

Als problematisch erweisen sich Trainings dieses Typs dann, wenn sie kulturspezifische Merkmale lediglich beschreiben, nicht aber in ihrem komplexeren kulturhistorischen Zusammenhang erklären. Hierzu zählt ein deskriptives Vorgehen nach dem sog. 4D-Modell (Hofstede 1980) ebenso wie Culture-Assimilator-Übungen, die sich bei der Analyse kritischer interkultureller Interaktionssituatio-

---

[1] Zu Beispielen und Quellenangaben für die einzelnen Trainingstypen siehe ausführlich Gudykunst/ Guzley/Hammer (1996)

nen auf Lösungsvorgaben nach dem multiple-choice-System beschränken. In beiden Fällen resultiert ein an „Do's und Taboos" ausgerichtetes Rezeptwissen, das eher stereotypenbildend als stereotypenabbauend wirkt.

Kulturübergreifend-informatorische Trainings	Kulturspezifisch-informatorische Trainings
• Culture-general Assimilator • Seminare zur interkulturellen Kommunikationstheorie, Kulturanthropologie und kulturvergleichenden Psychologie • Trainingsvideos • Diskursanalytisch fundierte Trainings • Fallstudienbearbeitung *Positiv*: *Hoher kognitiver Lerneffekt in bezug auf das Verständnis interkultureller Kommunikationsprozesse.* *Negativ*: *Zumeist eher akademischer Ansatz, der von Führungskräften als zu abstrakt bewertet wird.*	• Culture-specific Assimilator • Fremdsprachenunterricht • Kulturspezifische Seminare zu Geschichte, Alltagsgeschichte und Wertewandel eines Kulturraums • Fallstudienbearbeitung *Positiv*: *Tiefgehendes Verständnis in bezug auf die Entwicklung eines spezifischen kulturellen Systems ist möglich, sofern nicht nur deskriptiv, sondern auch erklärend verfahren wird.* *Negativ*: *Bei deskriptivem oder faktenhistorischem Vorgehen Reduktion auf Do's and Taboos; damit Gefahr der Stereotypenverstärkung.*
Kulturübergreifend-interaktionsorientierte Trainings	**Kulturspezifisch-interaktionsorientierte Trainings**
• Interkulturelle Workshops (multikulturelle Gruppen) • Simulationen, Rollenspiele zur interkulturellen Sensibilisierung • Self-Assessment-Fragebögen *Positiv*: *Interkulturalität wird bei kulturell gemischten Gruppen erfahrbar.* *Negativ*: *Simulationen etc. sind oft fiktiv und werden von den Teilnehmern nicht ernstgenommen.*	• Bikulturelle Communication Workshops • Kulturspezifische Simulationen • Verhandlungs-Rollenspiele • Sensitivity-Trainings *Positiv*: *Semiauthentische Erfahrung von wirtschaftsbezogenem interkulturellen Handeln, sofern das Training bikulturell besetzt ist.* *Negativ*: *Kulturspezifische Kenntnisse werden in der Regel nicht vermittelt.*

Abb. 5: Typologie interkultureller Trainings

Für ein Verständnis komplexer kultureller Systemzusammenhänge und -entwicklungen besser geeignet sind Ansätze, die Kultur als Kommunikationsprodukt verstehen und dementsprechend umgekehrt über die Analyse von Kommunikation spezifische kulturelle Stilmerkmale zu erschließen versuchen. Um individuenspezifische Varianzbreiten weitgehend ausschließen zu können, erweist sich diesbezüglich ein Zugang über kulturvergleichende Analysen kommunikativer (als kultureller) Stile (Geschäftsberichte, Verkaufsprospekte etc.) sinnvoller als eine Untersuchung mündlicher Kommunikationsprozesse.

Kulturübergreifend-interaktionsorientierte Trainings: Hierzu zählen allgemeinkultursensibilisierende Simulationen und Rollenspiele nach dem Vorbild von "Barnga" oder "Bafa-Bafa". Als Mitglieder fiktiver und zumeist sehr gegensätzlich konstruierter Kulturen müssen die Teilnehmer ein interkulturelles „Dazwischen" aushandeln und realisieren. Im Zentrum stehen hierbei affektive und verhaltensorientierte Lernziele wie Empathie, Ambiguitätstoleranz und der Umgang mit Plausibilitätsdefiziten. Aufgrund ihres mangelnden Realitätsbezugs und der Ausklammerung wirtschaftskommunikativer Aspekte werden derartige Trainings von Führungskräften in der Regel allerdings kaum akzeptiert.

Kulturspezifisch-interaktionsorientierte Trainings setzen – als off-the-Job-Trainings – Teilnehmergruppen voraus, in denen Personen sowohl aus dem Ziel- als auch aus dem Entsendungsland vertreten sind. Sie werden entweder in der Form von "Sensitivity Trainings" oder aber mittels Planspielen durchgeführt. Das primäre Ziel besteht in der gegenseitigen Auseinandersetzung mit Vorurteilen, Stereotypen und Verhaltenskonventionen. Als kontraproduktiv können sich derartige Trainings erweisen, wenn mangels Teilnehmern aus den Zielkulturen Mitglieder der eigenen Kultur entsprechende „Rollen" übernehmen.

Die Problematik, die alle der genannten Trainingstypen verbindet, besteht darin, dass für sich genommen keiner in der Lage ist, der Komplexität des Lernziels „interkulturelle Kompetenz" gerecht zu werden: Die beiden erstgenannten Trainingstypen vermitteln kulturelle Kenntnisse bzw. ein Wissen *über* interkulturelles Handeln; sie sind jedoch nicht in der Lage, Interkulturalität erfahrbar zu machen. Bezogen auf den Alltag der zu Entsendenden bleiben sie daher modular und abstrakt. Die beiden letztgenannten Trainingstypen sind unter der Voraussetzung einer entsprechenden Teilnehmerauswahl zwar geeignet, um Interkulturalität auch tatsächlich zu erzeugen. Hierbei bleiben jedoch insbesondere die rollenspielorientierten culture awareness-Seminare in bezug auf die Berufspraxis der Entsandten weitgehend inhaltsleer.

Ein Methodenmix bietet demgegenüber zwar den Vorteil, dass innerhalb eines einzelnen Trainings kognitive und verhaltensbezogene Aspekte kombiniert werden (u.a. Stüdlein 1997, 323). In der Praxis erfolgt diese Kombination jedoch im

Sinne eines vormittags-/nachmittags-Schemas in der Regel additiv und nicht integrativ, was nicht zuletzt auch zu Lasten der Intensität des Vermittelten geht.

Integrierte interkulturelle Trainings, die im Rahmen von mehrsprachigen Planspielen interaktionsorientierte und informatorische Aspekte verknüpfen, stehen erst am Beginn der Entwicklung. Langfristig dürften solche integrierten Trainingsformen jedoch schon deshalb auf positive Resonanz stoßen, weil aufgrund der ständig wachsenden internationalen Fusionsgeschwindigkeit und der damit verbundenen kurzfristigeren Entsendungsentscheidung die Vorbereitungszeit off-the-job auch zunehmend knapper bemessen sein wird: Für eine Ausbildung, die außer dem von Unternehmen nach wie vor primär eingestuften Fremdsprachenunterricht (Schreyögg u.a. 1995, 86) unterschiedliche Trainings der o.g. Typen beinhaltet, steht bereits heute das notwendige Zeitbudget nicht zur Verfügung. Integrierte Trainings hingegen sind hinsichtlich ihres Entwicklungsaufwandes zwar sehr umfangreich, bieten aber den Vorteil, dass sie ohne weiteres z.B. als multinationale Unternehmensplanspiele konzipiert und damit auch auf die fachlichen und strategischen Anforderungen des realen Aufgabenumfeldes der Teilnehmer zugeschnitten werden, so dass eine prozessorientierte Integration der verschiedenen Teilbereiche internationaler Kompetenz möglich wird (Bolten 2000a). Zwischengeschaltete Plenarphasen können dazu dienen, den Verlauf des (sinnvollerweise videounterstützt durchgeführten) Planspiels gemeinsam mit den Teilnehmern in Hinblick auf die Spezifik interkulturellen Handelns zu resümieren und aufgetretene negative Problembewältigungsstrategien (Identitätsbewahrung, negativer Vergleich etc.) bewusst zu machen. Sie bieten darüber hinaus auch die Möglichkeit, unter dem Aspekt eines planspielbezogenen Inputs informatorische Einschübe in bezug auf kulturspezifisches Wissen vorzunehmen. Insofern wird ein relativ hoher Integrationsgrad in bezug auf Kompetenzen, Methoden, Zielgruppen, Lernziele und Inhalte erreicht; der aufgrund der erzielten Effizienzsteigerung nicht zuletzt auch auch zu einer Akzeptanzverbesserung interkultureller Trainings off-the-job beitragen kann (Bolten 1998).

b. Interkulturelles Consulting

Anders als bei interkulturellen Trainings existieren für interkulturelles Consulting keine Typologien oder festsstehende Methodenspektren. Consulting wird eher *in-house* praktiziert, als es bei Trainings der Fall ist. Zunehmend werden beispielsweise Rückkehrer für Beratungsaufgaben eingesetzt, bei denen es darum geht, bestimmte Positionen im Ausland zu besetzen oder internationale Teams auszuwählen.

Ähnliches gilt in bezug auf die Konzeption und Durchführung interkultureller Assessment-Center, wobei festzustellen ist, dass es sich um Maßnahmen handelt, die bislang auch deswegen noch in sehr geringem Umfang durchgeführt werden, weil bislang nur wenige theoretisch fundierte tragfähige AC-Modelle existieren, die in der Lage wären, interkulturelle Kompetenz in der dargestellten Komplexität zu erfassen und zu überprüfen (Kühlmann/Stahl 1998).

Alles in allem ist das interkulturelle Consulting (nicht nur im Bereich der Personalorganisation) zweifellos derjenige Bereich, der am unmittelbarsten grundlagenorientiert ist und der dementsprechend auch eher grundsätzliche Vorgaben für die Konzeption interkulturellen Managements in letztlich allen Unternehmensbereichen entwickelt. Hierauf aufbauend können dann – im Idealfall – Methoden für interkulturelle Trainings, Coachings etc. konzipiert werden. Gleiches gilt für Bereiche, die nur mittelbar die Personalorganisation betreffen wie etwa Verfahren einer Cultural Due Diligence oder das Management internationaler Akquisitionen und / oder Fusionen.

Vor diesem Hintergrund soll an dieser Stelle lediglich auf einen Aspekt näher eingegangen werden, der gegenwärtig in der interkulturellen Kommunikations- und Handlungsforschung sehr intensiv diskutiert wird und der auf dem Wege interkulturellen Consultings künftig auch auf die Konzeption interkultureller Personalentwicklungsmaßnahmen Einfluss nehmen dürfte.

Gemeint ist die Diskussion, ob in Globalisierungskontexten – und dazu gehört z.B. auch das internationale Teambuilding – Konsens- oder gar Identitätsstreben als Zielvorgabe haltbar ist, oder ob man sinnvollerweise Dissens und Nicht-Identität akzeptieren soll (Mall 2000, Bolten 2000, Hansen 2000).

So wird man bezüglich der Realisierung internationaler Mergers-and-Acquisition-bzw. Fusionsprozesse immer wieder mit der Tatsache konfrontiert, dass dort, wo von Fusionen die Rede ist (und rechtlich gesehen auch entsprechende Tatsachen geschaffen wurden), faktisch letzten Endes fast immer nur Akquisitionen eingelöst werden. Um es am Beispiel DaimlerChrysler zu verdeutlichen: Die aktuelle Verdrängung amerikanischer Manager aus wichtigen Führungspositionen zeigt, dass eine „Interkultur" im Sinne eines ursprünglich angestrebten „merger of equal" bereits mittelfristig nicht haltbar ist, weil sich Denkweisen, Strategien etc. einer der Partner – in diesem Fall des deutschen – durchsetzen. Ohne an dieser Stelle im einzelnen über die Ursachen spekulieren zu wollen, wird deutlich, dass eine „Identität" zumindest synthetisch nicht erreichbar ist.

Dass eine solche merger-„Identität" eine vollkommen andere Qualität besitzen müsste als es z.B. bei der Corporate Identity eines nationalen Unternehmens der Fall ist, liegt auf der Hand: Während sich die Selbstverständigungsprozesse innerhalb eines nationalen Unternehmens im Rückbezug auf fraglos gegebene Problemlösungsstrategien oder Interpretationsvorräte der gemeinsamen Lebenswelt ihrer Mitglieder vollziehen und damit tiefenstrukturell eine Basis gemeinsamer Letztverständigung besitzen, ist dies bei internationalen mergers gerade nicht der Fall. Ihre Identität ist temporäres Produkt eines Aushandlungsprozesses; hinsichtlich der Handlungsvoraussetzungen ihrer Agenten ist sie aber wesensmäßig durch Nichtidentität charakterisiert (Bolten 2000b).

Ob sich ein merger einen Gefallen damit erweist, Konsens um jeden Preis zu erzielen ist dementsprechend zweifelhaft. Inwieweit es oberflächenstrukturell eine funktionierende gemeinsame Handlungsgrundlage geben kann, hängt nicht zuletzt damit zusammen, inwieweit die Akteure in der Lage sind, diese prinzipielle Nichtidentität des zwangsläufig nur oberflächenstrukturell Identischen bewusst zu leben und metakommunikativ zu thematisieren. Dass dies häufig zu misslingen scheint, liegt nicht nur an der mangelnden Reflexivität, mit der interkulturelle Prozesse vollzogen werden, sondern auch in der nahezu zwanghaften Neigung vieler Kulturen, Konsens um jeden Preis zu suchen. Konsens erscheint „angesichts des immer da gewesenen und nie enden wollenden Dissenses" zwar „als etwas Wertvolles und Beruhigendes, weil dessen Abwesenheit einen reibungslosen Verlauf der menschlichen Handlungen beeinträchtigt" (Mall 2000, 3); er impliziert aber auch Idealzustände, Strukturen, Ordnungen und eine Statik, die der permanenten Prozessualität von Interkulturen widersprechen.

Das in der interkulturellen Kommunikationsforschung derzeit diskutierte Dissens-Paradigma dürfte sehr bald in das Consulting von M & A-Prozessen einfließen, womit natürlich auch die Konsequenzen für künftige methodische Ausrichtungen von interkulturellen Trainings, Coachings und Mediationsverfahren selbstredend vorgegeben sind.

c. Interkulturelles Coaching

Wie bereits skizziert, unterscheidet sich interkulturelles Coaching von interkulturellem Training vor allem darin, dass es sich ausschließlich auf on-the-job-Prozesse konzentriert. Die Dynamik und Unwiederbringlichkeit derartiger Prozesse macht es natürlich auch viel schwieriger, ein Coaching vorzubereiten als es bei einem Training der Fall ist. Typologien existieren ebenso wenig wie der Schutz einer Laborsituation. Der Coach ist vielmehr darauf angewiesen, Handlungen z.b. eines internationalen Teams in ihrer spontanen und realen Dynamik zu beobachten und zu analysieren, um auf dieser Grundlage mit den Teammitgliedern Zielvereinbarungen für ein künftig ggf. effizienteres Verhalten zu entwickeln.

Viel stärker noch als es bei einem interkulturellen Trainer der Fall ist, gilt für einen Coach daher, dass er – von der eigenen interkulturellen Kompetenz abgesehen – neutral und sachorientiert arbeiten muss und dass er selbst mögliche Wege einer Optimierung des interkulturellen Handlungskontextes nur öffnen, nicht aber vorgeben darf (Barmeyer 2000a). Er sollte im besten Sinne des Wortes als Moderator fungieren, nicht aber eigene Meinungen äußern oder Wertungen vornehmen.

Kurz: seine Aufgabe besteht darin, Perspektiven zu öffnen, die dann von den Teammitgliedern bzw. den Coaches individuell und außerhalb des Teams formuliert werden müssen.

Zu den größten Schwierigkeiten, mit denen ein Coach konfrontiert wird, zählt vermutlich die Akzeptanzfrage seitens der Coaches. Gerade weil es sich um Prozesse on-the-job handelt, die er als Supervisor begleiten muss, wird der Coach auch bei bestmöglicher Integration in den Handlungskontext des Teams immer ein Außenstehender und in gewisser Weise ein Fremdkörper bleiben. Sofern die Handlungsnormalität des Teams dadurch nicht längerfristig gestört wird, muss man diese Außenseiterrolle hinnehmen. Wichtig ist allerdings, dass das Coaching selbst von dem Team gewollt ist – ansonsten würden sich zumindest bei einzelnen Coaches Handlungshemmungen einstellen, die das Team nicht mehr in der Normalität seines beruflichen Alltagshandelns zeigen. Ein Coaching wäre in diesen Fällen sinnlos, weil die on-the-job-Situation sich nicht mehr als authentisch erweisen würde.

Methoden eines interkulturellen Coachings sind in der Forschung bislang nicht systematisch erarbeitet worden. Der nachstehende Vorschlag für die Ablaufplanung eines Teamchoachings ist daher auch eher als Diskussionsgrundlage zu verstehen. Die vorgestellte Konzeption ist zwar verschiedentlich praxiserprobt, es stellt sich aber dennoch die Frage, inwieweit eine Generalisierbarkeit innerhalb des relativ breiten Spektrums möglicher Varianten von interkulturellem Coaching überhaupt denkbar ist.

Innerhalb des Gesamtrahmens einer Coaching-Maßnahme unterscheiden wir fünf Phasen:

(1) Abstimmungsphase

Die Abstimmungsphase findet vor dem eigentlichen Team-Coaching statt und dient in erster Linie der Orientierung des Coaches in bezug auf Motive und Erwartungen des Auftraggebers. Auftraggeber sind in der Regel Mitglieder des Personalmanagements. Sie haben zumeist die Beobachtung gemacht oder sind von Abteilungsleitern darauf hingewiesen worden, dass bestimmte internationale Teams innerhalb des Unternehmens nicht frei von Reibungsverlusten arbeiten. Als Ursachen werden interkulturelle Missverständnisse bzw. kulturbedingte Handlungsunterschiede vermutet; eine klare Ursachenanalyse ist jedoch nicht möglich. Der in solchen Fällen zumeist extern arbeitende Coach wird dementsprechend beauftragt, die Ursachen der gestörten Gruppendynamik herauszufinden, sie mit den Teammitgliedern zu thematisieren und gemeinsam mit ihnen eine Optimierung der Teamarbeit in die Wege zu leiten.

Entscheidend für den Erfolg des Coachings ist in dieser Phase, dass sich der Coach ein detailliertes Bild vom Arbeits- und Aufgabenumfeld des Teams verschaffen kann, dass er dem Team vorgestellt wird und über erste Gespräche einen Einblick in Strukturen der alltäglichen und „normalen" Beziehungsdynamik des Teams erhält.

Hierfür sind mindestens zwei Arbeitstage zu veranschlagen, in denen der Coach das Team als Lernender begleitet und in denen er von den Teammitgliedern mit deren jeweiligen Aufgabenstellungen vertraut gemacht wird. Dass der Coach mit den Spezifika der Herkunftskulturen der Teammitglieder vertraut ist – und zwar sowohl in fundiertem kulturhistorischem Sinne als auch aus Erfahrung – ist eine unabdingbare Voraussetzung der Befähigung zur Coaching-Tätigkeit. Dies kann je nach Teamzusammensetzung den Einsatz von Coaching-Assistenten notwendig machen.

(2) Aufzeichnungsphase

Sobald der Coach in seiner Funktion akzeptiert und zumindest partiell in das berufsbezogene Alltagshandeln des Teams integriert ist und sich ein erstes Bild über die Beziehungsdynamik des Teams verschafft hat, sollte er mit dem Team einen oder besser mehrere Zeiträume vereinbaren, in denen er Videoaufzeichnungen von Team-Interaktionen durchführen kann. Dass derartige Aufzeichnungen aus Unternehmenssicht nicht unproblematisch sind, ist bekannt, aber dennoch sollte der Coach auf der Möglichkeit der Videoaufzeichnung insistieren. Dies erleichtert nicht nur die eigene Vorbereitung auf das eigentliche Coaching, sondern bietet in gewisser Weise auch einen neutralen „Beweis" für problematische Interaktionssequenzen, die eventuell noch nicht einmal von dem Coach wahrgenommen oder ggf. von den betroffenen Teammitgliedern mitabgestritten würden.

Wichtig für die Planung des Coaches sind Angaben zu den geplanten inhaltlichen Abläufen des jeweiligen Beobachtungszeitraums (Was werden die Teammitglieder voraussichtlich in dem festgelegten Zeitraum wo tun; wie lauten die inhaltlichen Zielvorgaben der einzelnen Teammitglieder bzw. des gesamten Teams?).

(3) Pre-Analyse

Eine erste Analyse der Videoaufzeichnungen sollte ebenso wie die Auswertung der weiteren Team-Beobachtungen ohne Beteiligung der Teammitglieder stattfinden. Der/die Coaches werden in diesem Zusammenhang Hypothesen hinsichtlich der Interaktionsspezifik des Teams bilden, die natürlich auch bei einem noch so großen Bemühen um Neutralität ihre eigene kulturelle Bindung nicht leugnen können.

Daher erscheint es umso wichtiger, Analyseinstrumente zu verwenden, die nicht intuitiv geprägt sind. Hierzu zählen z.B.

- Aufzeichnung von Interaktionsnetzen (Wer wendet sich wie oft mit welcher Intention an wen?)

- Wo liegen kulturspezifische Handlungs- bzw. Kommunikationsformen der Mitglieder vor; wie äußert sich dies (z.b. verbal, paraverbal, nonverbal etc.)

- Wer setzt auf welche Weise und mit welcher kulturellen Prägung Regeln der Interaktion, die für die „Normalität" des Teamhandelns entscheidend sind?

- Analyse der Stärken und Schwächen der einzelnen Teammitglieder in bezug auf die vier Kompetenzfelder interkulturellen Handelns (s. Abb.4)

- Sofern Vermutungen bestehen, dass eine „Normalität" der Interkultur in bestimmten Phasen des Interaktionsverlaufs nicht hergestellt oder verletzt wurde, bietet sich für die genaue Problembestimmung eine Diskursanalyse dieser Phasen an. Gleiches gilt in bezug auf etwaige „critical incidents".

Der umfangreichere Teil der Videoaufzeichnungen wird für die Erklärung interkulturell aufschlussreicher Teamprozesse unbedeutend sein. Man sollte bei der nachfolgenden gemeinsamen Analyse mit den Teammitgliedern entsprechend „langweilige" Mitschnitte aussparen und sich nur auf die wirklich aussagekräftigen Phasen konzentrieren. Wenn möglich, bietet sich diesbezüglich ein Zusammenschnitt der Aufzeichnungen an.

(4) Gemeinsame Analysephase

In der gemeinsamen Analysephase mit den Mitgliedern des Teams sollte der Coach strikt auf die Einhaltung seiner so weit wie möglich neutralen Moderatorfunktion achten. Zunächst lässt er – ggf. auch vor der Videopräsentation – Besonderheiten des Interaktionsverlaufs und atmosphärische Merkmale durch die Teammitglieder beschreiben. Nicht der Coach, sondern die Teammitglieder formulieren, wie *sie* die Beziehungsebene und deren Dynamik beschreiben bzw. erklären würden.

Ebenso erfolgt die Videoanalyse durch das Team selbst; der Coach sollte z.b. mit Hilfe des Einsatzes von Fragestrategien dem Diskussionsverlauf lediglich Orientierungsmarken geben. Ein Ziel kann es z.b. sein, dass die Teammitglieder ihr eigenes Verhalten hinsichtlich der jeweiligen Kulturspezifik erklären oder zumindest metakommunikativ thematisieren, was in bestimmten Phasen der Interaktion ihrer Meinung nach passiert ist. Dabei kann es durchaus sein, dass im Vergleich zur Sicht des Coaches in der Pre-Phase andere Aspekte zur Sprache kommen. Sofern diese plausibel sind, müssen sie vom Coach aufgegriffen und als Bausteine des gesamten Erklärungszusammenhangs erneut zur Diskussion gestellt werden.

Die gemeinsame Analysephase ist idealerweise dann abgeschlossen, wenn die unter (3) genannten Punkte von den Teammitgliedern selbständig thematisiert und diskutiert worden sind. Dass dies in der Realität nie in dem Umfang geschehen wird, wie es in der Pre-Analysephase der Fall ist, liegt nicht zuletzt an der Bereitschaft der einzelnen Teammitglieder, sich zu öffnen und z.b. über die eigenen Stärken und Schwächen zu sprechen. Letzteres hat individuelle Ursachen, es kann aber mit der kulturbezogenen Zusammensetzung des Teams oder der Dauer der Zusammenarbeit seiner Mitglieder zusammenhängen. In diesem Zusammenhang versteht sich von selbst, dass das Steuerungspotential des Coaches dort zum Tragen kommen muss, wo die Diskussion z.b. zum Gesichtsverlust einzelner Team-Mitglieder führen würde.

(5) Phase der gemeinsamen Zielvereinbarung

Aufbauend auf den gemeinsam erarbeiteten Befunden zur Interaktionsspezifik des Teams geht es in der Abschlussphase des Coachings darum, mit den Teammitgliedern die Formulierung gemeinsamer Zielvereinbarungen zu moderieren, die künftig handlungsleitend sein sollen. Dies kann – je nach Analyseergebnis – eher die Formulierung von Regeln zur Konfliktprävention betreffen, es kann aber auch z.B. stärker auf eine Bennennung von Synergiezielen und deren Realisierungsschritte hinauslaufen. Denkbar ist auch, dass der Coach Empfehlungen für spezielle und weiterführende Personalentwicklungsmaßnahmen (z.B. interkulturelle Trainings) ausspricht.

Sinnvoll ist es in jedem Fall, die von den Teammitgliedern erarbeiteten Ergebnisse auf Moderationskarten zu notieren. Die Karten werden gut sichtbar an der Wand eines Raumes angeordnet, in dem das Team überwiegend arbeitet oder sich zu Besprechungen trifft.

Dem Team wird abschließend die Aufgabe gestellt, die Zielvereinbarungen und deren Realisierungsgrad in regelmäßigen Abständen zu Beginn von Arbeitssitzungen o.ä. zu thematisieren. Sinnvoll wäre es natürlich, wenn dies nach einer solchen Coaching-Woche in bestimmten Abständen (z.B. ein- oder zweimal im Jahr) unter Mitwirkung des Coaches erfolgen würde.

d. Interkulturelle Mediation

Mediationsverfahren sind vor allem bekannt aus dem Bereich der Rechtspflege, wo es darum geht, in Konflikten und Streitsituationen zu „vermitteln" und außergerichtliche Lösungen herbeizuführen.

Interkulturelle Mediation ist hingegen als eigenständiger Aufgabenbereich noch relativ neu, obwohl damit nur einen Spezialfall der Konfliktvermittlung bezeichnet ist, nämlich derjenige, der sich auf Beteiligten unterschiedlicher kultureller Herkunft bezieht. Derartige Konflikte hat es freilich immer schon gegeben, nur dass man sich beispielsweise in der Rechtspflege stets in erster Linie von „Fakten" und weniger von kulturbedingten Handlungsmotivationen hat leiten lassen.

Dies ist in den letzten Jahren verstärkt im Rahmen der Ausländerpädagogik geschehen, wo auch teilweise sehr innovative und praxistaugliche Konzepte entwickelt worden sind (z.B. Haumersen/Liebe 1999).

Für den Unternehmensbereich liegen bislang eher allgemeiner gehaltene Mediationshandbücher vor, die interkulturelle Fragestellungen noch weitgehend unberücksichtigt lassen (z.B. Altmann u.a. 1999).

Der wesentliche Unterschied zwischen interkulturellem Coaching und interkultureller Mediation besteht, wie bereits in Abb. 2 verdeutlicht, vor allem in dem konkreten Interaktionsgefüge des zu betreuenden Teams: Während ein Coaching sich in der Regel nicht mit offenen Konflikten beschäftigt, bilden diese für Mediationstätigkeiten den Ausgangspunkt. Es geht darum, Konflikte in ihren ggf. kulturbedingten Ursachen zu erkennen und zwischen den Konfliktparteien zu vermitteln.

Methodisch ist das Vorgehen fast identisch mit den im vorangegangenen Abschnitt beschriebenen Verfahrensweise des Coachings, so dass an dieser Stelle nicht mehr im Detail darauf eingegangen zu werden braucht.

Als Prämisse gilt auch und gerade für die Mediation, dass „Lösungen" vom Mediator nicht vorgegeben werden dürfen. Dies muss im Team selbst entwickelt werden – der Mediator kann hierzu nur Anregungen und Initiativen geben; vor allem besteht seine Aufgabe aber darin, dafür Sorge zu tragen, dass der Konflikt von den Beteiligten thematisiert und ggf. hinsichtlich seiner kulturellen Ursachen erklärt wird: „Die Frage bei einer interkulturellen Mediation ist also nicht, wie verhindert werden kann, dass sich die Konfliktparteien über unterschiedliche Werte auseinandersetzen, sondern die Frage lautet hier, wie diese Auseinandersetzung in den Prozess integriert werden kann" (Haumersen/Liebe 1999, 27).

Ähnlich wie beim interkulturellen Coaching stehen auch bei der interkulturellen Mediation Zielvereinbarungen am Abschluss des Betreuungsprozesses. Unterschiede, die etwa unter Bezugnahme auf die Feststellung kulturbedingter Handlungsvoraussetzungen mit den Konfliktparteien erarbeitet worden sind, dürfen in den Zielvereinbarungen nicht verschwiegen werden. Im Sinne der oben beschriebenen neueren Tendenzen der interkulturellen Theoriebildung würde man in diesem Zusammenhang nicht einen Konsens um jeden Preis anstreben, sondern z.B. dafür plädieren, dass die Differenzen bewusstgehalten und als spezifische Eigenarten den jeweils anderen akzeptiert werden.

Zeichnet sich ab, dass diese Differenzen sich gegenseitig ausschließen und auch längerfristig nicht in synergetisches Handeln umgewandelt werden können, kann eine Trennung der Konfliktparteien empfohlen werden.

Innerhalb des Gesamtspektrums interkultureller Personalorganisation wird die Mediation eher punktuell eine Rolle spielen und vermutlich auch eher intern denn extern gelöst werden.

Als zukunftsweisendes Tätigkeitsfeld dürfte sich künftig vor allem das interkulturelle Coaching profilieren. Diesbezüglich besteht ohne Frage auch ein erheblicher Ausbildungsbedarf, der in den kommenden Jahren einerseits von Fachrichtungen der interkulturellen Kommunikationswissenschaft, sicherlich aber auch von einer Psychologie mit interkultureller Orientierung gedeckt werden muss.

Interkulturelles E-Training und E-Coaching

Auch wenn dergleichen bislang kaum angeboten wird und wenn dementsprechend nur wenige Erfahrungen damit existieren, dürften interkulturelle Trainings und Coachings per Internet künftig eine bedeutende Rolle im Bereich der interkulturellen Personalentwicklung einnehmen. Die Gründe hierfür sind vielfältig. Sie stellen überwiegend gleichzeitig Antworten auf die oben beschriebenen Probleme gegenwärtiger interkultureller Trainings und Coachings dar.

Grundsätzlich gilt für das Internet im Sinne einer „Rahmenbedingung", dass kein anderes Medium in der Vielfalt der Möglichkeiten und der Problemlosigkeit des Zugangs bessere Chancen bietet, internationale Kontakte zu knüpfen und weltweit interkulturelle Erfahrungen zu sammeln.

Als in diesem Sinne dezidiert interkultureller Handlungsraum ist das Internet in der Lage, permanent jene reale Interkulturalität zu erzeugen, die in interkulturellen Trainings oft fehlt. Es bietet die Möglichkeit, in Planspielen, Chats oder auch Videokonferenzen weltweit mit (potentiellen) Geschäftspartnern zu interagieren, wobei entsprechende Trainings- und Coachingmaßnahmen *just in time* und *just in place* geliefert werden können.

Damit erschließen sich für die Anbieter interkultureller Personalentwicklungsmaßnahmen Möglichkeiten eines optimal bedarfsgerechten Arbeitens, die sich nicht nur auf die inhaltliche Qualität und die Kostenstruktur der Angebote, sondern auch auf das erforderliche Zeitbudget und die Flexibilität des Einsatzes auswirken dürften.

Literaturverzeichnis

Altmann, G. u.a.: Mediation. Konfliktmanagement für moderne Unternehmen. Weinheim 1999

Achtenhagen, F./W. Lempert (Hg.): Lebenslanges Lernen im Beruf. Bd. 4: Formen und Inhalte von Lernprozessen. Opladen 2000.

Barmeyer, C.: „Wege zeigen – Wege gehen. Interkulturelles Coaching." In: Personal, H.9, 2000.

Barmeyer, C.: Interkulturelles Management und Lernstile. Frankfurt/Main 2000 (= Barmeyer 2000a).

Bolten; J.: „Integrierte interkulturelle Trainings als Möglichkeit der Effizienzsteigerung und Kostensenkung in der internationalen Personalentwicklung." In: C. Barmeyer/J. Bolten (Hg.): Interkulturelle Personalorganisation. Sternenfels/Berlin 1998, 157-178

Bolten; J.: InterAct. Ein wirtschaftsbezogenes interkulturelles Planspiel für die Zielkulturen Australien, Deutschland, Frankreich, Großbritannien, Niederlande, Rußland, Spanien und USA. Sternenfels/Berlin 1999 (= Bolten 1999a).

Bolten, J.: „Konsens durch die Anerkennung von Dissens: Auch ein Kapitel aus der ökonomischne Standardisierungsproblematik." In: Ethik uns Sozialwissenschaften 11 (2000), H.3, 356-358.

Bolten, J.: „Internationales Personalmanagement als interkulturelles Prozeßmanagement: Perspektiven für die Personalentwicklung internationaler Unternehmungen." In: A. Clermont/W. Schmeisser/D. Krimphove (Hg.): Personalführung und Organisation. München 2000, 841-856 (=Bolten 2000a).

Bolten, J.: „Können internationale mergers eine eigene Identität ausbilden?" In: A.Wierlacher (Hg.): Kulturthema Kommunikation. Möhnesee 2000, 113-120 (=Bolten 2000b).

Bolten, J.: Interkulturelle Kompetenz. Erfurt 2001 (Landeszentrale für politische Bildung).

Breuer, J. P./C. I.Barmeyer: „Von der interkulturellen Kompetenz zur Kooperationskompetenz. Beratung und Mediation im deutsch-französischen Management." In: Christoph Barmeyer/Jürgen Bolten (Hg.): Interkulturelle Personalorganisation. Sternenfels/Berlin 1998, 179-202

Clement, U./U. Clement: « Interkulturelles Coaching. » In : K.Götz (Hg.): Interkulturelles Lernen/Interkulturelles Training. München/ Mering (3) 2000, 157-168

Dinges, N. G./Baldwin, K. D.: „Intercultural Competence. A Research Perspective." In: Dan Landis/Rabi S. Bhagat: Handbook of Intercultural Training. Thousand Oaks/London/New Delhi 1996, 106-123

Gertsen, M.C.: "Intercultural competence and expatriates." In: The International Journal of Human Resource Management 1(1990) No.3, 341-362

Gudykunst, W. B./R. M.Guzley/M. R.Hammer: "Designing Intercultural." In: D.Landis/ R.S.Bhagat, Handbook of Intercultural Training. Thousan Oaks/London/New Dehli 1996, 61-80.

Hansen, K. P.: Kultur und Kulturwissenschaft. München (2) 2000

Haumersen, P./F. Liebe: Multikulti: Konflikte konstruktiv. Trainingshandbuch Mediation in der interkulturellen Arbeit. Mülheim 1999

Hofstede, G.: Culture's Consequences. Beverly Hills 1980

Kiechl, R.: „Interkulturelle Kompetenz." In: E. Kopper/R. Kiechl (Hg.): Globalisierung: von der Vision zur Praxis. Zürich 1997.

Kiechl, R./E.Kopper: „Führungskräfte in fremden Kulturen." In: Strutz/Wiedemann (Hg.): Internationales Personalmarketing. Wiesbaden 1992, 111-123.

Kühlmann, T./G.Stahl: „Interkulturelle Assessment-Center." In: C. Barmeyer/J. Bolten (Hg.): Interkulturelle Personalorganisation. Sternenfels/Berlin 1998, 213-224.

Mall, Ram Adhar: „Interkulturelle Verständigung – Primat der Kommunikation vor dem Konsens?" In: Ethik und Sozialwissenschaften 11(2000), H.3, 337-350.

Mönikheim, S.: „Die Entwicklung des interkulturellen Managements am Beispiel der Dasa." In: C. Barmeyer/J. Bolten (Hg.): Interkulturelle Personalorganisation. Sternenfels/ Berlin 1998, 107-122.

Müller-Jacquier, B.: „Linguistic Awareness of Cultures. Grundlagen eines Trainingsmoduls." In: J.Bolten (Hg.): Studien zur internationalen Unternehmenskommunikation. Waldsteinberg 2000, 30-49

Schmeisser, W.: „Qualifizierung zur Erreichung interkultureller Kompetenz im Rahmen eines internationalen Management Training Programms." In: Helmut K. Geißner u.a. (Hg.): Wirtschaftskommunikation in Europa. Tostedt 1999, 227-247

Schreyögg, G./W. A. Oechsler/H. Wächter: Managing in a European Context. Wiesbaden 1995

Stahl, G.: Internationaler Einsatz von Führungskräften. München/ Wien 1998

Stüdlein, Y.: Management von Kulturunterschieden: Phasenkonzept für internationale strategische Allianzen. Wiesbaden 1997

Warthun; N.: Zur Bedeutung von interkultureller Kommunikation für ein deutsches Industrieunternehmen. Eine Untersuchung zu den Erfahrungen von Mitarbeitern der Thyssen Stahl AG mit interkultureller Kommunikation. Bochum 1997

Fälle und Übungen (13)

Interkulturelles Personalmanagement

13.1

G.Stahl hat in einer Untersuchung zum internationalen Einsatz von Führungskräften analysiert, welche Problemklassen in verschiedenen Phasen der Entsendung dominieren. Überlegen Sie anhand von Konkretisierungen, weshalb die genannten Problemklassen eine so bedeutende Rolle spielen und weshalb sich im einzelnen ihre Gewichtung während der Phasen eines Auslandsaufenthaltes in der dargestellten Weise ändert:

Problemklasse/ Beispiele	Häufigkeit insgesamt (N = 116)	< 2 Jahre (N = 24)	2-6 Jahre (N = 54)	> 6 Jahre (N = 38)
Reintegration (berufliche/private Rückkehrprobleme, Zukunftsängste)	65%	46%	76% ↗	61% ↘
Stammhausbeziehungen (Autonomiekonflikt, fehlende Unterstützung)	60%	50%	61% ↗	63% →
Personal/Führung (Personalbeschaffung, -führung, -entwicklung)	48%	50%	48% →	47% →
Sprache/Kommunikation (Verständigungs-/Orientierungsprobleme)	47%	58%	54% →	32% ↘
Gastlandkontakte (fehlende/unbefriedigende Kontakte)	44%	46%	50% →	34% ↘
Arbeitszeit/-menge (lange Arbeitszeiten, Termindruck, Geschäftsreisen)	43%	25%	56% ↗	37% ↘
Entsandtenrolle (Interessen-/Loyalitätskonflikte, Vermittlerrolle)	39%	29%	35% ↗	50% ↗
(Ehe-)Partner (Fehlende Arbeitsmöglichkeiten, Isolation)	38%	58%	44% ↘	16% ↘
Lebensqualität (Freizeit, Wohnverhältnisse, Klima)	35%	33%	37% →	34% →
Arbeitsinhalte/-abläufe (Aufgabenneuheit, Überforderung, interne Abläufe)	29%	33%	30% →	26% ↘
Geschäftspraktiken (Kontaktaufbau, abweichende Geschäftsgepflogenheiten)	23%	22%	22% →	26% ↗

Nach: G.Stahl, Internationaler Einsatz von Führungskräften. München/Wien 1998, S. 157 u. 171

13.2

Erläutern Sie anhand von Beispielen, warum interkulturelle Kompetenz eher eine Bezugsdimension für fachliche, strategische, individuelle und soziale Handlungskompetenzen darstellt als eine eigenständige Handlungskompetenz.

13.3

Wie kann man die in der Übersicht von 12.2. vermittelten Erkenntnisse für die Konzeption von Trainings off-the-job (vor der Entsendung) und on-the-job (während der Entsendung) konkret fruchtbar machen? Entwerfen Sie entsprechende konzeptionelle Skizzen.

13.4

Begründen Sie, warum es problematisch ist, im Rahmen des internationalen Teambuildings Konsens als Leit- und Zielprinzip des Handelns zu proklamieren.

13.5

Stellen Sie die Unterschiede zwischen interkulturellem Coaching und interkultureller Mediation dar.

Weiterführende Literatur: Interkulturelle Trainings

Asante, M.K.(Hg.): Handbook of Intercultural Communication. London 1989

Landis, D./Bhagat, R.: (Eds.), Handbook of intercultural training (2nd edition). Newbury Park, CA 1996

Ellen, J./Michel, H./Springer, M.: Interkulturelle Pädagogik. Methodenhandbuch für sozialpädagogische Berufe. Mit einer Einführung von Otto Filtzinger. Berlin1998

Fischer, V. u.a.: Handbuch Interkulturelle Gruppenarbeit. Schwalbach/Ts. 2001

Fowler, S. M./Mumford, M. G.: Intercultural sourcebook: Cross-cultural training methods, Vols. 1 & 2. Yarmouth1995

Hölscher, P.: (Hg.), Interkulturelles Lernen. Projekte und Materialien für die Sekundarstufe I. Frankfurt/M. 1994

Kohls, L. R.: Four traditional approaches to developing cross-cultural preparedness in adults: Education, training, orientation, and briefing. In: International Journal of Intercultural Relations, 11, 1987, 89-106.

Losche, H.: Interkulturelle Kommunikation. Sammlung praktischer Spiele und Übungen. Augsburg (2) 2000

Rademacher, H./Wilhelm, M.: Spiele und Übungen zum interkulturellen Lernen. Berlin 1991

Quellenverzeichnis

Burkart, R.: Kommunikationswissenschaft. Grundlagen und Problemfelder. Wien/Köln/Weimar 1995, S.30-53 (Böhlau Verlag)

Schütz, A./Luckmann, T.: Strukturen der Lebenswelt. Fft./M. 1979, Bd.1, 25-44 (Suhrkamp Verlag)

Assmann, J.: Kollektives Gedächtnis und kulturelle Identität. In: Assmann/ Hölscher (Hg.), Kultur und Gedächtnis, Fft./M. 1988, 9-19 (Suhrkamp Verlag)

Spitzer, M.: Semantische Netzwerke. In: Ders., Geist im Netz. Modelle für Lernen, denken und Handeln. Heidelberg/ Berlin 2000, S.229-256 (Spektrum Akademischer Verlag)

Goffman, E.: Techniken der Imagepflege. In: Ders.: Interaktionsrituale. Fft./M. 1971, S.10-20 (Suhrkamp Verlag)

Gudykunst, W. B./Ting-Toomey, S.: Communication in Personal Relationships Across Cultures. In: W.B.Gudykunst/ S.Ting-Toomey/Tsukasa Nishida (ed.), Communication in Personal Relationships Across Cultures. Thousand Oaks/London/New Delhi 1996, 3-16 (Sage Publications)

Ehrhardt, C.: Diplomatie und Alltag. Anmerkungen zur Linguistik der interkulturellen Kommunikation (Originalbeitrag)

Galtung, J.: Struktur, Kultur und intellektueller Stil. Ein vergleichender Essay über sachsonische, teutonische, gallische und nipponische Wissenschaft. In: Alois Wierlacher (Hg.), Das Fremde und das Eigene. München 1985, 151-193 (iudicium-Verlag)

Wierlacher, A./Hudson-Wiedenmann, U.: Interkulturalität. In: A.Wierlacher (Hg.), Kulturthema Kommunikation. Möhnesee 2000, 219-232 (Résidence-Verlag)

Adler, N.: Communication across Cultural Barriers. In: dies., International Dimensions of Organizational Behavior. Boston (2) 1991, 63-91 (PWS-Kent Publishing Company)

Dmoch, T.: Internationale Werbung. In: Miriam Meckel/Markus Kriener (Hg.), Internationale Kommunikation.Opladen 1996, 179-199 (Westdeutscher Verlag)

Macharzina, K.: Interkulturelle Unternehmensführung. In: Ders., Unternehmensführung. Wiesbaden 1993, 735-767

Bolten, J.: Interkulturelles Coaching, Mediation, Training und Consulting als Aufgabe des Personalmanagements internationaler Unternehmen. Leicht modifizierte Fassung des gleichnamigen Beitrags in: A. Clermont u.a. (Hg.), Strategisches Personalmanagement in Globalen Unternehmen. München 2001, 909-926 (Verlag Vahlen)

MIX
Papier aus verantwortungsvollen Quellen
Paper from responsible sources
FSC® C105338

Printed by Libri Plureos GmbH
in Hamburg, Germany